D1937903

Der Autor

Hermann Graml, geb. 1928 in Miltenberg, ist seit 1953 Mitarbeiter des Instituts für Zeitgeschichte in München; Chefredakteur der Vierteljahrshefte für Zeitgeschichte. Veröffentlichungen u.a.: ›Der 9. November 1938. Reichskristallnacht‹ (1953); ›Die deutsche Militäropposition vom Frankreichfeldzug bis zum Sommer 1943‹ (1958); ›Der deutsche Widerstand und die Alliierten‹ (1962); ›Der Fall Oster‹ (1965); ›Die außenpolitischen Vorstellungen des deutschen Widerstands‹ (1966); ›Europa zwischen den Kriegen‹ (1969); ›Die Alliierten und die Teilung Deutschlands‹ (1985). Herausgeber u.a. von: ›Widerstand im Dritten Reich. Probleme, Ereignisse, Gestalten‹ (1984); zusammen mit Wolfgang Benz u.a.: ›Aspekte deutscher Außenpolitik im 20. Jahrhundert‹ (1976); ›Sommer 1939. Die Großmächte und der europäische Krieg‹ (1979).

Deutsche Geschichte der neuesten Zeit
vom 19. Jahrhundert bis zur Gegenwart

Herausgegeben von Martin Broszat,
Wolfgang Benz und Hermann Graml
in Verbindung mit dem Institut für Zeitgeschichte, München

Hermann Graml:
Reichskristallnacht
Antisemitismus und Judenverfolgung im Dritten Reich

Deutscher
Taschenbuch
Verlag

dtv

Originalausgabe
September 1988

Umschlaggestaltung: Celestino Piatti
Vorlage: Aufruf zu Massenkundgebungen in München während der »Reichskristallnacht«, 9./10. November 1938 (Bilderdienst Süddeutscher Verlag)
Gesamtherstellung: C. H. Beck'sche Buchdruckerei,
Nördlingen
Printed in Germany · ISBN 3-423-04519-1

Inhalt

Das Thema

In diesem Buch wird der Versuch gemacht, die Geschichte der nationalsozialistischen Judenverfolgung darzustellen. Zwar ist es unmöglich, einen historischen Vorgang angemessen zu behandeln, der schließlich in das 1941 begonnene und bis 1945 fast sechs Millionen Opfer fordernde Vorhaben mündete, alle im deutschen Macht- und Einflußbereich lebenden Juden zu ermorden; die Sprachmittel und Begriffe, die dem Historiker für »normale« Themen zu Gebote stehen, werden hier unzulänglich. Auch kann eine solche Vergangenheit durch Erzählung und Analyse selbstverständlich nicht »bewältigt« werden, sofern unter Bewältigung so etwas wie Tilgung verstanden wird. Dennoch dürfen wir uns die Beschäftigung mit dem Thema nicht ersparen. Die nationalsozialistische Judenverfolgung ist geschehen und infolgedessen ein Teil unserer Geschichte. Ihre Verdrängung wäre eine neue Verfehlung gegen die damals geschundenen und getöteten europäischen Juden wie gegen die heute lebende Judenheit, und die Verdrängung würde außerdem unweigerlich zu neuen Gefährdungen des geistigen wie des emotionalen Zustands unserer Nation führen. Um mit einer Last, wie sie der deutschen Nation von den Machthabern des Dritten Reiches aufgebürdet wurde, wenigstens leben zu können, müssen wir die im politischen Verbrechen gipfelnden Irrtümer und Irrwege zumindest erkannt, die entstandene Schuld zumindest anerkannt haben.

Daher geht es in der hier vorgelegten Darstellung zunächst vor allem darum, die Herkunft der nationalsozialistischen Judenfeindschaft aus den ideologisch-politischen Traditionen des deutschen Nationalismus aufzuhellen und auf dieser Grundlage eine Erklärung für ihr besonderes Wesen wie für ihre besondere Intensität zu finden. Erst der Blick auf spezifische Verwerfungen des deutschen Nationalbewußtseins und der nationalen Bewegung in Deutschland macht begreiflich, wie ein mit der gleichzeitigen Erfolgsgeschichte jüdischer Emanzipation und Assimilation in Deutschland so scharf kontrastierender bösartiger Antisemitismus wachsen, mehr und mehr Anhänger gewinnen und am Ende zum wichtigsten Stück im ideologischen Arsenal der stärksten politischen Kraft im Lande werden konnte, der mit ihrem Führer Adolf Hitler im Jahre 1933 die Regierungsgewalt übernehmenden NS-Bewegung. Dabei war allerdings zu beachten, daß sich Ideologien oder »Weltanschauungen«, wie die Nationalsozialisten selbst sagten, nicht in luftleeren Räumen entfalten. Namentlich im Hinblick auf die Ausbreitung des NS-Antisemitismus galt vielmehr gleiche Aufmerksamkeit der Frage nach dem Gewicht der militärischen Niederlagen, der politischen Umbrüche und der wirtschaftlichen Krisen, die bis 1933 die deutsche Nation – freilich nicht ohne deren kräftige Mitwirkung – erschütterten.

In den anschließenden Kapiteln über die Judenverfolgung selbst mußte im vorgegebenen Rahmen naturgemäß auf viele Details verzichtet werden. In erster Linie sollte hier gezeigt werden, wie NS-Bewegung und NS-Regime, obwohl sie 1933 keineswegs ein ausgearbeitetes Programm für eine judenfeindliche Politik besaßen, durch ihre ideologische Zielgerichtetheit, die nicht einmal einen temporären Verzicht auf die Betätigung von Antisemitismus erlaubte, zu einem Feldzug gegen die deutsche Judenheit getrieben wurde, der auf Grund seiner inneren Entwicklungsgesetze sogar eine gewisse Systematik gewann und von der beruflichen Diskriminierung über die politische Entrechtung bis zur Isolierung und Enteignung der Juden in Deutschland fortschritt. Zu zeigen war ferner, daß zu den Wesenselementen des nationalsozialistischen Antisemitismus die den Nationalsozialisten anfänglich meist selbst nicht bewußte Unfähigkeit gehörte, eine begrenzte Regelung der selbstgeschaffenen »Judenfrage« zu ertragen, also eine Regelung, die mit deutsch-jüdischer Koexistenz verbunden war; kein Maß an Diskriminierung der Juden vermochte eine derartige Koexistenz auf längere Dauer akzeptabel zu machen. Mithin war endlich auch zu zeigen, wie die unerbittliche Logik der Radikalität dieses Antisemitismus schon vor Kriegsbeginn in der NS-Bewegung die Tendenz zur Ermordung der Juden freisetzte und nach Kriegsbeginn den in Theorie und Praxis konsequentesten Antisemiten der NS-Bewegung, Adolf Hitler, dazu brachte, die »Judenpolitik« des nationalsozialistischen Deutschland auch noch über die letzte Hürde zu zwingen, hinter der es nur mehr die mit der Ausrottung der europäischen Judenheit identische »Endlösung der Judenfrage« gab.

I. November 1938: Reichskristallnacht

Attentat

Am 7. November 1938, knapp sechs Jahre nach Adolf Hitlers Machtergreifung und dem Beginn der nationalsozialistischen Judenverfolgung in Deutschland, betrat morgens um 9.30 Uhr ein noch sehr junger Mann die deutsche Botschaft in Paris, meldete sich bei einem Amtsgehilfen und verlangte den Botschafter oder einen der Legationssekretäre zu sprechen. Bereits am Eingang des Gebäudes hatte sich der Besucher nach dem Botschafter erkundigt, und zwar bei einem etwas salopp gekleideten, doch überaus soigniert wirkenden Herrn, dem er dort begegnet war; der Herr – es war Missionschef Graf Welczek selbst – hatte aber den naiven Jüngling an den Pförtner verwiesen. Der junge Mann wurde zu dem Gesandtschaftsrat vom Rath geführt, zog, nachdem er in dessen Zimmer eingetreten war, sofort einen Revolver und gab mehrere Schüsse auf den am Schreibtisch sitzenden Diplomaten ab, ohne daß irgendein Wortwechsel vorhergegangen wäre. Danach ließ er sich widerstandslos von den Amtsgehilfen Nagorka und Krüger festnehmen und dem vor der Botschaft postierten französischen Polizisten übergeben[1].

Ernst vom Rath war durch eine Kugel an der Schulter geritzt worden, eine andere hatte die Milz durchschlagen und die Magenwand an zwei Stellen verletzt. Er wurde unverzüglich in ein Krankenhaus gebracht und dort von Professor Baumgartner, einer an der Klinik d'Alma tätigen Kapazität, operiert. Zwar verlief die Operation zufriedenstellend, aber der Zustand des Verwundeten blieb ernst; mit seinem Tod mußte gerechnet werden. Am Nachmittag des 9. November ist Ernst vom Rath dann tatsächlich gestorben.

Über die Motive des Täters ist damals wie später viel spekuliert worden. Herschel Grünspan, siebzehn Jahre alt, kam aus einer jüdischen Familie polnischer Staatsangehörigkeit, die aber seit April 1911 in Deutschland lebte. Vater Grünspan – in Polen

[1] Hierzu und zu den folgenden Absätzen Helmut Heiber, Der Fall Grünspan. In: VfZ 5 (1957), S. 134ff.

war der Familienname natürlich Grynszpan geschrieben worden – arbeitete seit 1918 als selbständiger Schneider in Hannover, hatte sich allerdings in den Jahren der großen Wirtschaftskrise, von 1929 bis 1934, mit einem Altwarenhandel mehr schlecht als recht durchgeschlagen und zeitweilig auch von Wohlfahrtsunterstützung leben müssen. Herschel, am 28. März 1921 geboren, war bereits das sechste Kind der Eheleute Sendel und Ryfka Grünspan. In einem Milieu, das von der Welt der Bleichröders, Warburgs und Oppenheims ohnehin sehr weit entfernt war, führte die Weltwirtschaftskrise zu drückender Not. Als sich die wirtschaftlichen Umstände wieder zu bessern begannen, schnitten dann die Anfänge der nationalsozialistischen Judenverfolgung Familien wie den Grünspans die Auswege aus der Not und die Zukunft ab. Jüngere und unruhigere Mitglieder solcher Familien trieb es naturgemäß aus Deutschland fort. Herschel schloß sich in Hannover der zionistischen Mizrachi-Organisation an und ging 1936 – nachdem er im Anschluß an die offensichtlich ungeliebte und 1935 verlassene Volksschule noch ein Jahr lang eine Talmudschule in Frankfurt am Main besucht hatte – zu seinem Onkel Wolff nach Brüssel, danach zu seinem Onkel Abraham Grünspan nach Paris. Freilich fand er weder in Brüssel noch in Paris Boden unter den Füßen oder eine Chance zur Vorbereitung der Auswanderung nach den USA, nach Australien, nach Palästina. Im Europa der dreißiger Jahre, das noch unter den Ausläufern der Wirtschaftskrise litt, boten sich einem aus Deutschland emigrierten jungen Juden, der aus der jüdischen Unterschicht kam und keine verwertbare schulische oder handwerkliche Ausbildung aufzuweisen hatte, kaum Möglichkeiten. Arbeitsplätze waren rar, die Arbeitserlaubnis wurde nur selten erteilt, und der Mangel an Geld wie an Ausbildung machte auch die Fortsetzung der Wanderung zu überseeischen neuen Welten nahezu unmöglich.

Herschel Grünspan war also weder ein nationalsozialistischer Agent provocateur, wie das die kommunistische Presse in Frankreich sogleich behauptete, noch ein Werkzeug des angeblich einen permanenten Krieg gegen alles Deutsche und alle Deutschen führenden Weltjudentums, wie das nicht weniger eilfertig die Zeitungen und der Rundfunk im nationalsozialistischen Deutschland verkündeten. Vielmehr litt er einfach unter dem bitteren Schicksal, das die Partei Hitlers, die NSDAP, den Juden in Deutschland schon bis zum Herbst 1938 bereitet hatte. Auf der einen Seite die nationalsozialistische Verfolgung der

Juden und die unentwegte Beschimpfung und Verhöhnung alles Jüdischen in der nationalsozialistischen Propaganda; außerhalb Deutschlands hingegen die nahezu einhellige Verurteilung des NS-Antisemitismus, darunter auch die naturgemäß heftige publizistische Reaktion der jüdischen und nichtjüdischen Emigration aus Deutschland – das schuf eine Atmosphäre, in der auch gewaltsame Gesten des Widerstands und terroristische Racheakte nicht ausbleiben konnten. Zweieinhalb Jahre zuvor, am 4. Februar 1936, hatte David Frankfurter, ein aus Jugoslawien stammender jüdischer Medizinstudent, in Davos Wilhelm Gustloff erschossen, den Leiter der Landesgruppe Schweiz in der Auslandsorganisation der NSDAP. Herschel Grünspan empfand im übrigen seine persönliche Misere – zu einem guten Teil mit Recht – als unmittelbares Resultat der nationalsozialistischen Judenverfolgung.

In den letzten Tagen vor dem Attentat hatte ihn zudem eine dramatische Zuspitzung der Not jener Gruppe der noch in Deutschland lebenden Juden, zu der seine Familie gehörte, besonders getroffen und aufgewühlt; zugleich war seine persönliche Lage fast ausweglos geworden. Ende Oktober waren die Eltern und die beiden noch lebenden Geschwister Herschels von der Geheimen Staatspolizei zur deutsch-polnischen Grenze deportiert worden, zusammen mit rund 17000 Leidensgenossen, allesamt seit langem in Deutschland ansässige Juden polnischer Staatsangehörigkeit. Die Gestapo hatte bei dieser Aktion auf Verlangen des Auswärtigen Amts gehandelt, das wiederum durch Maßnahmen der polnischen Regierung alarmiert worden war, die den seit längerer Zeit im Ausland lebenden polnischen Juden die Staatsangehörigkeit und damit die Möglichkeit der Rückkehr nach Polen zu nehmen drohten. An der Grenze angekommen, mußten die Deportierten einige Tage in erbärmlichen Verhältnissen vegetieren, da ihnen Polen zunächst die Einreise verweigerte, während die deutschen Behörden die Heimkehr in die Heimatorte unterbanden. Am 3. November erhielt Herschel in Paris eine Postkarte, die seine Schwester Beile am 31. Oktober geschrieben hatte, und erfuhr so vom Geschick seiner Familie. Die Nachricht traf ihn mit um so größerer Wucht, als er selbst seit Anfang des Jahres keine gültigen polnischen oder deutschen Papiere mehr besaß und schon seit dem 11. August 1938 die vom 8. Juli stammende und am 15. August wirksam gewordene Ausweisungsverfügung der französischen Behörden in Händen hatte; seit Monaten lebte er also illegal in Frankreich, ständig das Los vor Augen, das nun seine Familie tatsächlich getroffen hatte.

Zu allem Überfluß kam es am 6. November zu einem bösen Streit zwischen Herschel und seinem Onkel Abraham. Herschel glaubte sich zum Auszug gezwungen. Mit 320 Franc in der Tasche verließ er die Wohnung des Onkels und mietete sich unter dem Namen Heinrich Halter im Hotel Suez auf dem Boulevard de Strasbourg ein (Übernachtung mit Frühstück 22,50 Franc). Er konnte sich ausrechnen, wann er keinen Sou mehr in der Tasche haben würde. Am nächsten Morgen kaufte er für 245 Franc beim Waffenhändler Carpe einen Trommelrevolver samt Patronen und machte sich auf den Weg zur Botschaft des Deutschen Reiches. Wenigstens ein Repräsentant der verhaßten und für das Unheil verantwortlichen Nazis sollte fallen.

Anfänge eines Pogroms

Herschel Grünspans Tat fand außerhalb der deutschen Grenzen zwar da und dort Verständnis, aber nirgends Zustimmung. Schließlich handelte es sich um ein Verbrechen, um Mord. Auch war die Welt ruhebedürftig, nachdem Hitlers Versuch, die Tschechoslowakei in Besitz zu nehmen, gerade eine halbjährige Periode nervösester internationaler Spannung verursacht hatte; erst am 30. September 1938 war mit dem Münchner Abkommen, d.h. mit der Auslieferung der sudetendeutschen Gebiete an das nationalsozialistische Deutschland, ein Krieg zwischen dem Dritten Reich und den Westmächten in letzter Minute abgewendet worden. Vor allem aber fragte man sich in den europäischen Ländern, ob nicht das NS-Regime Grünspans Attentat als Vorwand für weitere judenfeindliche Maßnahmen oder Aktionen nehmen werde. Am 9. November schrieb die Londoner ›Times‹: »Die noch im Dritten Reich verbliebenen 400000 Juden erwarten heute nacht in Furcht und Angst einen erneuten Angriff auf ihre Rasse, der, sofern der Ton der amtlich gelenkten Presse als Anzeichen gewertet werden kann, an Gewalttätigkeit und Roheit jeden während der vergangenen fünf Jahre stattgefundenen übertreffen wird.« In der Tat hatten etliche nationalsozialistische Führer, namentlich Joseph Goebbels, der für die Presselenkung zuständige Reichsminister für Volksaufklärung und Propaganda, die Schüsse Grünspans mit der gleichen begeisterten Empörung begrüßt, mit der sie 1933 auf den Brand des Reichstags reagiert hatten, weil er den Ausbau der NS-Diktatur so offensichtlich erleichterte, und mit der gleichen düsteren Befriedigung, mit der sie im Juli 1944 das Attentat des Grafen Stauffenberg quittieren sollten, weil es Gelegenheit bot, die alten deutschen Führungsschichten zur Ader zu lassen[2]. Der ›Völkische Beobachter‹, das offizielle Zentralorgan der NSDAP, schlug den Grundakkord an, als er am 8. November mit der ersten Meldung über den Pariser Vorfall einen Leitartikel brachte, in dem sich folgende Sätze fanden: »Es ist klar, daß das deutsche Volk aus dieser neuen Tat seine Folgerungen ziehen wird. Es ist ein unmöglicher Zustand, daß in unseren Grenzen Hunderttausende von Juden noch ganze Ladenstraßen beherrschen, Vergnügungsstätten bevölkern und als ›ausländische‹ Hausbesitzer das Geld deutscher Mieter einstecken, während ihre Rassegenossen draußen zum Krieg gegen Deutschland auffordern und deutsche Beamte niederschießen. Die Linie von David Frankfurter zu Herschel Grynszpan ist klar gezeichnet ... Die Schüsse in der Deutschen Botschaft in Paris werden ... den Beginn einer neuen deutschen Haltung in der Judenfrage bedeuten ...«

Solche Sätze sind an solchem Ort sicherlich nicht ohne Wissen und Billigung des Propagandaministers gedruckt worden. Hier sprach Goebbels selbst. Zwar gab er mit dem Leitartikel weder der herrschenden Partei, der NSDAP, noch irgendeinem Organ der staatlichen Verwaltung den verschleierten Befehl zu einem Pogrom, doch muß er sich bewußt gewesen sein, daß der Artikel und die im gleichen Tenor gehaltene reichsweite Pressekampagne in allen Teilen Deutschlands einzelne judenfeindliche Aktionen nicht nur möglich oder wahrscheinlich, sondern gewiß machten. Die Worte waren kräftig genug, um da und dort radikale niedere Funktionäre einer antisemitischen Partei wie der NSDAP in Bewegung zu setzen, zumal die Propagandalinie das Gefühl vermittelte, bei gewaltsamem Vorgehen im Sinne der Parteiführung zu handeln und später von ihr gedeckt zu werden. Allenthalben zeigen die Vorfälle am Abend des 8. November das gleiche Schema: Versammlung am Abend mit Hetzrede des Ortsgruppenleiters, der zumeist auch Bürgermeister

[2] Zu Auslösung, Durchführung und Ablauf des Pogroms: Hermann Graml, Der 9. November 1938. »Reichskristallnacht«. 6. Aufl. Bonn 1958; Lionel Kochan, Pogrom. 10. November 1938. London 1957; Wolfgang Benz, Der Rückfall in die Barbarei. Bericht über den Pogrom. In: Walter H. Pehle (Hrsg.), Der Judenpogrom 1938. Frankfurt 1988, S. 13ff.

war; im Anschluß daran wurde die Synagoge angezündet oder demoliert, wurden jüdische Geschäfte und Wohnungen zerstört und geplündert, oft auch schon einzelne Juden mißhandelt. Die Rädelsführerschaft der örtlichen Parteigrößen steht außer Zweifel, doch ist ebenso klar, daß nirgends Weisungen höherer Stellen vorlagen. Als die Ereignisse nach 1945 vor Gericht verhandelt wurden, hat sich denn auch keiner der angeklagten Politischen Leiter darauf berufen, er habe auf Befehl gehandelt. Sie suchten sich nur mit der Behauptung zu verteidigen, die Ausschreitungen seien nicht von ihnen inszeniert worden, sondern »spontan« entstanden.

Generell trifft das keineswegs zu, doch hat sich an den Pogromen des 8. November die nicht in der NSDAP organisierte Bevölkerung tatsächlich in nicht unerheblichem Maße beteiligt. Dabei ist allerdings nicht mehr zu unterscheiden, wie stark antisemitische Impulse wirkten, die Grünspans Attentat ausgelöst hatte, und wie stark reine Randalierfreude, eine gerade in einer strikt reglementierten Gesellschaft gelegentlich durchbrechende Lust am Tumult. In einigen wenigen Orten waren freilich die Aktivitäten der NS-Organisationen und die Massenaktion so ineinander verflochten, daß von einer Urheberschaft der Partei kaum mehr gesprochen werden kann. Ob es sich aber, wie meist, um Einzelaktionen vorprellender örtlicher Parteiführer oder um jene seltenen Zwischenfälle handelte, die sowohl der Partei wie der aufgestörten Bevölkerung zugeschrieben werden müssen – stets lieferte den Zündstoff die Hetze von Presse und Rundfunk, im Grunde also die Stimmungsmache der obersten Parteileitung.

Der 9. November brachte neue Züge ins Bild. Vereinzelt tauchten in Dörfern und kleinen Städten Ortsfremde auf, die sich an die lokalen Parteifunktionäre und SA-Führer wandten und sie zum Vorgehen gegen die Juden anzustiften suchten. So erzählte am Abend des 9. November der Bürgermeister und Ortsgruppenleiter von Schupbach bei Limburg seinem Polizeiwachtmeister, es sei »jemand« dagewesen und habe »Krach gemacht«, weil in Schupbach noch nichts gegen die Juden unternommen worden sei; wer der »Jemand« war, konnte nicht mehr festgestellt werden. In anderen Fällen operierten ortsfremde Provokateure an den lokalen Dienststellen der NSDAP oder ihrer Gliederungen vorbei und stifteten selbst Pogrome an. So geschah es in Münzenberg bei Gießen, wo die Fahrer eines Regierungsautos aus Darmstadt und eines Autos vom Landratsamt Friedberg durch wüste antisemitische Hetzreden während des Marktes die Masse zum Sturm auf die Synagoge aufputschten.

Noch immer lagen keine bestimmten Weisungen der obersten Parteiführung vor. Die Haltung der von der Propaganda mobilisierten Provokateure aus dem mittleren und unteren Parteiapparat wurde gleichwohl im Laufe des Tages fester, und sie legten allmählich die Neigung ab, bei allem Radikalismus ängstlich nach oben zu schielen. Die Akteure versuchten, andere zum Mitmachen zu bewegen und die bislang nicht verknüpften Aktionen zu koordinieren. Die Befehle wurden, ohne daß vorgesetzte Stellen eingegriffen hätten, schärfer und entschiedener. Am 8. November waren die zum Pogrom Aufgerufenen bei den Synagogen und jüdischen Geschäften einfach so erschienen, wie sie zu der vorhergegangenen Versammlung gekommen waren: die einen in Uniform, andere in Zivil. Am 9. wurden Uniformträger meist wieder nach Hause geschickt, um Zivilkleidung anzuziehen. Hatte es am Vortag oft noch eine gewisse Freiwilligkeit gegeben, so wurde jetzt eindeutig befohlen. Die Politischen Leiter – unter diesem Begriff verstand man die Funktionäre der NSDAP – setzten sich nun, mit Parteigenossen und SA-Leuten zu kleinen Stoßtrupps zusammengefaßt, klar umrissene Aufgaben, wogegen am 8. die Anweisungen der Initiatoren häufig verhältnismäßig vage geblieben waren. »Unsichere Kantonisten«, d.h. Parteigenossen oder SA-Leute, die zögerten, sich derartigen Stoßtrupps anzuschließen, wurden unter Druck gesetzt und ermahnt, sich nationalsozialistisch zu verhalten. Gelegentlich, wie in Groß-Zimmern bei Darmstadt, verdichtete sich die Ermahnung bereits zu massiver Drohung. War am 8. noch gar keine Trennung der nationalsozialistischen Gliederungen zu beobachten, so begannen sich am 9. November Partei, NS-Kraftfahrkorps (NSKK) und Hitlerjugend (HJ) nicht selten, nach gemeinsamer Instruktion, zu scheiden. Ausgangspunkt der einzelnen Pogrome blieb aber die Versammlung. Überall fanden ja zur Erinnerung an den gescheiterten Hitler-Putsch vom 9. November 1923 Kundgebungen statt. Nur in wenigen Fällen, so in Beienheim bei Gießen, vereinfachte sich die Reihenfolge »Versammlung – Hetze – Befehl – Pogrom«. Versammlung und Hetzrede fielen fort, an ihre Stelle rückte der bare Befehl. Zunächst kam das allerdings nur bei SA-Formationen vor, wo diese Art des Vorgehens durch die militärische Organisation begünstigt wurde.

Generell gilt, daß sich die Ausschreitungen des 8. wie des 9. November ausschließlich in Gemeinden ereigneten, in denen die Ortsgruppe der NSDAP oder die lokale SA-Einheit seit Jahren von einem besonders radikalen Antisemiten geführt wurde. Daß solche Funktionäre am ehesten dazu neigten, auf Herschel Grünspans Attentat und auf die antreiberische Hetze von Presse und Rundfunk mit einem eigenmächtig inszenierten kleinen Pogrom zu reagieren, liegt auf der Hand, und offenbar war die von ihnen jahrelang betriebene judenfeindliche Agitation auch nicht ohne Einfluß auf die Untergebenen geblieben. Bei der SA wiederum spielte der Zeitpunkt eine große Rolle: Der 9. November war ja als Gedenktag des Putschversuchs von 1923 der Erinnerung an die »Kampfzeit«, d.h. an die Jahre der bürgerkriegsähnlichen Auseinandersetzungen vor 1933, gewidmet.

Alljährlich wurde an diesem Tag in feierlichen Zeremonien der harte und kriegerische »SA-Geist« jener Zeit beschworen und eine Stimmung geschaffen, ein Gemisch aus Protzerei, nostalgischer Sentimentalität und subjektiv aufrichtig empfundener Traditionsbildung, das die Tendenz zur Gewalttätigkeit durchaus förderte. Da die SA seit 1934 erheblich an politischem Gewicht verloren hatte, konnte in vielen alten Kämpfern um so leichter der Wunsch geweckt werden, die Bedeutung und die Freizügigkeit der »Kampfzeit« wiederaufleben zu lassen. In solcher Stimmung war es vielen SA-Leuten sehr recht, gegen den jüdischen »Feind« losgelassen zu werden.

Bis zum Abend des 9. November war es also, ohne daß die oberste oder auch nur die mittlere Führung der Partei gehandelt hätten und verantwortlich zu zeichnen brauchten, in einigen Teilen Deutschlands zu Pogromen gegen jüdische Bürger gekommen, scheinbar spontan und doch nicht wirklich als Demonstration des »Volkes«. Immerhin hatten die beharrliche Hetze der vergangenen Jahre, die Intensität der Propaganda am 8. wie am 9. November und die Gunst der Stunde da und dort den Apparat der NSDAP und ihrer Gliederungen in Bewegung gesetzt, ohne daß es eines Befehls von oben bedurft hätte. Freilich mußten derartige Selbstentzündungen des Judenhasses auf Einzelfälle in kleineren Gemeinden beschränkt bleiben, wo es lokalen Funktionären der NS-Bewegung gelungen war, über die bloße Leitung hinaus Einfluß zu gewinnen. Der obersten Führung wäre jetzt noch immer die Möglichkeit geblieben, sich zu distanzieren oder doch dem Spuk ein Ende zu machen.

Die Auslösung der reichsweiten Aktion

Wie alljährlich wurde am 9. November in München der 1923 von der Polizei zusammengeschossene Marsch zur Feldherrnhalle symbolisch wiederholt. Alles, was im Dritten Reich Rang und Namen hatte, war zu diesem Ereignis, das die Zeremonienmeister des Regimes inzwischen zu einer der größten nationalsozialistischen Selbstdarstellungen stilisiert hatten, in die bayerische Hauptstadt gekommen. Für die weitere Verwirklichung des Plans, den Joseph Goebbels offensichtlich ausgebrütet hatte, schuf eine solche Konzentration der NS-Führerschaft eine einzigartige Gelegenheit. Am Abend des 9. November traf sich die »Alte Garde« der NS-Bewegung zu einem Kameradschaftsabend im Alten Rathaussaal. Auch Hitler war anwesend. Kurz nach dem Essen, etwa um 21 Uhr, erschien ein Bote und teilte dem »Führer« flüsternd mit, der Gesandtschaftsrat vom Rath sei seinen Verletzungen erlegen. Hitler sprach daraufhin eine Weile sehr eindringlich mit dem neben ihm sitzenden Goebbels, jedoch so leise, daß auch die unmittelbaren Nachbarn den Inhalt des Gesprächs nicht verstehen konnten. Anschließend kehrte er in seine Münchner Wohnung zurück, ohne zu den Anwesenden gesprochen zu haben, wie es in den Vorjahren üblich gewesen war.

Kurze Zeit nach Hitlers Aufbruch, etwa um 22 Uhr, erhob sich Goebbels, gab den Tod Raths bekannt und hielt eine wüste antisemitische Hetzrede, in der er auch erwähnte, in Kurhessen und Magdeburg-Anhalt sei es bereits zu spontanen Vergeltungsaktionen des Volkes gekommen, und überall im Reich seien weitere Ausbrüche des Volkszorns zu erwarten. Die Partei habe, wie vom Führer entschieden worden sei, solche Aktionen zwar nicht zu organisieren, aber dort, wo sie spontan entstünden, auch nicht zu behindern. Goebbels schilderte dabei die Vorgänge so wohlwollend, formulierte die ihretwegen der Partei zu gebenden Anordnungen so geschickt, hetzte so bösartig gegen die Juden und sprach so leidenschaftlich von Vergeltung, daß keiner der versammelten Führer von Partei und SA im Zweifel darüber sein konnte, was von ihm erwartet wurde. Ein Bericht, den das Oberste Parteigericht später dem zweiten Mann im NS-System, Hermann Göring, über den Gang der Dinge am 9. und 10. November erstattete, stellte unzweideutig fest: »Die mündlich gegebenen Anweisungen des Reichspropagandaleiters sind wohl von sämtlichen anwesenden Parteiführern so verstanden worden, daß die Partei nicht nach außen als Urheber der Demonstrationen in Erscheinung tritt, sie in Wirklichkeit aber organisieren und durchführen sollte.«

Das Vorspiel des 8. und 9. November erfüllte jetzt in der Rede Goebbels' seinen eigentlichen Sinn und Zweck: der Hinweis auf die bereits erfolgten Ausschreitungen bezeichnete im Zusammenhang der Hetzrede die Richtung des gewünschten Handelns. Hatte sich zuvor Propaganda in Aktion umgesetzt, so wurde diese Aktion nun wieder propagandistisch ausgewertet, um zu neuer Aktion anzureizen. Goebbels hatte seine Rede wohl kaum erst an Ort und Stelle konzipiert, zumal er die Wechselwirkung von Worten und Taten ja selbst in Gang gebracht hatte. Die Rede war offensichtlich Teil eines wohlberechneten Planes, den jene Mischung aus blinder und brutaler Emotionalität mit kaltem Kalkül hervorgebracht hatte und prägte, die das Wesen der NS-Bewegung ausmachte und für alle ihre Aktivitäten charakteristisch war. Nächst Hitler war der Reichspropagandaleiter und Propagandaminister in der Tat der berufene Interpret dieses von Trieb und Taktik bestimmten Geistes.

Nur Hitler selbst hätte Goebbels die Rolle abnehmen können, die er in jenen Tagen spielte. Hitler schob aber im entscheidenden Augenblick die Verantwortung seinem Propagandachef zu. Keinesfalls ist der »Führer« von Goebbels überrumpelt und vor vollendete Tatsachen gestellt worden. Seine Mitwirkung steht außer Zweifel. Sollte er über den Plan zum großen Pogrom vorher nicht im einzelnen unterrichtet gewesen sein, so wurde er doch spätestens auf dem Kameradschaftsabend, also vor der Goebbels-Rede, zum Mitwisser und damit zum eigentlich Verantwortlichen. Sein eifriges Zwiegespräch mit Goebbels, das die Nachricht vom Tode Raths ausgelöst hatte, kann keinen anderen Gegenstand gehabt haben als eben die geplante Aktion. Nachdem Hitler den Alten Rathaussaal verlassen hatte, gab er nämlich, ohne vorher noch einmal mit Goebbels zusammengetroffen zu sein, gegen 12 Uhr nachts dem Reichsführer SS und Chef der Deutschen Polizei Heinrich Himmler Instruktionen, die auf genauer Kenntnis des Plans beruhten. Er muß also während des Gesprächs mit seinem Propagandachef das Vorgehen erörtert, die letzten Entscheidungen getroffen und Goebbels in der Führung der Aktion bestätigt haben. Selbst trat er so weit in den Hintergrund, daß er als Staatsoberhaupt nicht als Urheber des Pogroms identifiziert werden konnte. Auch behielt er so die Möglichkeit, vor Paladinen wie Himmler und Göring, die den Pogrom aus taktischen Gründen mißbilligten, Goebbels zum Sündenbock und zur Zielscheibe ihres Ärgers zu machen. Das hat er auch erreicht. Himmler diktierte noch in der gleichen Nacht: »... ich vermute, daß Goebbels in seinem mir schon lange aufgefallenen Machtbestreben und in seiner Hohlköpfigkeit gerade jetzt in der außenpolitisch schwersten Zeit diese Aktion gestartet hat.«

Hitlers Zurückhaltung gehörte im übrigen auch zu der Fiktion einer »spontanen« Antwort der Bevölkerung auf Grünspans Attentat. Wenn der Pogrom nicht sogleich als organisierte Aktion der Partei entlarvt werden sollte, durfte bei der Parteiaktion, die den Volkszorn vorzutäuschen hatte, zumindest kein Führerbefehl nachweisbar sein. Jedenfalls mußte es den Eindruck der Spontaneität verstärken, wenn der Chef der Bewegung, mit absoluter Befehlsgewalt ausgestattet, nicht ein einziges lautes Wort gesagt hatte, das die Ausschreitungen hätte auslösen oder fördern können. In den eigenen Reihen genügte es ja, wenn statt des klaren: »Der Führer befiehlt es!« ein minder klares, wenig faßbares, doch ebenso mitreißendes: »Der Führer will es!« die mittleren und unteren Funktionäre erreichte.

Diesem Konzept suchte Goebbels auch mit seiner eigenen Rede zu dienen, die weder einen Führerbefehl noch überhaupt einen Befehl enthielt. Die Rede war vielmehr ein Appell, der mit ähnlicher Suggestion zu wirken suchte wie die Pressekampagne des 8. und 9. November. Allerdings hatte es Goebbels jetzt leichter, da er sich in München nicht auf dem Umweg über die Presse an eine anonyme Masse von Funktionären wenden mußte, sondern den Appell unmittelbar an die vor ihm sitzende Führerschaft der NS-Bewegung richten konnte. Im Alten Rathaussaal fiel es dem Propagandachef nicht schwer, bei der hier versammelten »Alten Garde« den Willen zur sofortigen Aktion aus ideologischer Überzeugung – wobei es sich in diesem Falle bloß um ein Feindbild handelte – zu mobilisieren und mit gleichem Effekt die persönliche Bindung eines jeden einzelnen »Gefolgsmannes« an seinen »Führer«, d.h. im Augenblick die Bereitschaft zur spontanen Erfüllung der offenkundigen Wünsche des »Führers«, zu aktivieren.

Nachdem Goebbels geendet hatte, löste sich der Kameradschaftsabend auf. Die hohen Führer machten sich sogleich daran, den nachgeordneten Dienststellen ihrer Organisationen Weisungen im Sinne der eben gehörten Rede zu geben. Allerdings fielen die Weisungen doch unterschiedlich eindeutig und bindend aus.

Am schnellsten reagierte die NSDAP. Auf sie wirkte die Rede ihres Reichspropagandaleiters unmittelbar verpflichtend; auch war keine Zwischeninstanz eingeschaltet. Gauleiter und Gaupropagandaleiter stürzten zum nächsten Telefon, riefen die heimischen Dienststellen an und suchten dort jemand zu erreichen, der den Apparat in Bewegung setzen konnte. Ab 22.30 Uhr wurden die Stäbe der Gaue aufgestört, von denen dann die Anweisungen an die Kreisleiter gehen sollten, von den Kreisleitern an die Ortsgruppen. Dem telefonischen Weg allein mißtraute Goebbels, außerdem wollte er den bestimmenden Einfluß seiner Propagandaämter gesichert wissen. Daher folgte den fernmündlichen Weisungen der Parteiführer um 1.40 Uhr ein Fernschreiben des Reichspropagandaleiters an die Gaupropagandaämter, in dem die Rede Goebbels' sinngemäß zusammengefaßt war. Die Propagandaämter durften sich nun bevollmächtigt fühlen, die Aktionen der Partei und ihrer Gliederungen zu koordinieren.

Etwas anders verliefen die Dinge bei der SA. Viktor Lutze, der Stabschef, sammelte die Führer der SA-Gruppen noch im Rathaussaal, unmittelbar nach der Rede des Reichspropagandaleiters, und gab dem Drang nach, seine SA mit einer eigenen Ansprache zu instruieren. Offensichtlich wollte er dabei dem Beispiel folgen, das Goebbels gegeben hatte. Auch Lutze verzichtete also auf einen klaren Befehl und wählte die Form des Appells. Allerdings fehlten ihm Feuer und Formulierungskunst des Propagandachefs. Ferner ist nicht auszuschließen, daß ihm – er war kein Fanatiker und kein Scharfmacher – der bevorstehende Pogrom im Grunde mißfiel. Jedenfalls mischte er in die Sätze, die zu judenfeindlicher Aktivität aufriefen, einige Worte der Kritik an den bereits stattgefundenen Ausschreitungen, und am Ende hatte er eine Rede gehalten, die ebenso als Anweisung zur Beteiligung der SA am Pogrom wie als Anweisung zur Passivität verstanden werden konnte. Indes machte keiner der Gruppenführer von der Ausweichmöglichkeit, die Lutzes Ansprache bot, Gebrauch. Sie fuhren in ihr Quartier (Hotel »Rheinischer Hof«), und alle gaben eindeutige Befehle an ihre heimischen Dienststellen durch. Diese Telefonate fanden zwischen 23 und 24 Uhr statt. Von den Gruppenstäben liefen die Weisungen über die Brigaden zu den Standarten und wurden dann an die Stürme weitergeleitet.

Während sich die SA-Führer schon auf dem Weg zum »Rheinischen Hof« befanden, waren die Spitzen von SS und Polizei noch gar nicht über das Vorgefallene und das Bevorstehende unterrichtet. Bei dem Kameradschaftsabend im Rathaussaal war die SS kaum vertreten gewesen; Goebbels' Rede haben mit Sicherheit weder Himmler noch andere wichtige Führer der SS gehört. Heydrich, Chef der Sicherheitspolizei und des SD, saß währenddessen im Hotel »Vier Jahreszeiten«. Er wurde um 23.15 Uhr, als die ersten Anordnungen von Partei und SA bereits gegeben waren, durch die Staatspolizeileitstelle München informiert, deren Führer vom Dienst nachfragte, welche Befehle Heydrich für Sicherheitspolizei und Gestapo habe. Heydrich, sichtlich überrascht, gab zunächst keine Anweisungen. Er wollte die Entscheidung Himmlers einholen, zu dem er deshalb den SS-Gruppenführer Wolff schickte.

Wolff erreichte Himmler, der sich bei Hitler in dessen Wohnung in der Äußeren Prinzregentenstraße befand, um 23.30 Uhr. Er unterrichtete Himmler und bat um Befehle für Heydrich und die SS bzw. die Polizei. Himmler sprach daraufhin mit Hitler, mußte aber, ehe er mit Heydrich und den obersten SS-Führern wieder in Verbindung treten konnte, zum Odeonsplatz und dort die bereits traditionelle mitternächtliche Vereidigung der SS-Rekruten vornehmen. Um 1 Uhr kehrte er in sein Hotel »Vier Jahreszeiten« zurück und formulierte dort endlich für Heydrich einen Befehl, in dem es heißt: »Die Staatspolizeileitstellen haben sich nach den Wünschen der Propagandaämter zu richten.« Die Federführung der Aktion liege bei den Gaupropagandaämtern. Mit solchen Sätzen anerkannte Himmler die Dirigentenrolle des Reichspropagandaleiters, doch dürfte es ihm, da er die Aktion mißbilligte, vor allem darauf angekommen sein, Goebbels' Verantwortung eindeutig festzuhalten. Der Reichsführer SS verständigte auch die ebenfalls in den »Vier Jahreszeiten« wohnenden SS-Oberabschnittsführer über den Befehl an die Gestapo, wobei er hinzufügte, daß sich die SS aus der Sache heraushalten und nur im Notfall zur Unterstützung der Gestapo herangezogen werden solle. Anschließend diktierte er dem persönlichen Referenten Wolffs, SS-Hauptsturmführer Schallermeier, eine Aktennotiz, in der er all dies als Ergebnis seiner Unterredung mit Hitler und damit als Führerbefehl charakterisierte.

Heydrich wiederum übermittelte den Staatspolizeileitstellen um 1.20 Uhr ein Fernschreiben, in dem er festlegte, daß die

Aufgabe der Gestapo – wie der Polizei überhaupt – vornehmlich im Schutz nichtjüdischen Lebens und Eigentums bestehe; so sei die Ausbreitung von Synagogenbränden zu verhindern. Ferner gab er der Gestapo den Befehl, so viele Juden – gesund, männlich, nicht zu alt, nach Möglichkeit wohlhabend – zu verhaften und in Konzentrationslager zu verbringen, wie untergebracht werden könnten. Einen solchen Verhaftungsbefehl hatten die Staatspolizeileitstellen allerdings schon eine Stunde und 25 Minuten früher erhalten, und zwar vom Geheimen Staatspolizeiamt in Berlin. Der Leiter des Gestapa, SS-Standartenführer Müller, war dort, wahrscheinlich von der Münchner Gestapo alarmiert, aber noch ohne Kontakt mit Himmler oder Heydrich gehabt zu haben, tätig geworden und hatte um 23.55 Uhr ein Fernschreiben an die Leitstellen gesandt, das Heydrichs spätere Anordnungen im wesentlichen vorwegnahm, jedoch drei bemerkenswerte Unterschiede aufwies: Erstens fehlte jeder Bezug auf den Tod Raths; zweitens war für die Verhaftungsaktion eine genauere Zahl, 20000 bis 30000, angegeben; drittens schien Müller die Federführung der judenfeindlichen Aktionen für die Gestapo beanspruchen zu wollen. Offenbar hatte Müller einfach nach einem Eventualplan gehandelt, der für einen Fall, wie er nun eingetreten war, im Gestapa bereitlag, während Heydrichs Weisung den Eventualplan nach der tatsächlich entstandenen Situation, nach dem Resultat der Unterredung Hitler – Himmler und nicht zuletzt nach der Zurückhaltung des Reichsführers SS korrigierte.

Reichskristallnacht

Am Abend des 8. November hatte der Kreisleiter von Hanau, wie andere Dienststellenleiter der NSDAP, noch einen Geheimbefehl des hessischen Gauleiters Sprenger erhalten, der jede Einzelaktion verbot. Infolgedessen war es in seinem Befehlsbereich bis in die Nacht vom 9. auf den 10. November ruhig geblieben. In den ersten Morgenstunden des 10. kam jedoch ein Anruf aus dem Gaupropagandaamt, der Sprengers Weisung aufhob und die Durchführung einer rücksichtslosen Vergeltungsaktion für den Tod Raths anordnete. Es wurde die völlige Zerstörung des jüdischen Besitzes durch einen von der Partei zu inszenierenden und zu lenkenden Pogrom befohlen, doch dürfe die Partei nicht als Urheberin in Erscheinung treten. Der Kreisleiter begriff, was er zu tun hatte. Er mobilisierte nicht sämtliche Parteigenossen, sondern holte nur seine Unterführer, dazu die lokalen Führer von SA, SS und SD, zu einer Besprechung zusammen, auf der er den erhaltenen Befehl erläuterte und den Versammelten ihre Aufgaben zuteilte.

Am Vormittag des 10. wurden daraufhin in schnellen Auftritten, bei denen die Akteure unerkannt blieben, Synagogen und jüdische Geschäfte beschädigt. Wo es Lärm gab, sammelten sich natürlich zahlreiche Neugierige. In die ständig größer werdenden Scharen mischten sich Parteifunktionäre, die nun die Stimmung durch geschickte Hetzreden in dumpfe Bewegung brachten, immer kräftigere Worte in die Menge warfen und die Erregung schließlich so steigerten, daß es wie eine natürliche Entladung wirkte, als ein von ihnen mitgebrachter Stein gegen die Synagoge oder das Schaufenster flog. Damit war der Bann gebrochen, die Menge begann zu stürmen und in das Innere der Gebetshäuser, Geschäfte und Wohnungen einzudringen; die zielbewußt geschürte und aufgestaute Zerstörungslust machte sich Luft. Das Volk beantwortete »spontan« die Ermordung Raths und hatte doch eine Stunde zuvor an die Tat Grünspans kaum anders gedacht als an ein Erdbeben in Japan.

Indem der Hanauer Kreisleiter auf die Masse der Parteigenossen verzichtet, als Träger der Aktion lediglich gut instruierte Politische Leiter der NSDAP und Gliederungsführer verwendet hatte, war er Goebbels Vorstellungen vom Pogrom genau gerecht geworden. Partei und SA hatten als Provokateure die Ausschreitungen angezettelt und geleitet, das Volk aufgeputscht und auf erwünschte Objekte gelenkt, gleichsam als Kristallisationskerne des Pogroms gewirkt. Sie hatten nicht in geschlossener Formation operiert oder gar in solcher Formation selbst »Volk« gespielt. So war tatsächlich eine gewisse Beteiligung der Bevölkerung erreicht, das Erscheinungsbild einer »spontanen Demonstration« annähernd geschaffen worden.

Eine derart exakte Umsetzung des Goebbelsschen Willens blieb freilich seltene Ausnahme. Auch der Hanauer Kreisleiter scheiterte bereits, als er versuchte, das in der Stadt erprobte Schema auf den ganzen Kreis zu übertragen. Er benützte eine vom Landrat einberufene kommunalpolitische Besprechung, um den Bürgermeistern, die ja durch die Bank auch Ortsgruppenleiter waren, den Befehl zum Pogrom zu erteilen und sie über die gewünschte Durchführung ins Bild zu setzen. Die Ortsgruppenleiter waren aber zur Erfüllung solch anspruchsvoller Wünsche unfähig. So alarmierte der Bürgermeister und Ortsgruppenleiter von Groß-Auheim nach seiner Rückkehr von der Besprechung prompt alle Parteigenossen und SA-Leute, die er für zuverlässig hielt, und führte sie mit klarem Befehl geschlossen gegen jüdische Wohnungen, ohne auch nur den Versuch zu machen, Zusammenrottungen nach Hanauer Muster zu erzeugen und eine »Demonstration des Volkes« vorzutäuschen. Und Groß-Auheim war für den Ablauf in Dörfern und Landstädten typisch. Hier zeigte sich, daß das von Goebbels ausgeheckte taktische Konzept nicht zu verwirklichen war, daß es den unteren Funktionären zuviel zumutete. Den mittleren und unteren Bürokraten der NSDAP fehlte es zwar nicht an Brutalität, zumal wenn sie ihnen befohlen war, wohl aber an Elan, Gewandtheit, Geschick. Es gelang ihnen, die Partei zu mobilisieren, doch gelang es ihnen nicht, die Mobilisierung zu verschleiern und die Bevölkerung aufzustacheln. So setzten sie eben ihre Formation der Partei als »Volk« ein. Selbst wenn sich dann noch Teile der Bevölkerung anschlossen, war die Partei doch längst als Anstifterin und Organisatorin erkennbar geworden.

Gaben die Gaupropagandaleiter, wie es gelegentlich geschah, ihren Weisungen nicht die Form eines klaren Befehls, begnügten sie sich mit einem ideologischen Appell im Stile von Goebbels, konnte es sogar passieren, daß auch die Partei untätig blieb. So wußte in Erbach bei Darmstadt der Kreisleiter mit der mehrdeutigen Anweisung, die vom Gau eingetroffen war, nichts anzufangen. Also rührte er vorerst keinen Finger. Er unternahm auch nichts, als er im Rundfunk Berichte über den »Volkszorn« in anderen Orten hörte. Am Vormittag des 10. November kam dann ein Regierungsrat vom Landratsamt und zeigte sich über die Passivität des Kreisleiters höchst erstaunt: Aus Berlin liege doch ein Befehl vor, der das Eingreifen der Polizei bei Gewaltaktionen verbiete. Danach konnte der Kreisleiter eigentlich nicht länger daran zweifeln, daß es sich um eine organisierte reichsweite Aktion der Partei handelte und daß das Gaupropagandaamt von ihm die Teilnahme erwartete. Trotzdem tat er noch immer nichts, er hatte ja keinen Befehl. Erst als ihm gemeldet wurde, in einigen Orten seines Kreises hätten fremde Provokateure Unruhe gestiftet, entschloß er sich zu einer »Amtshandlung«. Er ließ seine Ortsgruppenleiter kommen und hielt ihnen eine Rede. Die Ermordung Raths mache gewisse Aktionen notwendig, erklärte er, doch solle sich die

Partei zurückhalten. Die Szene aus dem Münchner Alten Rathaussaal wiederholte sich in kleinerem Rahmen, allerdings mit dem Unterschied, daß Goebbels gewußt hatte, was er wollte, der Kreisleiter aber nach wie vor unsicher war. So betonte er in seiner Rede weder die zur Aktion auffordernden noch die bremsenden Elemente. Dem entsprach das Resultat: Die aktiveren Ortsgruppenleiter legten die Rede als Befehl zum Pogrom aus und handelten danach, während ihr die passiven die Anweisung zur Ruhe entnahmen und nichts taten.

Daß Goebbels selbst und einige seiner Vertreter in den Gaustäben nicht über die Form des ideologischen Appells hinausgingen, ist von manchen Funktionären, denen die Absicht der Führung keineswegs unklar war, allerdings auch als Möglichkeit genutzt worden, die Aufforderung zum Pogrom absichtlich zu überhören oder gar gegen Demonstranten vorzugehen. So kam es in Bad Nauheim zu Zusammenstößen zwischen getarnter SA (»Räuberzivil«) und Parteiführern in Uniform, die versuchten, den Pogrom zu stoppen. Erfolgreich konnten derartige Versuche jedoch nur dann sein, wenn der opponierende Funktionär die Macht besaß, auch die eindeutige Weisung eines Gaupropagandaleiters oder die Anordnung eines SA-Standartenführers durch Gegenbefehle aufzuheben. Im Grunde vermochte allein ein Gauleiter, der für die Vorgänge in seinem Gau Hitler direkt verantwortlich war, mit fühlbarer Wirkung zu bremsen. So hat Gauleiter Kaufmann in Hamburg den Pogrom strikt verboten. Kaufmann war am Abend des 9. November nicht in München gewesen und hatte die Goebbels-Rede nicht gehört; so fiel es ihm naturgemäß leichter, sich den Intentionen des Reichspropagandaleiters zu entziehen. Die Pogrome, die auch in Kaufmanns Territorium stattfanden, mußten von Kommandos aus den Nachbargauen angezettelt werden.

Daß Scharfmacher in benachbarte Befehlsbereiche entsandt wurden, kam auch anderswo vor. Meist diente diese Methode dazu, säumige Parteifunktionäre an ihre Pflicht zu mahnen, wie in Steinheim, wo der Ortsgruppenleiter trotz eines klaren Befehls der Offenbacher Kreisleitung tatenlos in seinem Büro saß; er hoffte, seine Vorgesetzten würden das nicht bemerken. Die Kreisleitung wurde jedoch verständigt und schickte drei Führer der SA-Standarte Offenbach nach Steinheim. Die SA-Führer beschimpften und bedrohten den Ortsgruppenleiter, der nun, immer die drei Offenbacher Emissäre im Rücken, alle Steinheimer Parteigenossen und SA-Leute zusammenrief, ihnen eine scharfe antisemitische Rede hielt und sie an den Eid erinnerte, den sie Adolf Hitler geschworen hatten; um die Wirkung seiner Worte zu erhöhen, ließ er die Versammelten symbolisch noch einmal schwören (dabei erhob ein zufällig anwesender Nicht-Parteigenosse seine Hand nicht zum Schwur, da er sich nicht angesprochen fühlte). Dann nahm die Aktion zur Zufriedenheit der drei SA-Führer ihren Lauf.

In seltenen Fällen kam es zur Entsendung von Provokateuren, weil ein findiger Kopf in einem Gaustab oder in einer Kreisleitung ein übriges tun wollte, um die Rolle der Partei zu verschleiern. Die Politischen Leiter eines Ortes wurden dann absichtlich ohne Information und ohne Befehl gelassen. So wirkten sie, mit den Aktionen der auswärtigen Provokateure konfrontiert, völlig überrascht, und jeder konnte sehen, daß die lokalen Funktionäre unbeteiligt waren. Schlossen sie sich dem Pogrom an, waren sie eben von ihrer »berechtigten Empörung« über das Attentat mitgerissen worden, schlossen sie sich aber nicht an, suchten sie sogar den fremden Agenten entgegenzutreten, so ließ sich das erst recht nutzen. Wie konnte denn die Partei den Pogrom organisiert haben, wenn ihn doch die örtlichen NSDAP-Funktionäre bekämpften? Den Pogrom selbst störte das nicht. Wenn der jeweilige Ortsgruppenleiter eingriff, hatte ja das auswärtige Kommando sein Werk schon getan, war der Pogrom bereits in vollem Gange. Allerdings scheiterte dieser taktische Einfall in der Praxis daran, daß die Rolle der Provokateure fast immer der besser motorisierten SA zugewiesen wurde, die SA aber keine Agenten schickte, sondern Stoßtrupps in Marsch setzte. 30 oder 50 Mann, die von einem oder zwei Lastwagen heruntersprangen und Synagogen stürmten, konnten eine »spontane Demonstration« weder provozieren noch vorspiegeln. Sie machten die lenkende Hand der obersten Führung nur besonders sichtbar.

Die SA hatte ohnehin ihren eigenen Stil. Auf dem Lande und in den kleineren Städten dominierte die Partei. Tonangebender Vertreter des nationalsozialistischen Regimes war hier der Politische Leiter der NSDAP und nicht der Gliederungsführer. Überdies hatten die lokalen Führer der über weite Räume verstreuten SA-Einheiten meist einen niedrigeren Rang als die am gleichen Ort amtierenden Funktionäre der Partei; so stand dem Ortsgruppenleiter oft nur ein Truppführer der SA, also eine Art Unteroffizier, gegenüber. Die höheren SA-Führer wiederum hatten in ländlichen Bezirken nicht die Möglichkeit, die ihnen unterstellten Männer rasch zu konzentrieren. Die auf die Dörfer verteilten SA-Trupps wurden denn auch überwiegend nicht von ihren eigenen Vorgesetzten in den Städten alarmiert, sondern von den lokalen Parteigewaltigen, was in der Regel bedeutete, daß sie sich am Pogrom im Rahmen einer von Parteifunktionären dirigierten Aktion beteiligten. Ganz anders in den mittleren und großen Städten, wo die Stellung der Politischen Leiter schwächer war, während die SA auf Grund ihrer hier straffen militärischen Organisation sehr schnell – weit schneller als die NSDAP – größere Einheiten zu mobilisieren und zu konzentrieren vermochte. In den Städten blieb der SA-eigene Befehlsweg autonom, weshalb am Ende nicht nur die Alarmierung der SA und die Bildung der SA-Kommandos unabhängig von der Partei erfolgten, sondern die formierten Stoßtrupps dann auch allein und selbständig handelten, wobei sie nicht die geringste Rücksicht auf Weisungen oder Vorstellungen der Gaupropagandaämter nahmen. Die SA fiel nur zu gerne in die Gewohnheit der Jahre vor 1933 zurück.

In den Städten saßen in den Stäben und Kommandostellen zahlreiche SA-Führer, denen die »Kampfzeit« noch lebendige Erinnerung war und die den Abstieg der SA von der Kampforganisation der NS-Bewegung zum bloßen Veteranenverein als bitter empfanden. Der aus München gekommene Befehl gab diesen jetzt in halbstaatlichen Büros eingesperrten Rabauken eine mit Begeisterung aufgenommene Chance, jene quasi-revolutionären Gelüste, die Hitler mit der Liquidierung des SA-Chefs Röhm und zahlreicher anderer SA-Führer im Juni 1934 so hart unterdrückt hatte, endlich einmal wieder auszutoben und an den Juden abzureagieren. Ihr Sprachgebrauch war dementsprechend stilvoll. In den Anweisungen und Befehlen regierte der kaltschnäuzige und euphemistische Jargon, der aus der Zeit der Straßenschlachten und der illegalen Aktionen stammte. So zog die SA wie 1931 oder 1932 »Räuberzivil« an und sprach von der »Nacht der langen Messer«; der Polizei wurde mitgeteilt, die SA werde »heut' nacht etwas spazierengehen«. Doch ist auf solche Spielereien oft auch verzichtet worden. Der Führer der SA-Gruppe Nordsee gab aus München folgenden Befehl durch:

»Sämtliche jüdischen Geschäfte sind sofort von SA-Männern in Uniform zu zerstören. Nach der Zerstörung hat eine SA-Wache aufzuziehen, die dafür zu sorgen hat, daß keinerlei Wertgegenstände entwendet werden können. Die Verwaltungsführer der SA stellen sämtliche Wertgegenstände einschließlich Geld sicher. Die Presse ist heranzuziehen.

Jüdische Synagogen sind sofort in Brand zu stecken, jüdische Symbole sind sicherzustellen. Die Feuerwehr darf nicht eingreifen. Es sind nur Wohnhäuser arischer Deutscher zu schützen von der Feuerwehr. Jüdische anliegende Wohnhäuser sind auch von der Feuerwehr zu schützen, allerdings müssen die Juden raus, da Arier in den nächsten Tagen dort einziehen werden.

Die Polizei darf nicht eingreifen. Der Führer wünscht, daß die Polizei nicht eingreift.

Die Feststellung der jüdischen Geschäfte, Lager und Lagerhäuser hat im Einvernehmen mit den zuständigen Oberbürgermeistern und Bürgermeistern zu erfolgen, gleichfalls das ambulante Gewerbe. Sämtliche Juden sind zu entwaffnen. Bei Widerstand sofort über den Haufen zu schießen. An den zerstörten jüdischen Geschäften, Synagogen usw. sind Schilder anzubringen, mit etwa folgendem Text:

›Rache für Mord an vom Rath.

Tod dem internationalen Judentum.

Keine Verständigung mit Völkern, die judenhörig sind.‹

Dies kann auch erweitert werden auf die Freimaurerei.«

Bei einer derartigen Verhärtung der Sprache, in der neben dem ideologisch bedingten Judenhaß auch die schiere Lust am brutalen Kampf Ausdruck fand, ist durch mehrdeutige Sätze und Ausdrücke eine möglichst radikale Auslegung des Befehls geradezu provoziert worden. Haßparolen wie »Tod dem internationalen Judentum« konnten prägnant und konkret verstanden, Widerstand und damit das Recht zum »über den Haufen schießen« ohne weiteres als gegeben angesehen werden. Vor dem Obersten Parteigericht hat der Stabsführer der SA-Gruppe Nordsee später erklärt, daß er persönlich den Satz nicht so aufgefaßt habe, jedoch zugeben müsse, daß andere SA-Führer sehr wohl dieses Verständnis vertreten und praktiziert hatten. Bei telefonischer Weitergabe kam es ohnehin leicht zur Vergröberung und Verschärfung einer an sich bereits radikalen Weisung. So entwickelte sich zwischen der SA-Standarte 411 (Wesermünde) und dem Sturmhauptführer K. (Bürgermeister von Lesum und Führer des dortigen SA-Sturms) folgendes Gespräch:

»Hier Standarte 411. Am Telefon Truppführer S. Haben Sie schon Befehl?«

»Nein.«

»Großalarm der SA in ganz Deutschland. Vergeltungsmaßnahmen für den Tod von vom Rath. Wenn der Abend kommt, darf es keine Juden mehr in Deutschland geben. Auch die Judengeschäfte sind zu vernichten. Sturmbannführer R. ist zu benachrichtigen!«

K. wiederholte den Befehl und fragte dann, von dem Gehörten doch recht überrascht: »Was soll denn tatsächlich mit den Juden geschehen?« S. antwortete: »Vernichten!« K. verständigte nun den vorgesetzten Sturmbannführer – der Sturmbann entsprach etwa dem Bataillon –, und da beide den Befehl der Standarte dubios fanden, rief der Sturmbannführer den Gruppenstab in Bremen an: »Ich habe hier so einen verrückten Befehl«, fragte er, »hat das mit dem seine Richtigkeit?« Der Führer vom Dienst antwortete: »Jawohl, in Bremen ist schon die Nacht der langen Messer im Gange. Die Synagoge brennt bereits!« So hatten Antisemitismus und freigesetzte Kampfzeitstimmung den Anordnungen einen Sinn gegeben, der noch über das hinausging, was von der Gruppe ursprünglich befohlen worden war, und die Aktionen des Lesumer SA-Sturms führten denn auch zur Erschießung dreier Juden. Das Oberste Parteigericht, das die Morde später untersuchte, kommentierte:

»Die Stimmung, die ... in jener Nacht in dem Café Wendt, in dem die Zeugen (der Stab der Standarte 411) saßen, ist die gewesen, daß nun endlich der Zeitpunkt der restlosen Lösung der Judenfrage für gekommen erachtet wurde und daß die wenigen Stunden bis zum nächsten Tage genützt werden müßten. Es hat ferner die Auffassung geherrscht, daß bei dem geringsten Widerstand zu schießen sei und daß es dabei auf ein Judenleben nicht ankomme. Sämtliche beteiligten Führer waren sich nach der Aussage des Standartenführers L. jedoch auch darüber klar, daß irgendeine befehlsmäßige Unterlage für eine solche Auffassung nicht vorhanden gewesen sei, daß aber dennoch so gegen die Juden vorgegangen werden könne und müsse, und daß dies schließlich auch die Auffassung der höchsten Stellen sei, die deshalb sich nicht deutlich ausdrückten, weil sie nicht eine für die Bewegung ungünstige Rechtslage mit einem eindeutigen Befehl hätten schaffen wollen.«

Derart radikal war die Grundstimmung, die sich in der ganzen SA ausbreitete. Dabei ging das Goebbelssche Konzept völlig unter. Es paßte ohnehin nicht zur SA. Das zeigt schon der erste Satz des Befehls der SA-Gruppe Nordsee, der die Zerstörung der jüdischen Geschäfte durch »SA-Männer in Uniform« anordnete. Wenn diese Anweisung auch nirgends befolgt wurde und alle Einheiten der Gruppe bei ihren Aktivitäten »Räuberzivil« trugen, so beweist sie doch, wie der ganze übrige Befehl, daß die SA nicht daran dachte und nicht daran denken konnte, Rücksichten zu nehmen, wie man sie in der Parteileitung nehmen zu müssen glaubte. Die SA taugte nicht dazu, als Agent provocateur zu agieren und »spontane Reaktionen« des Volkes zu stimulieren oder vorzutäuschen. Sie griff den ihr zugewiesenen Feind, gleichsam als Straßenkampftruppe und im vollen Blickfeld der Öffentlichkeit operierend, frontal und brutal an, ohne sich um Mitwirkung oder Zustimmung der Bevölkerung zu scheren. Im Grunde betrachteten die SA-Führer, die sich als politische Soldaten fühlten und sich gerne an militärischen Kategorien orientierten, das Volk als »Zivilbevölkerung«, der bei den jetzt befohlenen Aktionen allenfalls die Rolle von Schlachtenbummlern oder auch Marodeuren zukomme. In einigen Fällen wurde die Bevölkerung von der SA sogar mit Gewalt daran gehindert, sich am Pogrom zu beteiligen. So sprengte in Heppenheim ein SA-Pioniersturm die Synagoge, zündete sie an und wandte sich dann gegen jüdische Geschäfte und Wohnungen; wenn sich aber Teile der Bevölkerung anschließen wollten, jagte man sie sofort davon. Daß die SA-Leute auch hier in »Räuberzivil« auftraten, war unter solchen Umständen bloße Farce und romantische Spielerei. Mit ihrem speziellen Stil verhinderte die SA im übrigen auch, daß das Ausland den Eindruck einer spontanen Demonstration der deutschen Bevölkerung erhielt, wie ihn Goebbels suggerieren wollte. Kraft ihres Enthusiasmus, ihrer Energie und ihrer organisatorischen Überlegenheit prägte die SA das Bild des Pogroms in den Städten, und gerade in den Städten saßen, als Gäste, Journalisten und Diplomaten, ausländische Beobachter. Die SA sorgte dafür, daß keinem der organisierte Charakter des Pogroms verborgen blieb.

Wo die Partei den Pogrom lenkte, ging es im übrigen verhältnismäßig glimpflich ab. Die Politischen Leiter steckten zwar Synagogen in Brand und zerschlugen in jüdischen Geschäften oder Wohnungen alles, was sich fand, machten aber im allgemeinen vor den Juden selbst halt. Sie sparten nicht mit wüstesten Beschimpfungen, doch haben sie ihre Opfer nur in seltenen Fällen geprügelt oder sonst körperlich gequält. Wo die SA hauste, herrschte indes hemmungslose Brutalität. Die SA riß zahllose Juden aus ihren Betten, prügelte sie in den Wohnungen erbarmungslos und mit einer in der »Kampfzeit« erprobten Raffinesse, sie hetzte gewarnte Juden durch die Straßen der

Städte halb zu Tode, zerrte sie aus Verstecken und holte sie aus Asylen, die von Freunden und Nachbarn gewährt worden waren. War irgendwo Polizei oder Gestapo schneller gewesen und hatte die männlichen Juden schon verhaftet und in ein Gefängnis abtransportiert, der Zwischenstation auf dem Wege in ein Konzentrationslager, konnte es durchaus geschehen, daß die SA in das Gefängnis einbrach, sich gewaltsam Eingang in die Zellen verschaffte und auch dort eine Prügelorgie feierte. Und die SA hat bei ihrer gnadenlosen Jagd auf alles Jüdische nicht nur geschlagen und geplündert, sondern auch vergewaltigt und gemordet. SA-Leute haben mit Messern zugestochen und geschossen, ihre Opfer zu Tode geprügelt und Juden auch in Flüsse und Kanäle geworfen und ertränkt.

Wenn geschossen wurde, geschah das aber meist nicht in einem Anfall blinder Raserei, sondern auf Befehl. Dabei kam es vor, daß ein zögernder SA-Mann von einem Vorgesetzten mit vorgehaltener Pistole zum Gehorsam angehalten wurde. So hat in Lesum ein SA-Scharführer, dem die Ermordung des Ehepaares Goldstein befohlen worden war, die Ausführung des Befehls verweigert, bis er selbst mit Erschießen bedroht wurde. Dann trat er in das Schlafzimmer, wo Dr. Goldstein und seine Frau, aufgeschreckt durch den Lärm und die Auseinandersetzung vor der Tür, schon neben ihren Betten standen. Der Scharführer sagte, die Pistole in der Hand: »Ich bin angewiesen, einen schweren Auftrag durchzuführen«, zögerte aber noch immer. Ruhig antwortete Frau Goldstein: »Mein Herr, schießen Sie, bitte, gut!« Und da schoß er.

SA-Führer, die Erschießungsbefehle erteilten, glaubten, dem unausgesprochenen Willen der obersten nationalsozialistischen Führung zu entsprechen – und das mit Recht. Gewiß war es vielfach ein Mißverständnis, das einen Standarten- oder Sturmführer die Ermordung eines Juden befehlen ließ, aber mißverstanden wurde nur die unmittelbare Weisung eines Gruppen- oder Brigadeführers, der meist wirklich nicht beabsichtigt hatte, eine Mordaktion zu entfesseln. Die Wünsche des Regisseurs in München waren hingegen durchaus erraten worden. Goebbels lieferte dafür selbst die Bestätigung. Als ihm am 10. November um 2 Uhr morgens die Ermordung eines polnischen Juden gemeldet und er gebeten wurde, etwas gegen ein Abgleiten der Aktion auf diese gefährliche Ebene zu unternehmen, da meinte er, wie das Oberste Parteigericht festgehalten hat, man solle sich doch wegen eines toten Juden nicht so aufregen, in der nächsten

Zeit müßten Tausende von ihnen »daran glauben«. Die Täter sind denn auch – durch Intervention des »Stellvertreters des Führers« – zunächst der ordentlichen Gerichtsbarkeit entzogen und dann vom Obersten Parteigericht freigesprochen worden. Die Brandstifter und Demolierer wurden ohnehin nicht belangt; daß sie im Sinne der Führung gehandelt hatten und ihnen daher nicht das geringste vorzuwerfen war, stand von Anfang an fest. Doch gingen auch die Schläger und Mörder straffrei aus, sofern sie nicht durch Plünderungen gegen die »Disziplin« verstoßen oder durch die Vergewaltigung einer Jüdin »Rassenschande« begangen hatten. Das Oberste Parteigericht begründete seine Milde mit dem Satz, die Täter hätten ja nur »den zwar unklar zum Ausdruck gebrachten, aber richtig erkannten Willen der Führung in die Tat umgesetzt«.

Das Ergebnis der kombinierten Anstrengungen von Partei und SA war auf furchtbare Weise eindrucksvoll: Mehrere hundert Synagogen im Deutschen Reich waren abgebrannt und rund hundert demoliert, mindestens 8000 jüdische Geschäfte zerstört und zahllose Wohnungen verwüstet – Heydrich bezifferte in einem Bericht an Göring den materiellen Gesamtschaden im ganzen Reichsgebiet auf mehrere hundert Millionen Mark. Unmeßbar war die seelische Qual, die alle Juden zu erleiden hatten, eine nicht mehr feststellbare Zahl war schwer mißhandelt und verletzt worden. Rund hundert Juden hatten den Tod gefunden. Etliche hundert gingen aber noch in den Monaten nach dem Pogrom in Dachau, Buchenwald und Sachsenhausen zugrunde; in diese drei Konzentrationslager hatte die Gestapo etwa 30000 festgenommene Juden verschleppt.

Insofern konnte Goebbels zufrieden sein und eines seiner Ziele als erreicht ansehen. Seine Absicht, den organisierten Charakter des Pogroms zu verschleiern, war jedoch nicht verwirklicht worden. Zu deutlich hatten Partei und SA im Vordergrund gestanden. Die anderen nationalsozialistischen Organisationen spielten neben ihnen nur eine geringe Rolle. Das NSKK wurde häufig überhaupt nicht alarmiert und stand, wo es sich auch am Pogrom beteiligte, unter dem Kommando der SA. Die HJ, im allgemeinen von der lokalen Parteiführung verständigt, erhielt von dieser Aufträge für Hilfsdienste, manchmal auch von der SA. So wurde sie in Bad Nauheim dazu verwendet, aus den jüdischen Wohnungen Kleider und Einrichtungsgegenstände herauszuholen und auf der Straße zu verbrennen. Gelegentlich diente sie sogar der Gestapo als Hilfstruppe; dann mußte sie aus Synagogen Bücher und Akten »sicherstellen« und zu den Diensträumen der Gestapo schaffen. Da und dort, wo die HJ »antisemitisch geschulte« und besonders aktive Führer hatte, beteiligte sie sich freilich auch rege am eigentlichen Zerstörungswerk, so in Laubach bei Gießen und in Königstein (Taunus).

Der SS hatte Himmler Abstinenz verordnet. Nicht weil er den Pogrom als Unrecht verurteilt hätte, sondern weil ihm der Zeitpunkt ungünstig schien und er außerdem einen bürokratischen Ordnungssinn besaß, dem das affektive Vorgehen der SA ein Greuel war. Er sah die SS als Polizeitruppe des Regimes, die unauffälligen, kalten, bürokratischen Terror zu üben habe. In der Tat bestand der Wesensunterschied zwischen SA und SS, vereinfacht gesagt, darin, daß die SA als Bürgerkriegsarmee offen politische Feinde bekämpfte, die SS hingegen, nach der Eroberung des Staates, zur Sicherung der Macht und zur Realisierung der NS-Ideologie »Schädlinge ausmerzte«. Jedenfalls sind Himmlers Instruktionen, von den Oberabschnittsführern weitergeleitet, weitgehend befolgt worden. Wo sich die SS doch am Pogrom beteiligte, lag das an der Initiative lokaler Führer, deren Judenhaß stärker war als ihre Disziplin, ab und zu auch daran, daß die Befehlsübermittlung bei Partei und SA besser und schneller funktioniert hatte als bei der ohnehin um Stunden später informierten SS; der Pogrom war oft schon in vollem Gange, unter Beteiligung der etwa vom Kreisleiter mobilisierten SS, als Himmlers Befehl zur Zurückhaltung eintraf. In den wenigen Fällen aber, in denen – wie in Darmstadt – SS-Führer ihre Kohorten auf die Juden hetzten, den Befehl des Reichsführers einfach ignorierend oder Himmlers wahren Willen zu treffen glaubend, unternahm auch die SS, bis auf das sinnlose »Räuberzivil«, nichts, um die Gelenktheit des Pogroms zu tarnen; Einberufung, Einteilung und Einsatz vollzogen sich nicht anders als bei der SA.

Allerdings sollte die SS, nach den Befehlen Heydrichs und den Weisungen Himmlers, bei der mit dem Pogrom verbundenen Verhaftungsaktion als Hilfsorgan der Gestapo fungieren. Doch hat sie auch dabei keine große Rolle gespielt. Die Gestapo, die für eine so umfassende und »schlagartige« Aktion tatsächlich zu wenig Personal hatte, zog überwiegend Partei, SA und NSKK zur Unterstützung heran. Bemerkenswert ist dabei, daß die Politischen Leiter und die SA, während die SS kaum hervortrat, vielfach gar nicht erst aufgefordert werden mußten, sondern von selbst zugriffen. Polizei und Gestapo brauchten dann die Festgenommenen später nur noch zu übernehmen. So gab der Führer der SA-Gruppe Nordsee, der seinen Befehlsbereich wie alle anderen Gruppenführer der SA kurz vor Mitternacht alarmiert hatte, wenige Stunden später, um 2 Uhr morgens, seiner Gruppe in einem Telefonat den Befehl, möglichst viele Juden zu verhaften und in ein Konzentrationslager zu schaffen.

Andere NS-Organisationen traten noch weniger in Erscheinung, obwohl es vorkam, daß Kreisleiter oder SA-Standartenführer eben Ortsbauernführer, Funktionäre der Arbeitsfront und sogar – welche Ironie – Feuerwehrkommandanten mit der Lenkung des lokalen Pogroms beauftragten, wenn an einem Ort die Würdenträger von NSDAP oder SA nicht zu erreichen waren. Vor allem aber fehlte die spontane und initiative Mitwirkung größerer Teile der außerhalb von NSDAP und SA stehenden Bevölkerung. Zwar hat sich das »Volk« nicht überall passiv verhalten. Auf dem Lande wie in der Stadt gab es Fälle, in denen das Beispiel von Partei oder SA Nachahmer fand; manchmal war dabei in der Tat Antisemitismus im nationalsozialistischen Sinn oder traditioneller Antijudaismus im Spiel, manchmal suchte ein sozusagen klassenkämpferischer Affekt gegen wohlhabendere Juden Entladung, manchmal machten sich privatpersönliche Animositäten Luft und manchmal trieb ein Gemisch aus solchen Elementen an. Namentlich in den Städten passierte es auch recht häufig, daß sich Schaulustige in der Zusammenrottung in Mob verwandelten und jüdische Geschäfte und Wohnungen mit Eifer und gründlich ausplünderten. Die Polizei hielt sich dabei zurück: Sie hatte ja Befehl, dem eigentlichen Pogrom tatenlos zuzusehen, und daher auch kaum eine Möglichkeit, gegen die praktisch ununterscheidbar in die Partei-Aktionen eingewobenen Plünderungen vorzugehen. So ist das bekannte Berliner Juweliergeschäft Margraf (Unter den Linden) vollständig ausgeräumt worden (Schaden: 1,7 Millionen Reichsmark). Goebbels sah solche Vorfälle gar nicht ungern. »Da haben sich die kleinen Leute von Berlin endlich mal wieder ordentlich ausstatten können. Sie hätten sehen sollen, wie die das genossen haben: Damenpelze, Teppiche, kostbare Stoffe – alles gab es umsonst. Die Menschen waren begeistert! Ein großer Erfolg für die Partei«, meinte er. Aber das Beispiel von NSDAP und SA mußte da sein; ohne ihre anstiftende, organisierende und lenkende Aktivität hätte sich im Deutschen

Reich kein Fuß in Bewegung gesetzt und keine Hand erhoben. Zudem stand der Minderheit, die an etlichen Orten den Signalen der NS-Funktionäre gefolgt war, eine Mehrheit der Bevölkerung gegenüber, die nicht nur die Gefolgschaft verweigerte, sondern ihre Ablehnung des Pogroms auch deutlich zeigte, und zwar weit über schweigende Mißbilligung hinaus durch laut und vernehmlich geäußerte Empörung. In manchen Dörfern und Marktflecken stellte sich praktisch die gesamte mobilisierbare Einwohnerschaft schroff gegen einheimische oder fremde NS-Funktionäre, die den Pogrom in Gang setzen wollten. Dabei galten Kritik und Empörung gerade auch der für jedermann erkennbaren Tatsache, daß der Pogrom das Werk der NS-Führung war, nun also zum Repertoire der amtlichen Politik dieser Führung kriminelle Gewaltakte größten Stils gehörten.

Goebbels suchte natürlich an der Fiktion der »spontanen Demonstration« festzuhalten. Dreist schrieb er am 12. November im ›Völkischen Beobachter‹: »Man erklärt, die spontanen Reaktionen des deutschen Volkes seien durch organisierte Mannschaften durchgeführt worden. Wie wenig Ahnung doch diese Zeilenschinder von Deutschland haben! Wie erst hätte diese Reaktion ausgesehen, wäre sie organisiert gewesen!« Eindruck machte er mit solchen Redensarten allerdings nirgends. Intern konstatierte das Oberste Parteigericht: »Auch die Öffentlichkeit weiß bis auf den letzten Mann, daß politische Aktionen wie die des 9. November von der Partei organisiert und durchgeführt sind, ob dies zugegeben wird oder nicht. Wenn in einer Nacht sämtliche Synagogen abbrennen, so muß das irgendwie organisiert sein und kann nur organisiert sein von der Partei.«

Der Berliner Witz glossierte die offizielle Version von der »spontanen Antwort des deutschen Volkes« mit dem Begriff »Reichskristallnacht«, dessen ironische Betonung des gesamtstaatlichen und des einheitlichen Charakters der judenfeindlichen Aktion auch die Verantwortung der Führung einfing, und die ausländischen Beobachter des Geschehens, ob Diplomaten oder Journalisten, ließen sich ebenfalls nichts vormachen. Einhellig berichteten sie, in Deutschland hätten sich Szenen abgespielt, für die, wie sie sagten, »seit dem Mittelalter kaum ein Beispiel in einem zivilisierten Land« gefunden werden könne, doch machten sie für diese Szenen keineswegs die Bevölkerung verantwortlich. Vielmehr seien die in Deutschland lebenden Juden, so wurde übereinstimmend gesagt, Opfer einer »offenkundig sorgfältig geplanten und mit größter Präzision durchgeführten Aktion« geworden, und ein britischer Diplomat schrieb, er habe nicht einen Deutschen gesprochen, der den Pogrom nicht scharf verurteilt hätte. Der britische Generalkonsul in Frankfurt meinte sogar, wenn die deutsche Bevölkerung frei wäre, dann würden die für den Pogrom Verantwortlichen »von einem Sturm der Entrüstung weggefegt, womöglich an die Wand gestellt und erschossen«. Auch zweifelte, obwohl es noch keine genaueren Informationen über die Münchner Vorgänge vom Abend des 9. November geben konnte, niemand daran, daß die Verantwortlichen in der Führung von Partei und Staat zu suchen waren. Die Londoner ›Times‹, die normalerweise eine vorsichtige und diplomatische Ausdrucksweise pflegte, scheute sich nicht, von einem »Akt der Reichsregierung« zu sprechen.

Gerade der Umstand aber, daß hinter einem solchen Rückfall in roheste Barbarei offensichtlich die Regie der NS-Führung stand, erschwerte es den Beobachtern, in Deutschland selbst wie außerhalb der deutschen Grenzen, Sinn und Zweck des Pogroms zu verstehen. Da es sich eben nicht um einen spontanen und dann vielleicht erklärbaren Wutausbruch der Bevölkerung gehandelt habe, sondern offenkundig um einen Akt der Politik, wüßten sie, das gaben die meisten Blätter der Weltpresse zu, die Ereignisse in Deutschland nicht zu deuten – zumal die NS-Führung einerseits hartnäckig daran festhalte, daß der Pogrom nicht organisiert gewesen sei, andererseits jedoch offiziell erkläre, daß es mit dem Pogrom nicht sein Bewenden haben werde, daß die Rache des Regimes für das Pariser Attentat erst noch bevorstehe. In der Tat waren aus Berlin beunruhigende Töne zu vernehmen. Zwar hatte die NS-Presse am 10. November »die strenge Aufforderung« an »die gesamte Bevölkerung« gerichtet, »von allen weiteren Demonstrationen und Aktionen gegen das Judentum, gleichgültig welcher Art, sofort abzusehen«, und am 12. November konstatierte Goebbels im ›Völkischen Beobachter‹: »Das deutsche Volk hat dem Gebot der Regierung willig und diszipliniert Folge geleistet. In Stundenfrist sind Demonstrationen und Aktionen zum Schweigen gebracht worden.« Und wenn Goebbels' Behauptung auch nicht ganz stimmte – einmal in Gang gesetzt, kam die Parteimaschinerie nicht so leicht zum Stehen, und noch am 11., 12. und sogar am 13. November waren einzelne Unruhen zu verzeichnen –, so klang der Pogrom doch tatsächlich allmählich ab. Aber am 11. November hieß es in einem Bericht, den der ›Völkische Beobachter‹ über die judenfeindlichen Aktionen in Stuttgart brachte: »Das Judentum soll aber auf jeden Fall wissen, daß mit den rauchenden Trümmerhaufen der Synagogen und den geborstenen Schaufenstern der Judenläden die Erbitterung des deutschen Volkes über die jüdischen Schandtaten nicht besänftigt ist.«

Goebbels selbst schrieb am 12. November, »Ruhe und Ordnung wird in dieser Frage am besten dadurch gewährleistet, daß man sie einer den Wünschen und Bedürfnissen des deutschen Volkes entsprechenden Lösung entgegenführt«, und am 13. November bekräftigte er das in einer Rede, die er in den Berliner Germania-Sälen vor Helfern des Winterhilfswerks hielt: »Ich bin der festen Überzeugung, daß sich die deutsche Regierung damit in vollkommener und restloser Übereinstimmung mit dem deutschen Volke befindet! Die Judenfrage wird in kürzester Frist einer das deutsche Volksempfinden befriedigenden Lösung zugeführt. Das Volk will es so, und wir vollstrecken nur seinen Willen!«

Was steckte hinter solchen Sätzen? Die Worte des Ministers und Reichspropagandaleiters machten jedenfalls klar, daß die NS-Führung selbst den Pogrom als Station verstand, als Auftakt zu einer »eigentlichen« Lösung der sogenannten Judenfrage. Trifft diese Einschätzung zu? Wenn ja, in welchem Sinne? Wie ist also die Frage zu beantworten, die schon die Zeitgenossen stellten und die seither immer wieder gestellt wird: Welche Ursachen hatte die Reichskristallnacht? Wie sind ihre Bedeutung und ihre Folgen, im Gang der »Judenpolitik« des NS-Regimes, zu sehen? Notwendigerweise weiter gefragt: Wie kam es in Deutschland eigentlich zu einer Judenverfolgung, die in der Geschichte Europas ohne Beispiel ist? Was waren in den zwölf Jahren des Dritten Reiches die Gründe, Antriebe und Entwicklungsgesetze der nationalsozialistischen Judenverfolgung, welche Wirklichkeit haben sie geschaffen?

II. Judenverfolgung im Dritten Reich

1. Der moderne Antisemitismus in Deutschland

Mit Adolf Hitlers Ernennung zum Reichskanzler konnte am 30. Januar 1933 der Führer einer radikal antisemitischen Partei in Deutschland Regierungschef werden. Mehr noch: An jenem Tag trat mit der nationalsozialistischen Bewegung eine politische Glaubens- und Kampfgemeinschaft die Herrschaft im Deutschen Reich an, deren Antisemitismus erklärtermaßen das Herzstück ihres Programms war. Die Nationalsozialisten selbst bezeichneten diese Programmatik als »Weltanschauung«. Sie predigten eine rassistisch-biologistische Heilsbotschaft, die der, wie sie behaupteten, vergifteten und siech gewordenen deutschen Nation die Rettung verhieß, wenn das Gift, das in die Lebensadern des deutschen Volkes gelangt und nun Ursache des am Ende zweifellos tödlichen Siechtums sei, wieder ausgeschieden werde: jüdischer Geist und jüdisches Blut. Die Nation werde physisch wie psychisch gesunden, ein ungeheurer Kraftzuwachs werde ihr beschert und eine unbegrenzte Zukunft des materiellen Wohlstands, der kulturellen Fülle und der politischen Macht – geradezu eine quasi-religiöse Erlösung im Diesseits – geschenkt, wenn sie einen Heiligen Krieg gegen die in ihrer Mitte lebenden Juden führe und diesen gefährlichsten Feinden des Deutschtums mit unerbittlicher Konsequenz das verdiente Schicksal bereite.

Im Deutschland des 20. Jahrhunderts also Antisemitismus plötzlich als Regierungsprogramm, gleichsam als Staatsreligion – das zählt zu jener Art von historischen Ereignissen, die vor ihrem Eintreten keinen Propheten finden und im Grunde als unmöglich erscheinen, die aber im Rückblick als das logische Ergebnis eines deutlich erkennbaren Prozesses, ja einer zwangsläufigen Entwicklung wirken. Im Falle der Machtübernahme von Antisemiten in Deutschland hat solch widersprüchliche Sicht ihren Grund namentlich darin, daß in keinem anderen europäischen Staat das Verhältnis zwischen Juden und Nichtjuden von so gegensätzlichen Tendenzen bestimmt und beeinflußt wurde wie in dem 1871 gegründeten Deutschen Reich (und in den deutschen Teilen Österreich-Ungarns bzw. seiner Nachfolgestaaten).

In Westeuropa war die Emanzipation der Juden aus der diskriminierenden und gelegentlich auch mit Verfolgung verbundenen Isolierung, in der sie von der christlichen Ständegesellschaft bis ins 18. Jahrhundert gehalten worden waren, ein selbstverständliches Element der Ausbildung des modernen Verfassungsstaates. Mit den Revolutionen in England, den Vereinigten Staaten von Amerika und Frankreich gelangten Ideen und politische Prinzipien zur Herrschaft, die es, während und erst recht nach ihrer Durchsetzung, ausschlossen, daß einer ethnisch bestimmten Gruppe von Bürgern die rechtliche und politische Gleichstellung grundsätzlich und auf Dauer verweigert wurde. Der Triumph von Humanismus, Liberalismus und parlamentarischer Demokratie räumte auch für einen zweiten Schritt jedes größere Hindernis beiseite. Da die Nationen Westeuropas und die amerikanische Nation im Zeichen der revolutionär inthronisierten Werte und nicht zuletzt als Ergebnis ihrer schöpferischen politischen Kraft entstanden, gewannen diese für die Nationsbildung eine Bedeutung, vor der Faktoren wie gemeinsame Herkunft, gemeinsame Geschichte und selbst gemeinsame Muttersprache zurückzutreten begannen. Britischer, französischer und erst recht amerikanischer Nationalismus war, grundsätzlich gesehen, stets mehr Ausdruck einer staatlich verfaßten politischen Gesinnungsgemeinschaft denn Ausdruck einer Abstammungs- und Blutgemeinschaft. In solchermaßen begründete Nationen konnten die emanzipierten Juden definitiv aufgenommen werden, und zwar nicht allein Juden, die aus der mosaischen Gemeinde mit ihren kulturellen Traditionen ausbrachen und sich nichtjüdischen Milieus, ob noch von einer christlichen Konfession beherrscht oder bereits säkularisiert, vollständig assimilierten, sondern ebenso die weiterhin in einer mosaischen Gemeinde lebenden Juden, sofern sie nur – durch Bekenntnis und Verhalten – die gesellschaftlich-politischen Werte und Prinzipien übernahmen, die für die Nation, in der sie lebten, konstitutiv geworden waren.

Judenfeindschaft starb in Westeuropa und in den USA nicht aus, doch blieben lediglich Reste zurück, die kein politisches Gewicht mehr besaßen. In Großbritannien und den USA handelte es sich ohnehin meist nur um die keineswegs politisch gemeinte und überhaupt nicht politisierbare Arroganz der älteren politischen, wirtschaftlichen und kulturellen Eliten, die den

Juden, wie irischen oder italienischen Neulingen und Aufsteigern, z. B. den Zugang zu ihren Klubs erschwerten und gelegentlich noch heute erschweren; Reichtum oder politische Macht und erst recht die Verbindung von finanziellem mit politischem Erfolg waren und sind im allgemeinen ausreichend, die Türen zu öffnen.

Auch in Frankreich hatte Judenfeindschaft seit 1789 fast nichts mehr zu bestellen. Zwar hielt sich in bestimmten Gruppen der französischen Gesellschaft eine ebenso bösartige wie ernstlich auf politische Wirksamkeit drängende Judenfeindschaft, und es kommt nicht von ungefähr, daß in Frankreich einige klassische Texte des Rassismus und des Antisemitismus entstanden und zu Bestsellern wurden. So erschien 1853 bis 1855 Graf Arthur de Gobineaus ›Essai sur l'inégalité des races humaines‹ (Versuch über die Ungleichheit der Menschenrassen), in dem die Rassenfrage zum Schlüssel der Geschichte und die »arische« bzw. noch enger die »germanische« Rasse zum schöpferischsten und edelsten Zweig der Gattung Mensch erklärt wird; so erschienen ferner 1886 Edouard Drumonts zwei Bände ›La France juive‹ (Das verjudete Frankreich), in denen die rassische Zersetzung der französischen Nation durch die parasitären Juden konstatiert und eine die Emanzipation aufhebende strenge Isolierung der jüdischen Parasitenrasse gefordert wird. Indes ist dieser französische Antisemitismus, auch wenn Drumonts Verlag in einem Jahr mehr als 100000 Exemplare absetzte, immer nur die Sache von Minderheiten gewesen. Ob ihn antirepublikanische Monarchisten oder antiliberale Katholiken verfochten, ob er als ein Aspekt des »integralen Nationalismus« auftrat, den die sowohl monarchistische wie antiliberale »Action Française« von Charles Maurras propagierte, ob er also die Sache solcher extrem reaktionären Gruppen oder später auch faschistischer Bewegungen wie der »Partie Populaire Français« des Jacques Doriot war – stets befanden sich die französischen Antisemiten, so groß der Lärm auch war, den sie immer wieder machten, außerhalb des Hauptstroms der Nation.

Eine Mehrheit der Franzosen hielt überzeugt an den Ideen von 1789 fest und empfand gerade diese revolutionäre Tradition als die Essenz französischen Nationalgefühls und Staatsbewußtseins. Ihr Nationalismus kehrte sich nie gegen Humanismus und Rationalität, gegen Liberalismus und Demokratie, verblieb vielmehr, grundsätzlich gesehen, im Dienste solcher Leitbilder, ja ging mit ihnen eine unauflösliche Union ein. Wer aber Freiheit, Gleichheit, Brüderlichkeit als wesentliche Elemente seines Nationalismus ansah, an die auch die Fähigkeit zu nationalistischer und chauvinistischer Emotion zu binden war, der konnte den Eintritt der Juden in die Nation – die Juden als religiöse Gemeinschaft oder als ethnische Minderheit verstanden – weder verhindern noch zu irgendeinem Zeitpunkt zurücknehmen wollen. Im Gegenteil, er mußte jede Form von Antisemitismus als Angriff auf die Grundprinzipien der politischen Ordnung werten.

Daher ist es in der französischen Nation schon vor dem Ersten Weltkrieg zu einer entscheidenden Schlacht zwischen Antisemiten und der republikanisch-liberalen Mehrheit gekommen. Nachdem im Oktober 1894 ein französischer Generalstabsoffizier jüdischer Herkunft, Hauptmann Alfred Dreyfus, unter dem Verdacht der Spionage für Deutschland festgenommen und nach einem regelwidrigen Verfahren bereits im Dezember von einem offensichtlich antisemitisch beeinflußten Militärgericht zu lebenslänglicher Verbannung nach Cayenne verurteilt worden war, erhob sich um seine Schuld oder Unschuld, Verurteilung und Rehabilitierung ein Konflikt, der die ganze Nation ergriff und die Geister schied. Auf der einen Seite sammelten sich alle, die, von ihrem Antisemitismus geleitet, an Dreyfus' Schuld glaubten oder zu glauben vorgaben, also die antirepublikanischen und antiliberalen Kreise in der Armee, im katholischen Klerus und auch in Teilen des Bürgertums; organisatorischen Ausdruck fand das 1898 in der Gründung der »Action Française«. Auf der anderen Seite schlossen sich alle zusammen, die Gerechtigkeit für Dreyfus forderten, weil sie in einem Fehlurteil, das von Antisemitismus zumindest beeinflußt war, einen Anschlag auf das Prinzip der Gleichheit aller französischen Bürger und damit auf das Erbe der Revolution erkannten; das waren die im Bürgertum doch klar dominierende republikanische und liberale Mitte, die linksliberalen bürgerlichen Kräfte und die Sozialisten. Auch hier fanden, und zwar ebenfalls 1898, organisatorische Kristallisierungen statt, so die Gründung der »Liga für Menschenrechte« und die Formierung des »Bloc républicain«, in dem Intellektuelle und Schriftsteller wie Emile Zola, Repräsentanten des republikanischen Kleinbürgertums wie Georges Clemenceau und Sozialisten wie Jean Jaurès zusammenwirkten. Nach einem langen und oft mit großer Erbitterung ausgetragenen politisch-publizistischen Bürgerkrieg endete die Auseinandersetzung zwischen den beiden Lagern schließlich, als Clemenceau 1906 Ministerpräsident wurde, mit einer Niederlage der antisemitischen Republik- und Parlamentsfeinde, die sich davon auch nicht mehr erholten; Jahrzehnte später bedurfte es im Sommer 1940 schon der militärischen Niederlage Frankreichs und der Besetzung des Landes durch deutsche Truppen, um den letzten Gefährten und den ideologisch-politischen Söhnen oder Enkeln der zu Beginn des Jahrhunderts Geschlagenen wieder Einfluß zu verschaffen – geliehenen Einfluß für geliehene Jahre. Alfred Dreyfus sah sich 1906 vollständig rehabilitiert, mit dem Kreuz der Ehrenlegion dekoriert und zum Major befördert, und es kennzeichnet die Situation in Frankreich, daß Clemenceau und seine Verbündeten sowohl die moralische und rechtliche Rehabilitierung eines Juden wie auch, damit verbunden, dessen triumphale Rückkehr in den Schoß der Nation – zum Oberstleutnant befördert, nahm Dreyfus noch ehrenvoll am Ersten Weltkrieg teil – mit Selbstverständlichkeit als praktizierten französischen Nationalismus begriffen.

In Ost- und Südosteuropa hingegen, wo es im 18. und 19. Jahrhundert nicht zur Entstehung moderner Verfassungsstaaten im westlichen Sinne kam, stand das Geschick der Juden keineswegs im Zeichen von Emanzipation und der Aufnahme in Staatsnationen, vielmehr blieben Rechtlosigkeit und Isolierung, Diskriminierung und sporadische Verfolgung bestimmend. Die dortigen Herrschaftssysteme, vor allem der Zarismus in Rußland, verhinderten ja bereits die Emanzipation der christlichen Mehrheitsvölker und deren Entwicklung zu Staatsnationen im westlichen Verständnis. Unter den gegebenen politischen Umständen nahmen die nationalen Bewegungen der Region, meist von einem wenig demokratischen Kleinadel und einem noch schwachen Bürgertum ohne Selbstbewußtsein getragen, eine Gestalt an, die sich vom westlichen Muster, obgleich dieses als Anstoß und Vorbild wirkte, erheblich unterschied. Ohne das Ziel der Liberalisierung und Humanisierung des politischen Systems je ganz aus den Augen zu verlieren, richteten sie ihre Kraft und ihre Aggressivität, solange jenes Ziel unerreichbar schien, instinktiv und nicht ohne Steuerung durch die Bürokratien auf imperiale Objekte außerhalb und gegen andersnationale Gruppen innerhalb der Staatsgrenzen. Ihr Nationalismus geriet zu einer mystischen Glorifizierung der eigenen Abstammungs- und Blutgemeinschaft, die überdies fast stets mit einer christlichen Konfessionsgemeinschaft identisch war, und trat mithin ausgesprochen fremden- und minderheitenfeindlich auf.

Solche Nationalismen transportierten nicht zuletzt eine gänzlich ungeschwächte Judenfeindschaft ins 20. Jahrhundert; zum überkommenen religiösen Motiv trat nun noch der sozusagen moderne Impuls eines aggressiven und fremde Gruppen ausgrenzenden Nationalismus: als Ablösung, wo die Religion ihre Kraft zu verlieren begann, als Verstärkung, wo die religiöse oder konfessionelle Reizbarkeit lebendig blieb. Ein klassisches Beispiel lieferte die rumänische Regierung, die 1878 und in den folgenden Jahren, von den politisch bewußten Teilen der Bevölkerung leidenschaftlich unterstützt, die von den west- und mitteleuropäischen Großmächten auf dem Berliner Kongreß gestellte Forderung nach der rechtlichen und politischen Gleichstellung der in Rumänien lebenden Juden erst rundweg ablehnte und dann mit allen erdenklichen Tricks zu umgehen wußte, obwohl die Großmächte gedroht hatten, bei Nichterfüllung ihrer Forderung dem eben aus der türkischen Oberhoheit entlassenen Staat die Anerkennung zu versagen. Daß die Juden also von den Nationalbewegungen Ost- und Südosteuropas nichts zu erwarten hatten, ist danach wieder und wieder bestätigt worden, nicht nur in Rumänien, auch in Rußland, in Polen, in der Slowakei und in den deutschen Teilen der Donaumonarchie. Zwar konnten sie als Individuen wie als Kollektive ihren wirtschaftlichen Bewegungsraum allmählich erweitern und auch mehr politischen Einfluß gewinnen, aber diese Gewinne blieben ungesichert und immer gefährdet; wie gefährdet, das zeigte sich auch darin, daß gerade sie, so bescheiden sie waren, häufig genug wilde antisemitische Emotionen provozierten.

Eher schienen die sozialistischen Bewegungen der Region die gesellschaftspolitischen Ideen Westeuropas importieren zu wollen, weshalb viele Juden auf sie ihre Hoffnungen setzten; daß russische, baltische und polnische Juden in großer Zahl zu revolutionären Parteien marxistischer Observanz stießen und in ihnen auch oft eine hervorragende Rolle spielten – man braucht nur an Trotzki, Radek oder Rosa Luxemburg zu denken –, hatte nichts mit einer besonderen Affinität der Juden zu Sozialismus und Kommunismus zu tun, sondern viel mit dem starken Sog, den die bisher freilich unerfüllte emanzipatorische Verheißung solcher Lehren auf die Angehörigen einer benachteiligten Minderheit ausüben mußte.

Vor allem aber suchten viele Juden Osteuropas anderswo eine menschenwürdige Zukunft, und zu den bevorzugten Zielen der jüdischen Auswanderung gehörten die Staaten des Deutschen Bundes und bis in die ersten Dekaden des 20. Jahrhunderts das Deutsche Reich[1]. Tatsächlich schienen sich den Juden in den deutschen Ländern schon seit Beginn des 19. Jahrhunderts ähnliche Chancen zu bieten wie den Juden Westeuropas, und zwar nicht nur in den Rheinbundstaaten, in denen Napoleon neben einigen anderen Ideen von 1789 auch eine erhebliche Besserstellung der Juden durchsetzte. Wohl gewann in den deutschen Territorialstaaten, die von napoleonischen Armeen besetzt oder durchquert wurden, nirgends eine Volksbewegung die Oberhand, die das politische System liberalisiert und demokratisiert hätte. Erst recht waren die Ansätze einer gesamtdeutschen Nationalbewegung noch längst nicht stark genug, um gegen die Monarchien und Fürstentümer des alten Reiches einen deutschen Nationalstaat zu schaffen und diesen nach liberalen Prinzipien zu organisieren, dabei auch den Juden in Deutschland die Gleichstellung gebend und den Eintritt in die Nation anbietend. Allenthalben blieb eine eigentümliche Verbindung ständestaatlich-feudalistischer mit absolutistisch-obrigkeitsstaatlichen Elementen prägend. Aber Deutschland ist gegen den Geist der Humanität, gegen die angelsächsische Vorstellung von Freiheit und gegen das französische Postulat der Gleichheit keineswegs immun gewesen. Wenn sich bürgerlich-liberale Gruppen an westlichen Vorbildern orientierten, wenn Dichter wie Gotthold Ephraim Lessing – der 1779 in seinem Drama ›Nathan der Weise‹ die grundsätzliche Gleichwertigkeit des mosaischen Bekenntnisses mit den christlichen Konfessionen verkündete – eindrucksvoll einen neuen und durchaus auf Konsequenzen fürs Zusammenleben zielenden Begriff von Menschenwürde predigten, so mußte sich das auf das politische Klima und die Gesellschaftsordnung auswirken. Gerade die Organe der Obrigkeitsstaaten, die Bürokratien, nahmen genügend Humanismus, Liberalismus und nicht zuletzt Rationalismus an, um von sich aus – ohne Druck von unten, ja oft gegen den Widerstand breiter Schichten der Bevölkerung – Reformen im aufklärerisch-progressiven Geist der Zeit zu beginnen.

[1] Hierzu und zum folgenden Reinhard Rürup, Emanzipation und Antisemitismus. Studien zur »Judenfrage« der bürgerlichen Gesellschaft. Göttingen 1975.

So auch in der »Judenfrage«. Von der Entdeckung ausgehend, daß auch Juden zunächst einmal als Menschen mit der allen Menschen gegebenen Fähigkeit zur Entwicklung angesehen werden müßten, stellten hohe Beamte die These auf, aus Gründen der Menschlichkeit und zu Nutz und Frommen des Staates seien den Juden die Wege aus dem Ghetto zu öffnen, normale Bildungschancen zu gewähren und alle Möglichkeiten zu freier wirtschaftlicher Betätigung zu geben. Bereits 1783 hatte der Preuße Christian Wilhelm Dohm diese Grundgedanken einer behördlich zu verordnenden Emanzipation der Juden in seiner Schrift ›Über die bürgerliche Verbesserung der Juden‹ skizziert, und 1812 machten der preußische Staatskanzler Hardenberg und Wilhelm von Humboldt, einer der großen Repräsentanten des deutschen Humanismus, damit Ernst: ein Edikt erhob die bürgerliche Gleichstellung der Juden – freilich nur für die preußischen Kerngebiete und noch ohne Einbeziehung des Staatsdienstes – zum preußischen Gesetz. Und Preußen hielt an der gewählten Politik fest, auch wenn die meisten anderen Staaten des Deutschen Bundes, obwohl die Bundesakte von 1815 die Gleichberechtigung der Juden im Prinzip vorschrieb, jene judenfreundlichen Maßnahmen, die von französischer Macht oktroyiert worden waren, zunächst einmal wieder aufhoben. Tatsächlich war der also wesentlich von oben dekretierte Emanzipationsprozeß nach dem preußischen Anfang nicht mehr aufzuhalten, so lange er sich auch hinzog und so böse Rückschläge er erlitt.

Schon in den Jahrzehnten zwischen Beginn und Abschluß der Emanzipation (1812–1871) haben die Juden in Deutschland die allmähliche Vergrößerung ihrer Bewegungsräume eindrucksvoll nutzen können. 1820 lebten auf dem Gebiet des späteren Deutschen Reiches rund 270000 Juden, davon über die Hälfte in Preußen; in den zum Deutschen Bund gehörenden österreichischen Territorien, also einschließlich Böhmens, waren es 85000. Obwohl die Juden in Deutschland stets starke Kontingente für die deutsche Auswanderung nach Nordamerika stellten, nahm ihre Zahl bis 1871 auf 512000 zu (1,25 Prozent der Bevölkerung), die der österreichischen Juden mit noch stärkerer Wachstumsrate auf 200000 (1,5 Prozent der Bevölkerung). Dies ging einher mit einer nicht weniger bemerkenswerten Veränderung der Sozialstruktur, namentlich seit den vierziger Jahren des Jahrhunderts. Noch 1848 mußten in Preußen rund 65 und im übrigen Deutschland gar 90 Prozent der Juden ein Dasein am Rande des Existenzminimums fristen, etwa als Kleinsthändler. Bereits 1871 hatten etwa 60 Prozent der in Deutschland lebenden Juden den Aufstieg in die mittleren und oberen Steuerklassen geschafft. Natürlich hat auch die nichtjüdische Bevölkerung den wissenschaftlich-technischen Fortschritt und die Anfänge der Industrialisierung Deutschlands in ähnlicher Weise gespürt. Doch ist unverkennbar, daß die Juden – von der christlichen Umwelt seit vielen Jahrhunderten auf Geldgeschäfte und diverse Formen des Handels beschränkt und eben deshalb erheblich mobiler – besonders präpariert waren, von der Industrialisierung zu profitieren, von der Vergrößerung und der zunehmenden Interdependenz der Märkte, von der Intensivierung des Handels, vom Anwachsen des Geldverkehrs und des Kapitalbedarfs, von der Ausbreitung kapitalistischen Wirtschaftens, kurzum: von der Modernisierung Deutschlands.

Nach der Gründung des Deutschen Reiches nahmen Industrialisierung und modernisierende Veränderungen ein geradezu dramatisches und – trotz diverser Krisen und Rezessionen – über Jahrzehnte ungebremstes Tempo an. Auch jetzt waren die Juden, als Gruppe, dem Prozeß am besten gewachsen. In Massen strömten sie nun vom Land in die rasch größer werdenden Städte, um die Chancen in neuen Industrien und neuen Dienstleistungszweigen am Schopf zu packen, um Geschäfte aller Art zu gründen und die Möglichkeiten in den expandierenden Banken zu nutzen. Proletarische jüdische Existenzen sind zwar nicht verschwunden, waren aber nun das Ergebnis jüdischer Einwanderung aus Osteuropa. Die einheimische Judenheit verwandelte sich mehrheitlich in Mittelstand, vielfach in wohlhabendes Bürgertum, ja Großbürgertum, und mancher, der bis zur Vollendung der Emanzipation bereits wohlhabend geworden war, konnte in den stürmischen Wachstumsjahren nach der Reichsgründung ein riesiges Vermögen anhäufen. Eine ständig steigende Zahl von Juden machte überdies den Schritt von der Emanzipation zur Assimilation. Bis ins letzte Drittel des 19. Jahrhunderts war dieser Schritt jedoch nicht – oder doch nur selten – mit dem Übertritt zu einer christlichen Konfession verbunden. In einer Gesellschaft, die sich zunehmend säkularisierte, ging es im Grunde um mehr. Assimilation bedeutete, nachdem die Juden das reale und das geistige Ghetto einmal verlassen hatten, die stürmische Umarmung und die von erwartungsvoller Neugier über spontane Sympathie bis zu tiefer und dauernder Liebe fortschreitende Aneignung der deutschen Kultur, wie sie in der Philosophie, der Literatur und der Musik ihren »klassischen« Ausdruck gefunden hatte. Kein Zweifel, daß die deutschen Juden ein stark erlebtes Gefühl der engen inneren Verwandtschaft beherrschte, als sie in eine geistige und musische Landschaft einwanderten, die von Kant, Hegel und den Gebrüdern Schlegel gestaltet worden war, von Lessing, Wieland, Schiller und Goethe, von Haydn, Mozart und Beethoven. Der hier gewachsene Humanismus versprach zudem sofortigen Schutz vor böser Verfolgung und schien überdies der Zukunft Deutschlands – auch auf politischem Felde – nur die Möglichkeit weiterer Liberalisierung vererben zu können.

So rasch wurden die Juden in der deutschen Kulturnation heimisch, daß sie sich schon früh nicht mit schlichter Bejahung und passivem Genuß begnügten, sondern sich aktiv und schöpferisch am kulturellen Leben der Nation beteiligten. Daß ihre vielfältigen Beiträge offensichtlich eine Bereicherung darstellten und von einem beträchtlichen Teil der Nation auch als solche gewürdigt wurden, führte wiederum zu einer derartigen Kräftigung und Vertiefung des Gefühls der Zugehörigkeit, daß selbst der Sprung in die Politik bald nicht mehr als ein die deutsche Nation über Gebühr reizender Fürwitz und damit etwa als emanzipationsgefährdendes Risiko erschien. Wie stark die Teilnahme am politischen Leben bereits im Bewußtsein der Zugehörigkeit begonnen wurde, zeigte sich nicht zuletzt darin, daß keine spezifisch jüdische Partei oder Gruppierung auftrat, die Juden sich vielmehr sogleich, einfach den individuellen Überzeugungen und Interessen folgend, auf die verschiedenen deutschen politischen Lager verteilten. Naturgemäß zog es viele Juden zu den Parteien und Verbänden, die für einen Liberalismus standen, wie er als Garant der erreichten Emanzipation und als Vehikel fortschreitender Assimilation in einem freilich noch lebhaft empfundenen jüdischen Gruppeninteresse lag, wie er aber auch – im Falle jüdischer Bank- und Geschäftsleute oder jüdischer Ärzte und Rechtsanwälte – häufig den wirtschaftlichen und professionsspezifischen Interessen einzelner Juden entsprach. In Literatur und Publizistik waren Juden ebenfalls oft da zu finden, wo die weitere Liberalisierung der deutschen Gesellschaft propagiert oder auch – bei entsprechend scharfer Anprangerung der bestehenden illiberalen Zustände – wütend gefordert wurde, wo es also um eine progressive Modernisierung des Denkens ging. Jedoch tauchten jüdische Autoren und Politiker keineswegs nur bei der liberalen oder gar der radikalen

– demokratischen und sozialistischen – Linken auf. Die Majorität der deutschen Juden hielt sich, wie es ihrer kulturellen und wirtschaftlichen Lage gemäß war, zur bürgerlichen Mitte, und nicht wenige wanderten nach rechts. Berthold Auerbach war mit seinen ›Schwarzwälder Dorfgeschichten‹ und seinem Roman ›Barfüßele‹ von der ungeduldigen und beißenden Gesellschaftskritik eines Ludwig Börne und Heinrich Heine ebenso weit entfernt wie Friedrich Julius Stahl, der erste große Ideologe des preußisch-deutschen Konservatismus, von Eduard Lasker und Ludwig Bamberger, den beiden bedeutenden Führungsfiguren der deutschen Nationalliberalen, oder gar von Karl Marx.

Dieser Prozeß der geistigen und politischen Assimilation gewann mit der Reichsgründung an Tempo und Intensität. Nach der Vollendung der Emanzipation und als Folge einer der übrigen Bevölkerung vorauseilenden und mit überdurchschnittlichem Wohlstand belohnten Teilnahme an der Modernisierung Deutschlands entsandte die deutsche Judenheit jetzt überdies einen ungewöhnlich hohen Prozentsatz der Söhne auf höhere Schulen und Universitäten. Da manche Zweige des Staatsdienstes, darunter auch die Offizierskorps der Armee und der Marine, Juden noch lange Zeit nur zögernd zuließen und die aufgenommenen noch eine ganze Weile in der Karriere benachteiligten, drängte ein außerodentlich großer Teil der jüdischen Akademiker in die freien Berufe; ihr Anteil an der Gesamtzahl der deutschen Ärzte und Rechtsanwälte lag deutlich über dem der Juden an der Gesamtbevölkerung. Auch bei der Expansion von Presse, Literatur und Theater spielten emanzipierte und assimilierte Juden eine hervorragende Rolle, und zwar sowohl als Journalisten, Schriftsteller und Bühnenautoren wie als Verleger, Regisseure und Manager; bei literarischen Verlagen braucht man nur an Samuel Fischer, bei Zeitungsverlagen an Mosse und Ullstein zu denken. In ähnlicher Weise etablierten sich viele jüdische Akademiker an Universitäten und Forschungsinstituten, wo sie sich vor allem den expandierenden modernen Wissenschaften zuwandten: Medizin, Physik, Chemie. Ihre Leistung in diesen Disziplinen steht in gar keinem Verhältnis zu ihrem geringen Bevölkerungsanteil – rund zwanzig deutsche Naturwissenschaftler jüdischer Herkunft erhielten den Nobelpreis, darunter so große Forscher wie Paul Ehrlich, Heinrich Hertz, Fritz Haber und Max Born –, ganz zu schweigen davon, daß jüdischen Genies wie Albert Einstein und Sigmund Freud

Entdeckungen gelangen, die das Bewußtsein der Zeitgenossen und der nachfolgenden Generationen veränderten. Aber auch die Geisteswissenschaften sahen sich durch bedeutende Beiträge jüdischer deutscher Gelehrter bereichert, z. B. der Philosophen Hermann Cohen und Edmund Husserl, des Philosophen und Soziologen Georg Simmel, der Literaturhistoriker Albert Bielschowsky und Friedrich Gundolf, des Staatsrechtlers Hugo Preuß, der dann 1919 zu den Vätern der Weimarer Verfassung gehörte.

Angesichts eines solchen materiellen, politischen und geistigen Erfolgs ist es nicht verwunderlich, daß viele deutsche Juden ihre Assimilierung an die deutsche Umwelt als definitive Aufnahme in die deutsche Nation begriffen. Dieses Verständnis des Wandels ihrer Lage mußte ihnen auch dadurch nahegelegt werden, daß die Assimilation naturgemäß eine allmähliche Erosion der religiösen jüdischen Tradition und damit unvermeidlich einen fortschreitenden Abbau des noch vornehmlich auf religiöser Grundlage ruhenden jüdischen Sonderbewußtseins bewirkte. Das brauchte auch in den Jahrzehnten nach 1871 nicht zur formalen Trennung von der jüdischen Gemeinde und nicht zur völligen Preisgabe jüdischer Bräuche zu führen; auf christlicher Seite gab es ja mittlerweile ebenfalls zahllose Agnostiker, die in der Statistik als Protestanten oder Katholiken erschienen und die kirchlichen Feste feierten. Aber wie locker die Bindung an den mosaischen Glauben und wie schwach folglich das Gefühl der Zugehörigkeit zu einer in der Nation noch besonderen jüdischen Gruppe wurde, zeigte sich auch daran, daß der endgültige Übertritt in das nichtjüdische Milieu, oft mit der manchmal leichtherzigen, manchmal überzeugten Konversion zu einer christlichen Konfession verbunden, nun im Laufe jener Jahrzehnte von vielen tausend Juden vollzogen wurde. Zugleich nahm jetzt die Zahl der Ehen zwischen christlichen und jüdischen Deutschen zu, erst recht zwischen Christen und getauften Juden – dieses Aufgehen der Juden in der deutschen Bevölkerung ließ im übrigen darauf schließen, daß zumindest ein beträchtlicher Teil der Nation nichts mehr dagegen einzuwenden hatte. Wenn von den siebziger Jahren des 19. Jahrhunderts bis zu den Anfangsmonaten der nationalsozialistischen Periode die Zahl der in Deutschland lebenden Angehörigen der jüdischen Religionsgemeinschaft – 1933 waren es 499682 (0,8 Prozent der Bevölkerung) – nahezu stabil blieb, obwohl es immer wieder Zuwanderung aus Osteuropa gegeben hatte, so lag das gewiß daran, daß die Auswanderung, vornehmlich nach Nordamerika, weiterging und daß die Statistik von 1933 unvollständig ist; es fehlen die Juden der Territorien, die das Deutsche Reich 1919 auf Grund des Versailler Vertrags eingebüßt hatte: Saarland, Elsaß-Lothringen, Teile Oberschlesiens, Westpreußen, Posen, Memelgebiet. Als weiterer wichtiger Grund wirkte aber die beginnende und sich fortwährend beschleunigende Entjudaisierung der deutschen Judenheit.

Entstehung

Doch gab es zu allen Zeiten jüdische Beobachter, die auf die Frage, ob die Zukunft der deutschen Judenheit gesichert sei, nicht mit einem zuversichtlichen »ja« antworten wollten. Sie registrierten nämlich, daß sich in Deutschland, parallel zu den ununterbrochenen und scheinbar auch nicht zu unterbrechenden Fortschritten der deutschen Juden, emanzipations- und assimilationsfeindliche Tendenzen behaupteten und neu entwikkelten, die, obgleich sehr schwer einzuschätzen, doch jederzeit jüdische Aufmerksamkeit verdienten und vielleicht jüdische Besorgnis oder sogar jüdische Angst rechtfertigten[2].

So nahmen Nationalbewegung und Nationalismus in Deutschland bereits früh Züge an, die eine engere Verwandtschaft mit den osteuropäischen Nachfolgern als mit den angelsächsischen und französischen Vorbildern begründeten. Gerade in der formativen Phase des deutschen Nationalbewußtseins, also während und unmittelbar nach der napoleonischen Zeit, ist seine Verbindung mit den gesellschaftspolitischen Prinzipien des Westens auf doppelte Weise gefährlich lädiert worden.

Erstens: Die führenden deutschen Staaten, indem sie die Armeen der Französischen Revolution nach Frankreich zurücktrieben, behielten nicht nur ihre ständestaatlich-obrigkeitsstaatliche Struktur, sondern festigten sie sogar – wenn auch durch

[2] Zur Geschichte des Antisemitismus in Deutschland: Werner Jochmann, Struktur und Funktion des deutschen Antisemitismus. In: Juden im Wilhelminischen Deutschland 1890–1914, hrsg. v. Werner E. Mosse unter Mitwirkung v. Arnold Paucker. Tübingen 1976; George L. Mosse, The Crisis of German Ideology. Intellectual Origins of the Third Reich. New York 1964; Fritz Stern, Kulturpessimismus als politische Gefahr. Eine Analyse nationaler Ideologie in Deutschland. Bern, Stuttgart 1963; Lucy S. Dawidowicz, The War Against the Jews 1933–1945. New York 1975; Helmut Krausnick, Judenverfolgung. In: Anatomie des SS-Staates, Bd. 2. Olten, Freiburg 1965.

behutsam modernisierende Reformen von oben. Deshalb vermochten die Eliten und bürokratischen Organe dieser Staaten fast allen Ländern des deutschen Bundes extrem illiberale und extrem antidemokratische Systeme zu oktroyieren. Den Repräsentanten eines mit liberalen und demokratischen Ideen erfüllten deutschen Nationalbewußtseins hat dies auf Jahrzehnte hinaus jede politische Entfaltungs- und Gestaltungsmöglichkeit genommen. Die ursprünglichen Ziele und Ideale rückten in eine nicht mehr ganz reale Ferne, und der unbefriedigte Wille zu ihrer Verwirkung begann sich Ersatz zu suchen. Im politischen Elend, in der Enge und Kläglichkeit der Verhältnisse, wie sie die Metternichsche Restauration verewigt hatte, regten sich daher Träume, die nicht mehr allein der Freiheit und Gleichheit galten, sondern in gleichem Maße von der Sehnsucht nach der Einheit, der Größe, der Geltung und der Macht der eigenen Nation inspiriert wurden. Hier staute sich ein beträchtliches Potential an Aggressivität. Börne und Heine sind aus diesem gewitterschwülen politischen Klima nach Paris geflüchtet und letzterer hat dort von Zeit zu Zeit in düsteren Prophezeiungen die Wildheit der künftigen Eruptionen des deutschen Nationalismus beschworen.

Zweitens: Weitaus stärker ist das deutsche Nationalbewußtsein dadurch getroffen worden, daß die Ausbreitung der Ideen von 1789 nach Deutschland gewaltsam geschah und mit der Ausdehnung französischer Herrschaft einherging. Fanden die französischen Revolutionsarmeen, ob vor oder während der Alleinherrschaft Napoleons, anfänglich Sympathisanten vor, die sich befreit fühlten, so konnte es doch nicht ausbleiben, daß die Etablierung eines französischen Besatzungsregiments auch Gegnerschaft weckte. Nach einiger Zeit allein schon durch ihre Existenz eine Verletzung deutschen Selbstgefühls, lastete die französische Herrschaft ja in der Tat bald schwer auf den besetzten oder kontrollierten Gebieten, zumal die Herrschaft zunehmend unter militärischen Gesichtspunkten und daher als brutale Ausbeutung der personellen und materiellen Ressourcen ausgeübt wurde. Es konnte ferner nicht ausbleiben, daß die sich vielfach bis zum Haß steigernde Abneigung gegen französische Besatzung und Machtansprüche allmählich auch die so gewalttätig, verzerrt und lästig repräsentierten Werte und Prinzipien der zu Herren gewordenen Befreier in Frage stellte. Die Ablehnung der revolutionären Ideen war daher in den von Frankreich abhängigen oder bedrohten Staaten binnen kurzem nicht auf die Vertreter und Anhänger der alten Regime beschränkt. Etliche – keineswegs alle – Wortführer und Deuter bürgerlichen Nationalbewußtseins begannen in ihrer Auflehnung gegen die französische Fremdherrschaft alles Französische zu verdammen und folglich auch Liberalismus, Parlamentarismus, Demokratie als »undeutsch« zu empfinden.

In den Reden und Schriften eines Johann Gottlieb Fichte, eines Ernst Moritz Arndt oder eines Friedrich Ludwig Jahn machte sich – wie später in Osteuropa – die einen Ersatz liefernde Neigung zur mystischen Überhöhung der angeblich existierenden deutschen Abstammungs- und Blutgemeinschaft bemerkbar, die dabei, ob gewollt oder ungewollt, größere Bedeutung gewann als die politische Gesinnungsgemeinschaft. Das gemeinsame Bekenntnis zu bestimmten politischen Prinzipien trat als konstitutives Element zurück vor einer den Deutschen vorbehaltenen Teilhabe an einer überlegenen Sittlichkeit, die der deutschen Abstammungs- und Blutgemeinschaft innewohne. Als Aufgabe einer deutschen Nationalbewegung erschien konsequenterweise nicht mehr in erster Linie die Reform oder Revolutionierung der politisch-gesellschaftlichen Verhältnisse, sondern zunächst die Restaurierung und dann die ständige Übung von Tugenden wie Aufrichtigkeit, Treue, Großmut, Tapferkeit und auch noch Frömmigkeit, die allesamt den Charakter spezifisch deutscher Eigenschaften annahmen. Ein deutscher Nationalstaat war in solchen Visionen fast kein politisches Phänomen mehr; er verwandelte sich zusehends in das Gefäß und die Verkörperung eines den anderen Völkern übergeordneten Menschentums.

Auch zeigte sich sofort, daß dieser emotionale Einbruch ins deutsche Nationalbewußtsein tatsächlich eine Aggressivität mobilisierte, die nicht allein gegen andersnationale Nachbarn gerichtet war, sondern ebenso zur diskriminierenden Ausgrenzung von Minderheiten tendierte, die den Nachweis der Zugehörigkeit zur Abstammungs- und Blutgemeinschaft nicht zu erbringen vermochten oder gar in jahrhundertelanger Isolierung von der christlich-deutschen Umwelt gelebt hatten. Fichte hat sich schon 1793 vehement gegen die Emanzipation der Juden ausgesprochen, in einer Schrift, die dann 1844 erneut publiziert wurde[3], und der »Turnvater« Jahn stellte die Juden 1810,

[3] J. G. Fichtes Beitrag zur Berichtigung der Urteile des Publikums über die Französische Revolution. Neuer Abdruck, Zürich 1844.

in seinem Buch ›Deutsches Volkstum‹, auf eine Stufe mit den Zigeunern; beiden Gruppen sei deutsches Blut und deutscher Geist notwendigerweise fremd, beide hätten in der deutschen Nation nichts zu suchen. Daß sich solche Autoren zumeist als gute Christen – d. h. vornehmlich als gute Protestanten – fühlten, hat ihre judenfeindliche Aggressivität mitnichten dämpfen können. Im Gegenteil, in der Tradition Martin Luthers und seiner judenfeindlichen Streitschriften glaubten sie auch den Segen der Religion zu haben. Hartwig von Hundt-Radowsky, einer der radikalen nationalistischen Demagogen jener Jahre, schrieb 1819 sogar, daß er »die Tötung eines Juden weder für eine Sünde noch für ein Verbrechen« halte. In seinem Pamphlet ›Der Judenspiegel‹ forderte er im übrigen bereits ungeniert die Entmannung der männlichen Juden und setzte hinzu: »Am besten werde es jedoch sein, man reinigte das Land ganz von dem Ungeziefer.«[4]

Und derartige Manifestationen eines bösartigen Antisemitismus blieben keineswegs bloße Theorie. Hundts ›Judenspiegel‹ erreichte die Öffentlichkeit in einem Jahr, in dem es, vor allem in Franken, Hessen, Baden und den preußischen Rheinprovinzen, zu Serien judenfeindlicher Demonstrationen und Ausschreitungen kam. Bei dieser nach einem antijüdischen Hetzruf »Hepp-Hepp-Bewegung« genannten Aufwallung handelte es sich zum einen um den Protest meist akademisch gebildeter Bürger und Studenten gegen die beginnende Emanzipation der Juden. Als Brandfackeln wirkten propagandistische Haßtiraden, wie sie z. B. unter dem bezeichnenden Titel ›Über die Gefährdung des Wohlstands und des Charakters der Deutschen durch die Juden‹ von Jakob Friedrich Fries verfaßt und 1816 verlegt worden waren, von einem Philosophie und Psychologie lehrenden Nationaldemokraten, der großen ideologischen Einfluß auf die Burschenschaften an den deutschen Universitäten ausübte. Zum anderen Teil war die »Hepp-Hepp-Bewegung« der blindwütende Ausbruch von Bauern und Kleinbürgern, die für ihre wirtschaftlichen Nöte – in den Krisen der ersten Jahre nach den napoleonischen Kriegen und auf Grund schmerzhafter reformerischer Maßnahmen des Staates oft bis zum Elend verschlimmert – keine unpersönlichen Ursachen hinnehmen, sondern greifbare Urheber büßen lassen wollten.

[4] Zit. nach Alexander Bein, Der moderne Antisemitismus und seine Bedeutung für die Judenfrage. In: VfZ 6 (1958), S. 358.

Solche antisemitisch aufgeputzten populistischen Rebellionen sind in allen deutschen Staaten hart und streng unterdrückt worden; zum Schutz der Juden haben neben Polizeikräften selbst reguläre Truppen eingegriffen. Auch machten Publizisten wie Hundt-Radowsky – der übrigens später widerrief und 1828 in einem ›Neuen Judenspiegel. Apologie der Kinder Israel‹ eine Art Ehrenerklärung für die Juden veröffentlichte – gelegentlich mit dem Gefängnis Bekanntschaft. So ergab sich erstmals jene Paradoxie, unter deren Gesetz die Beziehungen zwischen Antisemiten und Juden in Deutschland bis zum Ende der monarchischen Obrigkeitsstaaten stehen sollten. Auf der einen Seite wandten sich gerade Teile einer Bewegung, die ursprünglich auf Emanzipation und Gleichberechtigung aller Bürger gerichtet war, infolge der Frustration ihrer eigentlichen Raison d'être plötzlich und mit Vehemenz gegen die Emanzipation und Gleichberechtigung einer bestimmten Gruppe von Bürgern. Auf der anderen Seite traten als Garanten der Sicherheit und der bürgerlichen Gleichstellung jener angegriffenen Minorität – weil ihnen jede politische Aktivität außerhalb des Machtapparats gefährlich und unerlaubt dünkte – ausgerechnet die Organe von Herrschaftssystemen auf, die den Kampf gegen die liberalen und demokratischen Ideen von 1789 zum Staatsprinzip erhoben hatten und durch die Unterdrückung der deutschen Nationalbewegung nun für die Anhäufung minderheitenfeindlicher Aggressivität im deutschen Nationalismus weitgehend verantwortlich zeichneten.

Aus derartigen Paradoxien wachsen oft seltsame und widersprüchliche Schimären. Daß sich unter den journalistischen und schriftstellerischen Plänklern, die sich da munter vor den liberalen und demokratischen Heerhaufen tummelten und fortwährend ins Gift der Gesellschaftskritik getauchte Pfeile gegen die Schanzen des Metternichschen Systems abschossen, etliche befanden, und zwar besonders eifrige und treffsichere Schützen, die wie Heinrich Heine Juden oder jüdischer Herkunft waren, hat so manchen Restaurations-Bürokraten dazu verleitet, ernsthaft die Frage zu erwägen, ob die neumodischen französischen Ideen, die von ihnen in die Welt gebrachte Unruhe und der damit den Repräsentanten der Ordnung bescherte Ärger womöglich das Ergebnis jüdischer Machenschaften seien, die dann vielleicht aus einer doch angeborenen Schlechtigkeit der ganzen Judenheit erklärt werden müßten. Umgekehrt sind antisemitische Nationaldemokraten wie Hundt-Radowsky, wenn sie in einer Zelle über die Kräfte nachgrübelten, die ihnen zu Gefängnis verholfen hatten, und wenn sie dabei die bis zur Emanzipation gehende Protektion bedachten, die der verhaßte Obrigkeitsstaat den Juden angedeihen ließ, zu dem in ihren Augen zwingenden Schluß gekommen, daß es sich beim Deutschen Bund und bei der illiberalen inneren Ordnung der Bundesstaaten um das Werk der Juden handle; Fürst Clemens Metternich selbst galt danach in einem sehr handfesten Sinne als der gekaufte Agent jüdischer Hintermänner und Drahtzieher. Zum ersten Mal erschien die Gestalt »des« Juden als eine Art teuflischer Demiurg hinter völlig entgegengesetzten politischen Ideen und Strukturen. Zwar sind der hinter allen revolutionären Umtrieben steckende »Jude« und der hinter den Mächten der Reaktion stehende »Jude« in der Restaurationszeit nicht nebeneinander und folglich nicht als zwei gleichzeitig tätige Emanationen eines noch hinter ihnen anzunehmenden »eigentlichen« Juden gesehen worden. Aber zum ersten Mal war immerhin Stoff zu einer jener Verschwörungstheorien angehäuft, die in den späteren antisemitischen Weltbildern eine so große Rolle spielen sollten.

Allerdings blieb die bürgerliche Bewegung in Deutschland jahrzehntelang doch überwiegend im Banne der politischen Ideenwelt Westeuropas und auf die Schaffung des Verfassungsstaats gerichtet, weshalb die deutsche Nationalbewegung ebenso lange mehrheitlich bereit war, den Juden in den deutschen Ländern die Gleichstellung zu geben und ihnen den Eintritt in die Nation anzubieten. Das lehrt auch die Erfahrung von 1848/49, als die Frankfurter Nationalversammlung die Gleichberechtigung der deutschen Juden beschloß. Selbst die schwere Niederlage der liberalen und demokratischen Kräfte, mit der die revolutionäre Erschütterung von 1848/49 endete, hat die Bereitschaft zur Aufnahme der Juden in die Nation nicht schwinden lassen. Die politischen Karrieren eines Bamberger oder eines Lasker wären sonst nicht möglich gewesen. Auf der anderen Seite sind durch die Enttäuschung der revolutionären Hoffnung und während der erneuten Herrschaft reaktionärer Regime doch jene Tendenzen sichtlich gestärkt worden, denen es mehr um die Einheit und Größe der Nation als um die Freiheit und Gleichheit der Bürger ging. Damit wuchs auch die Kraft eines Nationalismus, der die Nation vornehmlich als Blut- und Tugendgemeinschaft begriff, der zum Wahn einer ethisch-moralischen Überlegenheit der Deutschen neigte und andersnationalen Nachbarn ebenso mit grundsätzlicher und dauerhafter

Feindschaft oder Verachtung begegnete wie den als fremd und sperrig empfundenen Minderheiten im eigenen Land.

In den Jahren nach der gescheiterten Revolution ist ein Roman geschrieben worden, der dem geschlagenen deutschen Bürgertum zum Trost und zur Rückenstärkung dienen sollte und diese Aufgabe fraglos auch erfüllt hat. Es war aber nun kein Zufall, sondern Ausdruck und dann zusätzlich Förderung einer mächtigen Zeitströmung, daß Gustav Freytag in ›Soll und Haben‹, 1855 erschienen, nicht trotzig an den politischen Rechten und Ansprüchen des dritten Standes festhielt, sondern in erster Linie die Lehre von der sittlichen Superiorität der bürgerlichen Tugenden predigte.

Zum zweiten Mal kam es in einem ernstzunehmenden Werk eines ernstzunehmenden deutschen Autors zur literarischen Gestaltung des Judentums, doch Freytags Veitel Itzig hatte mit Lessings Nathan nicht mehr das geringste gemein[5]. In diesem überaus intelligenten und erfolgreichen jüdischen Geschäfts- und Finanzmann personifizierte sein Schöpfer das schlimmste Wesen und den bösesten Charakter, die allem, was bürgerlich und deutsch hieß, völlig entgegengesetzt und total fremd waren, die bei ihrer spezifischen Beschaffenheit überdies eine außerordentliche und ständige Gefährdung der Deutschen und der Deutschheit darstellten. ›Soll und Haben‹ war der erfolgreichste deutsche Roman des 19. Jahrhunderts, von kaum zu überschätzender bewußtseinsbildender Kraft. Hunderttausende in Deutschland haben noch bis zur Mitte des 20. Jahrhunderts das Wort »Jude« nicht ohne Assoziationen hören oder denken können, wie sie einigen Eigenschaften zu danken waren, mit denen Veitel Itzig – schon die Wahl des Namens ein propagandistisches Meisterstück – von Gustav Freytag ausgestattet worden war: widrige Häßlichkeit, schleimiger Ehrgeiz, blutsaugerische Geld- und Machtgier, nicht nur skrupellose, sondern zerstörerische Handhabung der errungenen Macht. Tausendfach mußte der literarische Eindruck durch die Erfahrung der Realität widerlegt werden, doch sooft die Fiktion von den Fakta auch Lügen gestraft werden mochte, Freytags Botschaft behauptete sich. Und die lautete, nicht anders als in Jakob Friedrich Fries' Pamphlet von 1816: die Emanzipation der Juden ist ein für die Nation höchst bedrohlicher Irr- und Widersinn.

[5] Hierzu George L. Mosse, The Image of the Jew in German Popular Culture: Felix Dahn and Gustav Freytag. In: Year Book II of the Leo Baeck Institute. London 1957, S. 218–227.

Nach der Gründung des Deutschen Reiches ist der Nation diese Botschaft sogleich noch kräftiger und mit noch größerer Wirkung zugerufen worden. 1873 brachte der Berner Verlag Rudolf Costenoble eine Schrift heraus, die den alarmierenden Titel trug ›Der Sieg des Judentums über das Germanentum, vom nichtkonfessionellen Standpunkt aus betrachtet‹. Verfasser war ein Journalist namens Wilhelm Marr. Mit Marr hatte sich nun derjenige unter den judenfeindlichen Agitatoren erstmals zu Wort gemeldet, der in den folgenden Jahren den bislang unbekannten Begriff »Antisemitismus« prägte. Bereits 1879, als seine Schrift die zwölfte Auflage erlebte, rief Marr mit den ›Antisemitischen Heften‹ eine ausschließlich der Judenfeindschaft und ihrer Ausbreitung dienende Zeitschrift ins Leben; im gleichen Jahr gründete er eine »Antisemitenliga«. Ein Jahr zuvor, 1878, war die Christlich-soziale Arbeiterpartei des Hofpredigers Adolf Stoecker entstanden, mit der ihr geistlicher Schöpfer die Arbeiter der ständig wachsenden Industriebetriebe für den Staat und die bestehende Gesellschaftsordnung gewinnen wollte, und zwar durch evangelisches Christentum, durch eine Palette sozialpolitischer Reformen und durch einen zunächst noch eher implizierten Antisemitismus. Als Stoecker bei den sozialdemokratischen Arbeitern ohne jede Wirkung blieb, andererseits den Effekt antisemitischer Anspielungen auf kleinbürgerliche Auditorien bemerkte, trat er 1879 – während er den Namen seiner Organisation auf Christlich-soziale Partei reduzierte – mit einem offen antisemitischen Programm hervor, das wohl noch nicht sonderlich radikal war, aber mit einigen Berufsbeschränkungen – so bei Richtern und Lehrern – doch schon erste praktische Maßnahmen gegen die Emanzipation der Juden forderte. Wenig später, im August 1880, setzten Bernhard Förster, ein Gymnasiallehrer, und Max Liebermann von Sonnenberg, ein Subalternoffizier, eine ›Antisemitenpetition‹ an das Preußische Abgeordnetenhaus in Umlauf, in der praktisch die Unterbindung jüdischer Einwanderung aus Osteuropa und ebenfalls gesetzliche Schranken gegen die Zulassung von Juden zu bestimmten Zweigen des Staatsdienstes verlangt wurden. Als dieser Appell zum Angriff auf die konstitutionelle Gleichberechtigung der deutschen Juden im April 1881 Reichskanzler Bismarck präsentiert wurde, hatten die Verfasser, mit Hilfe mehrerer Organisationen, deren einziger Daseinszweck die Bekämpfung der Juden war, 225 000 Unterschriften gesammelt; nicht weniger als 4000 stammten von Universitätsstudenten.

Diese auffallende Zunahme judenfeindlicher Aktivitäten ist, wie vor allem auch das Echo, das sie fanden, oft auf die Wirtschaftskrise zurückgeführt worden, unter der Deutschland in jenen Jahren zu leiden hatte. In der Tat brach die Konjunktur, die dem preußisch-deutschen Sieg über Frankreich und der Reichsgründung – auch dem Eingang stattlicher französischer Reparationsgelder – gefolgt war, 1873 zusammen. Der Krach, in dem die »Gründerjahre« mit ihrem hektischen Boom und Spekulationsfieber geendet hatten, entwickelte sich aus einem wirtschaftlichen Katzenjammer tatsächlich zu einer ernsteren und längeren Krise. Wie immer in wirtschaftlichen Notzeiten wuchs gewiß auch die Bereitschaft, simplen und an Personen festzumachenden Erklärungen der Misere Glauben zu schenken, etwa der Behauptung, am ganzen Unheil seien die Juden schuld, die ja im Bankwesen eine so hervorragende und durchaus sichtbare Rolle spielten. Doch blieb die Wirtschaft, alles in allem, schließlich doch auf einem Wachstumspfad, und bestimmte Individuen und Gruppen, die sich nun für antisemitische Parolen besonders empfänglich zeigten, dürften die Krise der Wirtschaft allenfalls undeutlich wahrgenommen haben, so Teile des akademisch gebildeten Bürgertums und Teile der alten preußisch-deutschen Führungsschicht; Graf Herbert von Bismarck etwa, der Sohn des amtierenden und inzwischen zum Fürsten erhobenen Reichskanzlers, legte nun einen aggressiven Antisemitismus an den Tag, der bereits politisch gemeint und damit gefährlich anders war als die junkerliche Judenverachtung, die sein Vater selbst gegenüber »seinem« Bankier Gerson von Bleichröder nie ganz ablegte. Nur ein paar Jahre später, 1890, hatte der junge Kaiser Wilhelm II. auch schon die Allianzen entdeckt, die angeblich zwischen den Juden und sonstigen »Reichsfeinden«, z.B. den Jesuiten, bestanden[6]. Gründe außerhalb der wirtschaftlichen Entwicklung sind folglich für die antisemitische Welle wohl wichtiger gewesen.

Ausschlaggebend war vermutlich, daß sich der Charakter der deutschen Nationalbewegung und das Wesen des deutschen Nationalismus abermals wandelten, und zwar jetzt auf Grund einer dreifachen Wirkung der Reichsgründung. Der Sieg über

[6] Vgl. Fritz Stern, Gold and Iron. Bismarck, Bleichröder and the Building of the German Empire. London 1977, S. 438ff., 494ff.

Frankreich, die Einigung und schließlich die berauschende Entdeckung der Bewohner deutscher Klein- und Mittelstaaten, daß sie nun Bürger des wirtschaftlich, militärisch und politisch stärksten Staates auf dem europäischen Kontinent waren, all dies gab dem Nationalbewußtsein einen mächtigen Impuls und fachte den Nationalstolz zu rotglühender Hitze an. Der solchermaßen zu höchster Intensität gesteigerte Nationalismus war aber zugleich von der ursprünglichen Bestimmung der europäischen Nationalismen, Träger liberaler und demokratischer Gesellschaftsveränderung zu sein, erneut weggedrückt worden, und zwar diesmal um ein entscheidendes Stück. Indem Bismarck der Nation ihre Einheit, wenn auch nur in einem kleindeutschen Rahmen, vornehmlich als das Ergebnis preußischer Politik und als das Werk preußischer Waffen schenkte, brachte er es tatsächlich fertig, den als bürgerliche Reformbewegung ohnehin seit vielen Jahren frustrierten, mehr und mehr auf das Ziel der Einheit eingeschwenkten, doch auch zur Erreichung dieses Ziels nicht aus eigener Kraft fähigen deutschen Nationalismus zum endgültigen Friedensschluß mit jener Kombination feudalistischer und obrigkeitsstaatlicher Elemente zu bewegen, die in Preußen und den anderen deutschen Staaten nach wie vor die innere Ordnung bestimmte. Ein beträchtlicher Teil der Liberalen fand sogar zu ausdrücklicher, ja begeisterter Bejahung der illiberalen politischen Systeme, zumal Bismarck die Gewissen mit ein paar innenpolitischen Konzessionen beruhigte und die entstandene Situation großartige Möglichkeiten für wirtschaftlichen Erfolg eröffnete. Den Rest der Liberalen befiel eine wohltemperierte Resignation, die sich mit kritischer Rhetorik ohne weiteres vertrug, jedoch praktisches Handeln ausschloß, für das die Fähnlein von Fortschritt und Freisinn sowieso zu klein geworden waren.

Daß aber die bürgerliche Nationalbewegung eine gewaltige Steigerung ihres Nationalismus und gleichzeitig ihre endgültige innenpolitische Domestizierung erlebte, hat der ohnehin schon sehr kräftigen Tendenz, die Nation in erster Linie als Abstammungs- und Blutgemeinschaft zu definieren und ihren besonderen Wert in einer an Blut und Wesen gebundenen Vortrefflichkeit zu sehen, unweigerlich zur Vorherrschaft verhelfen müssen. Symptomatisch wurden dafür die Versuche etlicher Schriftsteller, eine nie unterbrochene Verbindung zwischen der Gegenwart des kleindeutschen Kaiserreichs und den längst vergangenen Triumphen und Tragödien germanischer Stämme vor und während der Völkerwanderung, eine durch all die Jahrhunderte geschehene Bewahrung der Blut- und Wesenssubstanz einer geheimnisvollen Deutschheit von höchstem Rang und Adel zu behaupten und literarisch zu gestalten. Noch symptomatischer als die Versuche selbst war indes der ungeheure Erfolg, den die Werke solcher Autoren einheimsten, so das sechsbändige Romanepos ›Die Ahnen‹, das Gustav Freytag noch unter dem unmittelbaren Eindruck des Feldzugs in Frankreich und der Reichsgründung in den siebziger Jahren schrieb, oder, 1876 erschienen, ›Ein Kampf um Rom‹ von Felix Dahn. Das lesende Publikum nahm die Botschaft um so gläubiger auf, als die Autoren, angesehene Historiker und Universitätslehrer, die nationale Mystik, die sie durch Spannung und Dramatik so attraktiv und eingängig darboten, auch noch zur gesicherten wissenschaftlichen Erkenntnis erklärten.

Ostgotische Kriegskönige fanden eine also plötzlich und zugleich absichtsvoll-agitatorische literarische Behandlung, zahllose Bürger – und zumal die höhere Schulen besuchende bürgerliche Jugend – legten hingerissene Bereitschaft an den Tag, poetisch verklärte Krieger wie Totila und Teja oder Gustav Freytags vandalischen Königssohn Ingo als Personifizierung der sowohl männlichsten als auch spezifisch deutschen Tugenden anzusehen, und nahmen sie als Vorbilder an. Dies zeigte deutlich, daß ein ganz bestimmter Aspekt der Reichsgründung für das deutsche Bürgertum auch die Rangordnung der Werte verändert hatte. Die Einheit der Nation und das neue Deutsche Reich waren unstreitig und offensichtlich – da mochten vielfältige andere Voraussetzungen und Faktoren noch so wichtig gewesen sein – einem siegreichen Krieg zu verdanken. Naturgemäß wuchsen dadurch Prestige und politisches Gewicht des Militärs. Aber die Folgen reichten weit darüber hinaus. Indem sie in Frankreich Ruhm ernteten und auf Schlachtfeldern wie St. Privat zu Hunderten starben, brachten es die Söhne des preußisch-deutschen Adels, in den Offizierskorps der siegreichen Regimenter eindeutig dominant, nicht allein fertig, dem deutschen Bürgertum für eine Weile den innenpolitischen Reformwillen gänzlich auszutreiben, sie schafften es sogar, das Bürgertum vom höheren Rang und vom Vorbildcharakter der feudalistischen Wertordnung zu überzeugen. Die hohe Achtung bürgerlicher Tüchtigkeit und Redlichkeit, zusammen mit der Hochschätzung von produktiver Leistung und Handelsgeist, wie sie einige Jahre zuvor Gustav Freytag doch auch dem

Adel entgegengestellt hatte, ist natürlich nicht verschwunden, begann aber nun doch vom Ethos und vom Ehrenkodex einer an feudalistischen Kategorien orientierten Kriegerkaste überlagert zu werden. Bürgerliches Verhalten anerkannte bald ausdrücklich, daß die feste Verankerung eines Deutschen männlichen Geschlechts in der Gesellschaft, ja eigentlich seine vollgültige Mitgliedschaft in der Nation, nicht mehr allein und nicht mehr in erster Linie von Redlichkeit und Wohlanständigkeit, von beruflicher Leistung und wirtschaftlichem Erfolg abhänge, sondern mehr noch von der erreichten und gelegentlich praktizierten Teilhabe an der Welt der Kriegerkaste. Daß die Institution des Reserveoffiziers eine kaum zu überschätzende Wichtigkeit für die Gesamtgesellschaft erreichte und der »Leutnant d. R.« auf der Visitenkarte eine vitale Bedeutung für den einzelnen, ist mit »Triumph des Militarismus« nur ungenau bezeichnet. Mit leichter Übertreibung kann gesagt werden, daß die Bürger des Kaiserreichs, ob Fabrikant, Rechtsanwalt oder Studienrat, ihre normale und materiell oft durchaus gesegnete Alltagsexistenz als unbefriedigend und nicht selten mit einem leisen Gefühl der Verachtung betrachteten; sie glaubten sich zu edlerem Tun in einer härteren und kriegerischen Existenz berufen oder doch zur Empfindung einer derartigen Berufung verpflichtet. Der Reserveoffizier, wie er im wilhelminischen Deutschland aufgefaßt wurde, markiert also die in Frankreich erstrittene Unterwerfung der bürgerlichen unter die aristokratisch-kriegerischen Wertbegriffe.

Auf der anderen Seite haben bürgerliche Tüchtigkeit und der Unternehmersinn deutscher Bürger die Industrialisierung und wirtschaftliche Modernisierung des Deutschen Reiches unaufhaltsam weitergetrieben. Der Industrialisierungs-, Verstädterungs- und Zivilisationsprozeß traf also eine Nation, in der gerade ein von vorindustriellen Zeiten vererbtes politisches System aus feudalistisch-obrigkeitsstaatlichen Elementen behauptet und – wenn auch mit leichten Retuschen – stabilisiert worden war, in der überdies gerade eben ein auf Agrarbesitz und Militärdienst gestützter Adel auch noch seine feudalistischen Wertbegriffe erfolgreich verteidigt und selbst den bürgerlichen Schichten eingepflanzt hatte. Zahllose Deutsche reagierten daher auf die Modernisierung mit tiefem Unbehagen, ja mit Angst. Die Realitäten der nationalen Existenz gerieten in schroffen Gegensatz zu den Vorstellungen der Nation vom richtigen Leben, und jene Strukturen und Leitbilder, denen aus fester Überzeugung höchste gesellschaftsbiologische Gesundheit und vornehmster sittlicher Rang zuerkannt worden waren, schienen sogar einer tödlichen Bedrohung ausgesetzt zu sein. Doch wollte die – wie die Dinge lagen – notwendigerweise fundamentale Opposition zur Industriellen Revolution und ihren Folgen nicht passive Angst bleiben. Die jetzt allenthalben ins Kraut schießende antimodernistische und fortschrittsfeindliche Kulturkritik, orientiert an romantisch idealisierten Vergangenheiten in ländlichen Idyllen, entband vielmehr alsbald den Traum von einer umfassenden Konterrevolution, mit der die Industrialisierungs- und Zivilisationsprozesse rückgängig gemacht oder doch eingegrenzt und abgekapselt werden sollten. Es kam die Zeit der rückwärtsgewandten Gesellschaftsutopien, der Forderung nach Verhältnissen, in denen die Herrschaft der bedrohten vorindustriellen Leitbilder und Tugenden einer noch in feudalistischem Boden wurzelnden Kriegerkaste wieder gesichert, in denen sie gar zur Sache der ganzen Nation gemacht werden müßten. Und es fanden sich viele, die bereit waren, sich für die Verwirklichung solcher Utopien politisch zu engagieren; die Zuversicht, noch Zeit und Kraft für die umfassende Konterrevolution zu haben, war durchaus vorhanden, zumal die modernisierende Veränderung die Nation nur partiell ergriffen und vornehmlich die ländlichen Regionen als nahezu unerschütterte Bastionen vorindustrieller Strukturen und Mentalitäten stehengelassen hatte.

Fraglos nahmen zahllose Angehörige des deutschen Bürgertums, das im übrigen zunächst einmal den größten Nutzen und Gewinn aus der Industrialisierung und wirtschaftlichen Modernisierung Deutschlands zog, jetzt auch deshalb antimodernistische Emotionen und Anschauungen auf, weil sie sich einer massiven, der Modernisierung zu dankenden Bedrohung der eigenen Position konfrontiert glaubten, nämlich den materiellen, gesellschaftlichen und politischen Ansprüchen der unentwegt wachsenden Arbeiterklasse. Das politische System und die dominierenden gesellschaftlichen Werte des Kaiserreichs verwehrten dem Bürgertum zwar die gleichberechtigte Teilhabe an der Macht im Staat, schienen ihm aber wenigstens einen Schutz gegen die Gefahr zu bieten, die von der politischen Organisation und vom Sozialismus der Arbeiter ausging; so fühlte sich mancher verlockt, politische und mentale Sekurität in einem radikalen Konservatismus und in Träumen von der Restauration einer goldenen Vergangenheit zu suchen. Wer sich für die antimodernistische Konterrevolution engagierte und die Behauptung oder Wiederherstellung eines vorindustriellen Werte- und Gesellschaftssystems zu seiner Leitidee erhob, identifizierte als sein Angriffsziel gleichwohl nicht ein bestimmtes politisches System, nicht eine bestimmte Wirtschaftsordnung und erst recht nicht eine politische Partei, sondern den industriellen Ballungsraum und die wuchernde Großstadt, die er – angesichts der hier diagnostizierten biologischen, mentalen, sittlichen und politischen Übel – als Herde einer Vergiftung und des Verfalls der Nation empfand. Bei der Definition des politisch Wünschbaren und des politisch zu Bekämpfenden unterschied er folglich nicht zwischen richtig und falsch oder gerecht und ungerecht, sondern zwischen gesund und krank. Symptomatisch für eine solche Vorstellungswelt war die »Erkenntnis«, daß man den Eiterherd nur dann verschwinden lassen und eine »gesunde« – d.h. agrarisch-dörflich und kleinstädtisch geprägte – Gesellschaftsordnung restaurieren könne, wenn es gelänge, der Nation mehr Raum zu gewinnen. Angesichts der nun einmal eingetretenen und als »Übervölkerung« empfundenen Bevölkerungsvermehrung wurde für die irgendwie zu bewerkstelligende »Entseuchung« der Großstädte mehr Boden gebraucht.

Intensivierung des Nationalismus, Domestizierung der bürgerlichen Nationalbewegung, Beginn der Vorherrschaft eines an die Blut- und Abstammungsgemeinschaft gebundenen, »völkischen« Nationalismus, Dominanz einer feudalistisch orientierten Wertordnung, Formulierung und Ausbreitung antimodernistischer Gesellschaftsbilder, Biologisierung der gesellschaftspolitischen Ordnungsbegriffe, Entstehung des erstickenden Gefühls einer »Raumnot« der deutschen Nation – die Verbindung all dieser Resultate der Reichsgründung mußte neben anderen Folgen vor allem eine Konsequenz haben: die stetige Zunahme der Aggressivität des deutschen Nationalismus und der deutschen Nation. Die Suche nach Betätigung und nach Feinden, die dem ohne ausreichende innenpolitische Ziele so aggressiv gewordenen deutschen Nationalismus nun natürlich war, konnte sich aber nicht allein nach außen wenden. Zwar kam es in der Tat zu einer Wendung nach außen: in einem hektischen Imperialismus, der Kolonien in Übersee als unverzichtbar betrachtete und seit den achtziger Jahren ohne nennenswerten wirtschaftlichen Gewinn auch tatsächlich in Afrika, im Pazifik und an der Küste Chinas sammelte, der dabei ständig nach einem »Platz an der Sonne« und nach »Weltgeltung« gierte, zur Symbolisierung der Kolonial- und Weltpolitik dann bald ungeheure Summen in den Bau einer militärisch gänzlich nutzlosen, dafür wirtschaftlich schädlichen und politisch überaus gefährlichen Kriegsflotte stecken sollte und zudem allmählich – etwa für den Fall der Auflösung Österreich-Ungarns – nach Annexionsobjekten selbst in Europa zu schielen begann. Doch richtete sich der aggressive Nationalismus mit gleicher Heftigkeit und Hysterie gegen Minderheiten im eigenen Staat, gegen Elsässer, Lothringer und Polen, gegen »ultramontane« katholische wie gegen sozialistische »Reichsfeinde«, vor allem aber und ohne jede Ermüdung gegen die Juden.

Bereits dem einerseits aufs höchste gereizten und andererseits endgültig zu völkischer Blutmystik entarteten Nationalismus erschien die deutsche Judenheit als schwer – oder eigentlich unverdaulicher Fremdkörper; ein zu geringes Maß an Assimilation provozierte die herrisch-ungeduldige Forderung nach sofortigem Aufgehen in der deutschen Nation und dazu die Drohung, widrigenfalls die Juden aus der Nation, aus der Staatsbürgerschaft und womöglich aus dem Staatsgebiet auszuschließen. Ein größeres Maß an Assimilation weckte jedoch nur die im Grunde schon mit »nein« beantwortete Frage, ob denn die Juden überhaupt fähig seien, jüdisches Fühlen, Denken, Handeln abzulegen und »deutsch« zu werden. Eine wachsende Zahl der domestizierten und mittlerweile auch in Furcht vor der sozialistischen Gefahr lebenden Bürger nahm dann die vielen Juden nach wie vor natürliche Neigung, sich in den Resten der alten, liberalen und demokratischen, und in den Anfängen der neuen, sozialistischen, Emanzipationsbewegung zu engagieren, als klaren Beweis für eine umwandelbar »undeutsche« Natur der Judenheit. Zur gleichen Einschätzung führte freilich gerade auch das Brillieren zahlreicher Juden in bürgerlichen und namentlich kapitalistischen Berufen, aus dem abermals eine naturgegebene Fremdheit abgeleitet wurde, und zwar zur feudalistisch orientierten Wertordnung der Nation.

Eine noch größere Gefährdung der Juden ergab sich indes daraus, daß im deutschen Nationalismus antimodernistische gesellschaftspolitische Leitbilder dominant wurden, die zudem die glorifizierten Verhältnisse vergangener Epochen in einem biologischen Sinne als »gesund« verstanden. Anhänger rückwärtsgewandter Gesellschaftsutopien waren in wachsender Zahl davon überzeugt, daß die Juden nicht nur simple Teilnehmer oder allenfalls Profiteure, sondern die Erfinder und Steuerleute der Industrialisierung und wirtschaftlichen Modernisierung Deutschlands waren. Die Versuchung, statt objektiver Ursachen persönlich haftbar und dingfest zu machende Urheber und Schuldige zu finden, erwies sich häufig als übermächtig. Da aber die abgelehnte »Moderne« sogar als Vergiftung, Verfall, Erkrankung galt, wurden ihre Erfinder in den Augen der Antimodernisten konsequenterweise zu Wesen, die nicht länger als Menschen gesehen werden durften, sondern als Erreger von Fäulnis und Krankheit diagnostiziert werden mußten, als – in der Terminologie der modernen Medizin – Bazillen.

Der wohl einflußreichste deutsche Historiker des wilhelminischen Zeitalters, als Hochschulprofessor wie als Historiograph wahrhaftig der Lehrer der Nation, wurde zum beredtesten Apostel und zur Symbolfigur einer Judenfeindschaft, wie sie sich aus all jenen Elementen aufbaute. Heinrich von Treitschke faßte den deutschen Nationalismus und die Schaffung des deutschen Nationalstaats als Gipfel des Geschichtsprozesses auf. So war er mit dem 1871 erreichten Ergebnis preußischer Politik und preußischer Waffentüchtigkeit an sich höchst zufrieden; in seiner zwischen 1879 und 1894 erschienenen mehrbändigen ›Deutschen Geschichte im 19. Jahrhundert‹ hat er den Gang der politischen Dinge in Deutschland in kraftvoll-mitreißender Sprache als glückhaft endende Ballade erzählt und dem entstandenen Reich mit gleicher Überzeugungskraft den Rang einer göttlichen Schöpfung zugesprochen. Auch fühlte er für Preußen und die preußische Leistung im Dienste der nationalen Einigung so viel Dankbarkeit, daß der alte sächsische Liberale den der deutschen Nationalbewegung von Preußen zugemuteten Verlust an Liberalismus längst verschmerzt hatte und in der illiberalen Ordnung des Kaiserreichs ohne weiteres heimisch werden konnte. Kein Zweifel: Von seinen liberalen Anfängen abgedrängt, vermochte schon Treitschkes im Triumph brennend und aggressiv gewordener, über die Einheit hinaus auf Einheitlichkeit bestehender Nationalismus die Juden einfach als besondere und fremd anmutende Gruppe nicht mehr zu ertragen. An zahllosen Stellen seiner ›Deutschen Geschichte‹ präsentierte er sich bereits in diesem Sinne als lebender Beweis dafür, daß bürgerlicher Nationalismus auf den Pfad der Pervertierung gerät, wenn sich eine bürgerliche Nationalbewegung ihre ursprüngliche Aufgabe der verfassungs- und gesellschaftspolitischen Reform nehmen läßt.

Wohl verstand sich Treitschke keineswegs als grundsätzlichen Gegner jüdischer Emanzipation und Assimilation. Im Gegenteil, als er das Wort »Die Juden sind unser Unglück!« in die Welt setzte, in dem Aufsatz ›Unsere Aussichten‹, den er 1879 im Novemberheft der von ihm betreuten ›Preußischen Jahrbücher‹ veröffentlichte, fügte er hinzu: »Was wir von unseren israelitischen Mitbürgern zu fordern haben, ist einfach: sie sollen Deutsche werden, sich schlicht und recht als Deutsche fühlen.« Aber trotz einer scheinbar so aufrichtigen Einladung zum Eintritt in die deutsche Nation mußte Treitschkes Haltung unweigerlich zu grundsätzlicher Feindschaft gegen die Juden führen.

Dabei spielte es noch eine geringere Rolle, daß er seine Assimilationsforderung mit einer herrischen Ungeduld erhob, der unmöglich Genüge getan werden konnte; die in Deutschland lebenden Juden waren natürlich, selbst bei größter und freudigster Bereitschaft, nicht fähig, gewissermaßen über Nacht alle Spuren ihrer Herkunft und ihrer Traditionen abzustreifen, unerkennbar in der nichtjüdischen Umwelt aufzugehen. Auch seine Annahme, »daß zahlreiche und mächtige Kreise unseres Judentums den guten Willen schlechtweg Deutsche zu werden durchaus nicht hegen«[7], war von sekundärer Bedeutung. Selbst sein Verlangen, aus vielen Wendungen sprechend, die Juden in Deutschland sollten gefälligst unsichtbar bleiben und sich nicht durch auffallende Leistungen als Bankiers und Geschäftsleute oder als Journalisten, Schriftsteller und Wissenschaftler hervortun, war nicht das gefährlichste Element, obschon in diesem absurden Verlangen, sich zu assimilieren und dabei doch auf den praktischen Vollzug von Assimilation zu verzichten, fraglos bereits eine kräftige Tendenz zur Verweigerung und zur Zurücknahme der Assimilation, ja sogar der Emanzipation Ausdruck fand.

Eine andere Nuance seiner Judenfeindschaft war doch noch ein Stück bedrohlicher. Treitschke charakterisierte alle die bösen Folgen der Industrialisierung und wirtschaftlichen Modernisierung Deutschlands, nicht zuletzt den geist- und seelenlosen, den unschöpferischen, ja zerstörerischen »Materialismus« der Epoche, als das Ergebnis jüdischer Einflüsse, fast schon als jüdische Anschläge auf das deutsche Gemüt. Indem er praktisch

[7] Heinrich von Treitschke, Unsere Aussichten. In: Preußische Jahrbücher, November 1879; abgedruckt in: Walter Boehlich (Hrsg.), Der Berliner Antisemitismusstreit. Frankfurt 1965, S. 5ff., hier S. 8.

sämtliche Erscheinungen der Zeit, die ihm als widerwärtig erschienen oder die er als schädlich, gefährlich und krankhaft einordnete, zu Produkten eines sich hemmungslos entfaltenden Judentums erklärte, identifizierte Heinrich von Treitschke abzuwehrende jüdische Aktivität mit einem Prozeß, den nichts und niemand aufzuhalten vermochte, identifizierte er ferner ein auszutilgendes jüdisches Wesen mit Phänomenen, die nichts und niemand verschwinden lassen konnte. In einem solch perfiden System hatte jüdisches Verhalten keine Chance mehr, objektiv gewürdigt zu werden. Treitschke hatte mit scheinbar unwiderlegbarer Logik bewiesen, daß Juden und jüdischer Geist für alle absehbare Zukunft Feinde der Deutschen und der Deutschheit seien. Mit anderen Worten, sollten Gefühle und Vorstellungen, wie Treitschke sie die Nation zu lehren suchte, allgemeinere Zustimmung finden, geriet jene These auf verlorenen Posten, die für die preußische Bürokratie in den Jahrzehnten zuvor Voraussetzung war, die Emanzipation der Judenheit einzuleiten und durchzusetzen, die These von der Wandelbarkeit der Juden, von ihrer Besserungsfähigkeit.

So begann sich ein Antisemitismus auszubilden, der auf die einstige christlich-ständische Judenfeindschaft keineswegs schon verzichtete, jedoch aus der Verbindung von Nationalismus und Antimodernismus neue Elemente einer säkularisierten Zeit hinzufügte, die der Judenheit in Deutschland bereits jede Lebensmöglichkeit abzuwürgen drohten; da half weder Taufe noch Nobilitierung. Die dreifache und für Juden praktisch unübersteigbare Sperre, die dieser Antisemitismus um die deutsche Nation zog, ist von Theodor Mommsen, dem großen Historiographen der römischen Geschichte, treffend definiert worden, als er 1880 in einer Erwiderung auf Treitschkes Artikel vom November 1879 spottete: »... und werden wir bald so weit sein, daß als vollberechtigter Bürger nur derjenige gilt, der erstens seine Herstammung zurückzuführen vermag auf einen der drei Söhne des Mannus, zweitens das Evangelium so bekennt, wie der pastor collocutus es auslegt, und drittens sich ausweist als erfahren im Pflügen und Säen.«[8] In seiner eindeutigen Verdammung der Thesen des Kollegen konstatierte Mommsen aber vor allem voll Entsetzen, daß nun mit Treitschke jemand Judenfeindschaft predigte, »dem unter allen ihren Schriftstellern

[8] Theodor Mommsen, Auch ein Wort über unser Judenthum. Berlin 1880, abgedruckt in: Boehlich, Antisemitismusstreit, S. 210ff., hier 211.

die deutsche Nation in ihren letzten großen Krisen den meisten Dank« schulde, dem sie also zuhören werde. Auch habe Treitschke das Sammelsurium antijüdischer Vorwürfe und Vorurteile, indem gerade er es vertrete, »anständig gemacht«. Der antisemitischen Bewegung sei jetzt, so Mommsen, »der Kappzaum der Scham ... abgenommen«[9].

Mommsens Feststellung traf zu, und es war überdies unverkennbar, daß Treitschkes Autorität nicht allein exakt jener Form des Antisemitismus zu Respektabilität verhalf, die er selbst formuliert hatte; von seinem Auftritt profitierten naturgemäß auch drastischer schreibende und radikaler denkende Antisemiten. Wer sich von Treitschkes Judenfeindschaft hatte anstecken lassen, konnte nicht mehr mit entsetztem Widerspruch reagieren, wenn etwa Paul de Lagarde, ein Orientalist und Kulturphilosoph von einigem Ruf, die Juden als »Träger der Verwesung« bezeichnete und 1887 schrieb: »Es gehört ein Herz von der Härte der Krokodilhaut dazu, um mit den armen, ausgesogenen Deutschen nicht Mitleid zu empfinden und – was dasselbe ist – um die Juden nicht zu hassen, um diejenigen nicht zu hassen und zu verachten, die – aus Humanität! – diesen Juden das Wort reden, oder die zu feige sind, dies Ungeziefer zu zertreten. Mit Trichinen und Bazillen wird nicht verhandelt, Trichinen und Bazillen werden auch nicht erzogen, sie werden so rasch und so gründlich wie möglich vernichtet.« Lagarde setzte hinzu: »Wo eine solche Masse Verwesung aufgehäuft ist wie in dem Israel Europas, da kommt man mit innerlicher Arznei erst zum Ziele, nachdem man durch einen chirurgischen Eingriff den angesammelten Eiter entfernt hat.«[10]

Gewiß waren solche Sätze mehrdeutig und nicht schon als Aufruf zur physischen Vernichtung der Juden zu verstehen. Aber sie förderten die allmähliche Entstehung eines Klimas, in dem Gewaltanwendung gegen Juden, und zwar nicht in Form von Pogromen, sondern als Akt planvoller Gesellschaftspolitik, erst zu einer denkbaren und dann zu einer kaltblütig und mit wachsender Vertrautheit diskutierten Möglichkeit wurde. Zumindest lancierte jedoch der Sprachgebrauch so bedeutender und einflußreicher Wissenschaftler in breiten Schichten der Nation die Vorstellung, daß die Juden und das jüdische Wesen

[9] Ebenda, S. 219f.

[10] Paul de Lagarde, Juden und Indogermanen. Eine Studie nach dem Leben. Göttingen 1887, S. 339, 347.

erstens unwandelbar seien und zweitens etwas unterhalb wahren und eigentlichen Menschentums existierten, daß deshalb die Juden ein unversöhnlicher Gegensatz von den Deutschen trenne und daß folglich die Deutschen ernsthaft darangehen müßten, die Assimilation und auch die Emanzipation der Juden rückgängig zu machen. Paul de Lagarde behauptete zwar, kein bedingungsloser Gegner jüdischer Assimilation zu sein, aber seine Schrift von 1887 konnte fraglos nur als Appell zu assimilationsfeindlichen Anstrengungen der Nation wirken. Schon der Titel ›Juden und Indogermanen‹ zeigte ferner, daß er auch noch in anderer Hinsicht einen kleinen Schritt weiterging als Treitschke. Den durchweg nicht mehr als religiöse oder ethnische Minderheit, sondern als eine global negativ tätige »Rasse« charakterisierten Juden stellte Lagarde als positive Kraft nicht allein die Deutschen, sondern die ebenfalls rassisch definierte Völkerfamilie der Indogermanen entgegen. So hatte er den antisemitischen Kampf von der nationalen auf eine internationale Ebene transponiert und zugleich einen wesentlichen Beitrag zu einer säkularisierenden und modernisierenden Ergänzung der religiösen wie der »völkischen« Judenfeindschaft im Sinne eines biologistischen Rassismus geleistet, obwohl er selbst es weit von sich wies, Anhänger eines primitiven biologischen Begriffs von Rasse und damit rassischer Determiniertheit zu sein.

Der rassistische Manichäismus

Andere antisemitische Propheten waren da bereits konsequenter. Wilhelm Marr hatte schon 1873, als er im Titel seines damals veröffentlichten Pamphlets zum Ausdruck brachte, daß er das Verhältnis zwischen Judentum und Germanentum »vom nicht-konfessionellen Standpunkt aus« betrachte, die Botschaft verkündet, daß es hohe Zeit sei, mit der überkommenen Vorstellung aufzuräumen, die Juden in Deutschland seien eine religiöse Gemeinschaft; stattdessen müsse endlich die wissenschaftliche Erkenntnis verbreitet werden, daß es sich bei der Judenheit um eine »Rasse« handle, unwandelbar fremd und unwandelbar subversiv. Tatsächlich brauchte der Antisemitismus, wenn er eine politische Zukunft haben sollte, einen solch entschlossenen Bruch mit den Feindbildern einer noch weithin religiös geprägten Vergangenheit. In einer Zeit der Säkularisierung des Denkens und eines blinden Glaubens vor allem an die Naturwissenschaften hatten auch politische Ideologien und

Theoreme, mochten sie an definierbare Interessen gebunden oder von realitätsfernen Schimären inspiriert sein, nur dann eine Chance, dauerhaft gesellschaftsfähig zu werden, wenn sie sich als Ergebnis seriöser wissenschaftlicher Forschung vorstellten. Vermutlich wäre selbst dem »völkischen« Antisemitismus – beim christlichen versteht es sich ohnehin – allerhand Prestige verlorengegangen, hätte er nicht den Schritt zu der Behauptung getan, der Antisemitismus ergebe sich zwingend aus einer wissenschaftlichen Rassenlehre und diese Rassenlehre wiederum sei das alle Rätsel der Geschichte lösende Geschöpf einer Verbindung anthropologischer mit biologischer Erkenntnis. Der Schritt ist keineswegs bewußt getan worden, um den Prestigeverlust zu vermeiden und die Agitation zu erleichtern. Bei Marr und den anderen Aposteln des Antisemitismus hat man es mit wahrhaft Gläubigen zu tun. Sie waren gewiß zur nützlichen Lüge im Detail fähig, so wenn sie das von dem österreichischen Theologen August Rohling 1871 in seinem Buch ›Der Talmudjude‹ aufgewärmte Greuelmärchen vom jüdischen Ritualmord an Christenkindern enthusiastisch verbreiteten, ohne wirklich daran zu glauben[11], aber eine zynische Einkleidung ihrer Botschaft in das Gewand der Wissenschaft war nicht ihre Sache. Diese Anpassung an die Erfordernisse der Zeit vollzog sich ohne Zweifel ganz instinktiv.

Acht Jahre nach Wilhelm Marrs erstem Streich legte der Berliner Philosoph und Nationalökonom Eugen Dühring 1881 ein Buch vor[12], in dem die Verwissenschaftlichung des Antisemitismus und damit die Ausrüstung der antisemitischen Bewegung mit einer wissenschaftlichen Theorie schon vollständig geleistet war. Unter dem Titel ›Die Judenfrage als Racen-, Sitten- und Culturfrage. Mit einer weltgeschichtlichen Antwort‹ legte Dühring dar, daß Fühlen, Denken und Handeln der Menschen rassisch bedingt seien und jede der existierenden Rassen als naturhafte, unveränderbare Gegebenheit verstanden werden müsse.

[11] August Rohlings Pamphlet wurde von Eduard Drumont ins Französische übersetzt und erschien 1890 in einer von Karl Paasch besorgten Rückübersetzung und mit einem Vorwort Drumonts abermals in Deutschland, und zwar im Leipziger Verlag Theodor Fritschs.

[12] Eugen Dühring, Die Judenfrage als Racen-, Sitten- und Culturfrage. Mit einer weltgeschichtlichen Antwort. Karlsruhe, Leipzig 1881. Die sechste »vermehrte« Auflage, von Dühring 1920 fertiggestellt, erschien 1930 unter dem Titel ›Die Judenfrage als Frage des Rassencharakters und seiner Schädlichkeit für Existenz und Kultur der Völker‹.

»Die naturwissenschaftliche Betrachtungsart ist also auch hier angebracht.«[13] Am untersten Ende der Skala menschlicher Rassen stehe aber die unschöpferische, kulturell gänzlich wertlose und hemmungslos selbstsüchtige Judenheit, »eines der niedrigsten und mißlungensten Erzeugnisse der Natur«, kaum noch der Menschheit zuzurechnen[14]. Ewige Parasiten, führten die Juden seit Jahrtausenden »einen Unterdrückungs- und Ausbeutungskrieg« gegen das Menschengeschlecht, sie seien in der Tat die Feinde aller Völker, derzeit jedoch vor allem die Feinde der deutschen Nation und Deutschlands[15]. Rettung verspreche allein unermüdlicher und gnadenloser Kampf, zunächst vornehmlich der Kampf gegen Assimilation und Emanzipation: Da die Judenfrage eine Frage der Rasse sei, könne ja die Taufe nicht das geringste am Charakter und Wesen eines Juden ändern und nicht das geringste an seiner Zugehörigkeit zur gefährlichen Gegenrasse; die Taufe tauge nur dazu, den Juden ihre blutsaugerische Schmarotzerei zu erleichtern: »Gerade die getauften Juden sind diejenigen, die ohne Hindernisse am weitesten in alle Kanäle der Gesellschaft und des politischen Gemeinlebens eindringen.«[16] Wenn Dühring die »Einstreuung von Racejuden in die Fugen und Spalten unserer nationalen Behausungen« unerträglich fand und die »Einimpfung der Eigenschaften der Judenrace« unverträglich »mit unseren besten Trieben«[17], wenn ihm ferner der Gedanke an Ehen Deutscher mit Angehörigen der Judenheit Pein bereitete, so kam darin auch bereits jene hysterische Berührungsangst zum Ausdruck, die bei sexuellen Beziehungen zwischen Juden und Nichtjuden eine rassische Vergiftung des nichtjüdischen Partners stattfinden sah. Ihre klassische Gestaltung erhielt diese These in dem 1918 veröffentlichten und danach ungewöhnlich erfolgreichen Roman ›Die Sünde wider das Blut‹, den Arthur Dinter geschrieben hatte: eine deutsche Frau verliere durch ein noch so kurzes Verhältnis mit einem Juden ein für allemal die Fähigkeit, deutsche Kinder zu gebären.

Alle späteren Theoretiker des rassistischen Antisemitismus, der unter den Antisemitismen sehr rasch zur eindeutig dominie-

[13] Dühring, Die Judenfrage, S. 30.
[14] Ebenda, S. 109.
[15] Ebenda, S. 94.
[16] Ebenda, S. 3.
[17] Ebenda, S. 4.

renden Lehre aufstieg, folgten getreulich dem von Dühring entworfenen Grundmuster: So Otto Böckel, der erste Antisemit, der ohne Unterstützung durch die Konservative Partei in den Reichstag gewählt wurde, in seinem 1901 erschienenen Buch ›Die Juden – die Könige unserer Zeit!‹, so Julius Langbehn, ein in den Bildungsschichten überaus erfolgreicher Kulturkritiker, in den einschlägigen Passagen seiner 1890 bzw. 1892 erstmals publizierten Schriften ›Rembrandt als Erzieher‹ und ›Der Rembrandtdeutsche‹, und auch Theodor Fritsch, der 1887 den lange Zeit führenden antisemitischen »Hammer-Verlag« ins Leben rief, hat in seinem ›Antisemiten-Katechismus‹, den er im Jahr der Verlagsgründung herausbrachte und der als ›Handbuch der Judenfrage‹ vierzig Auflagen erreichte, lediglich die von Dühring gespielten Themen variiert.

Bis zum Ersten Weltkrieg blieb zwar auch der Antisemitismus des Eugen Dühring, der den Krieg noch erlebte und 1921 im Alter von 88 Jahren starb, nicht völlig unverändert. Aber dabei handelte es sich nicht um die Addition neuer Elemente, schon gar nicht um Radikalisierung; an Radikalität waren Dührings Theoreme schwerlich zu überbieten. Was Dührings Gefährten, Schüler und Epigonen unternahmen, war vielmehr eine Verdeutlichung. So hatte sich Dühring darauf konzentriert, Minderwertigkeit, Abscheulichkeit und Gefährlichkeit der Juden zu beschreiben, während andere Autoren mindestens ebenso großes Gewicht darauf legten, den Rang und die schöpferischen Fähigkeiten der am obersten Ende der Skala menschlicher Rassen zu findenden Indogermanen schwelgerisch zu feiern, für die sich rasch die Bezeichnung »Arier« einbürgerte.

Der Sprachforscher Friedrich Max Müller hatte das aus dem Sanskrit stammende Wort »Arier« simpel zur Benennung einer Sprachgruppe benutzt, zu der, wie er den Hörern seiner von 1859 bis 1861 in England gehaltenen Vorlesungen auseinandersetzte, etliche europäische Völker – z.B. Engländer und Deutsche – gehörten, die auf Grund des philologischen Befunds überhaupt eng verwandt seien; die Urheimat der gemeinsamen Ahnen vermutete Müller in Indien[18]. Jetzt wurde der Begriff plötzlich zum geheimnisvoll-überhöhenden Namen der edelsten, ja der eigentlich allein wahrhaft menschlichen Rasse. Dabei ist die Frage, wer zu diesen Aristokraten in der Hierarchie

[18] Vgl. Bein, Der moderne Antisemitismus, S. 343; Mosse, The Crisis of German Ideology, S. 89f.

der Rassen zu rechnen sei, unterschiedlich beantwortet worden. Unter den deutschen Aposteln des Rassismus herrschte jedoch Einigkeit darüber, daß in Europa die Germanen zu den Ariern zu zählen seien bzw. die arische Rasse ausmachten und daß wiederum die Germanen – obschon die deutsche Nation doch stets die Rolle des germanischen Kern- und Führungsvolkes irgendwie behielt – um so germanischer seien, je nördlicher sie siedelten und je reiner sie deshalb ihr Blut erhalten hätten; so tauchte bald auch die Wendung »nordische Rasse« häufiger auf. Mithin stand immer fest, daß neben den Deutschen die Skandinavier, die Engländer, die Holländer und in Belgien die Flamen als Germanen und als Arier gelten müßten; alle die für eine solche Einordnung praktikablen Begriffe wurden in der publizistischen und propagandistischen Praxis oft als Synonyme gebraucht. Die Behandlung der übrigen Westeuropäer und erst recht der süd- und osteuropäischen Völker geriet hingegen ins Zwielicht großer Unsicherheit, wenn sie nicht sogar politischer Opportunität gehorchte; in letztere Kategorie fallen z.B. auch die Erfordernisse einer politischen Theorie oder eines politischen Kalküls, wie sie in den Jahren nach dem Ersten Weltkrieg den dann wichtigsten Exegeten des Rassismus, Adolf Hitler, schreiben ließen, Rußland werde dem notwendigen deutschen Angriff jetzt glücklicherweise leicht zum Opfer fallen, weil die jüdischen Bolschewiki dort den Adel ausgerottet und damit das »germanische« Element aus der russischen Gesellschaft eliminiert hätten.

Indes deuten auch die Bereitschaft zu einer taktisch-biegsamen Handhabung einzelner Begriffe und die gelegentlich auftretende Fähigkeit zu einer recht zynischen Instrumentalisierung des ganzen Rassismus im Dienste von Politik und Propaganda, so bei Stoeckers Verlagerung des Schwerpunkts seiner Programmatik, keineswegs auf eine Schwäche der Überzeugung. Alle die rassistischen Schriftsteller und Journalisten glaubten aufrichtig und unerschütterlich an die Superiorität der »Arier«; wenn sie die »arische« Rasse zur schöpferischsten und bald zur einzigen schöpferischen Rasse der Menschheit erklärten, konstatierten sie nach ihrer Meinung in der Tat nichts anderes als eine anthropologisch und historisch beweisbare Erkenntnis der Biologie. Wie aber auf der einen Seite Juden und jüdisches Wesen, nachdem man sie der übrigen Menschheit als minderwertig und gefährlich entgegengesetzt hatte, unweigerlich einem Prozeß der Enthumanisierung unterworfen wurden und am Ende als Kreuzung von Teufel und Ungeziefer erschienen, so mußten auf der anderen Seite Arier und arisches Wesen, nachdem man die übrige Menschheit zum Baustoff für ihre kulturelle und politische Gestaltungskraft abgewertet hatte, ebenfalls in einen Prozeß der Enthumanisierung geraten, allerdings einen, an dessen Ende gleichsam Vergöttlichung stand. Der Krieg zwischen der absolut guten Rasse und der absolut bösen Rasse war in solcher Sicht natürlich und unvermeidlich, eine Grundtatsache des Lebens, ja die entscheidende Bedingung menschlicher Existenz; er hatte seit Anbeginn der Zeiten getobt, der Lärm seiner Schlachten bestimmte den Augenblick und demnächst mußte eine Entscheidung fallen, selbstverständlich als Sieg der Arier. Gerade die Verwissenschaftlichung des Antisemitismus führte also mit einer gewissen Zwangsläufigkeit zu einem rassistischen Manichäismus, der als Schlüssel zur Interpretation und Deutung der bisherigen Geschichte diente, der das Rüstzeug zum Verständnis und zur Bewältigung der kulturellen wie der politischen Krisen der Gegenwart lieferte und der mit dem kommenden Triumph über die Gegenrasse eine Art irdischer Erlösung verhieß. Als Gesamtgebäude hatte dieser rassistische Manichäismus mit Wissenschaft offensichtlich noch weniger zu tun als jeder einzelne seiner Bausteine.

Gleichwohl ist solch abstruser Rassismus der Nation nicht nur von Winkelschriftstellern und Sektenpredigern präsentiert worden, sondern, wie etwa auch der nationalistische Antisemitismus eines Heinrich von Treitschke, von Autoren und Künstlern, die sich zu den geistigen Führern des deutschen Bürgertums rechnen durften. Gewiß gab es da z.B. in Österreich den ehemaligen Zisterziensermönch Adolf Lanz, der seine »Theozoologie« genannte Lehre, nachdem er sich als Jörg Lanz von Liebenfels selbst zum Ritter geschlagen hatte, in einer obskuren Zeitschrift ›Ostara‹ verkündete und dort seine fortwährend gegen jüdisches Gewürm zu Felde ziehenden »Arioheroiker« in einer Weise glorifizierte, die auf einen halbwegs gebildeten deutschen Bürger nur komisch wirken konnte[19]; auch Alfred Schuler, ein in München lebender intellektueller Bohemien, vermochte mit seinem Kult des germanischen Blutes, den er, von Gustav Freytags Sohn finanziell unterstützt, seit der Jahrhundertwende in Schwabinger Kneipen und in den Villen einiger großbürgerlicher Münchner Familien predigte, lediglich

[19] Ebenda, S. 181f.

auf besonders exaltierte Gemüter Eindruck zu machen[20]. Aber exakt das gleiche rassistische Evangelium ist auch anders dargeboten worden: literarisch anspruchsvoller, ästhetisch einschmeichelnder, im Gang des Denkens und der Argumentation weniger primitiv, gar im Gewand feinsinnig-mystischer Kulturphilosophie. Wenn der Apostel des antisemitischen Evangeliums dann noch die Lehre mit ein paar halben oder ganzen Wahrheiten versetzte und mit einigen diskutablen Beobachtungen oder Überlegungen streckte, wenn er überdies durch Erfolge auf ganz anderen Feldern eine Berühmtheit geworden war, machte er mit seinen Beiträgen zur Verbreitung von Rassismus und Antisemitismus tatsächlich Proselyten sonder Zahl.

Nicht allein Julius Langbehn hat in diesem Sinne gewirkt, sondern vor allem auch der Bayreuther Kreis um Richard Wagner. Da war einmal der Meister selbst, der mit dem Stoff, mit der geistig-ideologischen Botschaft und bis zu einem gewissen Grade sogar mit der Musik fast aller seiner Opern den Germanenkult so effektiv in die Herzen zahlloser deutscher Bürger transportierte, wie das in späteren Zeiten allenfalls eine ungewöhnlich erfolgreiche Fernsehserie besorgt hätte. Er scheute sich außerdem nicht, in antisemitischen Streitschriften und in vielen Aufsätzen seiner ›Bayreuther Blätter‹, dazu in zahllosen Briefen und mündlichen Bemerkungen, auch der negativen Seite des Rassismus die volle Autorität des umschwärmtesten deutschen Komponisten der Epoche zu leihen[21]. Da war ferner Wagners Schwiegersohn Houston Stewart Chamberlain, der kränkliche und nervöse Sproß einer englischen Offiziersfamilie, den wohl gerade seine Konstitution dazu brachte, sich nicht nur in Deutschland und der deutschen Sprache heimisch niederzulassen, sondern auch in der germanischen Mythologie seines Schwiegervaters mit ihrer Anbetung heldischer Kraft; 1899 legte er sein Hauptwerk vor, ›Die Grundlagen des 19. Jahrhunderts‹, und darin behandelte und propagierte er den rassistischen Manichäismus mit so viel sprachlichem Gestaltungsvermögen, argumentativer Plausibilität und Esprit, daß das Buch bald bei den meisten lesenden Deutschen im Bücherschrank zu

[20] Ebenda, S. 75ff.

[21] Vgl. Martin Gregor-Dellin, Richard Wagner. Sein Leben, sein Werk, sein Jahrhundert. München, Zürich 1980, bes. S. 766ff.; Winfried Schüler, Der Bayreuther Kreis von seiner Entstehung bis zum Ausgang der Wilhelminischen Ära. Wagnerkult und Kulturreform im Geiste völkischer Weltanschauung. Münster 1971.

finden war. Ludwig Schemann schließlich, ein alter Freund und Gesinnungsgenosse Richard Wagners, leistete einen speziellen Beitrag. Hatte sich der deutsche Antisemitismus bislang praktisch unbeeinflußt von Graf Gobineaus ›Essay sur l'inégalité des races humaines‹ entwickelt, so half Schemann diesem Mangel ab. Im Januar 1894 gründete er eine »Gobineau-Vereinigung«, und von 1898 bis 1901 publizierte er seine deutsche Übersetzung jenes französischen Klassikers des Rassismus; für das Prestige des wissenschaftlich-rassistischen Antisemitismus in Deutschland bedeutete es zweifellos eine Aufwertung, daß er neben Dühring jetzt auch den Grafen aus Frankreich, der zudem die Feder weit besser als seine deutschen Propheten zu handhaben wußte, zu seinen Kirchenvätern zählen durfte.

Nun hat die imperialistische Politik etlicher europäischer Staaten gerade in den Jahrzehnten von der Gründung des Deutschen Reiches bis zum Ausbruch des Ersten Weltkriegs eine enorme Ausweitung europäischer Kolonialherrschaft in Asien und Afrika gebracht. Der Gedanke, daß zwischen den verschiedenen Rassen der Menschheit beträchtliche, womöglich naturgegebene Unterschiede in der Leistungsfähigkeit bestünden und daß diese Unterschiede – d.h. die überlegenen Qualitäten der weißen Rasse – auch politisch genutzt werden dürften, galt den Europäern damals als Binsenweisheit. Daß in Deutschland die Neigung wuchs, rassistische Ideen im eigenen Land politisch anzuwenden und gegen eine Minderheit wie die Juden zu praktizieren, ist aber dennoch durch etwas anderes wesentlich stärker gefördert worden. Die Wissenschaftsgläubigkeit der Zeit hatte ja bereits die Überzeugung wuchern lassen, daß es möglich und geboten sei, die Resultate gerade der »exakten« Naturwissenschaften zur Entdeckung der natürlichen Grundgesetze menschlichen Zusammenlebens zu nutzen und dann die politische Ordnung der Gesellschaft wie die Beziehungen zwischen den Nationalgesellschaften an den gefundenen Gesetzen – statt an Ideen und Idealen – zu orientieren; ein Produkt solcher Stimmungen war ja die rassistische Verwissenschaftlichung des Antisemitismus. Nachdem Charles Darwins Abhandlung über den Ursprung der Arten, 1859 erschienen, ihren Siegeszug im Denken der Europäer vollendet hatte, tauchte jedoch notwendigerweise die speziellere Frage auf, ob und wie auch die Darwinschen Lehren vom »Kampf ums Dasein«, vom »Überleben des Stärkeren und Tüchtigeren«, von der »natürlichen Auslese« und von der stufenweisen Entwicklung aller Arten der Lebewesen in den Dienst der richtigen Organisierung menschlicher Verhältnisse gestellt werden könnten.

Gelehrte wie Wilhelm Schallmeyer und Ludwig Woltmann bejahten diese Frage, die z. B. auch durch ein 1900 von Krupp veranstaltetes Preisausschreiben populär gemacht wurde. Eine wissenschaftlich approbierte Biologisierung des politischen Denkens gab naturgemäß wiederum der Rassenlehre und damit dem rassistischen Antisemitismus einen mächtigen Impuls[22]. In der Vorstellung, Darwins Thesen nötigten zu dem Schluß, daß der Mensch zur planvollen Höherzüchtung der eigenen Art fähig und mithin verpflichtet sei, gingen der sogenannte Sozialdarwinismus und der Rassismus sogar eine unmittelbare und dann unauflösliche Verbindung ein. Die wichtigste Aufgabe der politischen Organisation einer Nation bestehe, so postulierten die Anhänger derartiger Züchtungstheorien, darin, einerseits alles rassisch Schwache, Kranke, Schädliche aus dem Volkskörper zu eliminieren oder an der Fortpflanzung zu hindern, andererseits alles rassisch Starke, Gesunde, Nützliche sorgsam zu pflegen und zu vermehrter Fortpflanzung anzureizen; auf solche Weise werde die Nation ständig edler, kräftiger und tauglicher für den »Kampf ums Dasein«, der die Beziehungen zwischen den Nationen naturgesetzlich bestimme. Der rassistische Antisemitismus, bislang allzu einseitig auf das »Ausjäten« und das »Ausmerzen« des minderwertig-gefährlichen jüdischen Elements fixiert, legte sich mit der Adaption sozialdarwinistischer Züchtungsutopien auch ein sozusagen positives rassenhygienisches Programm zur Veredelung der eigenen Art zu, was den wissenschaftlichen Anstrich verschönte und wieder ein Quentchen mehr Respektabilität verschaffte. Allerdings legte die Eilfertigkeit, mit der die rassistischen Antisemiten nach sozialdarwinistischen Rezepten griffen, doch den Verdacht nahe, daß dabei eine verschämte Unzufriedenheit mit dem rassischen Erscheinungsbild der Deutschen im Spiele war. Hochgewachsene Germanen mit blonden Haaren, blauen Augen und den ebenso edel wie kühn und herrenhaft-tatkräftig geschnittenen Gesichtern literarisch gezeugter gotischer oder normannischer Staatengründer waren ja nun in Deutschland nicht gerade die Regel.

[22] Fritz Bolle, Darwinismus und Zeitgeist. In: Zeitschrift für Religions- und Geistesgeschichte 14 (1962), Heft 2; Hedwig Conrad-Martius, Utopien der Menschenzüchtung. München 1955; Hans-Günter Zmarzlik, Der Sozialdarwinismus in Deutschland als geschichtliches Problem. In: VfZ 11 (1963), S. 246ff.

In seiner Kritik an Treitschke hat Theodor Mommsen mit vergnügter Zustimmung einen Autor zitiert, der geschrieben hatte, »la race prussienne« sei »eine Masse, zu der verkommene Slaven und allerlei anderer Abfall der Menschheit sich vereinigt habe«. So mußte sich jeder aufrechte »Arier« in seinem Innersten doch eingestehen, daß die Veredelung der Nation durch Züchtung nichts anderes sei als eine bittere Notwendigkeit.

Das sozialdarwinistische Züchtungsprogramm war klarerweise eine Mission auf lange Sicht, wobei sich ein Katalog notwendiger Maßnahmen sofort aufstellen ließ. So hat Schallmeyer eine strikte rassenhygienische Kontrolle der Eheschließungen mit entsprechenden Heiratsverboten gefordert, dazu die Zwangsasylierung und Sterilisierung aller körperlich und geistig »Minderwertigen«; andere Sozialdarwinisten riefen auch schon nach einer strengen Prüfung des Lebensrechts neugeborener Kinder[23]. Genau entgegengesetzt verhielt es sich mit der Frage, wie denn der Kampf gegen die Juden zu führen sei. Hier schien auf der einen Seite die Gefahr riesengroß und schnellstes Handeln erforderlich zu sein. Wilhelm Marr hatte bereits vom »Sieg des Judentums über das Germanentum« gesprochen und die »Weltherrschaft des Semitismus« prophezeit. Hermann Ahlwardt bezeichnete das Ringen der arischen Völker mit dem Judentum im Titel eines 1890 veröffentlichten Pamphlets als einen »Verzweiflungskampf«[24], und in keiner Schrift der rassistischen Antisemiten fehlte eine alarmierende Beschreibung der jüdischen Verschwörung zur Erlangung der Weltherrschaft, insbesondere zur Unterjochung der Deutschen. Hermann Goedsche, ein konservativer Journalist, der unter dem Pseudonym Sir John Retcliffe erfolgreiche historisch-politische Thriller schrieb, schilderte in seinem Roman ›Biarritz‹, der 1868 erschien, mit gruselerregender Anschaulichkeit, wie bei nächtlichen Zusammenkünften auf dem jüdischen Friedhof zu Prag der innerste Führungsring der Judenheit seine finsteren Anschläge gegen die nichtjüdischen Völker beriet. Auf der anderen Seite blieben aber die programmatischen Aussagen der rassistischen Antisemiten meist erstaunlich vage. Wohl stand fest, daß die schon von Treitschke weidlich übertrieben dargestellte jüdische Zuwanderung aus Osteuropa unterbunden werden müsse.

[23] Vgl. Mosse, The Crisis of German Ideology, S. 99.

[24] Hermann Ahlwardt, Der Verzweiflungskampf der arischen Völker mit dem Judentum. Berlin 1890.

Auch ließen Autoren wie Marr, Fritsch, Langbehn oder der Orientalist Adolf Wahrmund in seinem 1887 publizierten Buch ›Das Gesetz des Nomadentums und die heutige Herrschaft der Juden‹ keinen Zweifel daran, daß die Assimilation rückgängig zu machen und die Emanzipation aufzuheben sei. Sie ließen jedoch ebenfalls keinen Zweifel daran, daß dies und die Einführung eines rigiden, die Judenheit wieder völlig isolierenden Fremdenrechts nur erste Schritte sein könnten, denen noch weitere Schritte zu folgen hätten. Die Art dieser zusätzlichen Maßnahmen beließen jedoch viele im Ungewissen. Was war unter »Entfernung der Juden« zu verstehen? Was meinte Houston Stewart Chamberlain, wenn er von der »Ausscheidung« des »jüdischen Krankheitsstoffes« sprach?

Manche gaben solche Zurückhaltung freilich auf und verrieten, wenn sie sich zur »Lösung« der selbstgeschaffenen »Judenfrage« äußerten, ungescheut, welche grundsätzlichen Tendenzen dem rassistischen Antisemitismus innewohnten. So hat Hermann Ahlwardt, der wie Böckel zeitweilig im Reichstag saß, dort 1895 in einer Debatte die Juden erst als »Raubtiere« und dann als »Cholerabazillen« bezeichnet und empfohlen, sie so zu behandeln wie die englische Verwaltung in Indien die mörderische Sekte der Thugs behandelt habe, d.h. sie, so sagte er wörtlich, »auszurotten«; gerade indem er erklärte, daß er nicht so weit gehen wolle wie die Antisemiten im österreichischen Reichsrat, die ein »Schußgeld« für Juden und die Beerbung eines »totgeschlagenen« Juden durch den Täter beantragt hätten, machte er klar, in welche Richtung sich seine Gedanken bewegten[25]. Drei Jahre zuvor, 1892, hatte Karl Paasch im Danziger ›Antisemiten Spiegel‹ geschrieben, die einfachste und praktischste Lösung der Judenfrage bestehe zweifellos darin, die Juden umzubringen; da er allerdings bezweifelte, daß dies in Deutschland möglich werden könne, hatte er als zweitbeste Lösung die Deportation nach Neu-Guinea vorgeschlagen[26]. In der Tat stellte die Ermordung der Juden, wenn der moderne rassistische Antisemitismus also von Anfang an tendenziell auf Ver-

[25] Stenographische Berichte über die Verhandlungen des Deutschen Reichstages, 53. Sitzung, 6. März 1895, S. 1296ff.; Paul Massing, Vorgeschichte des politischen Antisemitismus. Frankfurt 1959, S. 102, hat als erster auf diesen Auftritt hingewiesen.

[26] Karl Paasch, Eine Jüdisch-Deutsche Gesandtschaft und ihre Helfer. In: Antisemiten Spiegel. Danzig 1892.

treibung oder Ermordung gerichtet war, das logischere Ziel dar. Nicht allein deshalb, weil Vertreibung das Problem ja nur räumlich verlagerte und dabei zu einer unerwünschten Zunahme des jüdischen Einflusses in anderen Ländern führen mochte, sondern weil im antisemitischen Weltbild, im Weltbild des rassistischen Manichäismus, tatsächlich bereits die bloße physische Existenz von Vertretern der Gegenrasse, wo immer sie auch zu beobachten war, als bedrohlich und unerträglich empfunden wurde. Kraft seines Wesens war der moderne Antisemitismus durch keine begrenzte Regelung der »Judenfrage« zu saturieren. Mit aller Deutlichkeit formulierte das schon Eugen Dühring.

Nachdem er die Zurückdrängung der jüdischen Einflüsse und die Aufhebung der Emanzipation als zwar erforderlich, aber ungenügend, als bloße Durchgangsstationen charakterisiert, die Schaffung eines Judenstaates in Palästina als gefährliche potentielle Stärkung der Judenheit verworfen und auch die Vertreibung der Juden nach fernen Zonen als Aussaat für das Wachsen zahlreicher neuer »Judenfragen« abgelehnt hatte, sagte er: »Wo diese Race einmal gründlich erkannt ist, da steckt man sich von vornherein ein weiteres Ziel, zu welchem der Weg nicht ohne die kraftvollsten Mittel zu bahnen ist.« Eine »energischere Zukunft« werde die unabweisbare Konsequenz ziehen: »Die Judenhaftigkeit läßt sich ... nicht anders als mit den Juden selbst beseitigen.«[27] Auf den jungen Theodor Herzl, der Dührings Schrift kurz nach ihrem Erscheinen gelesen hat, machte die Lektüre einen tiefen Eindruck; mit ihr begann seine Wandlung zum Zionisten.

Die deutsche Judenheit befand sich also in den Jahrzehnten vor dem Ersten Weltkrieg in der eigentümlichen und hinsichtlich der Zukunft kaum deutbaren Situation, daß ein beträchtlicher Teil der nichtjüdischen Deutschen die Assimilation der Juden tolerierte oder sogar begrüßte, während ein anderer Teil der nichtjüdischen Deutschen die Juden zu Erregern von Verfallsprozessen stempelte, ihnen folglich die Fähigkeit zum Eintritt in die Nation glatt bestritt und sich gerade durch den positiven Gang der Assimilation zu höchster Kampfbereitschaft gereizt fühlte, weil er Fortschritte der Assimilation allein als fortschreitende Zersetzung des Volkskörpers und als Machtgewinn für das Judentum zu interpretieren vermochte.

[27] Dühring, Die Judenfrage, S. 108.

Vorübergehend verzeichneten antisemitische Parteien, neben Adolf Stoeckers Christlichsozialen, in der Tat beachtliche lokale und regionale Siege. Das gilt für die »Soziale Reichspartei«, die Ernst Henrici 1880 gründete, im gleichen Jahr, in dem er die ›Antisemitenpetition‹ in Umlauf setzen half, und das gilt für die »Antisemitische Volkspartei«, die Otto Böckel für die Reichstagswahlen von 1890 ins Leben rief. Für eine gewisse Zeit (1893) saßen im Reichstag immerhin sechzehn Abgeordnete, die ihren Wählern praktisch nicht mehr geboten hatten als Antisemitismus. Wirkungsvoller noch agierten gleichartige österreichische Bewegungen, so der »Deutschnationale Verein« (1882) und dann die »Alldeutsche Vereinigung« (1901) des Georg Ritter von Schönerer, der seinen großdeutschen Nationalismus und seinen »germanisch« inspirierten Antikatholizismus mit einem giftigen rassistischen Antisemitismus verquickte, den er nach eigenem Bekunden direkt von Dühring übernommen hatte, und so auch die Christlichsoziale Partei des Karl Lueger, die durch antisemitische Propaganda zur Massenpartei wurde und ihren Führer gegen den erbitterten Widerstand des Kaisers 1897 auf den Sessel des Bürgermeisters von Wien hievte, den Lueger erst 1910 wieder räumte.

Derartige Bewegungen trugen auch jetzt, wie schon einige ihrer Vorläufer in den ersten Jahrzehnten des 19. Jahrhunderts, nicht selten einen populistischen Anstrich. Da Handwerker und andere Gruppen des Kleinbürgertums den Prozeß der Industrialisierung und der Einbrüche des Kapitalismus als besonders fremd und feindlich erlebten, zündete bei ihnen naturgemäß auch jene Mischung aus Rassismus und Antimodernismus besonders gut, wie sie die Apostel des rassistischen Antisemitismus predigten, und die Interessen und Anschauungen solcher Anhänger gaben dann den antisemitischen Parteien und Vereinen oft eine spezifisch kleinbürgerliche Färbung. Indes erlangten die wirtschaftlichen und sozialen Programmpunkte keine Gleichberechtigung mit dem Antisemitismus, der – Luegers Christlichsoziale ausgenommen – für das Programm der Organisationen zentral und beherrschend blieb. Ohnehin erwies sich der Antisemitismus als eine vagabundierende Ideologie, die sich an nahezu jede politische Gruppierung und an nahezu jedes wirtschaftliche Interesse heften konnte und dabei doch kein Jota an Kraft und Eigenständigkeit verlor. Schließlich war der Antimodernismus, der die Judenfeindschaft hervorbrachte und die antisemitische Lehre als Rezept zur Überwindung aller Nöte begierig aufnahm, mittlerweile in fast sämtlichen politischen Lagern anzutreffen. So machten sich starke antisemitische Tendenzen, mit katholischer Akzentuierung, auch in aristokratischen und bürgerlichen Teilen des Zentrums bemerkbar, ebenso im nationalistischen Flügel der Liberalen und erst recht bei den Konservativen, die das extrem antimodernistische Weltbild der alten preußisch-deutschen Oberschicht in reinster Form bewahrten.

Tatsächlich waren im ganzen Deutschen Reich eigentlich nur die gesellschaftlichen und politischen Organisationen der Arbeiterklasse praktisch frei von Antisemitismus. Zwar hatte es in den Anfängen der sozialistischen Bewegung sehr wohl auch linke Judenfeindschaft gegeben; prominentestes Beispiel war die harsche Kritik am Geld- und Goldjuden, die Karl Marx 1844 formulierte, als er in der Zeitschrift ›Deutsch-Französische Jahrbücher‹ unter dem Titel ›Zur Judenfrage‹ zwei Schriften des Junghegelianers Bruno Bauer rezensierte, darunter Bauers 1843 erschienenes Buch ›Die Judenfrage‹, gleichfalls ein Ausdruck dieser linken judenfeindlichen Strömungen. Inzwischen waren aber derartige Elemente aus der Programmatik und aus der Propaganda der Sozialisten verschwunden. Jedoch hatte die Distanz zum Antisemitismus, die von den deutschen Sozialisten gewahrt wurde, für die deutsche Judenheit keine aktuelle Bedeutung. Noch stritt die deutsche Arbeiterbewegung, zeitweilig im Untergrund, erst um ihren eigenen Platz in der Nation.

Zuverlässigeren Schutz bot der deutschen Judenheit die Tatsache, daß die Macht im wilhelminischen Deutschland ja gar nicht bei den Parteien lag, sondern bei den Monarchen und Fürsten, bei der vom jeweiligen Landesherrn bestellten Regierung und bei der dem Kabinett dienend und lenkend zur Verfügung stehenden Bürokratie. Die Parteien waren praktisch auf wirtschaftliche Interessenvertretung, auf Lobbyismus, beschränkt. Ihre ideologischen Leitbilder und ihre größeren politischen Konzeptionen vermochten sie nur in dem Maße zur Geltung zu bringen, in dem das die Inhaber der Macht zuließen: zur Erhaltung des Systems, zur Austarierung der innenpolitischen »balance of power«, zum Appeasement der einen oder anderen Partei. Keiner dieser Gründe sprach aber für Konzessionen an Antisemitismus und Antisemiten. Im Gegenteil, hier meldete sich ein umfassender Erklärungs- und Gestaltungsanspruch, der den Trägern des Systems beinahe so verdächtig vorkam wie der Sozialismus, zumal er doch auffallend oft gemeinsam mit kleinbürgerlichem Protest gegen das Establishment auftrat; ihm entgegenzukommen, konnte, so meinte etwa Bismarck im argwöhnischen Blick auf die Stoeckerschen Aktivitäten, höchst unliebsame innenpolitische Bewegungen auslösen. Außerdem: Obwohl die Organe des Staates, wenn man von Bismarcks temporärer Beteiligung an der internationalen Pression auf Rumänien einmal absieht, gegen antisemitische Agitation nie öffentlich entschieden Front machten und dadurch selbst bei hochgestellten Juden wie beispielsweise Bleichröder immer wieder Zweifel an ihrer Haltung weckten, fühlten sie fraglos eine Verpflichtung zur Protektion der Juden, und das doch nicht allein deshalb, weil sie der Auffassung waren, daß – wie Bismarck das einmal ausdrückte – die Nützlichkeit der Juden alles in allem größer sei als ihre Gefährlichkeit. Vielmehr verkörperten die Bürokratien des Deutschen Reiches und seiner Bundesstaaten nach wie vor jenen vom Rationalismus und Humanismus geprägten Geist des aufgeklärten Absolutismus, der sie schon bei Beginn und Durchsetzung der jüdischen Emanzipation geleitet hatte. In diesem Geist fanden die deutschen Juden jetzt erst recht einen sicheren Hort, nachdem die fortschreitende Assimilation die Grundannahmen der Emanzipationspolitik so schlagend bewiesen hatte. Aus dem verqueren Gang der bürgerlichen Nationalbewegung in Deutschland war die paradoxe Situation entstanden, daß der zutiefst illiberale deutsche Antisemitismus, wenn er politisch handlungsfähig werden wollte, als unabdingbare Voraussetzung den Zusammenbruch des Obrigkeitsstaates und den Übergang der Macht an die Parteien in einem System des liberaldemokratischen Parlamentarismus brauchte.

Von Eugen Dühring zu Adolf Hitler

Allerdings stand außer Zweifel, daß für eine solche Wendung der Dinge ein gewaltiges und ständig noch wachsendes Potential an Antisemiten bereit war. Der Immobilismus, der die Innenpolitik der wilhelminischen Gesellschaft grundsätzlich bestimmte, durfte darüber nicht hinwegtäuschen. Er verurteilte zwar jene Parteien, die als Programm lediglich Antisemistismus boten, dazu, nach kurzer Blüte wieder einzugehen, weil in diesem System eine politische Partei, die zuviel Ideologie vertrat und zuwenig wirtschaftliche Interessenvertretung betrieb, ihre

Existenzberechtigung nicht einmal gelegentlich beweisen konnte. Aber mit dem Verschwinden einer antisemitischen Partei verschwanden ja nicht auch gleichzeitig ihr Anhang und dessen politisches Weltbild. So lebte die bald gescheiterte »Deutsche Reformpartei« von 1881 in Gestalt von Reformvereinen weiter, die sich über ganz Deutschland ausbreiteten und deren Zahl von 52 im Jahre 1885 auf 136 im Jahre 1890 stieg; in Westfalen unter dem prägenden ideologischen Einfluß Dührings, wurden sie etwa in Leipzig von Theodor Fritsch und in Hessen von Otto Böckel beherrscht. In den letzten Jahrzehnten vor dem Ersten Weltkrieg zeigte sich überdies, daß die Bewegung gegen Emanzipation und Assimilation der deutschen Judenheit angesichts der bestehenden Hindernisse nach Mitteln und Wegen suchte, ihren Antisemitismus auch unabhängig von Parteien und ohne legislative und exekutive Aktivität des Staates zu verwirklichen. Ein jederzeit anwendbares Rezept war die Praktizierung von »Apartheid« in der Gesellschaft. Mehr und mehr Organisationen, die nicht parteipolitisch orientiert oder sogar gänzlich unpolitisch waren, nahmen in ihre Satzung Artikel auf, die eine Mitgliedschaft von Juden ausschlossen. Bis zum Ausbruch des Krieges hatten nahezu alle schlagenden Studentenverbindungen, Corps wie Burschenschaften, den »Arierparagraphen«, dazu so weit auseinanderliegende Einrichtungen wie der Bund der Landwirte und der Deutschnationale Handlungsgehilfenverband; ähnliches gilt für die deutsch-österreichischen Turnvereine, die noch früher in antisemitisches Fahrwasser gerieten als dann auch die Deutsche Turnerschaft.

Sehr bezeichnend verlief die Entwicklung des Alldeutschen Verbands, in dem der intensive Nationalismus des wilhelminischen Bürgertums charakteristischen Ausdruck fand[28]. 1891 zur Förderung der Kolonialpolitik des Deutschen Reiches gegründet, entfaltete der Verband aus seinem überseeischen Imperialismus alsbald eine Ideologie der besonderen rassischen Superiorität der Deutschen, die auch auf die europäischen Völker wie auf die Minderheiten im eigenen Land gemünzt war und neben einer Eroberungspolitik auf dem europäischen Kontinent zugleich einer persekutorischen Innenpolitik eine argumentative Basis lieferte; Begriffe wie »Herrenvolk«, »Lebensraum« und »Volksfremde« sind von Alldeutschen gefunden worden.

[28] Vgl. hierzu Alfred Kruck, Geschichte des Alldeutschen Verbandes. Wiesbaden 1954.

Anfänglich noch zögerlich und nur die Forderung nach Absperrung Deutschlands gegen weitere jüdische Zuwanderung aus Osteuropa vertretend, geriet der Verband doch rasch unter den Einfluß radikaler rassistischer Antisemiten, die sich 1908 definitiv durchsetzten, als einer ihrer Exponenten, der Rechtsanwalt Heinrich Claß, die Leitung übernahm, die er bis zur Auflösung des Vereins im Jahre 1939 nicht mehr abgeben sollte. Claß war, wie er sagte, von Treitschkes Parole »Die Juden sind unser Unglück!« seinerzeit ins Herz getroffen und auf den Weg zu einer agitatorisch-politischen Tätigkeit gebracht worden; als seine drei weiteren geistigen Führer sah er Paul de Lagarde, Graf Gobineau und Houston Stewart Chamberlain an. Nachdem er den Vorsitz des Verbands übernommen hatte, kam sofort die Einführung des »Arierparagraphen«, und der neue Leiter gab zudem seinem persönlichen Freund Ludwig Schemann, dem Übersetzer Gobineaus, jede Gelegenheit, den Verband zur Verbreitung des rassistischen Antisemitismus zu nützen. Für Schemann war das in der Tat eine außerordentliche Chance: der Verband zählte in der Dekade nach der Jahrhundertwende zwischen 20000 und 30000 Mitglieder, von denen 20 bis 30 Prozent als Lehrer an Volksschulen, Gymnasien und Universitäten tätig waren und so trefflich als Multiplikatoren der Schemannschen Agitation fungieren konnten. Claß selbst sorgte ebenfalls dafür, daß ein rassistisch gefärbtes Geschichtsbild auch außerhalb des Verbands unter die Leute kam; unter dem Pseudonym »Einhart« veröffentlichte er 1909 eine ›Deutsche Geschichte‹, die zu einem beachtlichen Erfolg wurde.

Einige Jahre später legte Claß unter dem Namen Daniel Frymann ein politisches Pamphlet vor, das großes Aufsehen erregte und bis zum Beginn des Krieges fünf Auflagen verzeichnete[29]. Was aufhorchen ließ, waren weniger die gewiß ungewöhnlich scharf umrissenen alldeutschen Kernthesen – imperialistischer Lebensraum-Gedanke und rassistisch-antisemitisch begründeter unerbittlicher Kampf gegen die inneren Feinde der Nation – als vielmehr Claß' Begründung für die erforderliche Eroberung von »Lebensraum«: die Lösung der »sozialen Frage«. Damit hatte der Führer einer politischen Pressionsgruppe, die selbst keine Proletarier zu ihrem Anhang zählte, sich nicht nur zu der Aufgabe bekannt, die sozialistische Arbeiterklasse in die Nation

[29] Daniel Frymann (Heinrich Claß), Wenn ich der Kaiser wär. Leipzig 1912 (5. Aufl. Leipzig 1914).

zu integrieren, sondern zugleich den Bürgern innerhalb und außerhalb seines Verbands zugerufen, diese Integration und damit die Abwehr der immer höher steigenden »linken Flut« seien zu haben, ohne daß der sozialistischen Bewegung nennenswerte materielle, gesellschaftspolitische und ideologische Opfer gebracht werden müßten. In einer Zeit, in der die Sozialdemokratische Partei Deutschlands – aus dem Untergrund aufgetaucht, in den sie durch Bismarcks Sozialistengesetze gezwungen worden war – bei jeder Reichstagswahl riesige Gewinne verbuchte und die Drohung eines sozialistischen Umsturzes am Horizont aufzutauchen schien, fand eine so beruhigende Botschaft viel Aufmerksamkeit. Auf der anderen Seite warf Claß der Führung des Deutschen Reiches eine außen- und innenpolitische Zaghaftigkeit vor, die in einem verderblichen Quietismus resultiere; um die Unbeweglichkeit des politischen Systems zu überwinden und endlich eine imperialistisch-rassistische Politik im Dienste der alldeutschen Programmatik zu ermöglichen, müsse Deutschland rasch in eine nationalistische Diktatur umgewandelt werden. Hier verriet Claß, der einer doch bürgerlichen Organisation vorstand, eine Ungeduld mit dem Establishment, die, offensichtlich nur zu einem geringeren Teil von der zunehmenden Gefährlichkeit der »sozialen Frage« verursacht, ein deutliches Signal dafür war, daß das Gebräu aus nationalistischem Imperialismus und rassistischem Antisemitismus, das da seit einiger Zeit in Gefäßen wie dem Alldeutschen Verband erhitzt wurde, mächtig gegen den Deckel des Obrigkeitsstaates zu sieden begann. Claß hatte seiner Schrift den bezeichnenden Titel gegeben ›Wenn ich der Kaiser wär‹. Obwohl er die Rolle des Diktators noch dem Kaiser selbst zudachte, nahm seine Kritik nichts und niemand aus. Die von ihm repräsentierte Bewegung war bei weiterer Frustration offenbar durchaus bereit und fähig, die Voraussetzung für die Verwirklichung ihres Programms, wenn nötig, auch durch einen Angriff auf die bestehende Ordnung zu schaffen.

Beides, wachsende bürgerliche Erkenntnis von der Existenz eines irgendwie zu bewältigenden Arbeiterproblems und zunehmende bürgerliche Ungeduld mit dem Immobilismus des wilhelminischen Deutschland, regte sich auch anderenorts. Letztere etwa in der Kolonialgesellschaft und vor allem im 1898 gegründeten Deutschen Flottenverein. Zur Popularisierung und Finanzierung des Baus einer riesigen Kriegsflotte von Marine und schwerindustriellen Gönnern lanciert und unterstützt, weckte der Flottenverein mit einer überschäumenden nationalistischen und imperialistischen Propaganda Emotionen und Erwartungen in den eigenen Reihen, denen die amtliche Politik des Reiches unmöglich Genüge tun konnte. So sammelte sich in einer bürgerlichen Massenbewegung, wie sie im Flottenverein ihren organisatorischen Rahmen gefunden hatte, eine Unzufriedenheit, die irgendwann auf die Schöpfer und Sponsoren zurückschlagen mußte.

Zur gleichen Zeit aber, da in Deutschland Alldeutscher Verband und Flottenverein den ersten Höhepunkten ihrer Aktivitäten zumarschierten, wurde eine deutsch-österreichische Partei gegründet, die sowohl das soziale und imperialistische Element wie die Kritik am System bot. 1904 in Trautenau ins Leben gerufen, war die »Deutsche Arbeiterpartei« bewußt als Instrument eines Versuchs gedacht, die sozialistische Arbeiterschaft für den Nationalismus und für die Integration in die Nation zu gewinnen; andererseits propagierte die Partei eine von revolutionären Einsprengseln nicht freie Politik der Reform des monarchischen Obrigkeitsstaates und des kapitalistischen Wirtschaftssystems. Die berechtigten materiellen wie politischen Ansprüche der Arbeiter sollten befriedigt und so unabdingbare Voraussetzungen für ihren Eintritt in die Nation geschaffen, zugleich aber die Fundamente einer kraftvollen nationalistischen Politik gegen die äußeren und inneren Feinde der Nation gelegt werden[30]. Die Deutsche Arbeiterpartei, in allen deutschen Teilen Österreichs existent, doch mit dem Schwerpunkt in Böhmen und Mähren, war für eine solch arbeiterfreundliche Haltung und eine solch heftige Wendung gegen das Establishment prädestiniert. Sie nahm wohl Versprengte und Überbleibsel der überwiegend bürgerlichen Schönerer-Bewegung auf, hatte aber eine zweite und ebenso wichtige organisatorische Wurzel in deutschen Arbeitervereinen, wie sie in Böhmen und Mähren als Produkt eines deutsch-tschechischen Nationalitätenkonflikts entstanden waren, der auch auf der Linken übernationale und allein an Klasseninteressen orientierte politische Organisationen verhinderte oder spaltete. Zwar sind die Arbeitervereine trotz ihres Namens vornehmlich eine Sache von Kleinbürgern gewesen, hatten aber doch insgesamt dem prole-

[30] Vgl. Andrew G. Whiteside, Nationaler Sozialismus in Österreich vor 1918. In: VfZ 9 (1961), S. 333ff.; Ernst Nolte, Der Faschismus in seiner Epoche. München 1963, S. 364ff.

tarischen Milieu so nahe gestanden, daß sie und die nun von ihnen mitgeprägte Partei die Werbung um die Arbeiter und eine Politik der inneren Reform ernsthafter und glaubwürdiger betreiben konnten als seinerzeit die Christlichsozialen des Hofpredigers Stoecker oder die populistischen parteipolitischen Unternehmungen Henricis und Böckels. Im übrigen begann sich jetzt für die Verbindung arbeiterfreundlicher Kapitalismuskritik mit hitzigem Nationalismus, aus welcher sich dann ein so bemerkenswerter Mangel an Respekt vor der bestehenden politischen Ordnung ergab, die Bezeichnung »Nationalsozialismus« einzubürgern. Am 5. Mai 1918 fand das seinen offiziellen Ausdruck: Die DAP erhielt in einem zweiten Taufakt den Namen »Deutsche Nationalsozialistische Arbeiterpartei« (DNSAP).

In den deutschen Teilen Österreichs wandte sich gewiß jede deutschnationale Bewegung nolens volens gegen die übernationalen Institutionen des Staates, gegen Monarchie, Bürokratie, Kirche. Die Gründung der DAP war jedoch Symptom einer Entwicklung, die im ganzen deutschen Sprachraum an die Oberfläche drängte. Noch deutlicher als in der Tätigkeit und in den Schriften von Heinrich Claß und seines Alldeutschen Verbands zeigte sich das in der Entstehung DAP-ähnlicher politischer Organisationen auf dem Boden des Deutschen Reiches. Fast zur gleichen Zeit, da sich die DAP in DNSAP umbenannte, rief Anton Drexler, ein geistig wie politisch ambitionierter Werkzeugschlosser der Reichsbahnhauptwerkstätte München, am 7. März 1918 einen »Freien Arbeiterausschuß für einen guten Frieden« ins Leben, dessen unmittelbarer Zweck in der Kräftigung des Durchhalte- und Siegeswillens der Arbeiter und in der Propagierung nationalistisch-imperialistischer Kriegsziele bestand; insofern ist er mit Recht »eine Volksausgabe des vom Alldeutschen Verband aus der Taufe gehobenen ›Unabhängigen Ausschusses für einen deutschen Frieden‹« genannt worden[31]. Nach seiner grundsätzlichen politischen Orientierung war der Ausschuß jedoch ein exaktes Gegenstück zur DNSAP. Im Oktober 1918 organisierte Drexler dann zusammen mit dem Sportjournalisten Karl Harrer einen »Politischen Arbeiterzirkel«, und am 5. Januar 1919 wagten die beiden, mit immer größerem Ehrgeiz nach politischer Bestimmung suchend, den Sprung in die Parteipolitik: Im Fürstenfelder Hof

[31] Nolte, Der Faschismus in seiner Epoche, S. 386.

hoben sie, gemeinsam mit fünfundzwanzig Kollegen Drexlers, eine politische Organisation aus der Taufe, der sie, wie zuvor ihre österreichischen Gesinnungsgenossen, den Namen »Deutsche Arbeiterpartei« gaben. Unabhängig von diesen Münchner Vorgängen hatte im Dezember 1918 auch der Düsseldorfer Ingenieur Alfred Brunner eine völlig gleichartige »Deutschsozialistische Partei« ins Leben gerufen, die bald über Ortsgruppen in vielen größeren Städten verfügte; ihr Nürnberger Ableger stand unter der Leitung des Lehrers Julius Streicher. Im März 1920 folgte die DAP Drexlers abermals dem österreichischen Beispiel und hieß fortan Nationalsozialistische Deutsche Arbeiterpartei (NSDAP). Bereits im Sommer 1920 trat sie, nachdem der österreichische Nationalsozialist Walter Riehl schon zuvor eine zur Koordinierung gedachte »Zwischenstaatliche Kanzlei« eingerichtet hatte, in ein Föderationsverhältnis zu den Nationalsozialisten Österreichs, das nunmehr selbständige Republik war, und zur DNSAP Böhmens und Mährens, die jetzt zur Tschechoslowakei gehörten. Wenn diese Föderation zunächst auch eher formaler Natur blieb, sicherte sie den Partnern doch einen ständigen Austausch von Ideen, politischen Konzeptionen und taktischen Rezepten.

Inzwischen war der Münchner Partei im September 1919 Adolf Hitler beigetreten, ein Österreicher, der aber seit 1913 in München lebte und am großen Krieg in einem bayerischen Infanterieregiment teilgenommen hatte. Hitler verband hemmungslose Herrschsucht mit großem Geschick in der Behandlung von Menschen, die Fähigkeit zu skrupellosem Taktieren mit einer durch keine Hemmnisse zu lähmenden Energie, brennenden politischen Ehrgeiz für sich selbst und für seine Organisation mit den Qualitäten eines Dompteurs von Massenauditorien. Binnen kurzem hatte er Drexler und Harrer in den Hintergrund gedrängt und am 29. Juni 1921 selbst den Vorsitz der NSDAP übernommen, binnen kurzem hatte er die Partei aus ihrem Winkeldasein herausgeführt und zu einer politischen Glaubens- und Kampfgemeinschaft von großer Stoßkraft zusammengeschmiedet, die durch praktisch tägliche Demonstration an ihrer Entschlossenheit zur rücksichtslosen Propagierung und Realisierung ihrer Ziele keine Zweifel mehr duldete. Überdies brauchte die auf eine »Weltanschauung« eingeschworene politische Glaubens- und Kampfgemeinschaft eine ihrem Wesen gemäße Spitze. Statt des Vorsitzenden und der Leitungsgremien einer normalen Partei verlangten ihre Ideologie und ihre notwendigerweise quasi-militärischen Organisationsprinzipien einen mit außerordentlichen Vollmachten ausgestatteten politischen Generalissimus. Das »Führerprinzip« ist tief in den Aktionsgesetzen solcher Bewegungen begründet und kann daher unter Umständen auch höchst mittelmäßigen Figuren zeitweilig große Autorität verschaffen, so zwischen 1933 und 1938 Konrad Henlein, dem biederen »Führer« der Sudetendeutschen Partei. Wenn aber der historische Zufall der Glaubens- und Kampfgemeinschaft einen Mann gab, der alle jene Eigenschaften, die sie von ihrem Generalissimus eigentlich forderte, in Vollendung besaß, wenn also jemand zum repräsentativsten Programmatiker der Bewegung wurde und sich zugleich als suggestivster Prophet ihrer Heilsbotschaft – schlichter ausgedrückt: als der erfolgreichste und womöglich unentbehrliche Propagandist – erwies, wenn ihn ein harter Machtwille trieb und dem Willen zur Macht auch das Rüstzeug eines überlegenen Taktikers zu Gebote stand, dann mußte ihm eine Autorität zufallen, die ihn gegen jeden Angriff schützte und allmählich sogar der Kritik entrückte, die ihn praktisch, jedenfalls solange er erkennbar die Endziele im Auge behielt, die Politik der Bewegung diktieren ließ. Genau das geschah der NSDAP mit Hitler: Schon ehe er 1925/26 sein zweibändiges Programmwerk ›Mein Kampf‹ vorgelegt und damit endgültig den Rang des Hüters und letztinstanzlichen Deuters der Heilsbotschaft erreicht hatte, war er mit seinen Reden und Zeitungsartikeln zum ausschlaggebenden Programmatiker der NSDAP aufgestiegen; als ihr weitaus wirkungsvollster Redner, ja als Magnet der Massen erschien er mit Grund als der Garant der Existenz und des Wachsens der Partei; den Hunger der Bewegung nach der Macht hat er nicht nur überzeugend repräsentiert, sondern personifiziert; zugleich wußte er den Eindruck zu erwecken, daß er ein Politiker sei, der fanatische Treue zur »Weltanschauung« mit einer genialen Begabung für praktische Politik und für politische Taktik vereine. So hielt er in der Tat bald als der »Führer« die souveräne Entscheidungsgewalt über Programm und Politik der NSDAP in Händen. Und mit den gleichen Talenten, wiederum namentlich mit seinem Genie als Redner und Propagandist, das allen Gefolgsleuten bislang ungeahnte Erfolge verhieß, brachte er es außerdem fertig, die allenthalben an die Oberfläche getretenen nationalsozialistischen Rinnsale, so schon 1921 die Deutschsozialisten Brunners und Streichers, in einen Fluß zusammenzuführen. Aus der Glaubens- und Kampfgemeinschaft NSDAP machte er eine Massenbewegung, für die der Gedanke an die Gewinnung der Macht allmählich den Charakter einer utopischen Vorstellung verlor. Bis 1926 hatten auch die österreichischen und sudetendeutschen Nationalsozialisten Hitlers Führerschaft anerkannt.

Die Nationalsozialisten glaubten aufrichtig an die beiden als neu ausgegebenen Aufgaben, Gewinnung der Arbeiter für den Nationalismus und eine mit der Errichtung einer nationalistischen Diktatur zu krönende Reform der inneren Ordnung Deutschlands, und propagierten sie mit Ernst und Entschlossenheit. Doch der Begriff »Nationalsozialismus« zeigte keineswegs eine Veränderung der seit langem zum deutschen Nationalismus gehörenden ideologischen Theoreme an, schon gar nicht die mit der Vereinigung von »nationalistisch« und »sozialistisch« behauptete Synthese zwischen politischen Weltbildern des Bürgertums und dem Sozialismus der Arbeiterklasse. Die »Weltanschauung« der Glaubens- und Kampfgemeinschaft war nicht mehr und nicht weniger als die jüngste Ausgabe des Antimodernismus, wie ihn Treitschke und Lagarde an Langbehn und Chamberlain weitergereicht hatten, des mit Sozialdarwinismus verknüpften rassistischen Manichäismus, wie ihn Eugen Dühring, Hermann Ahlwardt und Otto Böckel begründet und an Ludwig Schemann wie wiederum Houston Stewart Chamberlain vererbt hatten, des vom antimodernistischen Gesellschaftsbild geforderten und vom sozialdarwinistischen Rassismus gerechtfertigten Imperialismus, wie ihn Heinrich Claß und die Alldeutschen lauthals predigten.

Die Nationalsozialisten erhoben auch gar keinen Anspruch auf ideologische Originalität. Österreichische und böhmisch-mährische Nationalsozialisten wie Walter Riehl, Rudolf Jung und Hans Krebs sprachen im Gegenteil oft und ehrfürchtig von dem bestimmenden Einfluß, den Dühring auf ihr Denken ausgeübt habe. Als Rudolf Jung, der sich seit langem mit der Idee getragen hatte, den österreichischen Nationalsozialisten doch auch eine eigene Programmschrift zu geben, noch vor der militärischen Niederlage ein Buch schrieb, das dann 1919 unter dem Titel ›Der nationale Sozialismus‹ erschien, bot er seinen Lesern einen klassischen Verschnitt aus Treitschke, Dühring und Claß[32]. Da fehlte kein Element: nicht die antimodernistische agrarische Gesellschaftsutopie, nicht der zu ihrer Verwirkli-

[32] Rudolf Jung, Der nationale Sozialismus. Aussig 1919 (München 1921).

chung und zur Lösung der »sozialen Frage« notwendige Eroberungskrieg, nicht der in all dies eingewobene sozialdarwinistische Rassismus mit schärfster antisemitischer Zuspitzung. Und Jung machte nicht den leisesten Versuch, den Eindruck geistiger Eigenständigkeit zu erwecken; seine erklärte Absicht bestand lediglich darin, die Lehren der Meister in leicht faßlicher Form zu popularisieren. Karl Harrer wiederum fungierte praktisch als Agent der »Thule-Gesellschaft«, eines in München beheimateten und mehr oder weniger geheimen politischen Ordens, in dem – ähnlich wie in den verwandten Zirkeln des »Germanenordens« oder des »Deutschvölkischen Schutz- und Trutzbunds« – Germanenkult und Antisemitismus als Religionsersatz im Stile Gobineaus und Richard Wagners gepflegt wurden, und es wäre Harrer nie in den Sinn gekommen, solche ideologischen Wurzeln zu bagatellisieren. Auch andere NS-Aktivisten, die als Politiker oder Publizisten den Charakter der Bewegung mitbestimmten, begannen ihre Karriere in der Thule-Gesellschaft, so Rudolf Heß, Gottfried Feder, Hans Frank und nicht zuletzt Dietrich Eckart, dessen 1918 gegründete Zeitschrift ›Auf gut deutsch‹, bis 1921 das erste offizielle Organ der NSDAP, den Lesern einen trüben Sud aus Dühring, Böckel, Langbehn und Chamberlain zusammenbraute; von 1921 bis zu seinem Tod im Jahre 1923 war Eckart, in dieser Zeit auch persönlich eng mit Hitler liiert, als Hauptschriftleiter des ›Völkischen Beobachter‹ tätig, des ersten Zentralorgans der NSDAP. Vom Deutschvölkischen Schutz- und Trutzbund stießen zwei der gelehrigsten Schüler Dührings zur NS-Bewegung, Artur Dinter und Theodor Fritsch, und letzterer genoß in ihr nun als »Altmeister« des Antisemitismus fast hohepriesterliche Verehrung. Durch ähnliche Würdigung ist auch die ideologische Dankesschuld an Otto Böckel anerkannt worden. Es war nur logisch, daß die NS-Bewegung alsbald eine Zeitschrift hervorbrachte, die – seit 1923 – Heft für Heft nichts anderes bot als eine unermüdliche Wiederholung des primitivsten und bösartigsten Antisemitismus im Stile Ahlwardts, Rohlings und Paaschs; Herausgeber und Macher des ›Der Stürmer‹ genannten Blattes war der von den Deutschsozialisten gekommene Julius Streicher, der jetzt als Hitlers Statthalter die Nürnberger und fränkische NSDAP führte.

Hitler selbst trat ebenfalls nirgends aus der Kontinuität heraus. Noch in Österreich hatte er Schönerer bewundert und dessen rassistischen Antisemitismus aufgenommen; damit war er schon damals gleichsam zum ideologischen Enkel Eugen Dührings geworden. Zugleich geriet er unter den tiefen und nachhaltigen Einfluß der Musik und der ideologischen Welt Richard Wagners. In den ersten Jahren nach dem Krieg, der auf ihn offensichtlich als Bestätigung seiner bereits geformten »Weltanschauung« aus Rassismus, Sozialdarwinismus und Imperialismus gewirkt hatte, kam er in enge Fühlung zu den österreichischen und böhmisch-mährischen Nationalsozialisten, die ihn in seinem rassistischen Manichäismus noch bestärkten. Gewiß hatte der bislang ohne systematische Bildung, ja ohne zulängliche Schulbildung gebliebene Bohemien zahllose Lücken im Detail zu schließen und noch nicht recht präzise Tendenzen erst in klares Bewußtsein und feste Überzeugung zu übersetzen. Dazu diente die Beschäftigung mit Autoren wie Heinrich Claß und Houston Stewart Chamberlain, die Hitler nun auch persönlich kennenlernen konnte. Daß Hitler bei solcher Begegnung von einem so berühmten Mann wie Chamberlain, der für ihn gewissermaßen den Status eines Kirchenvaters hatte, in seinem politischen Sendungsbewußtsein anerkannt und ermutigt wurde, hat sicherlich ebenfalls dazu beigetragen, die Suche nach eigenen ideologischen Wegen überflüssig zu machen. Auch die Einwirkung deutschrussischer, d.h. vor allem deutschbaltischer Emigranten wie Alfred Rosenberg, der 1919 mit einer Schrift ›Die Spur des Juden im Wandel der Zeiten‹ seine schriftstellerische Premiere hatte und 1930 mit dem ›Mythus des 20. Jahrhunderts‹ eines der autoritativen programmatischen Werke der NS-Bewegung veröffentlichte, war für die Befestigung des Hitlerschen Antisemitismus nicht ohne Bedeutung. Diese Emigranten brachten im übrigen den »unwiderleglichen« Beweis für die jüdischen Weltherrschaftspläne mit, nämlich das Protokoll einer jüdischen Geheimversammlung, auf der ein entsprechender Plan im Detail ausgeheckt worden sei. Von Gottfried zur Beek, der eigentlich Ludwig Müller hieß, 1919 aus dem Russischen ins Deutsche übertragen, erregte das Machwerk unter dem zugkräftigen Titel ›Die Protokolle der Weisen von Zion‹ größtes Aufsehen[33]. Hitler war, wie alle Nationalsozialisten, stärkstens

[33] Gottfried zur Beek (Ludwig Müller), Die Geheimnisse der Weisen von Zion. Charlottenburg 1919 (5. Aufl. Berlin 1920); vgl. auch Alfred Rosenberg, Die Protokolle der Weisen von Zion und die jüdische Weltpolitik. München 1923. Dazu Dawidowicz, The War against the Jews, S. 79; Mosse, The Crisis of German Ideology, S. 128ff.; Norman Cohn, Warrant for Genocide. The Myth of the Jewish World-Conspiracy and ›The Protocols of the Elders of Zion‹. New York 1966.

beeindruckt und glaubte wohl stets an die sozusagen innere Wahrheit der ›Protokolle‹, obwohl sie schon 1921 als plumpe Fälschung der zaristischen Geheimpolizei entlarvt worden waren; als Vorlage hatte u.a. jene Szene auf dem jüdischen Friedhof zu Prag herhalten müssen, die sich Sir John Retcliffe (oder Hermann Goedsche) für seinen Roman ›Biarritz‹ ausgedacht hatte.

Jedenfalls äußerte sich Hitler in seiner frühesten Stellungnahme zur »Judenfrage« als fertiger rassistischer Antisemit im Sinne Dührings. Am 16. September 1919, als er noch in den Diensten der Aufklärungsabteilung des Bayerischen Gruppenkommandos IV die politische Szenerie in München zu beobachten hatte, schrieb er im Auftrag seines Vorgesetzten, Hauptmann Mayr, einen Brief an einen anderen V-Mann der Reichswehr, der um Material zu jener Frage gebeten hatte. In diesem Brief wandte er sich nachdrücklich gegen eine Behandlung der Juden als Religionsgemeinschaft; das »Judentum« sei »unbedingt Rasse«. Dunkel fügte er hinzu, daß nach der Einführung einer »Fremdengesetzgebung« das Ziel eines »Antisemitismus der Vernunft« aber »unverrückbar die Entfernung der Juden überhaupt sein« müsse[34]. In seiner ersten großen Rede zu dem Thema »Warum wir gegen die Juden sind«, die er am 13. August 1920 bereits als Propagandist der NSDAP hielt, sprach er ganz ähnlich von seinem »wissenschaftlichen Antisemitismus«[35]. Wie heimisch er in dem von Dühring, Gobineau und Chamberlain geerbten ideologischen Gebäude geworden war, wie tief sich ihm namentlich die ja ebenfalls von Dühring und dazu von Claß inspirierten Sätze aus der Feder seines sudetendeutschen Gesinnungsgenossen Rudolf Jung eingegraben hatten, zeigte sich, als er 1924, nach dem gescheiterten Putsch vom November 1923, während der Landsberger Festungshaft ein eigenes großes Programmwerk verfaßte. Zwar wußte das inzwischen auch sehr erfahrene propagandistische Naturtalent darin interessant und oft treffend über die Technik der Manipulation von Massen zu plaudern, ferner äußerte sich Hitler, der sich als kommender Staatsmann empfehlen mußte, mit eigenständigen Ansichten

[34] Text bei Ernst Deuerlein, Hitlers Eintritt in die Politik und die Reichswehr. In: VfZ 7 (1959), S. 177ff.

[35] Text der Rede im Bestand »Hauptarchiv der NSDAP«, Bundesarchiv Koblenz. Vgl. Reginald H. Phelps, Hitler als Parteiredner im Jahre 1920. In: VfZ 11 (1963), S. 274ff.

zur richtigen taktischen Absicherung einer imperialistischen deutschen Außenpolitik. In jene Passagen aber, in denen er sich über die nationalsozialistische »Weltanschauung« verbreitete, hat er nicht einen originär Hitlerschen Gedanken investiert. Ohne sonderliche Hilfsmittel arbeitend, hat er sich damit begnügt, diktierend einfach das wiederzugeben, was ihm die ideologischen Vordenker überliefert hatten. In den Abschnitten, in denen Hitler das antimodernistische Gesellschaftsbild gezeichnet, den »Kampf um Lebensraum« proklamiert und den rassistischen Manichäismus zur Religion des wahren Nationalsozialisten erhoben hat, wirkt ›Mein Kampf‹ streckenweise in der Tat wie eine wortreichere und mit allerlei Arabesken versehene Version des schlichteren Buches von Rudolf Jung. Damals hat Hitler auf solche Vorläuferschaft nicht gerade aufmerksam gemacht. Als sich Jung und Krebs im Oktober 1938 beim »Führer« meldeten, um zum Anschluß der Sudetengebiete an das Deutsche Reich zu gratulieren, hat Hitler jedoch in warmen Worten davon gesprochen, wieviel er Jungs erstem Versuch zur ordnenden Darstellung der nationalsozialistischen »Weltanschauung« zu verdanken gehabt habe[36].

Die NS-Bewegung entwickelte sich jedoch gleichsam zur Speerspitze der antimodernistischen Konterrevolution. Die Nationalsozialisten verschärften das Unbehagen an der Industriegesellschaft zu radikaler Feindschaft und setzten sie in extrem antistädtische Entwürfe einer angeblich gesunden und harmonischen Ordnung um, in der die ganze Nation in eine Gesellschaft von Kriegern und Grundbesitzern zurückverwandelt werden sollte. Sie propagierten am konsequentesten die Flucht aus der Wirklichkeit des 20. Jahrhunderts, die Flucht in eine mit feudalistischen Zügen ausgestattete mythische Vergangenheit. Ihr agrarromantisches und eine Art Refeudalisierung postulierendes Gesellschaftsbild scherte sich wenig um die realen politischen Konflikte in Deutschland und in den anderen Industrienationen. Im Grunde war ihnen auch die große Auseinandersetzung zwischen Kapitalismus und Sozialismus gleichgültig. Zwar setzten manche nationalsozialistische Autoren, so Rudolf Jung, deutliche antikapitalistische Akzente, während andere, wie Hans Zöberlein, kräftiger antisozialistische Töne anschlu-

[36] Mitteilung des dabei anwesenden Ernst Frank, dessen Bruder Karl Hermann später als Staatssekretär beim Reichsprotektor für Böhmen und Mähren hauptverantwortlich für den »Fall Lidice« war, an den Verf. v. 15. 7. 1956.

gen[37]. Aber in Wahrheit wollten die Nationalsozialisten weder den Kapitalismus gegen die Sozialisten verteidigen noch den Sozialismus gegen die Kapitalisten zum Siege führen, sondern diese beiden gleichermaßen abgelehnten Produkte der Industriegesellschaft in einer neuen Ordnung überwinden und aufheben. Die deutsche Nation, ja die ganze sogenannte nordische Rasse sollte zur Höhe der Herrenschicht des ebenfalls erträumten Imperiums emporgeführt werden, mit »eiserner Faust«, wie Hitler sagte[38]; dabei werde die vom marxistischen Internationalismus befreite Arbeiterklasse mitgerissen und würden die dienstbar gemachten alten Eliten, je nach Nützlichkeit, integriert oder allmählich ausgeschieden; die propagierte und für viele Deutsche so attraktive »Volksgemeinschaft«, die in einem Deutschland unter nationalsozialistischer Herrschaft sofort verwirklicht werden und den Klassenkampf verschwinden lassen sollte, war ihrem Wesen nach nichts anderes als die Vorform einer Zukunftsvision: der aristokratischen Rolle der deutschen Nation in einem gewaltigen Imperium.

Denn auch das Gefühl der »Raumnot«, das aus den antimodernistischen Gesellschaftsutopien folgte, mußten die Nationalsozialisten angesichts ihrer extrem vereinfachenden Utopie am drückendsten empfinden und am leidenschaftlichsten beschwören. So konnten sie die lastende Empfindung zu der Entschlossenheit steigern, diese Not zu beheben, und diese Entschlossenheit ließ sie das einzige Mittel, das es dafür gab, ungescheut bejahen und sogar fordern: den Krieg zur Eroberung von »Lebensraum«. In Anlehnung an die im Weltkrieg von der Obersten Heeresleitung unter Hindenburg und Ludendorff eingeleitete Politik, die im März 1918 im Frieden von Brest-Litowsk ihren ersten und noch skizzenhaften Ausdruck gefunden hatte, lokalisierte die NS-Bewegung den künftigen deutschen »Lebensraum« im Osten Europas, namentlich in Rußland. Die Eroberung eines auf die Landmasse zwischen Ural und Ärmelkanal gestützten Imperiums, dessen Besitz dann die Realisierung der Gesellschaftsutopie erlauben würde, entwickelte sich zum wichtigsten und praktisch einzigen außenpolitischen Ziel der NSDAP. Nachdem der Erste Weltkrieg verlorengegangen war,

[37] Hans Zöberlein, Der Glaube an Deutschland. München 1931; ders., Der Befehl des Gewissens. München 1937.

[38] Hitlers Zweites Buch. Ein Dokument aus dem Jahre 1928, hrsg. v. Gerhard Weinberg. Stuttgart 1961, S. 145f.

schrieben zwangsläufig auch die Nationalsozialisten die Liquidierung des Vertrags von Versailles auf ihre Fahnen, dazu die Zerstörung des mit den Pariser Friedensverträgen und mit der Schaffung des Völkerbunds begründeten europäischen Staatensystems; insofern befanden sie sich in partieller Übereinstimmung mit dem außenpolitischen Denken nahezu aller Deutschen. Aber im Rahmen nationalsozialistischer Programmatik verwandelten sich solche Ziele in bloße Stationen auf dem Weg zur territorialen Expansion.

Im gleichen Sinne verbanden die Nationalsozialisten die aristokratisch-feudalistischen Elemente ihrer Gesellschaftsutopie besonders simpel und fest mit zeitgenössischen biologistischen und sozialdarwinistischen Theoremen. So begründeten sie schließlich auch die Tauglichkeit und die Legitimation der Deutschen wie einiger »artverwandter« Völker für die erträumte imperiale Herrenrolle besonders naiv und besonders brutal mit rassischen Kriterien, d.h. mit der Superiorität und dem gottähnlichen Gestaltungsrecht der »arischen« Rasse. Daher wähnten sie wiederum Vorbereitung und erfolgreiche Führung der Eroberungskriege, ebenso die Behauptung der nach den Kriegen zu realisierenden Gesellschaftsutopie, in engster Abhängigkeit von energischer und sofortiger Rassenpolitik. Einerseits kam es auf die biologisch-rassische Veredelung und Höherzüchtung der eigenen Nation an; im Jahr 1929 sprach Hitler in öffentlicher – und vom ›Völkischen Beobachter‹ getreulich wiedergegebener – Rede von der Kräftigung, die der Nation zuteil werden könnte, wenn sie eine Zeitlang die Härte aufbrächte, von jedem Geburtsjahrgang nur die rassisch besten zehn Prozent am Leben zu lassen[39]. Auch bei den Erwachsenen habe, so hieß es später, neben der »planmäßigen Pflege und Mehrung des guten Blutes« die »Ausschaltung« von »Schwachsinnigen, Sittlichkeitsverbrechern, Gemeinschaftsunfähigen (Asozialen)« zu stehen, eben die »bewußte Ausrichtung der Volksgemeinschaft« auf das »Zuchtziel«[40]. Auf der anderen Seite mußte erst recht die Ausstoßung und die Vernichtung »rassefremder Schädlinge« erreicht werden, vor allem der Juden, jener subhumanen und teuflischen Gegenrasse, die mittels der Erfindung und Steuerung der modernen Industriegesellschaft wie

[39] Völkischer Beobachter, 7. 8. 1929.

[40] Lehrplan des SS-Hauptamtes von 1943/44 für die weltanschauliche Erziehung in SS und Polizei.

auch mit der per Assimilation betriebenen Vergiftung der »arischen« Rasse nach der Weltherrschaft und speziell nach der Unterjochung der Deutschen trachte. In Ergänzung und gewissermaßen auch in Konkretisierung des von der »Weltanschauung« gelieferten rassistischen Manichäismus sahen die Nationalsozialisten also völlig unbefangen und deutlicher als verwandte Gruppierungen einen unauflöslichen Zusammenhang zwischen dem ins Auge gefaßten Eroberungskrieg und einem – tendenziell auf Vernichtung zielenden – antisemitischen Verfolgungsfeldzug.

Diese irrationalen und ebenso schrecklichen wie idiotischen Visionen waren weder »Chiffren« noch bloße »Metaphern«[41], auch nicht die Marotten von ein paar führenden Ideologen, sondern verbindliche Leitbilder nationalsozialistischer Politik. Sie banden die Gläubigen nicht weniger fest, vielleicht sogar noch fester als in sozialistischen Parteien die rationaler konstruierten und ethisch fraglos höher stehenden marxistischen Theorien. In zahllosen Versammlungsreden und Zeitungsartikeln haben zahllose Funktionäre und Propagandisten das nationalsozialistische Credo mit Erfolg verkündet und die Bewegung darauf eingeschworen, meist in geistiger Abhängigkeit von führenden Programmatikern wie Hitler und Jung, teils aber auch unter dem direkten Einfluß der älteren Schar rassistischer Ideologen. Wenn man von einer Gruppe absieht, der Gruppe um Otto Straßer, in deren diffuser Vorstellungswelt vor allem der Westen als Feind, hingegen Rußland zeitweilig nicht als Angriffsobjekt, sondern als potentieller Verbündeter und der Rassismus als nicht ganz so wichtig erschien, bedeutete es dabei allenfalls einen graduellen Unterschied, wer da sprach oder schrieb, ob Walter Darré, Alfred Rosenberg, der nachmalige Reichsführer SS Heinrich Himmler, irgendwelche Funktionäre der mittleren und unteren Ebene, Gau- und Kreisleiter oder Konstantin Hierl, der später einmal den Reichsarbeitsdienst befehligen sollte. Selbst ein so lederner Geselle wie der künftige Reichsinnenminister Wilhelm Frick, dem Anschein nach nüchterner Bürokrat, entpuppte sich bei näherer Betrachtung als Ideologe reinsten Wassers. Gerade auch die von ihm maßgeblich bestimmte Tätigkeit der NSDAP-Fraktion im Reichstag der Weimarer Republik beweist die außerordentlich hohe ideologische Spannung

[41] Martin Broszat, Soziale Motivation und Führer-Bindung des Nationalsozialismus. In: VfZ 18 (1970), S. 392ff.

und strenge ideologische Zielgerichtetheit, unter der die NS-Bewegung stand: Unermüdlich hat Frick den biologistischen Rassismus in tatsächlich eingebrachte Gesetzesvorlagen gefaßt. Jedenfalls demonstrierte die NS-Bewegung oft und überzeugend, daß »Hitlers Weltanschauung« keineswegs allein die Weltanschauung Hitlers war.

Zwar ist es sicherlich richtig, daß eine politische Glaubens- und Kampfgemeinschaft ohne ständig geübten Aktionismus zu zerfallen droht und daß die NS-Bewegung einen Aktionismus entwickelte, der wohl auch durch die Schaffung eines kontinentaleuropäischen Imperiums und durch die Ausrottung der in diesem Reich lebenden Juden nicht zu saturieren gewesen wäre. Wenn nationalsozialistische Programmatiker und selbst schlichtere Funktionäre schon vor 1933 oft genug von einem überseeischen Kolonialreich sprachen, von »Weltvorherrschaft« und vom Endkampf um die Weltherrschaft mit den USA, so verrieten sie damit zweifellos die instinktive Gewißheit, daß Nationalsozialisten nach jedem Sieg, auch nach jenen letzten vom Programm geforderten Siegen, den Helm fester binden müßten, wenn die NS-Bewegung lebensfähig bleiben sollte. Aber solange der imperiale Traum nicht erfüllt und die Gegenrasse nicht entscheidend getroffen war, stand nationalsozialistischer Aktionismus im Dienste des Programms. Wären die programmatischen Ziele aufgegeben oder auch nur ihrer strikten Verbindlichkeit entkleidet worden, hätte die NS-Bewegung mehr verloren als die bloße Vermummung eines im Grunde inhalts- und ziellosen Aktionismus, nämlich die von ihr selbst bitter und tödlich ernst genommene Fundierung ihres Anspruchs auf die Macht und damit den Anspruch auf Existenz. In solchem Sinne war nationalsozialistischer Aktionismus zunächst einmal geradezu total inhaltlich bestimmt, in eine zwischen Aufbruch und Ziel liegende Bahn gebannt, die ohne Selbstaufgabe der Bewegung nicht mehr verlassen werden konnte.

Wenn die NSDAP auf dieser Bahn, anders als ihre Vorläufer, zur stärksten politischen Partei Deutschlands aufsteigen und dann tatsächlich die Hand nach der Macht im Staat ausstrecken konnte, die ihr am Ende von einigen deutschnationalen Gruppen der alten Oberschicht doch mehr geschenkt wurde, so freilich nicht deshalb, weil sie die »Weltanschauung« der Alldeutschen, Chamberlains und Dührings um eine Spur kruder und krasser, dazu kräftiger, drängender und erfolgssüchtiger verfocht. Auch hätte nicht ausgereicht, daß an ihrer Spitze seit 1921 ein Mann stand, der als überzeugtester Nationalsozialist mit wahrhaft fanatischer Kampflust für die »Weltanschauung« zu Felde zog und zugleich ein Genie der Massenmanipulation war. Das ideologisch-organisatorische Plus spielte ebenso eine Rolle wie die Person Adolf Hitler, aber selbst beide Elemente zusammen brachten die NSDAP nur deshalb weiter als all die Vortrupps des Nationalsozialismus, weil die NS-Bewegung in einem völlig gewandelten und obendrein vom Fieber einer beispiellosen Krise geschüttelten Deutschland operierte.

Als erste Voraussetzung muß die Ablösung des monarchischen Obrigkeitsstaates durch eine Republik mit parlamentarischem Regierungssystem gelten. Erstmals war in der neueren deutschen Geschichte ein Zustand geschaffen, der es einer Partei erlaubte, mit den anderen Kräften in der Gesellschaft um die Regierungsgewalt und um die Macht zur Durchsetzung der eigenen politischen Konzeption zu konkurrieren. Sozialisten, Liberale und Konservative hatten nun ebenso ihre Chance wie auf der anderen Seite die Bannerträger einer rassistischen Politik. Tatsächlich besaß, obwohl das zunächst wirklich nicht recht sichtbar war, eine Partei, die den Nationalismus, den Imperialismus und die Diktaturforderung der Alldeutschen in populistischer Verkleidung weitertrug, einen wichtigen Startvorteil. Mit dem Sturz der Monarchie war für zahllose Deutsche eine Ordnung zusammengebrochen, die ihnen nicht nur als alt und ehrwürdig, sondern in der Tat als heilig und heil gegolten, die ihnen als politische Heimat das Gefühl geistiger und seelischer Sicherheit gegeben hatte. Nachdem nun der Kaiser und die Bundesfürsten vertrieben waren, nicht von einer mächtigen republikanischen Volksbewegung, sondern mehr zur Anpassung an geäußerte und vermutete Wünsche der im Krieg siegreichen Alliierten, lebten jene Deutschen als politische Wesen in einer Verfassung permanenter Panik oder doch permanenter Orientierungsnot. Die nationalistische Diktatur, die Claß 1912 verlangt hatte, mochte nun als ein Geborgenheit verheißender Ersatz für die Monarchie doppelt attraktiv erscheinen. Zudem war einer Majorität des deutschen Bürgertums, das sich in der zwar illiberalen, doch immerhin rechtsstaatlich verfaßten und mit einer tüchtigen Verwaltung prunkenden Ordnung des wilhelminischen Reiches so häuslich eingerichtet gehabt hatte, auch die Parlamentarisierung »nicht natürlich«; Oswald Spengler – der erste Band seines Werks ›Der Untergang des Abendlandes‹ war einige Monate zuvor ausgeliefert worden – hat das schon im März 1919 treffend diagnostiziert. Erschreckt vom ungewohnten und ja keineswegs immer erfreulichen Anblick des offenen Austrags der Meinungs- und Interessenkonflikte, konnten die vielen Deutschen, die den Reichstag ohnehin verächtlich als »Schwatzbude« abtaten, abermals in der nationalistischen Diktatur die Überwindung chaotischer Zustände und eine Zuflucht sehen.

Womöglich hätten derartige Instinkte, zusammengefaßt in einem nationalistischen Staatsstreich, der Republik von Weimar bereits 1920 oder 1921 den Garaus gemacht. Der kläglich gescheiterte Putsch eines alldeutsch gesinnten Politikers namens Wolfgang Kapp und der Marinebrigade Ehrhardt – eines Freikorps, das am Helm das Hakenkreuz trug – im März 1920 und die anschließende Diskussion über die Errichtung einer »nationalen Diktatur« – auf der Rechten bis Ende 1923 pausenlos und ergebnislos geführt – lehrten, daß die Republik nicht aus eigener Kraft lebte, sondern vornehmlich durch eine Art Existenzgarantie der Westmächte am Leben gehalten wurde. So eindrucksvoll der im Generalstreik manifest gewordene Widerstand der Arbeiter und der Linken im März 1920 auch gewesen war, in erster Linie ist Kapps Unternehmen mißglückt und sind dann ähnliche Versuche unterlassen worden oder wiederum, wie Hitlers Münchner Aktion im November 1923, fehlgeschlagen, weil die Akteure und die Pläneschmiede kaum Gefolgschaft auf der Rechten fanden; die gemäßigte Rechte und ebenso die vernünftigeren Vertreter der extremeren Gruppen wußten sehr gut, daß der Sieg im Bürgerkrieg und die Errichtung der nationalen Diktatur nur den Einmarsch französischer Truppen provoziert hätte, dem noch nichts entgegengesetzt werden konnte. Andererseits ist auch durchaus denkbar, daß die Weimarer Republik bei ruhiger Entwicklung lebensfähig geworden wäre. Aber Krise folgte auf Krise, und die übelste Folge all der Erschütterungen ergab sich daraus, daß eine Mehrheit der Deutschen, namentlich die überwältigende Mehrheit des Bürgertums, die Ursachen und Zusammenhänge nicht begriff.

Das begann mit der militärischen Niederlage im Weltkrieg, von der eine Nation überrascht wurde, die miserabel informiert worden und trotz ihrer materiellen Not bis zuletzt gläubige Empfängerin häufiger Siegesnachrichten gewesen war. Folglich wurde die Niederlage nicht als das Resultat der Überlegenheit der Alliierten wie der Ausblutung und Erschöpfung des deutschen Heeres akzeptiert. Wenn aber die Armee den Krieg nicht bis zum Sieg oder jedenfalls bis zu einem erträglichen Remis fortzusetzen vermochte, sondern zu einem Waffenstillstand gezwungen war, der einer Kapitulation verdächtig ähnlich sah und den Weg zu einem vom Feind aufgezwungenen Frieden öffnete, obwohl sie doch »im Felde unbesiegt« war, wie nun selbst Friedrich Ebert sagte, der sozialdemokratische erste Reichspräsident der Republik, dann mußte ihr nicht gut bestreitbarer Zusammenbruch das Werk eines verräterischen Dolchstoßes gewesen sein, der sie in den Rücken getroffen hatte. Diese Legende gebar notwendigerweise eine paranoide Suche nach Schuldigen.

Daß der »Dolchstoß« die Nation um die Früchte des Sieges zu bringen schien, war schon schlimm genug. Schließlich hatte ein beträchtlicher Prozentsatz des deutschen Bürgertums die Vorherrschaft des Reiches in Europa, den Aufstieg Deutschlands zur Weltmacht, erhebliche territoriale Beute und eine gewaltige Reparationsleistung der geschlagenen Feinde schon in Händen zu halten geglaubt; viele hatten außerdem zuversichtlich damit gerechnet, daß der militärische Erfolg und der außenpolitische Triumph auch einen wichtigen innenpolitischen Gewinn bescheren würden, nämlich die Verlängerung des im August 1914 geschlossenen inneren »Burgfriedens« in die Periode nach dem Sieg und damit eine lang anhaltende Beruhigung oder sogar die endgültige Domestizierung der sozialistischen Bewegung. Nun war aber all das nicht nur ausgeblieben, sondern hatte sich ins Gegenteil verkehrt. Der Vertrag von Versailles entwaffnete das Deutsche Reich und drückte Deutschland in den Status weitgehender Abhängigkeit. Er schlug einige bislang deutsche Territorien neuen Staaten wie Polen oder Siegermächten wie Frankreich zu, und er lieferte zudem die Basis für eine absurd hohe alliierte Reparationsforderung. Indem die Niederlage Deutschland auf den Weg zu Republikanisierung und Parlamentarisierung stieß, war sie überdies auch für diese beiden weithin ungeliebten Neuerungen verantwortlich, die zu allem Überfluß einer dem Anschein nach zu höchster Aktivität gereizten Linken großen Einfluß und noch bedenklichere Entfaltungsmöglichkeiten verschafften; zeitweise sah es so aus, als drohe, durch Reform oder Revolution, die Sozialisierung Deutschlands. Die Angst vor Sozialismus und Kommunismus nahm noch zu, nachdem in Rußland Republikanisierung und

Parlamentarisierung von der Revolution der Bolschewiki und dann der Installierung einer marxistisch orientierten sozialistischen Diktatur abgelöst worden waren; als abschreckendes Beispiel wie als Protektor der deutschen Kommunisten und potentieller Urheber einer sozialistischen Weltrevolution gab das leninistische Rußland, so glaubten zahllose deutsche Bürger, der sozialistischen Gefahr in Deutschland eine neue Dimension.

Zur gleichen Zeit wurde die deutsche Bevölkerung überdies auch noch in wirtschaftliche Katastrophen gerissen. An sich waren die Ursprünge der Inflation, die von den Kriegsjahren bis Ende 1923 die deutsche Währung vernichtete, nicht schwer zu erkennen; im Rückblick sind auch einige der Faktoren deutlich, die für ihren Fortgang sorgten und schließlich die letzte Steigerung des Jahres 1923 bewirkten, als im November ein amerikanischer Dollar 4,2 Billionen Papiermark kaufte: Da finanzierte zunächst das wilhelminische Deutschland den Krieg durch eine ständige Erhöhung der schwebenden Schuld; da setzten nach Kriegsende Weimarer Kabinette diese leichtfertige Praxis fort, Haushaltsdefizite einfach durch eine Vermehrung des Geldumlaufs zu decken; da kam die Zeit, da der Staat der Inflation ihren Lauf ließ, weil sie die riesige innere Schuld des Reiches abbauen half und weil die deutschen Regierungen, um die Zahlung von Reparationen zu vermeiden oder doch so lange wie möglich hinauszuzögern, die finanzielle Leistungsfähigkeit Deutschlands verschleiern wollten; und da wurde 1923, nach der Besetzung des Ruhrgebiets durch französische Truppen, der sogenannte passive Widerstand der deutschen Bevölkerung wiederum mit den Produkten von Druckerpressen bezahlt. Die deutschen Kabinette, die des Kaiserreichs und die der Weimarer Republik, hatten neben Ratlosigkeit und Verzweiflung, neben Ignoranz und stupider Realitätsverweigerung auch diskutable Gründe für ihre Handlungsweise. Den deutschen Bürgern haben sie aber weder ihre schlechten noch ihre besseren Motive offengelegt, vielmehr alles getan, was in ihrer Macht stand, um die ausschlaggebende eigene Beteiligung an diesem atemberaubenden Vorgang zu verschleiern. Auch deshalb konnte sich das mittlere und Kleinbürgertum, als im Lauf weniger Jahre Vermögenswerte und finanzielle Reserven dahinschmolzen, die von Generationen angesammelt worden waren, keinen Reim auf die hilflos erlebte Katastrophe machen. Nach dem Verlust der geistigen und politischen Sicherheit blieb nun auch der als unmittelbare Gefährdung der Existenz empfundene Verlust der materiellen Sekurität unerklärt.

Noch schwerer waren die Ursachen jener Weltwirtschaftskrise zu durchschauen, die seit 1928/29 neben den anderen Industriestaaten auch Deutschland erschütterte. Anders als die Inflation traf die neue Krise, die ja bei deflationärer Entwicklung der Währung und bei Verfall der Preise in einem Prozeß ständiger Schrumpfung des Absatzes und der Produktion von Waren – natürlich auch in geringerer Nutzung von Dienstleistungsangeboten – bestand, vornehmlich die Landwirtschaft und die Industrie, also Bauern und Arbeiter. Doch sind auch Teile des mittleren und Kleinbürgertums in Mitleidenschaft gezogen worden. Allenthalben grassierte die Angst vor Bankrott oder Stellungsverlust, und selbst wer sich in dieser Hinsicht ganz oder relativ sicher fühlen durfte, begann doch allmählich zu fürchten, daß die jedes bislang gekannte Maß übersteigende Krise unabsehbare gesellschaftliche Umwälzungen auslösen werde, womöglich die bolschewistische Revolution. Die verheerende Wucht der Krise und die zunehmenden Zweifel an der Haltbarkeit der gegen die Linke aufgebauten Dämme stimulierten das dem bürgerlichen wie dem agrarischen Antimodernismus ohnehin innewohnende Unbehagen an kapitalistischem Wirtschaften zu offener Feindschaft, und doch war diesem bürgerlichen und agrarischen Antikapitalismus die ideologische Annäherung an sozialistische Wirtschafts- und Gesellschaftsentwürfe unmöglich. Die Neigung zur Rebellion konnte sich im Grunde nur gegen Großbanken und Big Business richten, wollte lediglich partielle Eingriffe in das System und trachtete zunächst einmal mit großem Eifer nach der Entlarvung jener Individuen und Gruppen, die für die ansonsten rätselhafte Misere verantwortlich zeichnen und zur Rechenschaft gezogen werden mußten.

»Der Jud ist schuld!« Für Nationalsozialisten hatte die deutsche Entwicklung seit 1918 keine Geheimnisse. Die Niederlage und ihre außen- wie innenpolitischen Folgen, die wirtschaftlichen Nöte und die von ihnen bewirkte Zerrüttung der Gesellschaft – all das, so sagten die »Nazis«, sei vordergründig gewiß das Werk jener Verbrecher, die im November 1918 das deutsche Heer erdolcht hatten, also das Werk der Kommunisten und Sozialisten, der Liberalen und Demokraten, der ultramontanen Katholiken und der Freimaurer, dazu der Großkapitalisten. Aber bei den »Novemberverbrechern« handle es sich doch nur um Werkzeuge. Hinter den unterschiedlichen Gruppen müsse die lenkende Hand der Juden gesehen werden. »Der Jude«, schrieb 1930 der spätere Propagandaminister Dr. Joseph Goebbels, »ist Ursache und Nutznießer unserer Sklaverei.« Dieser »plastische Dämon des Verfalls« habe die Niederlage Deutschlands herbeigeführt, er sei der »Vater des Klassenkampfgedankens« ebenso wie »der Schöpfer und Träger des internationalen Börsenkapitalismus« und der »Hauptfeind der deutschen Freiheit«[42]. So ordneten die Nationalsozialisten sowohl die militärische und die politische als auch die wirtschaftliche Katastrophe überzeugt und ernsthaft in das Koordinatensystem ihres rassistischen Manichäismus ein. Die bitteren deutschen Erfahrungen seit dem Kriege und die erschreckenden Perspektiven Deutschlands erlebten sie als Ergebnisse und als schlagende Beweise einer auf die Unterjochung der Nation und die Errichtung der jüdischen Weltherrschaft zielenden Verschwörung des Judentums, des deutschen wie des internationalen. Die Weimarer Republik insgesamt erschien in solcher Sicht als »Judenrepublik«, als das Instrument zur Aufrichtung, Befestigung und Nutzung der – für die Weltherrschaft des Judentums offenbar besonders wichtigen – jüdischen Macht über die Deutschen. »Der Jude«, so sagte Goebbels, »hat unsere Rasse verdorben, unsere Moral angefault, unsere Sitte unterhöhlt und unsere Kraft gebrochen.« Jetzt sei er aus dem Verborgenen aufgetaucht und dabei, das »verbrecherische Schächtwerk an Völkern«, das er unweigerlich verrichten müsse, in Deutschland zu beginnen[43].

»Der Jud ist schuld!« In unzähligen Versammlungsreden und Zeitungsartikeln suchten die Nationalsozialisten ihre simple Erklärung ins Bewußtsein der Nation zu brennen. Hermann Esser, einer der frühesten Münchner Kampfgefährten Hitlers, schrieb eine in hoher Auflage herausgebrachte Broschüre ›Die jüdische Weltpest‹, ein Dr. Kofler ließ sich über ›Katholische Kirche und Judentum‹ vernehmen und Alfred Rosenberg »bewies« in seiner leidenschaftlichen Streitschrift ›Der Weltverschwörerkongreß zu Basel‹ die Echtheit der »Protokolle der Weisen von Zion«. Goebbels wiederum verbreitete die rassistische und antisemitische Botschaft auch in kleinen Heftchen, die zwischen 1929 und 1933 unter Titeln wie ›Der Nazi-Sozi. Fra-

[42] Joseph Goebbels, Die verfluchten Hakenkreuzler. Etwas zum Nachdenken. München 1930, S. 15ff.

[43] Ebenda, S. 16.

gen und Antworten für den Nationalsozialisten‹, ›Die verfluchten Hakenkreuzler‹ und ›Das kleine abc des Nationalsozialisten‹ zu Hunderttausenden verkauft wurden. Andere Stimmen sangen das gleiche Lied, so Erich Ludendorff, der von August 1916 bis Oktober 1918 unter dem nominellen Oberbefehl des Kaisers und dessen Stabschefs, des Feldmarschalls von Hindenburg, die deutsche Armee befehligt, dabei erheblichen Einfluß auf die Innen- und Außenpolitik des Reiches an sich gerissen und damit bereits einmal ein rohes Modell der nationalistischen Diktatur geformt hatte. Seit dem 5. Mai 1929 erschien ›Ludendorffs Volkswarte‹, das Organ des 1926 gegründeten »Tannenbergbundes«, seit August 1929 auch die Beilage ›Am Heiligen Quell‹. In beiden Blättern, die neben ehemaligen Offizieren eine beträchtliche Anzahl akademisch gebildeter Bürger zu ihren Abonnenten zählten, führten der noch immer angesehene General und seine »Deutsche Gotterkenntnis« lehrende Frau Mathilde eine zwar hysterische und in der Argumentation zumeist ridiküle, aber nach ihrer Wirkung keineswegs geringzuschätzende Kampagne gegen Freimaurer, Jesuiten und Marxisten, gegen die vom »Weltjudentum« gesteuerten »überstaatlichen Mächte«.

In jenen zahlreichen Familien der alten Oberschicht, des mittleren wie des Kleinbürgertums und der Bauernschaft, die ohnehin schon seit langem rassistische und antisemitische Überzeugungen aufgenommen hatten, fand die nationalsozialistische Erklärung der deutschen Krise ohne weiteres Glauben. In ihrer Verwirrung und Hilflosigkeit hörten indes jetzt auch Millionen, die für ein derart primitives und irrationales Weltbild bislang keinen Sinn gehabt hatten, der nationalsozialistischen Botschaft aufmerksam zu und akzeptierten sie ganz oder partiell – nicht im Hinblick auf »den« jüdischen Nachbarn, doch immerhin im Hinblick auf »die Juden«. Sowohl für Bauern als auch für Kleinbürger war der radikale rassistische Antisemitismus, den Hitler und seine Gefolgsleute ohne Unterlaß predigten, eine so starke Attraktion, daß sie nicht zuletzt auch durch die nationalsozialistische Ankündigung einer gegen die Assimilation und die Emanzipation der deutschen Judenheit gerichteten Politik ins Lager Hitlers geführt wurden.

Allerdings hat die NSDAP zwischen 1929 und 1933 zusätzlich Millionen von Wählern gewonnen, die sich von ihr und Hitler vornehmlich die Befriedigung konkreter wirtschaftlicher und gesellschaftlicher Interessen erhofften, ohne auf die Realisierung der nationalsozialistischen Kernprogrammatik sonderlichen Wert zu legen. Unterstützt von dem Umstand, daß sie doch auch für solche neuen Anhänger und Sympathisanten im Grunde deshalb anziehender war als die übrigen Parteien, weil sie mehr als das Versprechen bloßer Interessenbefriedigung bot – nämlich die Verheißung der Überwindung aller Wirren, Nöte und Konflikte der Gegenwart in einer »gesünderen« Ordnung der Zukunft –, hat aber die NSDAP diesen Wachstumsprozeß ohne wesentliche ideologische Versehrung überstanden. In den Jahren ihres Aufstiegs mußte die NS-Bewegung, angesichts der dringlichen realen Probleme in der wirtschaftlichen und politischen Krise Deutschlands, gewiß auch Themen behandeln und Akzente setzen, die mit dem nationalsozialistischen Kernprogramm an sich keine unmittelbare und gelegentlich nicht einmal eine mittelbare Berührung hatten. Doch die nationalsozialistische Agitation, die ja auch die künftige »Raumpolitik« nie unterdrückte, machte stets klar, daß hinter jedem Übel in Deutschland auch »der Jude« stehe und deshalb jedes Heilmittel auch antisemitische Politik enthalten müsse, zumindest die Aufhebung der jüdischen Assimilation und Emanzipation.

Ob 1929 oder 1932 – ohne die geringste Verringerung der Intensität und des Nachdrucks forderte die NSDAP: »Konsequente Ausmerzung aller fremdrassigen Elemente aus dem öffentlichen Leben auf allen Gebieten. Reinliche Scheidung zwischen deutsch und nichtdeutsch, allein nach den Rücksichten der Rasse und nicht etwa einer vorgetäuschten Nationalität oder gar Konfession ... Ausrottung der Fäulnisherde semitischer Unmoral und Rasseverderbnis.«[44] Auch jenen, die der NSDAP ihre Stimme nicht in erster Linie wegen ihrer antisemitischen Programmatik gaben, und auch dem, der sie wählte, ohne selbst Antisemit zu sein – ihnen allen hatten Hitler und die Scharen der übrigen NS-Propagandisten hinreichend deutlich gemacht, daß die rassistische Heilsbotschaft der NS-Bewegung, wenn die Macht im Staat endlich erobert sei, sogleich in eine politische Handlungsanleitung übersetzt werde.

[44] Ebenda, S. 23.

2. Aufhebung der Emanzipation

Nachdem Hitler Reichskanzler geworden war, fanden die Nationalsozialisten allerdings bald heraus, daß es alles andere als einfach war, die rassistische Heilsbotschaft in politisches Handeln umzusetzen. Nicht daß die NS-Bewegung plötzlich ihren antisemitischen Eifer oder gar ihre antisemitische Überzeugung verloren hätte. Zwar hatte es die NSDAP in der Anfangsphase des Dritten Reiches wahrhaftig nicht nötig, ihre Eigenart und ihre Geschlossenheit durch aggressive Aktivität im Zeichen eines rein ideologischen Feindbildes zu bewahren; ihre Bürgerkriegsarmee zumal, die SA, litt keineswegs unter Beschäftigungslosigkeit. In den ersten Monaten nach dem 30. Januar 1933 ging es darum, der nationalsozialistisch geführten Regierung die innenpolitische Bewegungsfreiheit zu erkämpfen, die Alleinherrschaft der NSDAP durchzusetzen, das »Führerprinzip« der NS-Bewegung in Gestalt der Diktatur Adolf Hitlers auf den Staat zu übertragen und möglichst viele Einrichtungen der Gesellschaft, ob politisch relevant oder unwichtig, für den widerstandslosen Empfang des Willens der Führung »gleichzuschalten«. Diese konkreten Ziele gaben NSDAP und SA eine ausreichende Zahl realer Gegner: Sozialisten aller Spielarten, von den Kommunisten bis zu den Sozialdemokraten, Funktionäre und Anhänger der im Juli 1933 ja ebenfalls liquidierten bürgerlichen Parteien, Vertreter der Gewerkschaften, Repräsentanten des »politischen Katholizismus«, Verfechter eines noch wirklich christlichen Protestantismus. Während die SA für all die tatsächlichen, potentiellen und vermeintlichen Feinde des neuen Regimes zahllose »wilde« Haftstätten einrichtete, etablierte am 20. März 1933 der Reichsführer SS Heinrich Himmler – damals noch kommissarischer Polizeipräsident von München, 1934 bereits Leiter der nun Geheime Staatspolizei (Gestapo) genannten politischen Polizei des Reiches, 1936 Chef der gesamten deutschen Polizei – bei Dachau das erste Konzentrationslager; dort und in ähnlichen Lagern wie Oranienburg, Papenburg und Esterwegen wurden im Sommer 1933 fast 30000 Menschen in sogenannter Schutzhaft gehalten. Aber auch die zeitweise hektische Aktivität im Dienste der Machteroberung und Machtbefestigung brachte keinen Nationalsozialisten dazu, auf die Juden zu vergessen.

Schon vor und erst recht nach der Reichstagswahl vom 5. März, die der NSDAP und ihren deutschnationalen Bundesgenossen eine knappe parlamentarische Mehrheit brachte, eröffneten vielmehr Stoßtrupps der Partei und der SA einen erbarmungslosen Feldzug gegen die deutsche Judenheit. Landauf, landab warfen solche Stoßtrupps die Schaufenster jüdischer Geschäfte ein, schlugen sie brutal einzelne Juden zusammen und erzwangen sie durch nackten Terror die Entlassung oder Beurlaubung jüdischer Angestellter und Beamter. Da diese Prediger und Praktiker der Gewalt den seltsamen Ehrgeiz hatten, der deutschen Bevölkerung und dem Ausland das Bild einer »legalen« Machteroberung wie einer gewaltfreien und unblutigen Revolution zu suggerieren, waren die Führer immer wieder – wenngleich nicht konsequent – bemüht, Presseberichte über Gewalttaten und so auch über die Mißhandlung von Juden zu unterdrücken. Die judenfeindlichen Akte selbst sollten nicht als das Werk nationalsozialistischer Organisationen, sondern als Resultate des »Volkszorns« erscheinen; manchmal kam es sogar zu Versuchen, den antisemitischen Terror politischen Feinden in die Schuhe zu schieben: So stattete am 11. März 1933 der braunschweigische SS-Führer Friedrich Alpers, ein Rechtsanwalt, der später zum braunschweigischen Justizminister avancierte, mit etlichen seiner Untergebenen zwei jüdischen Kaufhäusern einen Besuch ab, die dann auf ein Signal des »Rechtswahrers« von der SS-Horde verwüstet wurden; einige Stunden danach hat Alpers die Aktion in öffentlicher Rede scharf verurteilt und kommunistischen Ruhestörern angelastet[1].

Derartige Versuche waren freilich bis zur Lächerlichkeit unglaubwürdig, zumal nationalsozialistische Angriffe auf Warenhäuser, die ja schon das Parteiprogramm von 1920 als Instrumente der Ausbeutung Deutschlands durch Juden angeprangert hatte, in jenen Wochen recht häufig vorkamen; Hermann Göring – der hochdekorierte Jagdflieger des Weltkriegs und letzte Kommandeur des Geschwaders Richthofen nahm in der NS-Bewegung bereits die Stelle des zweiten Mannes nach Hitler ein – mußte sich in seiner neuen Eigenschaft als preußischer Innenminister sogar in der Öffentlichkeit dazu äußern, was er am 11. März in Essen mit der Bemerkung tat, daß er die Polizei zum Schutze des deutschen Volkes jederzeit rücksichtslos einsetzen werde, sich aber weigere, die Polizei zum Wächter der jüdischen Warenhäuser zu machen. Indes ist die Polizei nicht

[1] Hierzu Helmut Krausnick, Judenverfolgung. In: Anatomie des SS-Staates. Olten, Freiburg 1965, Bd. 2, S. 311.

überall passiv geblieben oder, wie bei Alpers Streich in Braunschweig, von einem nationalsozialistischen Innenminister aus der Zone antisemitischer Aktivität vorsorglich abgezogen worden. In Breslau z.B. ging die Polizei, ebenfalls am 11. März, gegen SA-Trupps vor, die in einem Warenhaus wüteten, worauf die SA dann allerdings am 13. März die Eingänge des Breslauer Amts- und Landgerichts besetzte und die Entfernung jüdischer Richter und Rechtsanwälte forderte. Jetzt versagte die Polizei, und auch der Polizeipräsident verlangte von der Justizverwaltung, dem Wunsch der »Nationalen Bevölkerung« zu entsprechen und »für ein Eindämmen der Einflüsse jüdischer Rechtspflegeorgane Sorge zu tragen«[2]. Am 16. März ist daraufhin die Zahl der an den Breslauer Gerichten auftretenden jüdischen Anwälte tatsächlich auf siebzehn reduziert worden, denen die Polizei Sonderausweise ausstellte. An anderen Orten blockierte die SA den Zugang selbst zu jüdischen Einzelhandelsgeschäften, und da und dort wandte sich die antisemitische Zerstörungswut auch gegen Synagogen. Im übrigen schreckte die am 22. Februar zur »Hilfspolizei« erklärte SA auch nicht davor zurück, einzelne Juden zu verhaften und ihnen in den »wilden« Konzentrationslagern schwere Tage zu bereiten; Voraussetzung der Entlassung war die Unterschrift unter eine Erklärung, nicht mißhandelt worden zu sein, und gelegentlich die Zahlung eines Lösegelds.

Ein erstes Problem der NS-Führung resultierte jedoch schon aus ihrer Unsicherheit, welche Ziele sie der in den Reihen von Partei und SA so reichlich vorhandenen antisemitischen Kampflust denn eigentlich weisen solle. Wie in anderen wichtigen Bereichen der Politik, so verfügte die NS-Bewegung auch und sogar in der für sie zentralen »Judenfrage« zwar über einen wütenden Aktionsdrang, aber nicht über eine mit dem Aktionsdrang durchzusetzende Konzeption. Was hatten der Nationalsozialist und der nationalsozialistische Staat unter einer »Regelung« oder »Lösung« der »Judenfrage« zu verstehen? Niemand hatte sich vor der Machtübernahme die Mühe gemacht, das zu beschreiben und zu definieren. Der Feind war erkannt worden, und man hatte ihm Kampf bis aufs Messer angesagt, doch war unklar geblieben, welches Schicksal ihm am Ende bereitet wer-

[2] George Weiss (Hrsg.), Einige Dokumente zur Rechtsstellung der Juden und zur Entziehung ihres Vermögens 1933–1945 (=Schriftenreihe zum Berliner Rückerstattungsrecht, VII). O. O. o. J., S. 11 ff.

den müsse. Selbst auf die Grundfrage fehlte noch eine Antwort: Ging es darum, dauerhafte Regeln für eine langfristig zu tolerierende jüdische Präsenz in Deutschland zu finden, oder ging es darum, die deutsche Judenheit aus Deutschland zu vertreiben? Da in dieser Hinsicht Unklarheit herrschte, konnte natürlich erst recht kein Katalog der erforderlichen Einzelschritte aufgestellt und kein verbindliches Wort über das anzuschlagende Tempo gesagt werden. Das Versäumnis nach der Machtergreifung rasch zu korrigieren und wenigstens jetzt Parolen wie »Juda verrecke!« oder Faustregeln wie »Schlagt den Juden, wo ihr ihn trefft!« in einen realisierbaren Plan zu fassen, erwies sich außerdem als überaus schwierige Aufgabe. Jede Erörterung über Ziele und Methoden der Judenverfolgung mußte nun unter dem unmittelbaren Einfluß jener Friktionen geführt werden, die beim frühen Zusammenprall des antisemitischen Aktionsdrangs der NS-Bewegung mit den innen- wie außenpolitischen Realitäten des Jahres 1933 entstanden. Hitler und seine Gefolgsleute hatten dabei vor allem die Entdeckung zu machen, daß sie in der »Judenfrage« noch weit davon entfernt waren, so etwas wie Handlungsfreiheit zu haben, ja daß ihnen seit der Regierungsübernahme nicht einmal mehr die in der »Kampfzeit« ohne Scheu und Scham praktizierte Diskussionsfreiheit – d.h. die Freiheit zu hemmungsloser antisemitischer Agitation – in vollem Umfang zu Gebote stand.

Da war einmal die wieder und wieder den Unmut der NS-Funktionäre erregende Beobachtung, daß der brutale und öffentliche antisemitische Aktionismus, wie ihn die NSDAP und in erster Linie die SA im Februar und März 1933 praktizierten, bei der Mehrheit der Bevölkerung keine günstige Aufnahme fand. Die Arbeiter, die sozialistisch orientiert, bislang von antisemitischen Tendenzen nahezu unberührt geblieben und mitten in der seit Menschengedenken schlimmsten Wirtschaftskrise vornehmlich an Lohn- und Arbeitspolitik interessiert waren, reagierten auf die judenfeindlichen Auftritte der SA-Schläger kühl bis feindselig, zumal eben jene Schläger zur gleichen Zeit ja auch die politischen und gewerkschaftlichen Organisationen der Arbeiter zerschlugen. Auf dem Lande erwiesen sich die jüdischen Vieh- und Getreidehändler als zunächst unentbehrlich, und auch später, als das Regime zunehmend eigene Einrichtungen zum Ankauf von Vieh und Getreide offerierte, war es trotzdem nicht leicht, die Geschäftsbeziehung zwischen Landwirt und jüdischem Händler zu liquidieren, weil viele

Bauern zu erkennen begannen, daß sie von den bislang so oft geschmähten Juden reeller und vorteilhafter bedient wurden als von den »arischen« Agenten der neugeschaffenen Genossenschaften; noch 1935 waren zahlreiche Bauern, wie Partei und Gestapo beklagten, »schamlos« genug, finanzielle über rassenpolitische Argumente zu stellen und mit Vorliebe an jüdische Partner zu verkaufen, wobei angesichts der offenen Judenverfolgung aber auch sehr häufig Regungen bestimmend wurden, die von Christentum und Menschlichkeit diktiert waren[3]. Im Bürgertum wiederum gab es doch noch stärkere Reste, die den Antisemitismus aus christlicher oder humanistischer und liberaler Gesinnung grundsätzlich ablehnten, und selbst aus der Mehrheit, die inzwischen durchaus von Antisemitismus erfüllt war und sehr wohl die »Zurückdrängung des jüdischen Einflusses« forderte, kamen Äußerungen der Mißbilligung: der rohe SA-Terror wurde zumindest als peinlich empfunden und seine Ablösung durch ein »ordentliches« und unauffälliges Vorgehen gewünscht.

Diese für das Regime ärgerlichen und für viele Nationalsozialisten auch überraschenden Reaktionen erhielten politisches Gewicht freilich erst durch einen anderen Faktor. Hitler war am 30. Januar 1933 nicht Chef eines allein auf die NSDAP gestützten Kabinetts, sondern Kanzler einer Koalitionsregierung geworden, in der die Deutschnationale Volkspartei zwar von Anfang an eine kleinere Portion Macht besaß als die NSDAP, aber immerhin die zunächst noch wichtige parlamentarische Mehrheit lieferte und deshalb Beachtung ihrer Vorstellungen heischen durfte. Auch war sich jedermann einer Tatsache bewußt, die dann seit Juni und Juli 1933 evident wurde, als mit den anderen Parteien auch die DNVP von der Bildfläche verschwand, daß die Allianz zwischen Nationalsozialisten und Deutschnationalen keineswegs nur, ja nicht einmal in erster Linie auf der parteipolitischen Achse ruhte, daß die wichtigeren deutschnationalen Bündnispartner vielmehr in der Führung der Reichswehr und in der hohen Bürokratie saßen, wozu sich noch etliche Industriekapitäne und Bankiers wie Hjalmar Schacht gesellten. Als Oberhaupt dieser Gruppen war Reichspräsident

[3] Nach Werner T. Angress, Die »Judenfrage« im Spiegel amtlicher Berichte 1935. In: Das Unrechtsregime. Internationale Forschung über den Nationalsozialismus, Bd. 2: Verfolgung – Exil – Belasteter Neubeginn, hrsg. v. Ursula Büttner unter Mitwirkung v. Werner Johe und Angelika Voß. Hamburg 1986, S. 26.

von Hindenburg anzusehen, der im ganzen Bürgertum Verehrung genoß und der nach der Verfassung den Oberbefehl über die damals noch Reichswehr genannten Streitkräfte ausübte, die sich im übrigen dem kaiserlichen Feldmarschall in der Tat noch stärker verbunden fühlten als der nationalsozialistisch geführten Regierung. Solche Realitäten forderten auch von einem Mann wie Hitler und auch von einer politischen Kampfgemeinschaft wie der NS-Bewegung Rücksichtnahme.

Nun vertraten die deutschnationalen Partner der NSDAP selbst einen wahrlich nicht schwach zu nennenden Antisemitismus. So verlangten sie die Absperrung Deutschlands gegen weitere jüdische Zuwanderung aus Osteuropa, die Verdrängung der Juden aus der Politik wie aus einigen anderen öffentlichen Bereichen und die Förderung jüdischer Auswanderung. Aber weiter wollten sie nicht gehen. Nahmen die Nationalsozialisten die Assimilation der deutschen Judenheit lediglich als Beweis dafür, wie tief sich das Geschwür in den Volkskörper eingefressen hatte und wie dringlich die Operation geworden war, so zögerten ihre Verbündeten, die Tatsache einfach zu ignorieren, daß der Assimilationsprozeß aus der großen Mehrheit der deutschen Judenheit praktisch einen Teil des nationalen deutschen Bürgertums gemacht hatte. Sie forderten die Einhaltung einer bestimmten Grenze – vor allem sollte »die Wirtschaft« von der Judenverfolgung ausgenommen bleiben – und auch innerhalb dieser Grenze etwa die Respektierung wohlerworbener Beamtenrechte oder der durch Kriegsdienst bewiesenen nationalen Verdienste. Auch bestanden sie darauf, daß wenigstens der Anschein eines rechtsstaatlichen Vorgehens gewahrt werden müsse und folglich nur mit Gesetzen gearbeitet werden dürfe. Am 4. April 1933 klärte Reichspräsident von Hindenburg den Reichskanzler darüber auf, welche Gesichtspunkte zu beachten seien. In seinem Schreiben stellte der Feldmarschall einleitend fest, daß in den letzten Tagen, wie man ihm »gemeldet« habe, auch »kriegsbeschädigte Richter, Rechtsanwälte und Justizbeamte von untadeliger Amtsführung lediglich deshalb zwangsbeurlaubt wurden und später entlassen werden sollen, weil sie jüdischer Abstammung sind«. Für ihn sei eine solche Behandlung der kriegsbeschädigten jüdischen Beamten »persönlich ganz unerträglich«. Er bitte den Reichskanzler »herzlichst und eindringlichst«, sich »dieser Frage persönlich anzunehmen und ihre einheitliche Regelung für alle Zweige des öffentlichen Dienstes im ganzen Reich zu veranlassen«. »Beamte, Richter,

Lehrer und Rechtsanwälte«, so verdeutlichte Hindenburg, »die kriegsbeschädigt oder Frontsoldaten oder Söhne von Kriegsgefallenen sind oder selbst Söhne im Feld verloren haben«, müßten »im Dienst belassen werden: wenn sie wert waren, für Deutschland zu kämpfen und zu bluten, sollen sie auch als würdig angesehen werden, dem Vaterland in ihrem Beruf weiter zu dienen«[4]. Hitler blieb nichts übrig, als zu versichern, daß er sich bemühen werde, dem »edlen Gefühl« des Reichspräsidenten »in weitestem Umfange gerecht zu werden«. Er »leide im übrigen selbst oft unter der Härte eines Schicksals, das einen zu Entschlüssen zwingt, die man menschlich tausendmal vermeiden möchte«[5].

Noch hinderlicher war allerdings die hohe Empfindlichkeit der internationalen Beziehungen des unter NS-Herrschaft geratenen Deutschland. In den liberaldemokratisch geprägten Staaten Europas und in den USA reagierten viele, Bürger, Journalisten und Politiker, schon mit Entsetzen und Besorgnis, als sie verfolgen mußten, wie in einem für die geistige und politische Verfassung Europas und der Welt so wichtigen Land nicht nur der Parlamentarismus liquidiert, sondern sogar der Abbau des Rechtsstaats eingeleitet und die Gesellschaft in eine Phase gänzlich ungenierter kultureller Barbarei geführt wurde; da konnte man im ›Völkischen Beobachter‹ lesen, daß der Philosoph Martin Heidegger als Rektor der Universität Freiburg öffentlich die Beseitigung der »akademischen Freiheit« begrüßte, ja feierte, und »das ganze studentische Dasein als Wehrdienst« verstanden wissen wollte[6], da konnte man erfahren, daß der Schriftsteller Rudolf G. Binding, alles andere als ein SA-Rabauke, in einem Brief an den französischen Autor Romain Rolland, der zu den Bewunderern des gerade untergehenden Deutschland gehörte, geschrieben hatte, er »verleugne nichts«, was während der »blutigen Wehen« in den deutschen Landen geschehe, gleichwohl müsse der ganze Prozeß als eine »souveräne Lebensäußerung des Volkes« anerkannt werden[7]. Mit Bestürzung und wachsender Furcht registrierten indes alle Nachbarn des Deutschen Rei-

[4] Zit. nach Ursachen und Folgen. Vom deutschen Zusammenbruch 1918 und 1945 bis zur staatlichen Neuordnung Deutschlands in der Gegenwart. Eine Urkunden- und Dokumentensammlung zur Zeitgeschichte, hrsg. v. Herbert Michaelis und Ernst Schraepler. Berlin o. J., Bd. 9, S. 393.

[5] Ursachen und Folgen, Bd. 9, S. 393.

[6] Völkischer Beobachter, 20. 7. 1933.

[7] Sechs Bekenntnisse zum neuen Deutschland. Hamburg 1933, S. 15ff.

ches und wer immer seine Interessen von deutscher Politik betroffen wußte, daß die revolutionäre Umwälzung in Deutschland überdies nicht – wie die westlichen Revolutionen und noch die Oktoberrevolution in Rußland – im Zeichen großer Prinzipien oder einer zumindest im Entwurf humanen Utopie stand, sondern lediglich im Zeichen eines imperialistisch imprägnierten Nationalismus. Sinn und Zweck der nationalistischen Diktatur, die da in Deutschland errichtet wurde, erschöpften sich offensichtlich in der Ermöglichung und im Vollzug einer psychologischen, industriellen und militärischen Mobilmachung. Was war also vom nationalsozialistisch gewordenen Deutschland zu erwarten? Vermutlich nichts anderes als eine expansionistische Außenpolitik und Krieg.

Entsprechend nervös und kritisch sind denn auch die Vorgänge in Deutschland von einem großen Teil der europäischen und der amerikanischen Presse kommentiert worden. In einem besonders bedrohten Staat wie Polen begann sogar die Regierung mit Plänen zu einer präventiven Erledigung der NS-Herrschaft zu spielen. Hitler selbst, der nach seinem brutal sozialdarwinistischen Politikverständnis urteilte, war überzeugt davon, daß sein Regime bis zur Gewinnung einer gewissen Stärke sehr gefährdet sei. In dieser Periode, so sagte er am 3. Februar 1933 vor den Spitzen der Reichswehr, werde »sich zeigen, ob Frankreich Staatsmänner hat; wenn ja, wird es uns Zeit nicht lassen, sondern über uns herfallen (vermutlich mit Ost-Trabanten)«[8]. So hielt Hitler zunächst Vorsicht für geboten, und zwar nicht allein in der Außenpolitik, sondern auch beim Vorgehen gegen die deutschen Juden. Da er wie jeder Nationalsozialist aufrichtig an die Existenz eines politisch organisierten und nach den Weisungen einer geheimen Führung einheitlich handelnden »internationalen Judentums« glaubte, betrachtete es Hitler als selbstverständlich, daß jeder judenfeindliche Akt in Deutschland deutschfeindliche Akte der Juden in Frankreich, Großbritannien oder den Vereinigten Staaten provozieren werde, und da er außerdem – wiederum ideologisch bedingt – den Einfluß der französischen, britischen oder amerikanischen Juden auf die Außenpolitik ihrer Regierungen in grotesker Weise überschätzte, war er auch der Meinung, daß eine allzu oft und allzu hart praktizierte Judenfeindschaft das »Weltjudentum« womöglich

[8] Thilo Vogelsang, Neue Dokumente zur Geschichte der Reichswehr 1930 bis 1933. In: VfZ 2 (1954), S. 204ff.

veranlassen würde, eine aktive französische Interventionspolitik durchzusetzen.

Das ideologische Vorurteil hätte Hitler theoretisch auch zu dem Versuch führen können, die deutsche Judenheit als Geisel zu benutzen. Entweder, so wäre dann den Häuptern des »Weltjudentums« zu verstehen gegeben worden, ihr gebraucht eure Macht, um die nichtdeutschen Staaten zu einer Politik im Sinne des nationalsozialistischen Deutschlands zu bewegen, oder aber wir halten uns an euren Rassegenossen in diesem Deutschland schadlos und machen wirklich Ernst mit unserem Antisemitismus. Indes kam ein eigentlich so naheliegendes und gelegentlich auch tatsächlich diskutiertes Rezept für Hitler und die NS-Bewegung weder damals noch später ernstlich in Frage, und zwar aus einem ganz simplen Grunde: Die Nationalsozialisten hätten einen Erfolg ihrer Erpressung ja mit dem Verzicht auf antisemitische Aktivität honorieren müssen, und dazu waren der »Führer« und seine Gefolgschaft zu keiner Zeit bereit und zu keiner Zeit fähig. In der Realität verhielt es sich genau umgekehrt. Der deutschen Judenheit verschafften die internationalen Abhängigkeiten des Deutschen Reiches einen gewissen Schutz, und jedem Gewinn Deutschlands an außenpolitischer Sicherheit und Macht folgte eine Steigerung des antisemitischen Terrors auf dem Fuße. Auch in den ersten Monaten des Jahres 1933 sah Hitler lediglich ein, daß der Bogen nicht überspannt werden durfte. Die Einsicht fiel um so leichter, als sich tatsächlich bereits handfeste Schwierigkeiten einzustellen begannen: Nach den zahlreichen und in den meisten Fällen durchaus zutreffenden Presseberichten über die judenfeindlichen und sonstigen Gewalttaten in Deutschland hatten etliche westeuropäische und amerikanische Firmen, meist solche in jüdischem Besitz, in der Tat die geschäftlichen Beziehungen zu deutschen Kunden oder Lieferanten gelöst; griff das weiter um sich, konnten Devisenprobleme und Engpässe bei der Rohstoffversorgung entstehen, die nicht zuletzt im Hinblick auf die anlaufende Aufrüstung unbedingt vermieden werden mußten.

Die innenpolitische und die internationale Pression vereinigten sich gewissermaßen in der Argumentation der deutschnationalen Koalitionspartner, die ihre eigene Opposition gegen den rassistischen Radikalismus der Nationalsozialisten gerne mit dem Hinweis stützten, in der »Judenfrage« zwinge schon die aus wirtschaftlichen, politischen und militärischen Gründen notwendige Rücksicht auf das Ausland zu einer gewissen Zurückhaltung. In ihrem Dilemma verfielen Hitler und seine Berater darauf, die illegalen judenfeindlichen Praktiken von NSDAP, SA und SS vorübergehend zur offiziellen Politik zu erheben und in dieser kurzen Zeitspanne sogar zu einer reichsweiten Demonstration des nationalsozialistischen Antisemitismus zu bündeln. Auf solche Weise konnte einerseits die politische Grundtendenz des Regimes mit einer dramatischen Geste bekräftigt und dem Aktionsdrang der Führung wie des einfachen SA-Mannes nochmals eine kleine Befriedigung verschafft, andererseits aber danach die Bewegung wieder an die Kandare genommen und ihr der Verzicht auf allzu rohe und allzu auffällige judenfeindliche Aktivität befohlen werden. So heckten Hitler und Goebbels am 25. und 26. März einen am 28. März endgültig formulierten und am 30. März veröffentlichten Ukas an die NS-Bewegung aus, dessen erster Absatz bestimmte: »In jeder Ortsgruppe und Organisationsgliederung der NSDAP sind sofort Aktionskomitees zu bilden zur praktischen, planmäßigen Durchführung des Boykotts jüdischer Geschäfte, jüdischer Waren, jüdischer Ärzte und jüdischer Rechtsanwälte«. Während die Komitees den Grundsatz: »Kein Deutscher kauft noch bei einem Juden!« »popularisieren« müßten, hätten gleichzeitig SA und SS »durch Posten die Bevölkerung vor dem Betreten der jüdischen Geschäfte zu warnen«. Auch sei es Aufgabe der Komitees, in allen Gemeinden des Reiches Massenversammlungen zu organisieren, und zwar zur nachdrücklichen Anmeldung der »Forderung nach Einführung einer relativen Zahl für die Beschäftigung der Juden in allen Berufen entsprechend ihrer Beteiligung an der deutschen Volkszahl. Um die Stoßkraft der Aktion zu erhöhen, ist diese Forderung zunächst auf drei Gebiete zu beschränken: a) auf den Besuch an den deutschen Mittel- und Hochschulen, b) für den Beruf der Ärzte, c) für den Beruf der Rechtsanwälte«[9]. Zum Leiter eines »Zentralkomitees zur Abwehr der jüdischen Greuel- und Boykotthetze«, das die Tätigkeit der Aktionskomitees lenken und koordinieren sollte, bestellte Hitler Julius Streicher, den inzwischen zum Gauleiter von Franken aufgestiegenen Herausgeber des ›Stürmer‹. In seinem eigenen Boykottaufruf vom 30. März verfügte Streicher: »Am Samstag, den 1. April, vormittags 10 Uhr, beginnt des deutschen Volkes Abwehrreaktion gegen den jüdischen Weltverbrecher.« Der »Frankenführer«, wie er sich

[9] Völkischer Beobachter, 30. 3. 1933.

gerne nennen hörte, setzte hinzu: »Ein Abwehrkampf hebt an, wie er durch all die Jahrhunderte herauf nie zuvor gewagt worden war. Alljuda hat den Kampf gewollt, es soll ihn haben! ... Alljuda soll den Kampf so lange haben, bis der Sieg unser ist! Nationalsozialisten! Schlagt den Weltfeind! Und wenn die Welt voll Teufel wäre, es muß uns doch gelingen!«[10]

Vor der deutschen und der internationalen Öffentlichkeit wurde der Boykott in der Tat als Reaktion auf die kurzerhand zum Werk »Alljudas« erklärte Kritik des Auslands an den Vorgängen in Deutschland ausgegeben, also zur praktischen Anwendung des Geiselprinzips stilisiert. Den deutschnationalen Mitgliedern seines Kabinetts hingegen gab Hitler, womit er der Wahrheit immerhin ein Stück näher kam, zu verstehen, er müsse seinen wilden Horden eine Gelegenheit bieten, ihrer Judenfeindschaft einmal ausgiebig Luft zu machen. Daß es sich in Wirklichkeit tatsächlich vor allem um eine Geste handelte, mit der die Einleitung einer gewissen Disziplinierung der Judenverfolgung kaschiert werden sollte, ging aber schon daraus hervor, daß der Boykott als einheitliche und reichsweite Aktion im Grunde auf einige Samstagstunden beschränkt, am Montag, den 3. April – nachdem es am Sonntag ohnehin nichts zu boykottieren gegeben hatte – nur halbherzig fortgesetzt und bereits am 4. April wieder abgebrochen wurde. In der offiziellen Begründung des Abbruchs fand sich dann auch noch die dreiste Behauptung, der Boykott habe ein Ende der jüdischen Greuelhetze bewirkt und sei daher »überflüssig« geworden[11]; dabei hatten natürlich gerade die Berichte über den Boykott, durch Fotos von SA-Posten vor jüdischen Geschäften anschaulich gemacht, eine neue Welle ausländischer Kritik am nationalsozialistischen Deutschland verursacht, die am 4. und 5. April noch keineswegs verebbt war.

Außerdem ist die Politik der Boykottierung jüdischer Geschäfte ja auch mitnichten gänzlich aufgegeben worden. Die Angehörigen der Partei und ihrer Gliederungen blieben, völlig unabhängig vom Verhalten der Juden im In- und Ausland, darauf eingeschworen, selbst nicht in jüdischen Geschäften zu kaufen, und angewiesen, durch permanente »Aufklärungsarbeit« auch die anderen »Volksgenossen« von jüdischen Läden und Warenhäusern fernzuhalten. Daß es unter solchen Umständen

[10] Nationalsozialistische Partei-Korrespondenz NSK, Nr. 358, 30. 3. 1933.
[11] Deutsche Allgemeine Zeitung, 4. 4. 1933.

nun zu fühlbaren Spannungen zwischen der Partei und den Organen des Staates kam, von denen die Wende zur Disziplinierung des antisemitischen Vorgehens naturgemäß ernster genommen und rigoroser vollzogen wurde, versteht sich. Die Gestapo geriet dabei in eine merkwürdige Position zwischen den Fronten. Ihre Angehörigen, mehrheitlich aus der SS oder anderen Organisationen der NS-Bewegung kommend und nicht weniger antisemitisch als die Funktionäre der Partei oder der SA, waren weit davon entfernt, gegen die »Aufklärungsarbeit« der NSDAP auftreten und ihre Effekte verhindern zu wollen; jedoch neigten sie, allmählich im Geist und in den Gepflogenheiten einer Behörde heimisch werdend, mehr und mehr zu stilleren und bürokratischeren Formen der Verfolgung. Dieser Zwiespalt produzierte bizarre Widersprüche. So war die Gestapo, die sich ohnehin ständig über die »Schamlosigkeit« vieler Deutscher entrüstete, welche nach wie vor und gelegentlich sogar in der Uniform irgendeines NS-Verbands bei Juden einkauften, durchaus fähig, einen hohen Beamten, der zugleich Parteimitglied war, in Schutzhaft zu nehmen, weil man ihn als Kunden eines jüdischen Geschäfts ertappt hatte; auf der anderen Seite kam es auch vor, daß SA- oder HJ-Angehörige in Schutzhaft wanderten, weil sie »Volksgenossen« das Betreten eines jüdischen Ladens verwehrt hatten.

Im übrigen war mit Disziplinierung der Judenverfolgung ohnehin vor allem der Übergang vom Terror im Stil der SA zu einer antisemitischen Gesetzgebung gemeint, die, obwohl ihr noch bestimmte Grenzen gezogen sein sollten, der deutschen Judenheit größeren Schaden zufügen mußte als die Gewalttätigkeit der SA-Rabauken, unter der immer nur, das liegt in der Natur der Sache, ein Bruchteil zu leiden hatte. In diesem Zusammenhang stand den Erfindern des Boykotts vom 1. April fraglos auch der Nebenzweck vor Augen, die Bevölkerung wie das bürgerlich-nationale Establishment auf die geplanten Gesetze psychologisch vorzubereiten und umgekehrt wiederum die legislativen Akte als Vollstreckung des Volkswillens erscheinen zu lassen.

Dabei ging es weniger um jene »bewußt völkischen« Gesetze, wie sie der – deutschnationale – Staatssekretär im Reichswirtschaftsministerium Paul Bang vorgeschlagen hatte. Am 6. März war Bang, ein eifervoller Jünger von Heinrich Claß, an die Reichskanzlei mit folgenden Anregungen herangetreten: a) Verbot einer weiteren Zuwanderung von »Ostjuden«; b) Aufhebung sämtlicher Namensänderungen seit dem November 1918; c) Ausweisung einer Anzahl noch nicht eingebürgerter »Ostjuden«. Der Chef der Reichskanzlei, Staatssekretär Hans Heinrich Lammers, leitete die Gedanken Bangs auf Weisung Hitlers am 9. März befürwortend an Reichsinnenminister Frick weiter und setzte hinzu: »Ob sonstige Maßnahmen auf dem Gebiete der völkischen Gesetzgebung noch erforderlich sein werden, darf ich im Auftrage des Herrn Reichskanzlers ihrer gefälligen Prüfung, hochverehrter Herr Reichsminister, anheimstellen.«[12] Noch im Sommer 1933 sind Bangs Vorschläge realisiert worden, und zwar in bezeichnender Verschärfung vornehmlich mit dem ›Gesetz über den Widerruf von Einbürgerungen und die Aberkennung der deutschen Staatsangehörigkeit‹, das, am 14. Juli erlassen, den Widerruf jeder zwischen dem 9. November 1918 und dem 30. Januar 1933 vorgenommenen Einbürgerung ermöglichte, »falls die Einbürgerung nicht als erwünscht anzusehen ist«. Eine Verordnung des Reichsinnenministeriums vom 26. Juli machte klar, daß das Gesetz in der Tat in erster Linie auf »Ostjuden« gemünzt war[13]. Überlegungen, wie sie Bang angestellt hatte, waren im Innenministerium ja bereits 1932 erörtert worden, als an seiner Spitze ein Deutschnationaler gestanden hatte, Freiherr von Gayl, und von Frick waren ähnliche Vorstellungen aus der Reichsleitung der NSDAP mitgebracht worden, wo sie der Chef der innenpolitischen Abteilung, Dr. Helmut Nicolai, ebenfalls schon 1931 und 1932 für die Zeit nach der Machtübernahme formuliert hatte.

Tatsächlich dachte Frick, als ihn Hitler am 9. März auffordern ließ, die Möglichkeit weiterer »völkischer« Gesetze zu prüfen, längst über eine Frage nach, die das Problem der »Ostjuden« weit hinter sich ließ, nämlich über die Frage, ob der antisemitischen Gesetzgebung des NS-Staates nicht doch, allen in- und ausländischen Widerständen zum Trotz, fürs erste die Aufgabe zu stellen sei, die Emanzipation der deutschen Judenheit weitestgehend aufzuheben und die deutschen Juden im wesentlichen wieder auf wirtschaftliche Betätigung zu beschränken. Im Laufe des März und Anfang April diskutierte er mit Hitler und den interessierten Ressorts bereits die bahnbrechende erste Maßnahme, die Entfernung der Juden aus dem öffentlichen Dienst. Auch dabei konnte sich Frick natürlich auf vorbe-

[12] Ursachen und Folgen, Bd. 9, S. 383.
[13] RGBl. 1933, I, 15. 7. 1933, 28. 7. 1933.

reitetes Material stützen; schließlich hatte er selbst schon am 17. Juli 1925 im Reichstag für ein Gesetz zur Entlassung der in den Staatsapparat gelangten »Novemberverbrecher« und der beamteten »Angehörigen der jüdischen Rasse« plädiert. Wie genau er mit seinen Plänen im übrigen auch den Wünschen der ganzen NS-Bewegung entsprach, war an einschlägigen Aktionen vorprellender Funktionäre abzulesen: Am 25. März ordnete z.B. das bayerische Justizministerium an, daß in Kriminal- und Disziplinarfällen keine jüdischen Richter mehr amtieren und daß Juden außerdem nicht länger als Staatsanwälte verwendet werden dürften. In Preußen wies Hanns Kerrl die Justizbehörden, für die er als nationalsozialistischer Reichskommissar zuständig geworden war, am 31. März sogar an, »allen amtierenden jüdischen Richtern nahezulegen, sofort ihr Urlaubsgesuch einzureichen«, andernfalls sei ihnen »das Betreten des Gerichtsgebäudes zu untersagen«; auch jüdische Staatsanwälte müßten umgehend beurlaubt werden und jüdische Rechtsanwälte seien nur noch in einer Zahl zuzulassen, die »dem Verhältnis der jüdischen Bevölkerung« entspreche[14]. Damit gab sich Kerrl aber noch nicht zufrieden. Am 1. April untersagte er allen jüdischen Notaren die Amtstätigkeit, und am 4. April folgte ein Vertretungsverbot für alle jüdischen Rechtsanwälte in Preußen.

In den Debatten jener Wochen zeigte sich ferner, daß Fricks und Hitlers Vorhaben, wenn nur die von Hindenburg verlangten Ausnahmen gemacht wurden, durchaus die Zustimmung der deutschnationalen Koalitionspartner fand. So handelte es sich um ein Stück nationalsozialistisch-deutschnationaler Koalitionspolitik, als am 7. April 1933 die Vorarbeit Fricks aus den zwanziger Jahren realisiert und ein ›Gesetz zur Wiederherstellung des Berufsbeamtentums‹ verkündet wurde, dessen einer Hauptzweck darin bestand, die gesetzliche Grundlage für die Entlassung politisch mißliebiger Beamter zu schaffen, und dessen zweiter Hauptzweck im Paragraphen 3 folgendermaßen formuliert worden war: »Beamte, die nicht arischer Abstammung sind, sind in den Ruhestand zu versetzen.«[15] Eine Durchführungsverordnung vom 4. Mai verfügte auch die Kündigung

[14] Sievert Lorenzen, Die Juden und die Justiz. Berlin 1943, S. 175ff.
[15] Hierzu Krausnick, Judenverfolgung, S. 316ff.; die judenfeindlichen Gesetze und Verordnungen bei Bruno Blau, Das Ausnahmerecht für die Juden in Deutschland 1933–1945. Düsseldorf 1954.

der bei Behörden beschäftigten »nichtarischen« Arbeiter und Angestellten, und eine weitere Durchführungsverordnung regelte am 6. Mai dann noch den Hinauswurf jüdischer Honorarprofessoren, Privatdozenten und Notare. Dabei griff die antisemitische Gesetzgebung über den öffentlichen Dienst – in Justiz und Verwaltung des Reiches und der Länder wie im administrativen Apparat der Gemeinden – sogleich weit hinaus. Am 7. April wurde nicht nur das Beamtengesetz erlassen, sondern auch ein Gesetz, das jüdischen Rechtsanwälten die Ausübung ihres Berufes untersagte, dazu ein weiteres Gesetz, das es einem deutschen Juden verbot, als Schöffe, Geschworener oder Handelsrichter tätig zu sein. Am 22. April traf es die jüdischen Patentanwälte und die jüdischen Kassenärzte, am 6. Mai die jüdischen Steuerberater, am 2. Juni die jüdischen Zahnärzte und Zahntechniker. Das ›Gesetz gegen die Überfüllung von deutschen Schulen und Hochschulen‹ begrenzte am 25. April die Neuzulassung jüdischer Schüler und Studenten, und zwar, wie eine am gleichen Tag veröffentlichte Verordnung festlegte, auf 1,5 Prozent der »Arier«, das ›Reichserbhofgesetz‹ vom 29. September schloß Juden ebenso aus wie erst recht das ›Schriftleitergesetz‹ vom 4. Oktober. Das Jahr 1934 brachte am 5. Februar eine Prüfungsordnung für Ärzte und Zahnärzte, die deutschjüdische Studenten nicht mehr zu den Examen zuließ, und diesem Beispiel folgten am 22. Juli die Juristen und am 8. Dezember die Apotheker. Die Krönung der Entwicklung kam 1935, als das ›Wehrgesetz‹ vom 21. Mai die »arische« Abstammung zur grundsätzlichen Voraussetzung für die Einberufung zum Heeresdienst und zur absoluten Voraussetzung für einen Dienst als Vorgesetzter erklärte; eine Verordnung vom 25. Juli präzisierte dann, daß »Nichtarier« in keinem Falle mehr Wehrdienst leisten dürften.

Da in den Gesetzen und Verordnungen der Jahre 1933 und 1934 die von Hindenburg gewünschten Ausnahmeregelungen – dazu die Bestimmung, daß auch verschont werden solle, wer den jeweiligen Beruf bereits am 1. August 1914 ausgeübt hatte – im allgemeinen tatsächlich verankert waren, erwies sich freilich ein recht hoher Prozentsatz der deutschen Judenheit als unbetroffen. Das hat die Nationalsozialisten nicht wenig verblüfft, die ja die zum Standardrepertoire der antisemitischen Propaganda gehörende Lüge, »die Juden« hätten sich im Weltkrieg vom Frontdienst selbstverständlich gedrückt, durchaus geglaubt hatten und nun feststellen mußten, daß die Ausnahmen –

von 4585 »nichtarischen« Rechtsanwälten behielten mit 3167 fast 70 Prozent die Zulassung – eher die Regel waren. Allerdings stimmte die Entdeckung des Irrtums die Verfolger bezeichnenderweise keineswegs milder. Sie fühlten sich lediglich aufgereizt, in die Paragraphen, die den Ausnahmefall beschrieben, allmählich schikanös schärfere Definitionen einzubauen. Schon in der Verordnung vom 22. April, die jüdischen Ärzten eine Kassenpraxis verbot, war nicht nur der Nachweis von Frontdienst verlangt worden; wer seine Praxis behalten wollte, mußte außerdem belegen, daß er bereits vorher ein Jahr lang als Kassenarzt tätig gewesen war. Am 26. September 1933 legte das Patentanwaltsgesetz fest, daß auch »nichtarischen« Frontkämpfern die Zulassung als Patentanwalt verweigert oder entzogen werden könne, und am 17. Mai 1934 hieß es in einer Verordnung, daß ein »Nichtarier« künftig nur noch dann als Kassenarzt arbeiten dürfe, wenn er mindestens ein Jahr Frontdienst geleistet habe oder schwer kriegsbeschädigt sei; ein deutscher Jude, der Anfang 1918 im Alter von siebzehn oder achtzehn Jahren zu einer Fronteinheit gekommen war, verlor also jetzt selbst dann seine Zulassung als Kassenarzt, wenn er in den Kämpfen des letzten Kriegsjahres zwar Auszeichnungen erworben und Verwundungen erlitten hatte, aber in den bloß zehn oder elf Monaten eben nicht schwer genug zusammengeschossen worden war. Allerdings kündeten derartige Schikanen mehr von der sozusagen prinzipiellen Gemeinheit des nationalsozialistischen Umgangs mit Juden, von der Unzufriedenheit mit den Hindenburgschen Grenzen und damit von künftig noch zu erwartenden Schrecknissen; ihre quantitativen Ergebnisse waren gering und brachten mithin ihren Erfindern, welche die hohe Zahl der Ausnahmen mit so scheelen Augen betrachteten, keine rechte Befriedigung.

Auf der anderen Seite sind der antisemitischen Gesetzgebung schon 1933 und 1934 viele zum Opfer gefallen, die längst vergessen hatten, daß es zwischen ihnen und der deutschen Judenheit eine Verbindung gab. Hier zeigte sich sofort, daß der rassistische Antisemitismus, im Vergleich zur religiös begründeten Judenfeindschaft früherer Jahrhunderte, nicht nur zu zusätzlichen Formen der Verfolgung drängte, sondern auch einem wesentlich weiteren Personenkreis gelten mußte. Die erste ›Verordnung zur Durchführung des Gesetzes zur Wiederherstellung des Berufsbeamtentums‹ – sie war mit dem Datum 11. April im Reichsgesetzblatt zu lesen – definierte nämlich:

»Als nicht arisch gilt, wer von nichtarischen, insbesondere jüdischen Eltern oder Großeltern abstammt. Es genügt, wenn ein Elternteil oder ein Großelternteil nicht arisch ist.« Mit dem Zusatz, »nichtarische« Abstammung sei »insbesondere dann anzunehmen, wenn ein Elternteil oder ein Großelternteil der jüdischen Religion angehört hat«, mußten die Väter des Gesetzes zwar zugeben, daß sie zur Unterscheidung zwischen »Nichtariern« und »Deutschblütigen« gar keine objektiven rassischen Kriterien besaßen und deshalb gezwungen waren, mit der Religionszugehörigkeit zu arbeiten, aber solch unfreiwillige Komik änderte nichts daran, daß mit der gefundenen Definition ein Instrument zu Gebote stand, das es in der Tat erlaubte, alle diejenigen in den Pferch der Judenheit zurückzutreiben, die ihn durch die Konversion von Großeltern oder Eltern zu einer christlichen Konfession und durch die Heirat von Großeltern- oder Elternteilen mit einem nichtjüdischen Partner bereits verlassen hatten und danach nicht nur in deutscher Kultur heimisch geworden, sondern vollständig im deutschen Milieu aufgegangen waren; das Reichserbhofgesetz forderte sogar einen bis 1800 zurückreichenden Nachweis »arischer« Abstammung. Die Zahl der Betroffenen ist nie exakt festgestellt worden, und die Schätzungen gehen erheblich auseinander, doch ist anzunehmen, daß die durch diese Gesetzgebung erzwungene Re-Judaisierung neben den rund 500000 Glaubensjuden, die 1933 in Deutschland lebten, mindestens weitere Hunderttausend ins Visier der Verfolger gebracht hat.

Im übrigen ist es nicht weiter verwunderlich, daß der Krieg gegen die Judenheit, ob er nun die Form von Gewalttaten annahm oder mit Gesetzen und Verordnungen geführt wurde, um alle Juden in Deutschland, auch um diejenigen, die vorerst zu Ausnahmen erklärt worden waren, eine Atmosphäre der Anfeindung und der Gefährdung schuf, die den deutschen Durchschnittsbürger mehr und mehr von persönlichen Kontakten abhielt. Das fand seinen Ausdruck auch darin, daß jetzt zahllose Verbände und Vereine, nachdem das ›Gesetz zur Wiederherstellung des Berufsbeamtentums‹ den Weg gewiesen hatte, den dort formulierten »Arierparagraphen« eilends übernahmen und Mitgliedern, die jüdischer Religion oder jüdischer Herkunft waren, den Stuhl vor die Tür setzten. Die Leitungsgremien großer Wirtschafts- und Arbeitgebervereinigungen, einschließlich des Reichsverbands der Deutschen Industrie, handelten so, gleichermaßen die Veteranenvereine ruhmreicher Regimenter des

Weltkriegs, aber auch simple Skatklubs. Am 8. Oktober 1933 gab sich der Cartellverband der katholischen Studentenverbindungen (CV) eine Satzung, deren Artikel 3 den mit katholischer Glaubenslehre völlig unvereinbaren Wortlaut hatte: »Der CV gliedert sich in Verbindungen, die an den Hochschulen des deutschen Siedlungsgebietes bestehen. Mitglieder dieser Verbindungen können nur Männer deutscher Abstammung und Muttersprache werden. Die Heirat mit nichtarischen Frauen führt zum Ausschluß aus dem Verband.«[16]

Daß die deutsche Gesellschaft solchermaßen zum Pol des Antisemitismus gravitierte, hatte ja in vielen Fällen wirklich nichts mit einer jeweils eigenen Affinität zur Judenfeindschaft zu tun. Hier lief ein Prozeß der Anpassung an neue Herrschaft ab, bei dem oft genug auch wesensfremde und insgeheim abgelehnte Theoreme und Maßnahmen der nationalsozialistischen Herren stillschweigend hingenommen oder sogar begrüßt und unterstützt wurden, sofern dies unter politischen und taktischen Gesichtspunkten zum Arrangement mit dem Regime erforderlich schien. Auch die Kirchen gingen, seit die NS-Bewegung an der Macht war, einem prinzipiellen Konflikt mit der unchristlichen Lehre und dem ebenso unchristlichen Handeln der Nationalsozialisten weit aus dem Wege; sie suchten sich so gut wie möglich in den veränderten Verhältnissen einzurichten und kämpften allein dann, wenn sie als Institutionen direkt angegriffen oder doch angefochten wurden. So verzichteten sie auch angesichts der Judenverfolgung – von einzelnen Geistlichen abgesehen – auf grundsätzlichen und offenen Widerspruch; um die Glaubensjuden kümmerten sie sich gar nicht, und ihre Unterstützung der Protestanten bzw. Katholiken jüdischer Herkunft beschränkte sich auf Formen einer – bei den Betroffenen freilich willkommenen – kirchlichen Sozialpolitik. Schwächere Gruppen und Individuen ließen sich bei ihrer Anpassungsbereitschaft erst recht häufig von Ängstlichkeit leiten, und zwar meist von einer Ängstlichkeit, die nicht schon von der Furcht vor SA oder Gestapo diktiert war, sondern etwas schlichter von der Befürchtung irgendwelcher geschäftlicher oder beruflicher Schwierigkeiten und Nachteile.

Um die Jahreswende 1933/34 war die Lage der deutschen Judenheit jedenfalls bereits dadurch gekennzeichnet, daß sie sich sowohl aus dem öffentlichen Dienst wie aus den wichtige-

[16] Academia 46 (1933), Nr. 6/7.

ren freien Berufen verjagt sah, daß die unbehinderte Partizipation am kulturellen Leben der Nation praktisch ihr Ende gefunden hatte und daß sich die deutschen Juden darüber hinaus in die Anfänge einer generellen Isolierung gestoßen fanden, die bestenfalls, für das Individuum wie für das Kollektiv, als Beginn einer Re-Ghettoisierung zu deuten war. Unter solchen Umständen litt in vielen Fällen naturgemäß auch die wirtschaftliche Betätigung schon unter ernstlichen Störungen, und die permanente antisemitische Hetze der gleichgeschalteten Presse – Streichers ›Stürmer‹ fiel ja nur durch Konzentration auf Antisemitismus und primitivste Unflätigkeit aus dem Rahmen – ließ ebenso wie die in allen möglichen Schikanen ausgedrückte Feindseligkeit zahlreicher regionaler und lokaler NS-Funktionäre darauf schließen, daß selbst die Privilegien, die den Juden mit nationalen Verdiensten gewährt worden waren, lediglich als befristete Schonung verstanden werden durften. Jüdische Kinder wiederum, die noch deutsche Volksschulen und höhere Schulen besuchen konnten, taten dies in einer Atmosphäre, in der zumindest offiziell – oft aber auch tatsächlich – eine Tendenz zur isolierenden Anfeindung dominierte. Bald erhielt der gemeinsame Schulbesuch groteske Züge, nachdem die rassistischen Spintisierereien, wie etwa in Preußen am 13. September 1933 durch ein Rundschreiben des Ministeriums für Wissenschaft, Kunst und Volksbildung, in sämtlichen Schularten zum Pflicht- und Prüfungsfach erhoben worden waren und nun also die in den Bänken nebeneinander sitzenden »Deutschblütigen« und »Nichtarier« über den gottnahen Adel der ersteren wie über die angeborene Minderwertigkeit und Gefährlichkeit der letzteren unterrichtet wurden. Das Klima, das an den Universitäten entstand, nachdem die Deutsche Studentenschaft am 13. April 1933 öffentlich erklärt hatte, »unser gefährlichster Widersacher ist der Jude und der, der ihm hörig ist«[17], brachte für die jüdischen Studierenden wohl noch schlimmere Belastungen. Der Befund war eindeutig: Das neue Regime in Deutschland hatte im Laufe eines knappen Jahres die Emanzipation praktisch weitgehend aufgehoben und schickte sich zudem an, die Folgen der Emanzipation, wie sie im Phänomen der Assimilation Gestalt angenommen hatten, mit Stumpf und Stiel auszutilgen.

Viele deutsche Juden vermochten die jähe Wendung ihrer

[17] Deutsche Kultur-Wacht (1933), Heft 9, S. 15.

Lage nicht recht zu begreifen, nicht wenige weigerten sich zunächst sogar, den Vorgang in seiner ganzen Gefährlichkeit wahrzunehmen. So ist denn auch die Zahl derjenigen, die vor der gewalttätigen und der legislativ arbeitenden Verfolgung Asyl im Ausland zu finden suchten, vorerst gering geblieben. Gewiß war die Auswanderung damals auch aus objektiven Gründen ein überaus schwieriges Unternehmen. Noch befanden sich alle potentiellen Einwanderungsländer, in Europa wie in Übersee, mitten in den Nöten der Weltwirtschaftskrise und waren mit dem Problem riesiger Arbeitslosenheere konfrontiert. In den westeuropäischen Staaten war es zwar relativ einfach, eine Aufenthaltsgenehmigung zu erhalten, für kürzere Zeit oder auch unbefristet, aber um so schwerer, eine Arbeitserlaubnis zu bekommen. Überseeische Länder wie die USA, Kanada, Brasilien, Argentinien oder Südafrika verlangten, in den engen Grenzen, in denen sie überhaupt noch eine Immigration zuließen, entweder einen Bürgen in der eigenen Bevölkerung bzw. den Nachweis eines gewissen Vermögens oder die Qualifikation für bestimmte Mangelberufe. Bei den deutschen Juden wurde der Vermögensnachweis – Sonderfälle ausgenommen – von einer drakonischen Devisengesetzgebung verhindert, die Auswanderer bis auf ein bescheidenes Taschengeld ausplünderte, und ihre Berufsstruktur entsprach nicht dem Bedarf: statt Geschäftsleute und Akademiker waren vor allem landwirtschaftliche Arbeiter, Facharbeiter und Handwerker gefragt. Im übrigen hatten es die Einwanderungsländer nicht allein mit den deutschen Juden zu tun. Hunderttausende von Juden strebten gerade in den dreißiger Jahren aus den baltischen Staaten, aus Polen, Rumänien und Ungarn fort, um grimmiger wirtschaftlicher Not und einem auch dort wieder wachsenden Antisemitismus zu entkommen.

Daß im ersten Jahr der nationalsozialistischen Judenverfolgung nur rund 37000 Juden Deutschland den Rücken kehrten, hatte aber seinen Hauptgrund doch darin, daß die Majorität der so weitgehend assimilierten deutschen Judenheit ihren Augen und selbst den erlittenen Schmerzen nicht trauen wollte und nicht trauen konnte; die Verwurzelung in der deutschen Kultur und in der deutschen Nation war längst zu tief und zu kräftig geworden. In den jüdischen Reaktionen auf den anhebenden NS-Terror überwog jedenfalls vorerst die Neigung, den Kopf einzuziehen und das doch ohne Zweifel nicht allzu ferne Ende des Spuks abzuwarten. Für die Politik jüdischer Institutionen und Organisationen bedeutete das eine Orientierung an drei taktischen Gesichtspunkten: Galt es auf der einen Seite, das Recht auf Leben und Arbeit in Deutschland energisch zu verteidigen, so kam es andererseits darauf an, die neuen Machthaber durch Wohlverhalten toleranter zu stimmen; zugleich mußten die eigenen Leute zum Ausharren ermuntert werden. In diesem Sinne operierte der jetzt bitter notwendige und nach etlichen Anläufen am 17. September 1933 endlich ins Leben gerufene Dachverband sämtlicher jüdischer Organisationen, die von Leo Baeck, einem der prominentesten jüdischen Gelehrten, geleitete »Reichsvertretung der deutschen Juden«, die allerdings bald nicht umhin konnte, in ihre Überlegungen und in ihre Arbeit die Förderung einer stärkeren jüdischen Auswanderung einzubeziehen; erst recht aber verfuhren danach so deutschbewußte Zusammenschlüsse wie der »Centralverein der deutschen Staatsbürger jüdischen Glaubens«, der »Verband Nationaldeutscher Juden« oder der »Reichsbund Jüdischer Frontsoldaten«.

Derartige Organe der deutschen Judenheit haben sich bereits im März 1933, vor dem Boykott vom 1. April, redlich Mühe gegeben, in Botschaften an jüdische wie nichtjüdische Einrichtungen des Auslands die Vorgänge in Deutschland und gerade auch das Wüten gegen die Juden zu bagatellisieren. So sprach das Präsidium der Berliner jüdischen Gemeinde am 30. März in einem Telegramm an das »American Jewish Committee« von ausländischer »Greuelpropaganda«, gegen die »wir als Deutsche und Juden« entschiedenen Protest einlegen müßten[18], und der Reichsbund Jüdischer Frontsoldaten richtete am 24. März ein Schreiben an die amerikanische Botschaft in Berlin, in dem die nachträglich seltsam berührende Formulierung »angebliche Greueltaten gegen die Juden in Deutschland« vorkam[19]. Auf der anderen Seite sagte Dr. Curt Elsbach, Mitglied der Leitung des Reichsbunds, noch im Februar 1935, als er im ostpreußischen Königsberg auf einem Kameradschaftsabend redete, er werde auf die Frage, ob es Juden möglich sei, in Deutschland weiterzuleben, also in einer »Volksgemeinschaft, die uns ablehnt oder bestenfalls nur duldet«, stets antworten: »Wir kennen nur ein Vaterland und eine Heimat, das ist Deutschland.«[20]

[18] Nach Lucy S. Dawidowicz, The War against the Jews 1933–1945. New York 1975, S. 70.
[19] Kölnische Volkszeitung, 27. 3. 1933.
[20] Nach Angress, »Judenfrage«, S. 23.

Mit dem gleichen Staunen, mit dem SS-Gruppenführer Erich von dem Bach-Zelewski, Leiter der Stapostelle Königsberg und Führer des SS-Oberabschnitts Nordost, den Ausspruch Elsbachs notierte, wird wohl eine Erklärung vom 23. März 1935 aufgenommen worden sein, in der Dr. Löwenstein, Hauptmann der Reserve, namens des Reichsbunds die Wiedereinführung der allgemeinen Wehrpflicht zum Anlaß nahm, »auf unsere stets bewährte Treue zum deutschen Vaterlande hinzuweisen« und den Dienst mit der Waffe in der nun entstehenden Wehrmacht des Dritten Reiches als »unveräußerliches Recht« der deutschen Juden zu bezeichnen[21].

Gelegentlich führte eine solche Politik, das war nach Lage der Dinge ganz unvermeidlich, zu Verirrungen, bei denen sich Absurdität und Peinlichkeit die Waage hielten. So als Dr. Naumann, Geschäftsführer des Verbandes Nationaldeutscher Juden, am 20. März 1935, ebenfalls anläßlich der Wiedereinführung der Wehrpflicht, einen Brief an Hitler richtete, in dem vom »schärfsten Kampf gegen alle deutschfremden Volksschädlinge ... insbesondere auch gegen Ostjuden und die ihnen geistesverwandten Politiker und Literaten« als einer guten und von den »nationaldeutschen« Juden freudig unterstützten Sache die Rede war. Dr. Naumann schrieb am Ende: »Demgemäß bitte ich Sie, hochgeehrter Herr Führer und Reichskanzler, namens der durch mich vertretenen nationaldeutschen Juden um Zulassung zur Erfüllung der Wehrpflicht. Bezüglich der organisatorischen Einzelheiten, insbesondere der notwendigen Abgrenzung zwischen den zuzulassenden nationaldeutschen Juden und den nicht zuzulassenden Fremdjuden bin ich in der Lage, bestimmte Anregungen zu unterbreiten. Ich würde es mit größter Freude begrüßen, wenn mir hierüber Gelegenheit zu persönlichem Vortrag gegeben würde.«[22] Ein Enkel des alten Gerson Bleichröder, Curt von Bleichröder, hat noch im Jahre 1942, wobei er darauf hinwies, daß er im Ersten Weltkrieg dreimal verwundet worden und ein Bruder von ihm damals gefallen sei, um die Erlaubnis gebettelt, als Offizier in der Wehrmacht dienen zu dürfen[23].

Schlimmer als individuelle Entgleisungen solcher Art war indes die unvermeidliche Erfolglosigkeit der jüdischen Politik.

[21] Ursachen und Folgen, Bd. 9, S. 161 f.

[22] Ebenda, S. 159 ff.

[23] Fritz Stern, Gold and Iron. Bismarck, Bleichröder and the Building of the German Empire. London 1977, S. 548.

Die Hilfsdienste, die der von Goebbels dirigierten Propaganda geleistet wurden, haben weder den Boykott vom 1. April 1933 verhindert noch die anschließend auf die deutsche Judenheit hereinbrechende Gesetzgebung gemildert oder gebremst. Erst recht blieben die Versuche erfolglos, den Übergang von der Reichswehr zur Wehrmacht für eine Verbesserung der jüdischen Position zu nutzen. Von Monat zu Monat wurde klarer, daß unter den Faktoren, die auf Härte, Form und Tempo der nationalsozialistischen Judenverfolgung einwirkten, das Verhalten der Juden, innerhalb wie außerhalb Deutschlands, nicht einmal einen bescheidenen Platz hatte; es war, der Natur des nationalsozialistischen Antisemitismus entsprechend, bedeutungslos. Jedoch hatte die Tendenz jüdischer Organisationen, sich in Deutschland festzukrallen und an der Zugehörigkeit zur deutschen Nation festzuhalten, einen ungewollten Effekt, der dann doch viele Juden vor einem böseren Geschick bewahren sollte. Die Organe des nationalsozialistischen Deutschland, sowohl die der NS-Bewegung wie die des Staates und die jener Zwischenzone, in der sich die Gestapo angesiedelt hatte, reagierten auf die Annäherungsversuche des jüdischen Todfeinds mit heftigster Ablehnung. Wie immer das Endziel nationalsozialistischer »Judenpolitik« einmal definiert werden sollte, so stand doch für jeden Repräsentanten des Regimes schon jetzt eines fest: Die Juden mußten aus der deutschen Nation herausgeschnitten werden und deshalb konnte nichts so wenig geduldet werden wie dieses jüdische »Assimilantentum«. Namentlich die Gestapo, die für die Überwachung der jüdischen Organisationen zuständig wurde, begann gegen die »assimilantischen« Tendenzen im jüdischen Vereinsleben und in der jüdischen Presse vorzugehen. Schließlich gab Reinhard Heydrich am 10. Februar 1935 allen Staatspolizeistellen folgende Weisung: »In letzter Zeit mehrt sich die Zahl der Vorträge in jüdischen Organisationen, in denen Propaganda für das Verbleiben der Juden in Deutschland getrieben wird. Da ohnehin die Versammlungstätigkeit der Juden derart rege ist, daß eine ordnungsgemäße Überwachung nicht gewährleistet ist, ordne ich mit sofortiger Wirkung an, daß sämtliche jüdischen Versammlungen, soweit in ihnen Propaganda für das Verbleiben in Deutschland gemacht werden soll, bis auf weiteres zu verbieten sind«.[24] Es konnte aber gar nicht ausbleiben, daß sich zur Dis-

[24] Ursachen und Folgen, Bd. 9, S. 155.

kriminierung des »Assimilantentums« eine gewisse Privilegierung jener jüdischen Gruppen gesellte, die eine möglichst umfassende Auswanderung der deutschen Judenheit für unausweichlich oder für wünschenswert hielten und an entsprechenden Programmen arbeiteten, also in erster Linie die Privilegierung der in Deutschland noch nicht sehr starken und noch nicht sehr einflußreichen Zionisten. Aus dieser mehr unwillkürlichen Bevorzugung entwickelten die staatlichen Behörden, auch und gerade die nach ihrer institutionellen Beschaffenheit zunehmend an rationaleren Elementen einer förmlichen antisemitischen »Politik« interessierte Gestapo, bald eine Art politische Generallinie, aus der sich als Ziel nationalsozialistischer »Judenpolitik« notwendigerweise die jüdische Auswanderung aus Deutschland ergab.

Große praktische Bedeutung konnte das zunächst freilich nicht erlangen. Die deutschen Organe vermochten ja nicht den geringsten Einfluß auf nichtdeutsche Arbeitsmärkte oder auf die Einwanderungspolitik der nichtdeutschen Staaten auszuüben und sie zeigten andererseits auch nicht die mindeste Bereitschaft, die jüdische Auswanderung durch Tolerierung oder gar Erleichterung eines stärkeren Abflusses jüdischen Vermögens zu fördern. Außerdem blieb die nationalsozialistische Einstellung zu den zionistischen Bestrebungen denn doch stets zwiespältig. Auf der einen Seite gehörte Palästina anfänglich zu den wenigen Regionen, die etwas größere Emigrantenkontingente aus Deutschland aufnahmen, da im Rahmen der international gelenkten jüdischen Wanderung dorthin den deutschen Juden nun ein relativ hoher Anteil zugebilligt wurde. Andererseits hatte die Vision eines – womöglich einmal staatlich organisierten – palästinensischen Zentrums des »Weltjudentums« in nationalsozialistischen Augen nichts Gewinnendes; sie wirkte eher erschreckend. Immerhin durfte das Reichswirtschaftsministerium, damit die gefundene Generallinie der NS-Judenpolitik wenigstens in einem gewissen Umfang konkretisiert wurde, im September 1933 mit zionistischen Kreisen ein Abkommen treffen, das eine Anzahl deutscher Juden nach Palästina brachte, indem es die Förderung der jüdischen Auswanderung mit der Berücksichtigung von Export- und Devisenbedürfnissen der deutschen Wirtschaft verband. Deutschjüdische Auswanderer konnten danach bei einer zu diesem Zweck gegründeten »Palästina-Treuhandgesellschaft zur Beratung deutscher Juden G.m.b.H.« ihr Barvermögen einzahlen. Aus dem mit solchen

Geldern gebildeten Fonds durften Exporte der deutschen Wirtschaft nach Palästina etwa zur Hälfte bezahlt werden, die Restsumme dagegen mußte in Palästina in Devisen aufgebracht werden; der Devisenanteil schwankte je nach der Art der Ware und nach der Devisenlage des Reiches. In Palästina übernahm dann die jüdische Organisation »Haavara« – die dem Abkommen den Namen gab – den Verkauf der deutschen Waren und zahlte den ausgewanderten Gläubigern der »Paltreu« ihre Einlagen zurück. Dabei hatten Paltreu und Haavara intern vereinbart, daß wohlhabende Auswanderer in Palästina nicht voll ausbezahlt wurden, sondern einen Teil ihres Vermögens an mittellose deutsche Juden abzugeben hatten; als Faustregel galt: »Ein reicher Auswanderer muß zwei arme mitnehmen.« Gleichwohl war der Effekt des Haavara-Abkommens notwendigerweise beschränkt; schließlich ließ sich auch der deutsche Export nach Palästina nicht über eine relativ enge Grenze hinaus steigern. Bis zum April 1936 sind lediglich rund 34000 deutsche Juden Nutznießer des Abkommens geworden.

Wer im Laufe des Jahres 1933 in den anderen nichtdeutschen Staaten Zuflucht gesucht hatte, fand dort aber im allgemeinen, wenn er nicht über hilfreiche Verwandte und Freunde oder über angelegtes Vermögen verfügte, kaum eine Chance, sich eine erträgliche Existenz zu schaffen. Daraus ergab sich eine im Rückblick ebenso eigentümliche wie beklagenswerte Konsequenz. Als die antisemitische Gesetzgebung des Jahres 1933 – zu der als erster Akt einer auf die »Deutschblütigen« bezogenen Rassenpolitik das am 14. Juli 1933 erlassene und in bestimmten Fällen Sterilisierung ermöglichende ›Gesetz zur Verhütung erbkranken Nachwuchses‹ kam – nach der Jahreswende 1933/34 zunächst keine verschärfende Fortsetzung, sondern nur einen verfeinernden Ausbau erfuhr, kehrte eine gar nicht so geringe Anzahl geflüchteter deutscher Juden nach Deutschland zurück; in der vertrauten Heimat schien das neue Elend jüdischer Existenz immer noch eher aushaltbar als in der Fremde.

3. Isolierung

Daß der deutschen Judenheit 1934 eine Atempause vergönnt war, von den SA-Terroristen wie vom Gesetzgeber, hatte vor allem drei Gründe. Im ersten Halbjahr brachen zwischen diversen Organisationen der NS-Bewegung bittere Konflikte offen aus, die schon seit 1933 schwelten; sie absorbierten viel Aufmerksamkeit und viel Energie. Namentlich die SA wurde zunehmend abgelenkt, als sie sich mit dem Ruf nach einer »zweiten Revolution« und mit der Forderung nach dem Ausbau der Sturmabteilungen zum Volksheer des Dritten Reiches mächtige Feinde zuzog, von der NSDAP-Führung bis zum Reichswehrministerium. Für Hitler wiederum schufen die Ansprüche der SA eine innenpolitische Konstellation, in der ihm, auch im Hinblick auf die sich allmählich abzeichnende und mit dem Blutbad vom 30. Juni tatsächlich in Szene gesetzte Lösung des Problems, auf mehreren anderen Feldern der Innenpolitik die Freiheit zu radikalerem Handeln zumindest eingeschränkt schien. Den zweiten Grund lieferte die Außenpolitik. Am 14. Oktober 1933 hatte Hitler den Austritt des militärisch noch nahezu wehrlosen Deutschen Reiches aus dem Völkerbund erklärt und die deutsche Delegation auf der Abrüstungskonferenz angewiesen, die Genfer Zelte abzubrechen und endgültig nach Berlin zurückzukehren. Ein derart rüder Bruch mit der bestehenden Ordnung der europäischen Staatengesellschaft und eine solch brutale Kampfansage an das System der kollektiven Sicherheit – unvermeidlich dramatische Eröffnungszüge der ins Auge gefaßten radikalen Rüstungs- und Expansionspolitik – sorgten für eine nicht geringe internationale Spannung und für eine Isolierung Deutschlands. Obwohl der am 26. Januar 1934 geschlossene Nichtangriffspakt mit Polen eine gewisse Erleichterung brachte, mahnte beides zum temporären Verzicht auf noch nicht als dringlich bewertete Radikalismen in der Außen- wie in der Innenpolitik.

Auch machte Hitler, als er im Frühjahr 1934 um die Bundesgenossenschaft des faschistischen Italien zu werben begann, die Feststellung, daß die Italiener, nicht zuletzt Benito Mussolini, der »Duce« Italiens, die deutsche Anbetung der »arischen« Rasse als eine ebenso stupide wie für die italienische Nation kränkende Verirrung ansahen. Angesichts des zähen Beginns der deutschen Werbung – am 14. und 15. Juni 1934 trafen die beiden Diktatoren in Venedig erstmals persönlich zusammen, ohne daß es zu einer politischen oder menschlichen Annäherung gekommen wäre – empfahl sich derzeit noch eine gewisse Rücksicht auf die südländische Empfindlichkeit. Im übrigen wurden Hitler die prekäre außenpolitische Gesamtlage Deutschlands und die italienische Einschätzung der nationalsozialistischen Rassenlehre besonders deutlich vor Augen geführt, nachdem die österreichischen Nationalsozialisten am 25. Juli einen erfolglosen Putsch unternommen und dabei den österreichischen Bundeskanzler Engelbert Dollfuß ermordet hatten. Der Verdacht lag nahe, daß der Putsch auf Weisung oder doch mit Billigung Hitlers erfolgt war; das traf zwar nicht zu, aber es konnte nicht geleugnet werden, daß Hitler und die reichsdeutsche NSDAP die österreichischen Freunde kräftig unterstützt und auch die dem Putsch vorausgegangene Welle nationalsozialistischen Terrors gefördert hatten. Jedenfalls war die internationale Reaktion höchst mißtrauisch und scharf. Mussolini, aus italienischer Staatsräson an einem unabhängigen Österreich noch stärker interessiert als die Westmächte, beorderte sogar Truppen an den Brenner. Am 21. August, als er in Florenz mit Dollfuß' Nachfolger Kurt von Schuschnigg zusammenkam, unterstrich der »Duce« demonstrativ seine Rolle als Protektor Österreichs, und am 6. September sagte er in öffentlicher Rede: »3000 Jahre Geschichte erlauben es uns, mit souveränem Mitleid auf gewisse Ideen zu schauen, die jenseits der Alpen von den Nachkommen einer Brut vertreten werden, die zu einer Zeit, da Rom einen Caesar, einen Vergil und einen Augustus besaß, wegen Unkenntnis der Schrift unfähig war, Zeugnisse ihrer Existenz zu hinterlassen.«[1]

Nun war es Hitler im Sommer des Jahres gelungen, mit seinen innenpolitischen Problemen fertigzuwerden. Am 30. Juni 1934 hatte er durch die Ermordung der wichtigeren SA-Führer die letzte nennenswerte politische Kraft im NS-Staat gebändigt, von der noch eine gewisse Neigung zur Eigenständigkeit an den Tag gelegt worden war. Obwohl er die Gelegenheit zu einem gleichzeitigen Schlag gegen konservativ-monarchistische Gruppen, so gegen den Kreis um Vizekanzler Franz von Papen, genutzt hatte, war mit der Aktion gegen die SA die Reichswehr so tief verpflichtet worden, daß der Reichskanzler am 1. August, während Feldmarschall von Hindenburg im Sterben lag, widerspruchslos ein ›Gesetz über das Oberhaupt des Deutschen

[1] Schulthess' Europäischer Geschichtskalender, 1934, S. 424.

Reiches‹ verabschieden konnte, das ihm mit dem Tod Hindenburgs auch noch das Amt des Reichspräsidenten verschaffte, und daß er am 2. August, nachdem Hindenburg tatsächlich gestorben war, ebenso widerspruchslos die sofortige Vereidigung der Reichswehr auf seine Person anordnen konnte. Im Lauf weniger Wochen war mit alledem Hitlers persönliche Stellung praktisch unangreifbar und der Weg zum Ausbau der »Führerdiktatur« von jeglichem Hindernis befreit worden; zugleich hatte sich – trotz der Niederlage der SA – das Kräfteverhältnis zwischen der NS-Bewegung und den deutschnationalen Partnern der Koalition entscheidend zugunsten der Nationalsozialisten verändert. In den Herbstmonaten, als sich Deutschland in der Österreichfrage sichtlich um Wohlverhalten bemühte, nahm auch die internationale Spannung wieder ab, und in den Beziehungen zu Italien trat eine gewisse Besserung ein.

Indes schuf den antisemitischen Aktivisten weder der innenpolitische Machtgewinn noch die außenpolitische Beruhigung sofort freie Bahn, da ihnen gerade während der zweiten Jahreshälfte der dritte Faktor in die Quere kam, der vorübergehend eine brävere Gangart geraten erscheinen ließ. Der Vertrag von Versailles hatte das Saarland unter die Verwaltung des Völkerbundes gestellt, und zwar für fünfzehn Jahre. Danach sollte eine Volksabstimmung über das endgültige Schicksal des Territoriums entscheiden: Rückkehr zu Deutschland, Beibehaltung des Status quo oder Anschluß an Frankreich. Termin der Abstimmung war der 13. Januar 1935. Selbstverständlich legte die NS-Regierung hohen Wert darauf, daß die mit Sicherheit erwartete Mehrheit für die Rückkehr zu Deutschland genügend eindrucksvoll ausfiel und wenigstens in die Nähe von 90 Prozent kam, da dies dem Regime einen beträchtlichen Zuwachs an innerer Festigkeit und internationaler Sekurität bringen mußte. Ein so hoher Prozentsatz war aber nur dann zu erreichen, wenn die dem Nationalsozialismus ferner stehenden Teile der Saarbevölkerung nicht allzusehr erschreckt wurden. Zumindest in den letzten Monaten vor der Abstimmung kam es darauf an, ein Deutschland zu bieten, das im Zeichen größtmöglicher Normalität stand.

An Versuchen, die judenfeindliche Aktivität zu steigern und die antisemitische Gesetzgebung zu verschärfen, fehlte es allerdings auch im Jahre 1934 nicht. Schikanen aller Art waren zwar seltener als im Frühjahr 1933, aber es gab sie. Auf jüdische Geschäftsleute wurde immerhin bereits so häufig massiver

Druck ausgeübt, ihren Betrieb zu schließen oder weit unter Wert an einen »Arier« zu verkaufen, daß selbst Reichsinnenminister Frick, dem für eine günstigere Zeit sehr wohl weitere judenfeindliche Gesetze vorschwebten, sich veranlaßt sah, in einem Runderlaß zu erklären: »Die deutsche Ariergesetzgebung ist aus völkischen und staatspolitischen Gründen notwendig. Andererseits hat sich die Reichsregierung selbst gewisse Grenzen gesteckt, deren Einhaltung gleichfalls erforderlich ist. Die deutsche Ariergesetzgebung würde im Inland und Ausland richtiger beurteilt werden, wenn diese Grenzen überall beachtet würden«; nicht durch Gesetz oder Verordnung gedeckte Aktionen seien zu unterlassen, insbesondere »nicht erlaubte Einwirkungen auf wirtschaftliche Unternehmungen«[2]. Im Laufe des Jahres wurde außerdem mit wachsendem Eifer eine Forderung angemeldet, die – nach den Signalen des Vorjahres – definitiv bewies, daß sich die Nationalsozialisten keineswegs damit zufriedengeben wollten, die deutsche Judenheit bloß unter »Fremdengesetzgebung« zu stellen.

Alfred Rosenberg hatte bereits in seinem 1930 erschienenen programmatischen Hauptwerk, ›Der Mythus des 20. Jahrhunderts‹, eines der alten Ziele des rassistischen Antisemitismus folgendermaßen präzisiert: »Ehen zwischen Deutschen und Juden sind zu verbieten ... Geschlechtlicher Verkehr, Notzucht usw. zwischen Deutschen und Juden ist je nach der Schwere des Falles mit Vermögensbeschlagnahme, Ausweisung, Zuchthaus und Tod zu bestrafen.«[3] Am 13. März 1930 hatte Frick namens der NSDAP-Fraktion im Reichstag den Entwurf eines ›Gesetzes zum Schutz der deutschen Nation‹ eingebracht, nach dem »wegen Rassenverrats mit Zuchthaus« und dauerndem Verlust der bürgerlichen Ehrenrechte bestraft werden sollte, »wer durch Vermischung mit Angehörigen der jüdischen Blutsgemeinschaft oder farbiger Rassen zur rassischen Verschlechterung und Zersetzung des deutschen Volkes beiträgt«; wie Rosenberg hatte auch Frick für schwere Fälle die Todesstrafe verlangt[4]. Nach der Machtübernahme waren dann vom neuen

[2] Walter Strauß, Das Reichsministerium des Innern und die Judengesetzgebung. Aufzeichnungen von Dr. Bernhard Lösener. In: VfZ 9 (1961), S. 262ff.

[3] Alfred Rosenberg, Der Mythus des 20. Jahrhunderts. Eine Wertung der seelisch-geistigen Gestaltenkämpfe unserer Zeit. 4. Aufl. München 1932, S. 569.

[4] Nach Lothar Gruchmann, »Blutschutzgesetz« und Justiz. Zu Entstehung und Auswirkung des Nürnberger Gesetzes vom 15. September 1935. In: VfZ 31 (1983), S. 418ff.

füllen«[8]. Das Auswärtige Amt machte den an solchen Erörterungen beteiligten Vertretern der NS-Bewegung und der Ministerialbürokratie die Wichtigkeit der außenpolitischen Rücksichtnahme gelegentlich auch durch vielleicht etwas simple, aber sicherlich nicht ganz wirkungslose Tricks klar. Zum Beispiel durften jene Seiten des Protokolls der Sitzung vom 5. Juni 1934, auf denen der Protokollant die Diskussion der Strafrechtskommission über den »Rasseverrat« festgehalten hatte, nicht einmal für den internen Dienstgebrauch gedruckt werden, weil das AA in Kenntnis der Vertraulichkeit auch der gedruckten Protokolle gleichwohl dargetan hatte, es müsse unbedingt verhindert werden, »daß über die Beratungen der Strafrechtskommission auf dem gedachten Gebiet irgend etwas an die Öffentlichkeit gelangt«[9].

Innenminister Frick, der fraglos dazu neigte, bei der judenfeindlichen Gesetzgebung einen Schritt weiter zu gehen, hatte sich indes genügend Augenmaß bewahrt, um ohnehin zu wissen, daß im Augenblick noch gewisse Grenzen zu beachten waren. Franz Gürtner, der deutschnationale, jedoch nicht rassistisch gesinnte Reichsjustizminister, hat es sich in der gegebenen Situation sogar geleistet, erkennen zu lassen, daß hinter seiner ebenfalls nachdrücklich bekundeten Ablehnung neuer Rassengesetze grundsätzliche Gegnerschaft zum Rassenwahn stand. Gürtner begnügte sich nämlich keineswegs mit dem an sich schon bezeichnenden Vorschlag, auf gesetzgeberische Aktivität zu verzichten und dafür der Aufklärungsarbeit der Partei zu vertrauen. In den Sitzungen der Strafrechtskommission holte er aus den anwesenden Experten ab und an das Eingeständnis heraus, daß es keine objektiven Kriterien gebe, um die rassische Zugehörigkeit eines Individuums – von den durch die Hautfarbe unterschiedenen Hauptrassen abgesehen – einwandfrei bestimmen zu können, und bei einer Gelegenheit stellte er dazu fest, daß erst recht die wertende Unterscheidung zwischen Rassen nichts tauge: Sie stifte bereits im eigenen Volk Unheil, »wo man immer hört: ›Die nordische Rasse ist die edle‹ und sich bedrückt fühlt, wenn man weiß, daß neun Zehntel des deutschen Volkes dieser edlen Rasse gar nicht angehören«. Er war boshaft genug, den anwesenden Aposteln des Rassismus zustimmend das in der Bevölkerung umgehende Wort entgegen-

[8] Ebenda, S. 420.
[9] Ebenda, S. 419.

zuhalten, »man möge sich doch die Köpfe aller führenden Persönlichkeiten einmal anschauen, ob die nordische Abzeichen haben«[10]. In einer Phase vornehmlich legislativer Judenverfolgung, in der das Innen- und das Justizministerium zuständig und in der Tat nicht zu umgehen waren, konnte jedenfalls gegen die vereinte Passivität Fricks und Gürtners keine Bewegung in die »Judenpolitik« gebracht werden. Allein Hitler hätte der aufgestauten Welle von Antisemitismus freie Bahn schaffen können, und der »Führer« deckte noch die Befürworter eines umsichtigen Vorgehens; selbst radikalster wie skrupellosester Rassist und Antisemit seiner Bewegung, durfte Hitler als Reichskanzler und dann auch Staatsoberhaupt die innen- und außenpolitische Gesamtlage des nationalsozialistischen Deutschland doch nicht mit der gleichen Leichtherzigkeit ignorieren wie sein fränkischer Gauleiter: die Lagebeurteilung und sein Instinkt für Gefahren bewogen ihn zur Vorsicht.

Im Jahr 1935 brachen jedoch die Dämme. Am 13. Januar erklärten sich bei der Volksabstimmung im Saargebiet nicht weniger als 90,8 Prozent der Bevölkerung für die Rückgliederung an das Deutsche Reich, und dieser triumphale Erfolg bescherte dem NS-Regime einen so enormen Prestigegewinn, daß die Quantität des gewonnenen Prestiges tatsächlich sofort in die Qualität einer realen Zunahme an innerer Stabilität und außenpolitischer Kraft umschlug. Wenig später, am 16. März, verkündete Hitler die Wiedereinführung der allgemeinen Wehrpflicht, wodurch er die insgeheim längst auf Touren gekommene Aufrüstung dem Ausland wie den Deutschen selbst offiziell notifizierte und ihr zugleich den Weg in eine neue Dimension öffnete. Als härtere Reaktionen der europäischen Mächte ausblieben und Hitler sich lediglich mit papierenen Protesten und schwächlichen diplomatischen Gesten konfrontiert sah, brachte auch dieser Akt, der den Versailler Vertrag – bis auf die territorialen Bestimmungen – endgültig auf den Abfallhaufen der Geschichte beförderte, dem nationalsozialistischen Deutschland einen beträchtlichen Zuwachs an Macht, internationaler Bewegungsfreiheit und nicht zuletzt Selbstbewußtsein. Die außenpolitische Handlungsfreiheit erfuhr eine abermalige Erweiterung und das Selbstbewußtsein eine erneute Steigerung, als Großbritannien der deutschen Aufrüstung gewissermaßen die internationale Verzeihung gewährte, indem es mit Deutschland am

[10] Ebenda, S. 423.

18. Juni ein Flottenabkommen schloß, das Hitler überdies als Vorstufe einer deutsch-britischen Allianz mißverstand, die ihm freie Hand auf dem europäischen Kontinent geben würde. Im weiteren Verlauf des Sommers 1935 pfiffen es außerdem die Spatzen von allen europäischen Dächern, daß die in Eritrea und Somaliland massierten italienischen Streitkräfte demnächst – am 3. Oktober setzten sie sich wirklich in Bewegung – Äthiopien angreifen würden, und es war klar zu sehen, daß dieses altmodische imperialistische Abenteuer Mussolinis das faschistische Italien in einen ernsten Konflikt mit dem Völkerbund – dem Äthiopien angehörte – und den Westmächten stürzen mußte, von dem Deutschland nur profitieren konnte. Parallel zur Verbesserung der außenpolitischen Situation Deutschlands machte sich dann auch die 1934 geschehene innenpolitische Kräfteverlagerung in ihrer vollen Bedeutung geltend. Konsequenz der Verknüpfung beider Prozesse war die schärfere nationalsozialistische Akzentuierung der Außen- wie der Innenpolitik Deutschlands.

Schon nach der Saarabstimmung und erst recht nach der Wiedereinführung der Wehrpflicht nahm die judenfeindliche Aktivität regionaler und lokaler Funktionäre von Partei und Staat im ganzen Reich sprunghaft zu. In zahlreichen Orten kehrten Zustände wieder, wie sie im Februar und März 1933 geherrscht hatten. Von Attacken auf jüdische Geschäfte, Wohnungen und Gebetshäuser reichte die Skala der Gewalttaten abermals bis zur Mißhandlung einzelner Juden. Dabei ist deutlich zu erkennen, daß der judenfeindliche Eifer der Täter mittlerweile nicht mehr allein von ideologischer Zielgerichtetheit genährt wurde. Da war die Frustration der SA, die nach der Ausschaltung aller sichtbar formierten innenpolitischen Gegnerschaft keine rechte Aufgabe und seit dem 30. Juni 1934 auch kein politisches Gewicht mehr hatte. Da war zugleich die Unzufriedenheit vieler NSDAP-Mitglieder, die den Grundsatz »Die Partei befiehlt dem Staat« wohl an der Spitze, in der Diktatur ihres »Führers«, verwirklicht sahen, ansonsten aber täglich erleben mußten, daß die NSDAP mit den älteren Institutionen der deutschen Gesellschaft – namentlich mit dem Staatsapparat – hart um Einfluß zu konkurrieren hatte, und zwar auf etlichen Feldern noch ohne größere Erfolge. Da war ferner in der SA wie in der Partei das dumpfe Gefühl, daß die nationalsozialistische »Revolution« doch eigentlich verändernder und gestaltender auf die Verhältnisse in Deutschland hätte einwirken müssen, als das bisher geschehen war; am sichtbarsten und am peinlichsten machte sich in sämtlichen Bereichen kultureller Anstrengungen jene geistige und politische Unfruchtbarkeit bemerkbar, die zur Natur der bis 1933 auf Machteroberung und nun auf die Mobilmachung der Nation konzentrierten NS-Bewegung gehörte. Es lag nahe, Kompensation zu suchen und einen Handlungswillen, der keine Entfaltungsmöglichkeit und nicht einmal eine richtige Konzeption hatte, eben an dem dafür wie geschaffenen Erzfeind der Nationalsozialisten und der Deutschen abzureagieren.

Schließlich spielte auch noch eine gewisse Rolle, daß sich die Nationalsozialisten von diesem Erzfeind gerade im Frühjahr 1935 besonders herausgefordert glaubten. Sie empfanden die »assimilantischen« Bemühungen jüdischer Organisationen, die Ausdehnung der wieder eingeführten Wehrpflicht auf die deutsche Judenheit zu erreichen, als »typisch jüdische Unverschämtheit«, wie das im Koordinatensystem ihrer »Weltanschauung« nur logisch war, und reagierten sofort mit der Bereitschaft, solch selbstbewußte Frechheit mit neuer Verfolgung zu ahnden. ›Das Schwarze Korps‹, als zentrales Organ der SS im März 1935 gegründet, leistete sich während der Kampagne gegen den jüdischen »Einschleichversuch«, nachdem es am 15. Mai mit der Schlagzeile »Für Juden ist kein Platz im Heer« aufgewartet hatte, einen Satz, der die ebenso rohe wie erbärmlich-gemeine Bösartigkeit genuin nationalsozialistischen Empfindens und Denkens aufs beste entlarvte. Bei der Zurückweisung jeglicher Diskussion über eine Wehrpflicht für Juden hieß es am 29. Mai in dem Blatt: »Man wird sich auch in jüdischen Kreisen damit abfinden müssen, die minderen Rechte nun mal als gegebene Tatsache hinzunehmen. Mit einem Minderberechtigten pflegte sich aber der Deutsche von jeher nicht kameradschaftlich zu unterhalten, sondern er behandelte ihn so, wie es dem gesunden Empfinden unserer Rasse entspricht.«

Als vorrangiger Impuls, der überdies all die zusätzlichen Antriebe erst ermöglichte, wirkte gleichwohl die in der veränderten Situation nun laufend freigesetzte ideologische Judenfeindschaft. Die Akteure selbst verstanden ihr Tun ja keineswegs als Ersatzhandlung, sondern als Offensive auf dem neben der Aufrüstung wichtigsten Schauplatz nationalsozialistischer Politik; Aktivität auf diesem Schauplatz hielten sie für heiligste Verpflichtung, Passivität für Sünde. Das Eigengewicht des rassistischen Motivs zeigte sich auch darin, daß die antisemitischen Aktivisten den Feldzug des Jahres 1935 ganz simpel als Fortsetzung der Pressionen des Vorjahres ansahen, als Wiederaufnahme unter günstigeren Umständen. Im Mai 1935 begann in den judenfeindlichen Aktionen der Boykott im Stil des 1. April 1933 zu dominieren, und die einzelnen Boykott-Appelle oder tatsächlichen Blockaden jüdischer Geschäfte wurden mehr und mehr mit der Forderung verbunden und schließlich begründet, daß jetzt endlich die gesetzliche Voraussetzung zur Bestrafung des »Rasseverrats« geschaffen werden müsse. Am Ende entwikkelte sich die Bewegung zu einem machtvollen Versuch, »die Judenfrage von unten aufzurollen«, präsentierte sie sich – nach dem Selbstverständnis der Inspiratoren und Teilnehmer – als Erzeugerin eines Drucks, dem »die Regierung dann folgen muß«[11].

Nun folgte die Regierung dem Druck nicht sofort, und so entstand vorübergehend eine Atmosphäre, die ihre charakteristische Note durch ein verwirrend widersprüchliches Verhalten der Organe des NS-Staats erhielt: Betrachteten manche Behörden die gegebene Rechtslage als verbindlich und suchten sie daher das ungesetzliche Treiben der antisemitischen Aktivisten zu unterbinden, so stellten sich wiederum andere auf die Seite der Rechtsbrecher, ja indem sie so handelten, als gäbe es bereits eine »Blutschutzgesetzgebung«, bewegten sie sich ebenfalls auf dem Terrain der Gesetzlosigkeit. Auf Grund der Häufung solcher Fälle ist die Spanne von Mai bis September 1935 nicht zuletzt deshalb bemerkenswert, weil an ihr abgelesen werden kann, wie tief sich der rassistische Antisemitismus bereits eingefressen hatte. Unter dem Eindruck der Kampagne gegen den »Rasseverrat« kam es z.B. schon im Frühsommer 1935 nicht selten vor, daß sich Standesbeamte weigerten, »Nichtarier« und »Deutschblütige« zu trauen, und wenn Betroffene daraufhin beim zuständigen Amtsgericht beantragten, den Standesbeamten zur Vornahme der schließlich gesetzlich vorgeschriebenen Amtshandlung anzuhalten, hatten sie keineswegs immer Erfolg. So wies das Amtsgericht Bad Sülze einen entsprechenden Antrag mit der Begründung ab, eine »Rassenmischehe«, die »arisches Blut ... für alle Zukunft vom völkischen Standpunkt aus

[11] Nach Werner T. Angress, Die »Judenfrage« im Spiegel amtlicher Berichte 1935. In: Das Unrechtsregime. Internationale Forschung über den Nationalsozialismus. Bd. 2: Verfolgung – Exil – Belasteter Neubeginn, hrsg. v. Ursula Büttner unter Mitwirkung v. Werner Johe und Angelika Voß. Hamburg 1986, S. 29.

unbrauchbar« mache, sei zwar »rein formalgesetzlich« nicht verboten, verstoße aber trotzdem »gegen die wichtigsten Gesetze des Staates, die in der Reinerhaltung und Pflege des deutschblütigen Volkes bestehen. Eine derartige Ehe ist daher durch und durch unsittlich.« Mithin könne »von einem Beamten nicht verlangt werden, daß er zu einer solchen Handlung seine Hand« biete[12]. In gleicher Weise betrachtete es das Amtsgericht Wetzlar als seine Pflicht, bei der Verhinderung der »Entartung des deutschen Volkes« durch »Rassemischung« und bei der Sicherung des »rassischen Wiederaufstiegs« mitzuwirken[13]. Erst recht grassierte jetzt die nicht weniger gesetzlose Praxis kommunaler Verwaltungen, Einrichtungen der Gemeinde wie Parks, Theater und Schwimmbäder – an manchen Orten sogar die Enden der Durchfahrtstraßen – mit Schildern »Juden Zutritt verboten!« oder doch »Juden unerwünscht!« zu versehen.

Kritiker der antisemitischen Stoßtrupps saßen in der Führung der NSDAP, in der Gestapo und in der Reichsregierung. Aber die Kritik fiel, anders als 1934, zu sanft aus, um die Adressaten zügeln zu können, die eher den Eindruck gewannen, daß man sie gewähren und sich am Ende vom »Volkswillen« zu einer jetzt ohnehin geplanten Gesetzgebung zwingen lassen wollte. Dieser Eindruck war sicherlich richtig. Gestapo und SS haben sich sogar, obwohl sie immer wieder gegen die Disziplinlosigkeit und die ungesetzlichen Praktiken von Partei und SA wetterten, der »pressure group« für ein »Blutschutzgesetz« angeschlossen und dabei ebenfalls ohne Skrupel ungesetzlich operiert. Nachdem die Gestapo bereits am 12. Februar 1935 den deutschen Juden das Hissen der Reichsflagge untersagt und ihnen auch damit, wie befriedigt festgestellt wurde, ihren definitiven Ausschluß aus der »deutschen Volksgemeinschaft« vor Augen geführt hatte, machte ›Das Schwarze Korps‹ am 10. April den Kurs der SS-Führung in aller Öffentlichkeit klar. In einem Artikel mit der Überschrift ›Kommt das Gesetz gegen Rasseverrat?‹ forderte Dr. Kurt Plischke, Geschlechtsverkehr zwischen »Deutschblütigen« und »Nichtariern« mit Zuchthaus, Verlust der staatsbürgerlichen Rechte und Vermögenseinziehung zu bestrafen. Danach brachte das Blatt bis zum September in fast jeder Nummer einen ähnlich orientierten Kommentar zum Thema »Rassenschande«. Da Heydrich das offizielle Or-

[12] Nach Gruchmann, »Blutschutzgesetz« und Justiz, S. 426f.
[13] Ebenda, S. 427.

gan der SS unter straffer Kontrolle hielt, kam hierin nicht nur seine und Himmlers Vorstellung zum Ausdruck, sondern auch eine deutliche Mahnung an die Regierung. Gleichzeitig fütterten die Stapostellen alle Leser ihrer Lageberichte unermüdlich mit empört geschilderten Fällen von »Rassenschande«, wobei sie meist den Namen des jüdischen Partners nannten, den sie gar nicht selten in »Schutzhaft« nahmen und in ein Konzentrationslager steckten. In manchen Orten veranlaßte die Gestapo das Standesamt, beabsichtigte »Rassenmischehen« zu melden, damit sie auf den »arischen« Partner »aufklärend« einwirken konnte. Am 28. Mai schlug das Gestapa dem Reichsinnenministerium vor, den Standesbeamten die Meldung solcher Ehen generell vorzuschreiben, und richtete außerdem an das Reichsjustizministerium die Aufforderung, durch »eine baldige gesetzliche Regelung die zur Zeit bestehenden Schwierigkeiten aus dem Wege« zu räumen. Am 31. Juli wandte sich Heydrich erneut an das Justizministerium und verlangte, daß »mit Rücksicht auf die Unruhe, die in der Bevölkerung durch das rasseschänderische Verhalten deutscher Frauen« entstehe, »alsbald nicht nur eine Verhinderung von Mischehen gesetzlich festgelegt, sondern auch der außereheliche Geschlechtsverkehr zwischen Ariern und Juden unter Strafe gestellt wird«[14].

In der Reichsleitung der Partei wiederum hatte Rudolf Heß, mit dem Titel »Stellvertreter des Führers« als eine Art Geschäftsführer der NSDAP fungierend, auf die anbrandende Woge antisemitischer Gewalttaten – darunter Fälle von Lynchjustiz an Juden mit »arischen« Geliebten oder Verlobten – zwar schon am 11. April 1935 mit einem Rundschreiben reagiert, in dem er die Parteidienststellen vor »Terroraktionen gegen einzelne Juden« warnte. Doch verband er die Warnung mit Sätzen, die den Parteigenossen streng und gemessen ihre Pflicht zu judenfeindlichem Verhalten in den Grenzen des bestehenden Rechts einschärften, und in solcher Einrahmung verlor das Verbot von »Einzelaktionen« naturgemäß jede Wirkung[15]. Die Empfänger der Anordnung entnahmen dieser Bekundung grundsätzlichen Einvernehmens vielmehr die Gewißheit, daß die oberste Führung sich wohl in die Lage setzen müsse, eine derartige Verbotsformel – vor allem im Umgang mit dem Ausland – vorzeigen zu können, im übrigen aber die Fortsetzung

[14] Ebenda, S. 430.
[15] Angress, »Judenfrage«, S. 27.

der antisemitischen Aktivitäten wünsche. Auf einer Besprechung mit Frick, dem Wirtschaftsminister und Präsidenten der Reichsbank, Schacht, sowie Finanzminister Lutz Graf Schwerin von Krosigk, die am 20. August stattfand, hat denn auch der das Spiel mühelos durchschauende Justizminister Gürtner ingrimmig darauf hingewiesen, daß Normen und Weisungen selbstverständlich keinen Effekt hätten, solange »im Volke der Glauben genährt werde, daß die leitenden Stellen es nicht ungern sähen, wenn ihre einschränkenden Anordnungen übertreten würden, da sie nur aus politischen Rücksichten nicht so handeln könnten, wie sie gern wollten«[16]. Tatsächlich stand für jedermann außer Zweifel, daß die Führung der NSDAP mit den antisemitischen Aktivisten zumindest im Ziel übereinstimmte und ebenfalls auf eine »Blutschutzgesetzgebung« drängte. So schrieb im August Hauptamtsleiter Fischer vom Reichsrechtsamt der NSDAP in der Zeitschrift der Akademie für Deutsches Recht, die »in letzter Zeit bekanntgewordenen Schändungen deutscher Mädchen durch Juden« hätten »in der Öffentlichkeit maßlose Erbitterung hervorgerufen« und dies verlange nunmehr »gebieterisch das Eingreifen des Staates zum Schutz der Volksgemeinschaft durch Einführung von Bestimmungen in das Deutsche Strafrecht, die den Rasseverrat und die Rasseschändung unter schwerste Strafe stellen«.

Selbst der Staatsapparat hatte eigentlich nur einen ernsthaften Gegner der »Blutschutzgesetzgebung« aufzuweisen, den Reichsjustizminister Gürtner, und auch Gürtner konnte nicht mehr verhindern, daß sich die neugebackenen Rassereferenten seines Ministeriums unter dem Eindruck der Terrorwelle und in Konkurrenz zum Innenministerium bereits im Frühsommer anschickten, an einem Entwurf für ein »Blutschutzgesetz« zu arbeiten. Das Reichsinnenministerium war schon am Werk. Hier dominierte der Einfluß Fricks, der jetzt offensichtlich die Zeit für gekommen hielt, mit einem Gesetz gegen den »Rasseverrat«, wie er es im März 1930 ja selbst im Reichstag eingebracht hatte, Ernst zu machen, und der sich dabei nicht ungern auf den terroristisch gemimten »Volkswillen« berief. Er sorgte sogar dafür, daß sich auch in seinem Verwaltungsapparat Druck aufbaute. Seit dem Frühjahr berichteten die Regierungs- und Oberpräsidenten über Fälle von »Rassenschande« sowohl gleich häufig als auch im gleichen Geiste wie die Gestapo, und

[16] Nach Gruchmann, »Blutschutzgesetz« und Justiz, S. 428.

ein derart stereotypes Meldeverfahren setzte einen Wink von oben voraus. Am 20. August, als während der Besprechung im Reichswirtschaftsministerium Gürtner die stillschweigende Komplizenschaft zwischen den antisemitischen Terroristen und Teilen der Partei- und Staatsführung aufs Korn nahm, als außerdem Schacht einmal mehr gegen den Schaden protestierte, den die judenfeindlichen Gewalttaten dem deutschen Außenhandel zufügten, war jedenfalls alles längst entschieden. Fünf Wochen zuvor, am 16. Juli, hatte Frick die Standesbeamten angewiesen, nicht mehr bei »Rassenmischehen« mitzuwirken, und in seinem Runderlaß auch gesagt, daß die Reichsregierung die Absicht habe, »die Frage der Verehelichung zwischen Ariern und Nichtariern binnen kurzem gesetzlich zu regeln«[17]. Dabei hatte die Welle der Gewalt in einem bestimmten Sinne ihren Zweck durchaus erreicht. Repräsentanten eines Restbestands an politischer Vernunft und politischem Anstand wie Gürtner und Schacht waren jetzt bereit, eine »Blutschutzgesetzgebung« zu akzeptieren: Bei der offenbar allein noch möglichen Wahl zwischen einer gesetzlichen Regelung und einer Fortdauer des Terrors schien ein Gesetz immer noch das kleinere Übel zu sein – wenn man nicht die bei solcher Lage wohl richtige Konsequenz des Rücktritts ziehen wollte.

Daß trotzdem bis zum September kein verabschiedungsreifer Gesetzentwurf zustande kam – auch kein Entwurf für ein ebenfalls ständig gefordertes Gesetz zur definitiven politischen Entrechtung der Juden –, lag also nicht und nicht mehr an prinzipiellen Gegensätzen, sondern hatte seinen Grund lediglich in einem Streit über ein Detail, das aber erhebliche Bedeutung besaß. In den Debatten der beteiligten Institutionen vertraten die Sprecher der NSDAP-Führung und der in dieser Frage als weiterer Repräsentant der NS-Bewegung eingeschaltete »Reichsärzteführer« Dr. Wagner den Standpunkt, daß zu den »Juden«, denen ein »Blutschutzgesetz« geschlechtliche Beziehungen zu »Deutschblütigen« verbieten werde, auch – nach dem Beispiel des Gesetzes zur Wiederherstellung des Berufsbeamtentums – die »Judenstämmlinge« gezählt werden müßten, also die »Mischlinge« mit einem jüdischen Eltern- oder Großelternteil, und daß bei bestehenden »Mischehen« entweder Auflösung oder Gleichstellung des »arischen« Ehepartners mit den Juden vorzusehen sei. Dagegen setzte sich die Ministerialbüro-

[17] Ebenda, S. 429.

kratie dafür ein, die Geltung der kommenden Gesetze auf »Volljuden« – beide Eltern jüdisch – zu beschränken. Die Beamten sahen ihre Lösung als die humanere an, weil sie die Zahl der Betroffenen verringern mußte; doch ging es ihnen auch um Zweckmäßigkeit: durch die Schonung der mit Juden verwandtschaftlich verbundenen »deutschblütigen« Familien sollte die Operation für die Nation schmerzloser verlaufen und so der Staat vor größeren Protesten bewahrt werden.

Dem Hin und Her machte schließlich Hitler selbst ein Ende. Zum Abschluß des wie jedes Jahr in Nürnberg stattfindenden »Reichsparteitags« war für den 15. September auch der Reichstag zu einer Sitzung einberufen worden, um ein »Reichsflaggengesetz« zu verabschieden, das die Hakenkreuzfahne zur offiziellen Reichs- und Kriegsflagge erhob. Am Tag vor der Sitzung, der Parteitag war noch in vollem Gange, beorderte indes Hitler überraschend die zuständigen Referenten des Reichsinnenministeriums nach Nürnberg und befahl ihnen die Ausarbeitung von Entwürfen für ein Gesetz zur staatsbürgerlichen Diskriminierung der Juden und für ein Gesetz zur Bestrafung des »Rasseverrats«, weil er plötzlich zu dem Entschluß gekommen war, die versammelten Reichstagsmitglieder auch noch diese beiden nun schon so lange diskutierten Gesetze gegen die Juden verabschieden zu lassen. Und so geschah es denn auch. Die Experten, mit der Materie inzwischen wahrlich vertraut genug, formulierten geschwind diverse halbwegs vorzeigbare Fassungen, wobei sie in der Eile freilich auf eine Einigung über die Definition des Begriffs »Jude« verzichten mußten, und Hitler wählte für jedes Gesetz die ihm zusagende Version, die er dann auf der Reichstagssitzung persönlich einbrachte und in ungewohnt knapper Rede begründete. So wurde am Abend des 15. September das ›Reichsbürgergesetz‹ beschlossen, das die Anerkennung als »Reichsbürger« mit »vollen politischen Rechten« auf »Staatsangehörige deutschen oder artverwandten Blutes« und den Status der deutschen Judenheit auf eine nicht genauer umschriebene, doch offensichtlich minderberechtigte »Staatsangehörigkeit« beschränkte[18], ferner das ›Gesetz zum Schutze des deutschen Blutes und der deutschen Ehre‹, das zwischen »Juden und Staatsangehörigen deutschen oder artverwandten Blutes« die Eheschließung ebenso zum Verbrechen erklärte wie außerehelichen Geschlechtsverkehr, das es Juden

[18] Reichsgesetzblatt 1935, I, S. 1146.

dazu untersagte, in ihrem Haushalt »weibliche Staatsangehörige deutschen oder artverwandten Blutes unter 45 Jahren« zu beschäftigen, und das schließlich auch noch das von der Gestapo den deutschen Juden längst oktroyierte Verbot des Hissens der »Reichs- und Nationalflagge« legalisierte. Für das Eingehen einer »Rassenmischehe« sah das »Blutschutzgesetz« Zuchthaus vor, bei außerehelichem Geschlechtsverkehr sollte der beteiligte Mann, ob Jude oder »Arier«, je nach den Umständen mit Gefängnis oder Zuchthaus bestraft werden[19]; Hitler hing mit dogmatischer Strenge der Überzeugung an, daß die weibliche Natur – vor allem in sexuellen Beziehungen – passiv sei, unfähig zu verantwortlichem Handeln[20].

Warum Hitler gerade zu diesem Zeitpunkt und gerade auf dem Parteitag in die Auseinandersetzung um Reichsbürger- und Blutschutzgesetz eingegriffen hat, ist nicht mehr zu erkennen. Wohl dürfte ihm in den Nürnberger Tagen der Gedanke gekommen sein, daß es kein besonders glänzender Regie-Einfall war, als alleinigen krönenden Abschluß des Parteitags ausgerechnet das nicht sonderlich eindrucksvolle Reichsflaggengesetz zu bieten. Auch ist anzunehmen, daß er von seinem Nürnberger Satrapen Julius Streicher und anderen antisemitischen Aktivisten – die Gelegenheit war natürlich günstig – gedrängt wurde, den Bürokraten in den Ministerien endlich Beine zu machen. Doch sind das keine ausreichenden Erklärungen. Offenkundig ist bei Hitler ein neues außenpolitisches Sekuritätsgefühl; seine große Parteitagsrede stand unter dem Satz »Das Reich ist gesichert«. Daß er in solcher Stimmung selbst – nicht anders als Julius Streicher – darauf brannte, die »Blutschutzgesetzgebung« einzuführen, ist gewiß kein unzulässiger Schluß, und während der Gespräche in Nürnberg mag ihm klar geworden sein, daß er womöglich ein ganzes Jahr warten mußte, wenn er jetzt nicht handelte. Am 6. Februar 1936 begannen in Garmisch-Partenkirchen die Olympischen Winterspiele, die Sommerspiele in Berlin am 1. August, und im Hinblick auf eventuelle Boykottaktionen des Auslands war es nicht ratsam, die Verkündung antisemitischer Gesetze allzu nahe an den 6. Februar zu rücken oder zwischen Winter- und Sommerspiele zu placieren. Ebenso oder als zusätzliches Motiv kann eine Rol-

[19] Ebenda.
[20] Dazu Gruchmann, »Blutschutzgesetz« und Justiz, S. 437.

le gespielt haben, daß Hitler in Nürnberg die Chance erkannt hat, zwei Fliegen mit einer Klappe zu schlagen: Mit der Einführung wie aber auch mit einer möglichst dramatischen und auffälligen Präsentation der beiden judenfeindlichen Gesetze war einerseits dem eigenen Antisemitismus und dem der Gefolgschaft die so begierig ersehnte temporäre Befriedigung zu verschaffen und trotzdem gerade auch im Ausland ein – angesichts der bereits laut gewordenen Boykottabsichten – dringend erwünschter positiver Effekt zu erzielen, nämlich die Ausbreitung des vermutlich beruhigend wirkenden Eindrucks, daß mit der gesetzlichen Trennung der »Nichtarier« von den »Ariern« wenigstens der ungesetzlichen und gewalttätigen Verfolgung der Juden in Deutschland ein Ende gesetzt werde.

In einer Hinsicht brachten die »Nürnberger Gesetze«, wie sie bald allgemein genannt wurden, tatsächlich eine gewisse Milderung. Hitler hatte allein schon durch die Verkündung der Gesetze eine Lage geschaffen, die eine Verständigung über den Begriff »Jude« dringlich machte. Zugleich hatte er noch in Nürnberg zu erkennen gegeben, daß er zwar die eingeschränkte Definition der Ministerialbürokratie nicht schätze, aber auch die umfassende Definition der Partei nicht akzeptieren wolle. In dem Entwurf, den ihm Fricks Leute und Justizminister Gürtner vorlegten, hatte er nämlich die Bestimmung, das Gesetz sei nur für »Volljuden« gültig, eigenhändig gestrichen, jedoch befohlen, diese Bestimmung in die Meldung des »Deutschen Nachrichten-Büros« über die Nürnberger Gesetze aufzunehmen. Damit war vom »Führer« persönlich die Notwendigkeit eines Kompromisses betont worden, der in den folgenden Wochen denn auch gefunden wurde. Am 14. November 1935 erging die ›Erste Verordnung zum Reichsbürgergesetz‹ und bestimmte in Paragraph 5: »Jude ist, wer von mindestens drei der Rasse nach volljüdischen Großeltern abstammt ... Als Jude gilt auch der von zwei volljüdischen Großeltern abstammende staatsangehörige jüdische Mischling, a) der beim Erlaß des Gesetzes der jüdischen Religionsgemeinschaft angehört hat oder danach in sie aufgenommen wird, b) der beim Erlaß des Gesetzes mit einem Juden verheiratet war oder sich danach mit einem solchen verheiratet, c) der aus einer Ehe mit einem Juden im Sinne des Absatzes 1 stammt, die nach dem Inkrafttreten des Gesetzes zum Schutze des deutschen Blutes und der deutschen Ehre vom 15. September 1935 geschlossen ist, d) der aus dem außerehelichen Verkehr mit einem Juden im Sinne des Absatzes 1 stammt und nach dem 31. Juli 1936 außerehelich geboren wird.«[21] Wer von diesen Definitionen betroffen war, galt also bloß als »Staatsangehöriger«. Alle anderen »von einem oder zwei der Rasse nach volljüdischen Großeltern« abstammenden »jüdischen Mischlinge« erhielten indes nach Paragraph 2 der Verordnung das »vorläufige Reichsbürgerrecht« – auch die »Deutschblütigen« waren bis zur Ausstellung eines sogenannten Reichsbürgerbriefs nur »vorläufige« Reichsbürger, und sie blieben dies, da weder entsprechende Vorschriften noch der Reichsbürgerbrief selbst folgten, bis zum Ende der NS-Herrschaft.

Die Ministerialbeamten durften den Kompromiß als Erfolg betrachten. Er nahm immerhin einen beträchtlichen Teil der sogenannten »jüdischen Mischlinge« von vielen der kommenden judenfeindlichen Gesetze und Maßnahmen aus, damit auch die »Mischehen«, denen diese »Mischlinge« entstammten. Das Reichsinnenministerium hatte schon einige Zeit zuvor angeordnet, im amtlichen Sprachgebrauch den Begriff »Mischehe« nicht mehr für Ehen zwischen Partnern verschiedener Religion oder Konfession, sondern ausschließlich für Ehen zwischen Partnern unterschiedlicher »Rasse« zu verwenden. Noch deutlicher als in den Hetzereien des ›Stürmer‹ kam in einer solch kleinen Geste der Verwaltung zum Ausdruck, daß als die wahre Religion des nationalsozialistischen Staates der Rassismus durchgesetzt werden sollte, und es war ein jedes Mal von schrecklicher Komik, wenn in den folgenden Jahren wieder und wieder erstklassige Juristen in den nüchternen Büros von Reichsministerien zusammenkamen, um in der Tat mit dem ernsten Eifer, der peniblen Genauigkeit und dem spitzfindigen Scharfsinn scholastischer Theologen herauszufinden und festzulegen, ob dieses oder jenes judenfeindliche Gesetz auch auf »Mischlinge« und die dazugehörigen »Mischehen« anzuwenden sei oder nicht.

Dabei ist den »Mischlingen ersten Grades« (zwei jüdische Großelternteile) eine Stellung zwischen Juden und »Deutschblütigen« zugewiesen worden, zunächst noch etwas näher bei den »Deutschblütigen«. So durften sie vorerst ohne Einschränkungen die Wahlschulen (mittlere, höhere und Fachschulen) besuchen, dazu die Universitäten; auch waren sie wehrdienstpflichtig. Namentlich im Hinblick auf letzteren Vorzug gewährte man dann den Eltern von »Mischlingen ersten Grades« ebenfalls gewisse Gnadenerweise; für sie wurde, im Gegensatz

[21] Reichsgesetzblatt 1935, I, S. 1333.

zu den Eltern von »Geltungsjuden«, die nun in sogenannter »einfacher Mischehe« lebten, die Kategorie der »privilegierten Mischehe« geschaffen. Daß die »Mischlinge ersten Grades« jedoch schon 1935 in nationalsozialistischen Augen mit einem schweren und im Grunde untilgbaren Makel behaftet waren, machten die Ausleger und Verwalter der rassistischen Religion sogleich klar, indem sie diesen »Judenstämmlingen« zwar das Recht auf einen freiwilligen Übertritt zur Judenheit, etwa durch Heirat mit Juden bzw. »Geltungsjuden« oder auch nur durch den als Bekenntnis zum Judentum gewerteten Besuch einer jüdischen Schule, einräumten und solche Option eindeutig begünstigten, ihnen andererseits aber die Entscheidung für ein Aufgehen in der deutschen Nation praktisch verwehrten: Nach der gleichfalls am 14. November 1935 erlassenen »Ersten Verordnung« zum »Blutschutzgesetz« waren nämlich Ehen zwischen »Mischlingen ersten Grades« und »Deutschblütigen« oder »Mischlingen zweiten Grades« mit »besonderer Genehmigung des Reichsministers des Innern und des Stellvertreters des Führers« wohl zulässig[22], doch wurde die Genehmigung kaum jemals erteilt, und so sahen sich die »Mischlinge ersten Grades« entweder zu einer ehelosen Existenz oder zum Anschluß an die Judenheit genötigt. Außerdem blieben sie nicht allein vom öffentlichen Dienst ausgeschlossen, sondern auch von den vielen anderen Berufen, bei denen »arische« Abstammung gefordert und »arisch« nach wie vor im Sinne des Gesetzes zur Wiederherstellung des Berufsbeamtentums definiert wurde.

Im übrigen ging nach der Jahreswende 1938/39 ein Privileg nach dem anderen verloren. Bereits 1939 wurden »Mischlinge ersten Grades« im allgemeinen nicht mehr zum Studium zugelassen, ein Ministerialerlaß vom 2. Juli 1940 schloß sie auch vom Besuch der Wahlschulen aus, und eine Geheimverfügung des OKW warf sie am 20. April 1940 aus der Wehrmacht. Stattdessen kam am 13. Oktober 1943 eine von Hitler gewünschte Anordnung des »Beauftragten für den Vierjahresplan«, also Görings, die ihnen 1944 Zwangsarbeit im Rahmen der »Organisation Todt« bescherte, eine Zwangsarbeit, die sich in manchen Fällen nur wenig von KZ-Haft unterschied. Die Verfügung des OKW und die Anordnung Görings galten zugleich für die männlichen Partner einer »privilegierten Mischehe«, zu welcher Kategorie auch kinderlose »Mischehen« rechneten, wenn der

[22] Ebenda, S. 1334.

Ehemann »deutschblütig« war; hingegen zählte die kinderlos gebliebene Ehe zwischen einem Juden und einer »deutschblütigen« Frau als »einfache Mischehe«, und die »Deutschblütige« hatte in der Regel das Schicksal ihres jüdischen Mannes zu teilen. Ausnahmen waren freilich möglich. Lagen besondere Umstände vor, konnte ein »Geltungsjude« mit den »Mischlingen ersten Grades« und ein »Mischling ersten Grades« mit den »Mischlingen zweiten Grades« und den »Deutschblütigen« gleichgestellt werden. Die Entscheidung über entsprechende Anträge durfte nur der »Führer« persönlich treffen. Nach einer Notiz des Rassereferenten im Reichsinnenministerium hat Hitler bis zum Herbst 1942 in 339 Fällen »Geltungsjuden« zu »Mischlingen ersten Grades« erklärt, in 258 Fällen »Mischlinge ersten Grades« zum Wehrdienst und zur Verwendung als Vorgesetzte zugelassen und in 394 Fällen »Mischlinge ersten Grades« mit »Deutschblütigen« gleichgestellt.

»Mischlinge zweiten Grades« fanden sich dagegen insgesamt und kategorial neben die »Deutschblütigen« kommandiert. Sie besäßen, so heißt es in einem Kommentar zur Rassegesetzgebung, »zu drei Vierteln deutsches oder artverwandtes Blut«, und »dieser wertvolle Bestandteil« müsse durch »Aufnordung erhalten bleiben«. Mithin ist ihnen die Option für das Judentum nicht erlaubt worden, d.h. sie durften weder Juden noch »Mischlinge« – auch nicht andere »Vierteljuden« – heiraten, und wenn sie, wofür keine Genehmigung gebraucht wurde, »deutschblütige« Partner ehelichten, waren Juden nicht einmal als Trauzeugen zugelassen. Der Besuch der Wahlschulen stand ihnen ebenso offen wie das Universitätsstudium, und da sie als »wehrwürdig« galten, hatten sie die Wehr- und Arbeitsdienstpflicht zu erfüllen; während des Krieges konnten sie in der Wehrmacht sogar befördert werden. Allerdings blieb ihnen die volle Gleichstellung versagt. So war es ihnen nicht möglich, Beamte zu werden oder Beamte zu heiraten, und es gab auch noch etliche weitere Berufe, bei denen – wie von der SS und anderen Organisationen der NS-Bewegung – ein bis 1800 zurückreichender Nachweis rein »arischer« Abstammung verlangt wurde: so der Beruf des Journalisten, der des Bauern oder der des Tierarztes, weshalb es »Mischlingen zweiten Grades« denn auch vorsorglich verboten wurde, Landwirtschaft oder Veterinärmedizin zu studieren. Während des Krieges kam dann, im Oktober 1940, eine generelle Beschränkung der Zulassung zum Hochschulstudium. Der Gestapo war die Privilegierung der

»Mischlinge zweiten Grades« ohnehin stets ein Ärgernis, und sie unternahm immer mal wieder Versuche, dieses Ärgernis aus der Welt zu schaffen. Daß die »Mischlinge zweiten Grades« 1942 oder 1943 nicht in die »Endlösung der Judenfrage« einbezogen wurden, hatte seinen Grund allein in einer mehrmals bekräftigten und von Heydrich wie von anderen Größen des Reichssicherheitshauptamts nur zähneknirschend respektierten Gegenorder Hitlers, der wohl vor einer allzu starken Irritierung allzu vieler »deutschblütiger« Familien zurückschreckte.

Wenn man von der Behandlung der diversen »Mischlings«- und »Mischehen«-Kategorien absieht, brachten jedoch die Nürnberger Gesetze der deutschen Judenheit eine böse Verschlechterung ihrer Lage. Zwar sind die Gesetze anfänglich nicht selten mit einer gewissen Erleichterung aufgenommen worden, weil man nun Klarheit und in der politischen Entrechtung plus dem Verbot sexueller Beziehungen zu den »Deutschblütigen« die endgültige nationalsozialistische Lösung der »Judenfrage« vor sich zu haben glaubte. Jetzt hatten sie, so hofften viele deutsche Juden, das Schlimmste überstanden; nach dem Ende der Terror-Welle mußte man sich doch in den Grenzen der neuen Vorschriften einrichten und sich wenigstens in Ruhe den noch erlaubten Geschäften und Professionen widmen können. Solche Erwartung ist aber bald bitter enttäuscht worden, als Verordnung auf Verordnung herauskam und von Mal zu Mal deutlicher wurde, daß allein schon die detaillierte Ausgestaltung der beiden Nürnberger Gesetze den Lebens- und Atemraum der deutschen Judenheit in gefährlicher Weise einengte.

Bereits vierzehn Tage nach der Verkündung des »Reichsbürgergesetzes« zeigte sich zum Beispiel, daß dieser legislative Akt nicht zuletzt das Ende jener Koalitionsvereinbarung markierte, die in der »Judenpolitik« 1933 zwischen Nationalsozialisten und Deutschnationalen geschlossen worden war. Nach der inzwischen eingetretenen Machtverlagerung hatten es die Nationalsozialisten nicht länger nötig, den damals von Reichspräsident von Hindenburg erzwungenen Kompromiß zu respektieren, und ein auf den 30. September datierter Erlaß des Reichsinnenministeriums, dessen Veröffentlichung in Amtsblättern und in der Presse verboten wurde, entfernte zum 1. Oktober 1935 – durch Beurlaubung – alle jüdischen Beamten aus dem Dienst, die auf Grund ihrer militärischen oder sonstigen nationalen Meriten bislang verschont worden waren; die ›Erste Verordnung zum Reichsbürgergesetz‹ verfügte dann am 14. November tatsächlich die am 31. Dezember 1935 wirksam werdende Pensionierung der Beurlaubten, bewilligte indes den Entlassenen vorerst noch ein Ruhegehalt.

Die Verordnung, die den deutschen Juden selbstverständlich auch das Wahlrecht nahm, löste zudem eine Flut weiterer Berufsverbote aus, indem sie die Juden nicht bloß aus der Beamtenschaft, sondern von jedem »öffentlichen Amt« ausschloß. Noch am 13. Dezember 1935 führte die nationalsozialistische Interpretation des Terminus »öffentliches Amt« zu einer Verordnung, die den Juden die Approbation als Arzt unmöglich machte, und am 19. Dezember wurde bestimmt, daß Juden nicht mehr als Armenanwälte oder Vermögensverwalter tätig werden dürften. Zwei Tage später hieß es in der ›Zweiten Verordnung zum Reichsbürgergesetz‹, daß Juden, die als Vertrauensärzte oder als Ärzte an Krankenanstalten beschäftigt seien, bis zum 31. März 1936 auszuscheiden hätten, und ebenfalls am 21. Dezember konstatierte ein Erlaß des Reichsinnenministeriums, daß jüdische Stempelverteiler, Fleischbeschauer und Schiedsmänner nicht länger im Amt seien. Am 11. Januar 1936 traf es die jüdischen Steuerhelfer, am 26. März wurde jüdischen Apothekenbesitzern eröffnet, daß sie ihr Geschäft an einen »Deutschblütigen« verpachten müßten, und am 27. Juli 1936 wurde auch die Erteilung der Erlaubnis zum Führen einer Gaststätte von der Abstammung abhängig. Die jüdischen Bücherrevisoren kamen am 23. Dezember 1936 an die Reihe, die Diätassistenten und Diätküchenarbeiter am 5. April 1937, die Vermessungsingenieure am 20. Januar 1938 und die Versteigerer am 5. Februar 1938. Am 25. Juli 1938 setzte dann die ›Vierte Verordnung zum Reichsbürgergesetz‹ jeglicher Tätigkeit jüdischer Ärzte ein Ende, und am 27. September 1938 liquidierte die ›Fünfte Verordnung zum Reichsbürgergesetz‹ sämtliche jüdischen Anwaltspraxen; unter der Bezeichnung »Krankenbehandler« bzw. »Konsulent« durfte eine beschränkte Anzahl auch weiterhin arbeiten, aber ausschließlich für jüdische Patienten und Klienten. Parallel zu solcher Konkretisierung des »Reichsbürgergesetzes« dachten sich jedoch die Bürokraten noch zusätzliche Schikanen aus: So erhielten kinderreiche jüdische Familien seit dem 24. März 1936 keine Beihilfe mehr, am 15. Oktober 1936 wurde jüdischen Lehrern untersagt, »Deutschblütigen« Privatunterricht zu erteilen – was für die ja aus ihrem Beruf Gejagten oft den weiteren Abstieg von Armut zu nacktem Elend bedeutete –, und nach dem 5. Februar 1937 konnten Juden keinen Jagdschein mehr erwerben. Ein Erlaß des Reichsministers für Erziehung und Unterricht vom 15. April 1937 machte es Juden unmöglich, die Doktorwürde zu erlangen, und am 2. Juli folgte ein Ukas, der die Zahl der jüdischen Schüler an allgemeinen Schulen drastisch verringerte.

So hart aber – in jenen scheinbar ruhigen Jahren einer Verfolgung ohne dramatische Akzente – die deutsche Judenheit von der politischen Entrechtung und von den Berufsverboten des »Reichsbürgergesetzes« auch getroffen wurde, so stechend der Schmerz oft war, den die von fleißigen Bürokraten ausgeklügelten Schikanen verursachten, noch schlimmer wirkte doch das »Blutschutzgesetz«. Die sowohl zarteste wie stärkste und zugleich gesellschaftlich wichtigste Zuneigung, die es zwischen nicht verwandtschaftlich verbundenen Menschen geben kann, war also nun, wenn sie »Deutschblütige« und Juden verband, zu einem mit Haftstrafen bedrohten Verbrechen erklärt worden. Eine Minderheit, die sich solchermaßen geächtet sieht, wird im Wortsinne und damit natürlich auch in übertragenem Sinne unberührbar. Wer ihr angehört, existiert, auch wenn er mitten unter der Mehrheit lebt, in einem Ghetto, und er kann sein persönliches Ghetto nicht mehr verlassen. Normale nachbarliche Beziehungen sind nicht länger möglich, und selbst dem kürzesten und nüchternsten geschäftlichen oder professionellen Kontakt haftet jetzt der Ruch des Unerlaubten, ja des im Grunde Sündhaften an.

Unter diesen Umständen ist es überaus bemerkenswert, daß die deutsche Judenheit nicht sofort in eine totale Isolierung geriet – wenn auch nur eine bescheidene und laufend kleiner werdende Minorität weiterhin Verbindung zu halten wagte – und daß selbst gegen das »Blutschutzgesetz« recht häufig verstoßen wurde. Noch 1935 kam es zu ersten Prozessen, und bis Ende 1940 haben deutsche Gerichte, die den neuen Tatbestand ohne erkennbares Unbehagen verfolgten, nicht weniger als 1911 Personen wegen »Rassenschande« verurteilt (1935: 11, 1936: 358, 1937: 512, 1938: 434, 1939: 365, 1940: 231). Gewiß lag das auch daran, daß die Gerichte – nach Entscheidungen des Reichsgerichts vom 9. Dezember 1936 und 9. Februar 1937 – als »Geschlechtsverkehr« schon jede »beischlafähnliche« Handlung werteten, schließlich selbst »solche Betätigungen ..., durch die der eine Teil seinen Geschlechtstrieb auf einem anderen Wege als durch Vollziehung des Beischlafs befriedigen will«[23]. Außerdem kam es durchaus vor, daß Richter, die selber einem bösartigen Antisemitismus huldigten, bereits ganz harmlose Worte oder Gesten zum – ebenfalls strafbaren – Versuch »rassenschänderischen« Geschlechtsverkehrs erklärten; so entschied das Reichsgericht am 5. September 1938, ein Mann, der mit einer Jüdin in ihr Zimmer gegangen war und dort gesagt hatte: »Na, ziehen wir die Mäntel aus, machen wir es uns bequem!« sei wegen versuchten Verbrechens nach § 2 des »Blutschutzgesetzes« zu verurteilen[24]. Im übrigen blieb auch die jeweils beteiligte Frau, die ja an sich straffrei ausgehen sollte, keineswegs ungeschoren, sondern wurde, ob Jüdin oder »Deutschblütige«, spätestens seit einem Erlaß Heydrichs vom 12. Juni 1937 ohne Gerichtsurteil in ein Konzentrationslager gesteckt. Dennoch muß konstatiert werden, daß sich die Zahl der erotischen Beziehungen zwischen Juden und »Deutschblütigen« auch nach den Nürnberger Gesetzen und selbst angesichts ausgesprochen schikanöser Praktiken von Justiz und Polizei auf einer erstaunlichen Höhe hielt, zumal angenommen werden darf, daß trotz des denunziatorischen Eifers, der unter »Ariern« weit verbreitet und meist mehr privat als ideologisch motiviert war, mit einer nicht unerheblichen Dunkelziffer zu rechnen ist.

4. Enteignung

Gleichwohl konnte es sich dabei nur um Einzelfälle handeln. Das »Blutschutzgesetz« – dem die Nationalsozialisten am 18. Oktober 1935 mit einem bei bestimmten Krankheiten Eheverbot vorsehenden »Gesetz zum Schutze der Erbgesundheit des deutschen Volkes« abermals sofort eine Maßnahme zur Höherzüchtung der »arischen« Rasse folgen ließen – bescherte den meisten deutschen Juden naturgemäß doch eine zu totaler Isolierung mindestens tendierende Abkapselung von der nichtjüdischen Umwelt. Zudem zeigte sich rasch, daß für die deutsche Judenheit selbst diese Isolierung noch keineswegs den Endzu-

[23] Nach Gruchmann, »Blutschutzgesetz« und Justiz, S. 435f.
[24] Peter Deeg, Die Judengesetzgebung Großdeutschlands. Nürnberg 1939, S. 48.

stand ihrer Drangsalierung bedeutete. Die Vermutung, bei dem rassistischen Antisemitismus habe man es mit einer ihrem Wesen nach so radikalen Überzeugung zu tun, daß er durch keine begrenzte Regelung der selbstgeschaffenen Judenfrage zu saturieren sei, eine Vermutung, die das Studium der antisemitischen Theoretiker von jeher nahegelegt und der schon die erste Phase der NS-Herrschaft reichlich Nahrung geliefert hatte, wurde nun bestätigt. Gleich nach dem Erlaß der Nürnberger Gesetze schälte sich ein Merkmal der nationalsozialistischen Verfolgungspraxis definitiv als charakteristisch und bestimmend heraus: Antijüdische Maßnahmen oder Maßnahmenbündel, die als »Lösung« der Judenfrage vorgestellt und bis zu ihrer Realisierung stets auch von einem Teil der NS-Bewegung selbst in solchem Sinne aufgefaßt worden waren, erwiesen sich als bloße Etappen, hinter denen sich, kaum waren sie erreicht, sogleich noch endgültigere Lösungen abzeichneten, die sich dann nach ihrer Verwirklichung wiederum nur als Nahziele entpuppten. Noch während der erste Abschnitt nationalsozialistischer Judenverfolgung, also die Verdrängung der Juden aus Politik, öffentlichem Dienst und einigen freien Berufen, seinem Ende zugegangen war, hatte sich allenthalben die Forderung nach der vollständigen Entrechtung und nach der Isolierung der deutschen Juden erhoben. Als Hitler jetzt derartige Wünsche mit den Nürnberger Gesetzen erfüllte, läutete er bereits im Augenblick der Verkündung selbst die nächste Runde ein. »Reichsbürgergesetz« und »Blutschutzgesetz«, so sagte er in Nürnberg, seien als »endgültige Regelung der Judenfrage« anzusehen, aber, so setzte er drohend hinzu, falls diese »einmalige säkulare Lösung« scheitern sollte, müsse das Problem aus der Zuständigkeit des Staates herausgenommen und zur definitiven Bewältigung der NS-Bewegung übertragen werden.

Zwar legten die Organe des NS-Regimes im ersten Jahr nach dem Parteitag von 1935 ein Verhalten an den Tag, das bei vielen in- und ausländischen Beobachtern den Eindruck erweckte, mit »Reichsbürgergesetz« und »Blutschutzgesetz« – bzw. nach deren Konkretisierung und Exekution – werde eine Beruhigung der Verhältnisse eintreten, die es den Juden erlaube, wenigstens in Handwerk, Handel und Bankwesen ungestört ihren Lebensunterhalt zu verdienen oder in stiller Zurückgezogenheit von Haus- und Wertpapierbesitz zu existieren. So erhielten jüdische Sportler und Sportvereine mehr Bewegungsfreiheit, und der bis zum Herbst 1935 schon zu großer Dichte gediehene antisemitische Schilderwald (»Juden Zutritt verboten!« – »Juden unerwünscht!«) wurde in vielen Gemeinden abgeholzt; zugleich ging die judenfeindliche Propaganda oder doch ihre Lautstärke merklich zurück. Aber diese plötzliche Friedfertigkeit signalisierte mitnichten die Bereitschaft der Nationalsozialisten zu einem Modus vivendi auf der Basis der Nürnberger Gesetze, sie hatte vielmehr die rein taktische Funktion, mit der Vorspiegelung solcher Bereitschaft eine unumgängliche Voraussetzung für den reibungslosen Ablauf der Olympischen Spiele zu schaffen. Den Spielen war von der NS-Führung absolute Priorität eingeräumt worden, und das, wie sich zeigte, mit gutem Grund: kein anderes einzelnes Ereignis hat dem Regime einen so großen Zuwachs an innerer Stabilität und an internationalem Prestige eingebracht wie die hervorragend organisierten und für Deutschland auch sportlich außerordentlich erfolgreichen Olympischen Winter- und Sommerspiele von 1936.

Es ist Hitler und den anderen antisemitischen NS-Funktionären offensichtlich schwergefallen, sich dem intern stets nur bedauernd genannten Gebot taktischer Klugheit anzubequemen und mit Rücksicht auf das Ausland nicht sofort über die Nürnberger Gesetze hinauszugehen, zumal jenes außenpolitische Sicherheits- und Selbstbewußtsein, das unweigerlich ihren antisemitischen Aktionsdrang belebte, auch 1936 kräftige Nahrung erhielt: Am 7. März ließ Hitler deutsche Truppen in die Zone des Rheinlands einmarschieren, die der im Oktober 1926 von Stresemann abgeschlossene Vertrag von Locarno, garantiert von Großbritannien und Italien, entmilitarisiert hatte. Indem er Italiens Verstrickung in Nordafrika und den daraus resultierenden Konflikt Mussolinis mit den Westmächten geschickt ausnutzte, gelang es Hitler, das Deutsche Reich mit einem Streich aus dem letzten multinationalen Vertragssystem, dem es noch angehört hatte, zu befreien und zugleich Frankreich die letzte Möglichkeit zu relativ einfachen Sanktionen gegen Deutschland zu nehmen. Die deutsch-italienische Annäherung, die nach Italiens Angriff auf Abessinien allmählich begonnen und nun im März 1936 in Mussolinis Zustimmung zum Einmarsch der Wehrmacht ins Rheinland erstmals öffentlichen Ausdruck gefunden hatte, gewann überdies eine neue und schon bündnisartige Qualität, als die beiden Staaten, ab Mitte Juli 1936, im Spanischen Bürgerkrieg gemeinsam zugunsten der aufständischen Generale intervenierten; am 1. November 1936 prägte Mussolini für die am 25. Oktober vereinbarte politische Zusammenarbeit zwischen dem nationalsozialistischen Deutschland und dem faschistischen Italien den handlichen Begriff »Achse Berlin–Rom«. Am 25. November kam mit dem »Antikominternpakt« außerdem die erste »weltpolitische« Abstimmung zwischen Deutschland und Japan zustande. Bereits einige Monate zuvor, am 11. Juli, hatte Hitler im Schatten der deutsch-italienischen Verständigung einen Vertrag mit Österreich schließen können, der das Schuschnigg-Regime zu engster Anlehnung an Deutschland verpflichtete; auf Grund seines imperialistischen Abenteuers in Afrika mittlerweile auf deutsche Unterstützung angewiesen, hatte Mussolini endgültig auf die Rolle des Protektors der österreichischen Unabhängigkeit verzichtet und das Abkommen vom 11. Juli ausdrücklich gebilligt.

Es ist denn auch sehr bezeichnend, daß Repräsentanten der NSDAP gleich nach dem Ende der Olympischen Spiele, die Fanfarenstöße der Schlußfeier waren kaum verklungen, in aller Öffentlichkeit erklärten, die Nürnberger Gesetze seien selbstverständlich lediglich als eine Station der nationalsozialistischen »Judenpolitik« anzusehen und der Aufbruch zur nächsten Etappe müsse sofort erfolgen. So schrieb noch im September 1936 Julius Streicher im ›Stürmer‹, die Nürnberger Gesetze hätten allein von Leuten als »Lösung der Judenfrage« verstanden werden können, »die das, was dem Wissenden die Judenfrage bedeutet, nur von der Oberfläche her kennengelernt hatten«. Vielmehr komme es jetzt erst recht darauf an, »daß auch noch der letzte Deutsche mit Herz und Hand sich in die Front derer begibt, die sich zum Ziele gesetzt haben, der Schlange Alljuda den Kopf zu zertreten. Wer mithilft, daß dies so komme, der hilft mit, den Teufel zu beseitigen. Und dieser Teufel ist der Jude.«[1] Viele Funktionäre der NS-Bewegung und noch mehr Vertreter der staatlichen Bürokratie haben in jenen Jahren oft die Nase über Streicher gerümpft. Aber abgesehen davon, daß dieses Naserümpfen nicht eigentlich dem Streicherschen Antisemitismus galt, sondern der vom »Frankenführer« lustvoll gepflegten Verquickung antisemitischer Theoreme und Propaganda mit Pornographie, änderten das Unbehagen und die Verlegenheit, die er oft erweckte, nichts daran, daß er bis 1940, als er wegen seiner nicht länger zu ignorierenden Verwicklung in Korruptionsfälle großen Stils die Leitung seines Gaues abgeben

[1] Julius Streicher, Der Kampf gegen den Teufel. In: Der Stürmer 14 (1936), Nr. 39.

und sich auf sein Gut zurückziehen mußte, auf den Gang der nationalsozialistischen Judenverfolgung größeren Einfluß ausübte und vor allem die jeweils dominierende Generallinie besser repräsentierte als die meisten anderen Spitzenfunktionäre, etwa Goebbels oder sogar Himmler. Auch in seinem Artikel vom September 1936 durfte er mit Fug und Recht konstatieren, daß er mit seiner judenfeindlichen Kampflust und mit seinem Appell, nicht bei den Nürnberger Gesetzen stehenzubleiben, kein einsamer Rufer in der Wüste sei. Auf dem Reichsparteitag 1936 habe der Nationalsozialismus, so sagte er triumphierend, »dem Bolschewisten-Juden den Krieg bis zur Vernichtung erklärt«, und mit gleich freudiger Zustimmung ziterte er aus der Rede, die Reichsärzteführer Dr. Wagner am 12. September 1936 in Nürnberg gehalten hatte, den Satz: »Denen aber, die da glauben, die Judenfrage wäre durch die Nürnberger Gesetze für Deutschland nun endgültig geregelt und damit erledigt, sei gesagt: Der Kampf geht weiter ... und wir werden diesen Kampf nur siegreich bestehen, wenn jeder deutsche Volksgenosse weiß, daß es hier um Sein oder Nichtsein geht.«

Noch bezeichnender ist freilich, daß zur Zeit der Wagnerschen und Streicherschen Rhetorik auch schon wieder konkrete Pläne zur Fortsetzung der Judenverfolgung geschmiedet wurden. So konferierten am 29. September 1936 die Staatssekretäre von Innen- und Wirtschaftsministerium über den von Frick bereits Anfang Juni angeregten Ausschluß der Juden aus weiteren Gewerben und über eine Kennzeichnungspflicht für jüdische Geschäfte. Hitler selbst entschloß sich jetzt dazu, einen Vorschlag aufzugreifen, den Heinrich Claß schon 1912 in seinem Pamphlet ›Wenn ich der Kaiser wär‹ gemacht hatte, nämlich den Vorschlag, die Juden finanziell kräftig zu schröpfen und sie wesentlich höher zu besteuern als die »Arier«. Fricks Staatssekretär Wilhelm Stuckart unterrichtete am 18. Dezember 1936 das Reichswirtschaftsministerium darüber, daß Hitler die »Erhebung einer Judensondersteuer grundsätzlich gebilligt« habe[2]. Als Begründung sollte die etliche Zeit zuvor, am 4. Februar 1936 in Davos, geschehene Ermordung Wilhelm Gustloffs, des

[2] Avraham Barkai, »Schicksalsjahr 1938«. In: Das Unrechtsregime. Internationale Forschung über den Nationalsozialismus, Bd. 2: Verfolgung – Exil – Belasteter Neubeginn, hrsg. v. Ursula Büttner unter Mitwirkung v. Werner Johe und Angelika Voß. Hamburg 1986, S. 50; auch abgedruckt in: Walter H. Pehle (Hrsg.), Der Judenpogrom 1938. Frankfurt 1988, S. 94ff.

NSDAP-Landesgruppenleiters in der Schweiz, durch den emigrierten jugoslawischen Studenten David Frankfurter benützt werden, und laut Stuckart hatte Hitler angeordnet, die Arbeit am Entwurf eines entsprechenden Gesetzes so zu beschleunigen, daß die Verkündung zum Abschluß des Prozesses gegen Frankfurter erfolgen könne. Tatsächlich legte das Reichsfinanzministerium im Juni 1937 einen Gesetzentwurf vor, doch ist nach einigem Hin und Her die Verabschiedung vorerst aufgeschoben worden, da Göring, seit April 1936 in allen Rohstoff- und Devisenfragen zuständig und seit Oktober 1936 »Beauftragter für den Vierjahresplan«, mit Rücksicht auf die zu erwartende Reaktion des Auslandes im Dezember 1937 entschied, »die Verkündung des Gesetzes würde gegenwärtig eine gewisse Gefahr für die Rohstoff- und Devisenlage des Reiches bedeuten«[3].

Die Aktivitäten der Ministerien und die Überlegungen Hitlers machten jedenfalls klar, daß jetzt – nach der Eliminierung der Juden aus dem öffentlichen Dienst und den freien Berufen, nach ihrer totalen politischen Entrechtung und parallel zu ihrer vom »Blutschutzgesetz« erzwungenen Isolierung – fürs erste die »Lösung der Judenfrage in der Wirtschaft« zum neuen Schwerpunkt der Judenverfolgung erkoren worden war. Die Nationalsozialisten hatten sich also wiederum ein Ziel gesteckt, das weit über alles hinausging, was noch irgendwie unter »Fremdengesetzgebung« zu verstehen gewesen wäre, zumal es für die Akteure von Anfang an außer Zweifel stand, daß »Lösung der Judenfrage in der Wirtschaft« mit »Ausschaltung der Juden aus der Wirtschaft« zu übersetzen war: Am Ende des Prozesses hatte die Unterbindung jeglicher Erwerbstätigkeit deutscher Juden und die Enteignung des gesamten jüdischen Besitzes zu stehen; so sollte eine möglichst große Zahl von Juden zur Auswanderung getrieben und die Existenz der in Deutschland verbleibenden Juden nicht allein elend, sondern vor allem auch ganz von der Gnade des Regimes abhängig werden. Wie Hitler schon kurz nach dem Parteitag 1935 intern sagte: »Heraus aus allen Berufen, Ghetto, eingesperrt in ein Territorium, wo sie sich ergehen können, wie es ihrer Art entspricht, während das deutsche Volk zusieht, wie man wilde Tiere sich ansieht.«

[3] Nach Barkai, »Schicksalsjahr 1938«, S. 51. Das folgende Hitler–Zitat nach einer Aufzeichnung seines Adjutanten Fritz Wiedemann, Fotokopie im Institut für Zeitgeschichte, München.

Bei den Spitzenfunktionären der NS-Bewegung, vornehmlich bei Hitler und Göring, hat dabei sicherlich die Vorstellung eine gewisse Rolle gespielt, mit dem einzuziehenden jüdischen Vermögen könne man die in der Tat schwierige Finanzierung der Aufrüstung wie auch die Finanzierung der mit der Kriegsvorbereitung aufs engste zusammenhängenden und Mitte 1936 eingeleiteten Forcierung der Produktion von Ersatz- und Rohstoffen erleichtern. Außerdem wurde von zahlreichen »Parteigenossen« nicht übersehen, daß ihnen die »Arisierung« der Wirtschaft die Chance bot, sich persönlich zu bereichern, d.h. sich um einen Spottpreis in den Besitz jüdischer Fabriken, Geschäfte und Handwerksbetriebe zu setzen; auch Haus- und Grundbesitz winkte als lockende Beute. Tatsächlich sollte die Ausplünderung der Juden übelste Formen annehmen. Am 16. April 1938 schrieb ein »Nationalsozialist, SA-Mann und Bewunderer Adolf Hitlers« einen Brief an die Industrie- und Handelskammer München, in dem er, Münchner Kaufmann und bislang als Sachverständiger bei der »Arisierung« jüdischer Unternehmen tätig, seine weitere Mitwirkung bei diesem Vorgang aufkündigte: Obwohl ihm dann »ein guter Verdienst« entgehe, könne er »als alter rechtschaffener ehrlicher Kaufmann nicht mehr zusehen, in welch schamloser Weise von vielen ›arischen‹ Geschäftsleuten, Unternehmern etc. versucht wird ..., die jüdischen Geschäfte, Fabriken etc. möglichst wohlfeil und um einen Schundpreis zu erraffen. Die Leute kommen mir vor wie die Aasgeier, die sich mit triefenden Augen und heraushängenden Zungen auf den jüdischen Kadaver stürzen.«[4] Eine ähnliche Hoffnung auf die Befriedigung privater Interessen ergab sich daraus, daß »Arisierung« der Wirtschaft in vielen Fällen nicht Übereignung, sondern Liquidierung des jüdischen Unternehmens und damit – wie ja auch bei den Berufsverboten für jüdische Ärzte und Rechtsanwälte – Beseitigung lästiger Konkurrenz hieß. Die mittelständischen Organisationen der NS-Bewegung übten daher auch aus solchen Gründen Druck auf die Führung von Partei und Staat aus, die Kampagne gegen die »jüdische Position in der Wirtschaft« zu intensivieren.

Doch kann der staatlichen und privaten Besitzgier weder die Bedeutung eines ursächlichen noch das Gewicht eines im Ablauf des Prozesses dominierenden Motivs zugeschrieben werden. In wirtschaftlichen und wirtschaftspolitischen Fragen nai-

[4] Peter Hanke, Zur Geschichte der Juden in München zwischen 1933 und 1945. München 1967, S. 154f.

ve und von irgendwelchen Kenntnissen gänzlich unbeschwerte Dilettanten, neigten Hitler und Göring gewiß dazu, in der Depossedierung der deutschen Juden auch eine Quelle staatlicher Bereicherung zu sehen und die hier liegenden Gewinnmöglichkeiten zu überschätzen. Aber bare Selbstverständlichkeiten waren ihnen sehr wohl bewußt: Der Übergang des jüdischen Betriebsvermögens und der jüdischen Immobilien in »arische« Hände konnte kein Geschäft für den Fiskus werden, sondern nur für zahllose »deutschblütige« Individuen, die im übrigen nach dem Erwerb eines jüdischen Unternehmens oder Mietshauses nicht um eine Mark mehr an Steuern aufbrachten als die von ihnen abgelösten und nun verarmten oder emigrierten jüdischen Vorbesitzer. Ein ganz wesentlicher Teil der »Ausschaltung der Juden aus der Wirtschaft« war mithin evidentermaßen ein für die Finanzierung der Kriegsvorbereitung irrelevanter Vorgang. Ebenso lag auf der Hand, daß das finanzielle Grundproblem der Aufrüstung nicht mit beschlagnahmten jüdischen Bankkonten und konfiszierten Wertpapieren zu lösen war. Von Anfang 1935 bis Ende 1938 beliefen sich allein die direkten Wehrmachtsausgaben auf 40,5 Milliarden Reichsmark; ihr Anteil an den öffentlichen Investitionen stieg von 56 Prozent im Jahr 1935 auf 74 Prozent im Jahr 1938. Angesichts solcher Dimensionen stand zu jeder Zeit fest, daß die zwei oder drei Milliarden Mark, die den deutschen Juden abgepreßt und tatsächlich in den Staatssäckel geleitet werden mochten, nur ein Tropfen auf dem heißen Stein waren; sie änderten gar nichts daran, daß die Kosten der militärischen und wirtschaftlichen Kriegsvorbereitung vorerst im wesentlichen mit Krediten und mit einer währungspolitisch unverantwortlichen Geldschöpfung gedeckt zu werden hatten. Die Rettung aus diesem Dilemma erwarteten die nationalsozialistischen Führer keineswegs von der Enteignung der deutschen Juden, sondern von einer erfolgreichen Expansionspolitik. Akute und die Aufrüstung ernstlich behindernde finanzielle Schwierigkeiten ergaben sich denn auch keineswegs aus einem Mangel an Reichsmark, sondern aus einem vornehmlich die Beschaffung von Rohstoffen erschwerenden Mangel an Devisen. Hier versprach und brachte die Schröpfung der deutschen Juden aber noch weniger Erleichterung, während sie andererseits – durch den Verlust jüdischer wie nichtjüdischer Kunden und Lieferanten im Ausland – unweigerlich mit bösen und die Devisen noch mehr verknappenden Störungen des deutschen Außenhandels verbunden sein mußte. Wie klar es ihm war, daß zumindest die dramatischeren und drastischeren Akte der nationalsozialistischen »Judenpolitik« den wirtschaftlichen und politischen Interessen des Deutschen Reiches mehr Schaden als Gewinn bescherten, hat Göring schließlich deutlich genug bewiesen, als er im Dezember 1937 seine Ablehnung einer Sondersteuer für Juden begründete.

Auch die Pressionen der nach müheloser Vermögensbildung lechzenden oder nach der Befreiung von Konkurrenz trachtenden Parteigenossen haben nicht bestimmend auf den Gang der Dinge eingewirkt. Obschon derartige Faktoren zur Rasanz der nationalsozialistischen Judenverfolgung beigetragen haben dürften, zumal hier die materiellen Interessen führender Funktionäre – darunter Julius Streicher – mit ihren Verwandten und Freunden im Spiele war, ist die jeweilige Generallinie der »Judenpolitik« doch unabhängig von ihnen festgelegt worden. Am 29. April 1937 hielt Hitler eine Rede vor den Kreisleitern der NSDAP und kam dabei auf einen Artikel in einer Provinzzeitung zu sprechen, in dem die Kennzeichnung der jüdischen Geschäfte gefordert worden war. »Von wem fordert er das?« fragte der »Führer« entrüstet. »Wer kann das anordnen? Ich ganz allein. Also, der Herr Redakteur fordert im Namen seiner Leser von mir, daß ich das tue. Zunächst: Längst bevor dieser Redakteur von der Judenfrage eine Ahnung hatte, habe ich mich doch schon sehr gründlich damit beschäftigt; zweitens, dieses Problem der Kennzeichnung wird seit zwei, drei Jahren fortgesetzt erwogen und wird eines Tages so oder so natürlich auch durchgeführt. Denn: das Endziel unserer Politik ist uns ja allen ganz klar. Es handelt sich bei mir nur immer darum, keinen Schritt zu machen, den ich vielleicht wieder zurück machen muß, und keinen Schritt zu machen, der uns schadet. Wissen Sie, ich gehe immer an die äußerste Grenze des Wagnisses, aber auch nicht darüber hinaus. Da muß man nun die Nase haben, ungefähr zu riechen: ›Was kann ich noch machen, was kann ich nicht machen?‹ Auch im Kampf gegen einen Gegner. Ich will ja nicht gleich einen Gegner mit Gewalt zum Kampf fordern, ich sage nicht ›Kampf!‹, weil ich kämpfen will, sondern ich sage [laut und lauter schreiend]: ›Ich will Dich vernichten! Und jetzt, Klugheit, hilf mir, Dich so in die Ecke hinein zu manövrieren, daß Du zu keinem Stoß mehr kommst, und dann kriegst Du den Stoß ins Herz hinein!‹«[5] In solchen Sätzen kam auf der

[5] Abschrift im Archiv des Instituts für Zeitgeschichte, München.

einen Seite Hitlers berechtigte Überzeugung zum Ausdruck, der souveräne Herr über die Taktik der nationalsozialistischen Judenverfolgung zu sein, auch seine Entschlossenheit, sich die Herrschaft gerade dann von niemand streitig machen zu lassen, wenn aus taktischen Gründen Vorsicht geraten schien; andererseits verrieten sie eine unbezähmbare Kampflust und einen fanatischen Vernichtungswillen, die beide den »Druck von unten« – obwohl er gelegentlich erwünscht war, um eine pseudodemokratische Legitimation vorweisen zu können – keineswegs brauchten, sondern aus eigener ideologischer und mentaler Radikalität, freilich im Gefühl grundsätzlicher Übereinstimmung mit der Gefolgschaft, nach Aktivität und Befriedigung verlangten.

Das Gefühl des »Führers«, in Motiven und Zielen mit der Bewegung jederzeit zu harmonieren, war überdies durchaus begründet, und zwar auch in dem Sinne, daß selbst die meisten »Arisierungsgewinnler« eine auf rassistischem Antisemitismus beruhende Judenfeindschaft empfanden und bei ihrem Handeln lediglich – wie tagtäglich zahllose Menschen – der Meinung huldigten, mit dem Dienst an den Geboten der »Weltanschauung« dürfe ruhig persönlicher Nutzen verbunden sein. Erst recht ist der Hitlers Denken entsprechende Vorrang der Überzeugung bei jenen Funktionären der NS-Bewegung und des NS-Staates zu erkennen, die mit der Formulierung von Gesetzen, Verordnungen und Weisungen die jeweilige Linie der »Judenpolitik« zu verwirklichen hatten und dabei nicht ohne Einfluß auf die Festlegung des Kurses waren. Wenn sie sich jetzt die »Ausschaltung der Juden aus der Wirtschaft« vornahmen, so gewiß nicht deshalb, weil sie und der »Führer« dem Drängen beutelüsterner »Arisierer« nachgegeben hätten; Ausmaß und Verbreitung der Beutelust waren ohnehin erst nach dem Startschuß zur »Arisierung« klarer zu erkennen. Vielmehr erschien Hitler und seiner Exekutive die Depossedierung der Juden ganz simpel als die – sobald sie möglich wurde – logische und unausweichliche Fortsetzung der bislang verfolgten Politik, nämlich als die Wiederaufnahme der Boykott-Kampagne von 1935. Was damals als Mittel einer terroristischen Taktik ausgegeben worden war und in der Tat als solches fungiert hatte, um die »Blutschutzgesetzgebung« durchsetzen zu helfen, wurde nun, seinem wahren Charakter entsprechend, zu einem Ziel eigenen Rechts. Im übrigen handelten die mit der Judenverfolgung befaßten Funktionäre und Beamten auch nach dem Eintritt in die neue Etappe unabhängig vom »Arisierungs«-Gerangel. Sie widmeten sich ihrer Aufgabe mit dem Ernst und dem Eifer von Kreuzrittern; weder hatten noch suchten sie eine Chance zur privaten Bereicherung, und auf die Aasgeier innerhalb und außerhalb der Partei, die sich um die jüdischen Vermögen balgten, schauten sie meist mit grimmiger Verachtung herab. Es ist sehr bezeichnend, daß sie unter »Ausschaltung der Juden aus der Wirtschaft« mitnichten nur die »Arisierung« der halbwegs prosperierenden jüdischen Unternehmen und die Enteignung der mit irdischen Gütern gesegneten Juden verstanden; mit ebenso gespannter Aufmerksamkeit und ebenfalls mit gleichsam frontgemäßer Unerbittlichkeit verfolgten diese Weltanschauungskrieger als gefährliche Feinde auch jüdische Hausierer, bei denen wahrhaftig nichts zu holen war und deren »deutschblütige« Konkurrenten wohl kaum die Politik der NSDAP oder der staatlichen Bürokratie zu beeinflussen vermochten.

Von ideologisch-politischer Leidenschaft in Gang gesetzt und von staatlicher wie individueller Raffgier stets beflügelt, führte der Angriff auf »die jüdische Position in der Wirtschaft« jedenfalls rasch zu Resultaten. Im Januar 1933 hatte es rund 100000 jüdische Betriebe gegeben, von Warenhaus, Privatbank und Fabrik über Arzt- und Anwaltspraxis bis zu Einzelhandelsgeschäft, Handwerksbetrieb und selbständigem Vertreter. Nach den Einbußen, die ja schon in den Jahren 1933, 1934, 1935 und 1936 zu verzeichnen waren, und nun nach den Effekten der Kampagne, die das Regime seit Anfang 1937 laufend intensiviert hatte, zählte man im April 1938 nur noch 39532 jüdische Betriebe: Mehr als 60 Prozent waren liquidiert oder »arisiert« worden. Dazu befanden sich viele der noch bestehenden Unternehmen bereits in Agonie, wie die Gauwirtschaftsberater der NSDAP berichteten, die um die Jahreswende 1936/37 über jeden jüdischen Betrieb eine Akte angelegt hatten und seither den Umsatz und die Geschäftsentwicklung der nicht »arisierten« Unternehmen – in enger Zusammenarbeit mit Handelskammern und Finanzämtern – aufmerksam beobachteten. Die Lage sei »zumeist sehr schlecht«, so hieß es in ihren Meldungen; oft wurde konstatiert: »Betrieb steht fast still« – »nur noch jüdische Kunden« – »Laden ist zumeist geschlossen«[6]. Da zugleich in allen Bereichen der Wirtschaft die jüdischen Arbeiter und Angestellten entlassen wurden, stieg die Zahl der »festen« jüdi-

[6] Nach Barkai, »Schicksalsjahr 1938«, S. 48.

schen Erwerbslosen bis zum Frühjahr 1938 auf rund 60000. Während die deutsche Wirtschaft unter einem Mangel an Arbeitskräften zu leiden begann, erreichte also nun die jüdische Arbeitslosigkeit einen Prozentsatz, der höher lag als die Arbeitslosigkeit in Deutschland zu den schlimmsten Zeiten der Weltwirtschaftskrise. Wenn aber ein Jude nach der Aufgabe eines selbständigen Unternehmens oder nach der Entlassung vorerst Beschäftigung in einem noch existierenden jüdischen Betrieb fand, so bedeutete dies offensichtlich bloß einen – normalerweise obendrein schlecht bezahlten – Aufschub der Arbeitslosigkeit, und viele ehemalige Ärzte, Rechtsanwälte, Geschäftsinhaber und leitende Angestellte, die sich jetzt als Hausierer durchzuschlagen versuchten, sahen sich zur unteren Grenze des Existenzminimums herabgedrückt. Die Auswanderung war nach wie vor ein nur schwer zu gehender Ausweg, zumal der NS-Staat wie eh und je kaum etwas zur finanziellen Förderung der Emigration tat: Hatten 1936 nicht mehr als 25000 Juden das Reich verlassen können, so waren es 1937 auch lediglich 23000. Die Pauperisierung der deutschen Judenheit, auf die das Programm der »Ausschaltung der Juden aus der Wirtschaft« mit vorhersehbarer und gewollter Zwangsläufigkeit hinauszulaufen begann, verband sich folglich zunehmend mit lastender Hoffnungslosigkeit.

Trotzdem fanden die Nationalsozialisten, auf rasch erreichte Totalität der Erfolge ihres Feldzuges begierig, das Tempo zu langsam und die Ergebnisse unbefriedigend, zumal der antisemitische Aktionsdrang im Frühjahr 1938 erneut einen mächtigen Impuls erhielt. Zunächst brachte die »Fritsch-Krise« der NS-Bewegung einen wichtigen innenpolitischen Machtgewinn. Nachdem am 4. Februar 1938 Kriegsminister Werner von Blomberg, der eine Frau von schlechtem Leumund geheiratet hatte, und der Oberbefehlshaber des Heeres Werner von Fritsch, dem eine Intrige der SS und Görings die falsche Beschuldigung der Homosexualität eingetragen hatte, entlassen worden waren, übernahm Hitler persönlich den unmittelbaren Oberbefehl über die Wehrmacht; unter ihm fungierten künftig als Chef des in Oberkommando der Wehrmacht (OKW) umbenannten Kriegsministeriums General Wilhelm Keitel und als Nachfolger Fritschs General Walther von Brauchitsch. Zugleich wurde Außenminister Konstantin von Neurath abgehalftert und durch Joachim von Ribbentrop ersetzt. Die zwei letzten innenpolitischen Bastionen von Bedeutung, die sich nach

Schachts Rücktritt als Wirtschaftsminister im November 1937 noch in der Hand der Deutschnationalen befunden hatten, waren damit von der NS-Bewegung gestürmt worden und standen nun unter direkter nationalsozialistischer Kontrolle bzw. unter der Leitung willfähriger Militärfunktionäre. Kaum war solchermaßen die endgültige Gleichschaltung der Streitkräfte und des Auswärtigen Amts erreicht, heimsten Hitler und die NS-Bewegung ihren bislang größten nationalen und außenpolitischen Erfolg ein: den mit dem Einmarsch deutscher Truppen am 12. März 1938 beginnenden Anschluß Österreichs. Im Innern wie auf internationalem Felde verschaffte dieser Coup dem »Führer« und seinem Regime einen enormen Zuwachs an Prestige, doch bewirkte er auch eine fühlbare Zunahme der realen politischen Kraft Deutschlands und eine evidente Verbesserung der strategischen Lage des Deutschen Reiches. Das bereits gut entwickelte Selbstbewußtsein der Nationalsozialisten, vom »Führer« bis zum schlichten SA-Mann, begann sich zu herausfordernder Arroganz aufzublähen.

Wie sehr den Aktivisten der NS-Bewegung der Kamm schwoll, bekamen die in Österreich lebenden Juden sogleich nach der Besetzung des Landes durch die deutsche Armee zu spüren. Hier, in einem der Stammlande des deutschnationalen und rassistischen Antisemitismus, fegte im März eine judenfeindliche Terrorwelle durch Städte und Provinzen, die in ihrem Charakter an die im sogenannten Altreich kurz nach der Machtübernahme verübten Greuel erinnerte, nur daß jetzt in Österreich NSDAP, SA und SS in größerem Stile, mit noch bösartigerer Brutalität und völlig ungeniert – vor allem auch ohne jede Rücksicht auf ausländische Beobachter – zu Werke gingen. Zur gleichen Zeit nahmen die Nachfahren Schönerers die »Ausschaltung der Juden aus der Wirtschaft« mit Energie in Angriff, d.h. sie warfen in zahllosen Fällen die Inhaber jüdischer Betriebe einfach hinaus und setzten an ihre Stelle von der Partei benannte Kommissare, die dann die »Arisierung« zu besorgen hatten; auf dem Boden einer solchen und ohne den bescheidensten Paragraphen praktizierten Enteignungspolitik trieben private Besitzgier und Korruption die prächtigsten Blüten. Viele Juden flüchteten in die Nachbarstaaten oder fanden sich von österreichischen Nationalsozialisten über die Grenze gejagt. Letzteres, also eine nicht mehr Auswanderung, sondern schon Vertreibung zu nennende Politik, erhielt sogar bald eine gewisse organisatorische Verfestigung. Heydrich schickte den

SS-Obersturmführer Adolf Eichmann – der aus der österreichischen SS hervorgegangen, nach dem 1934 in Österreich verhängten Verbot der NSDAP ins Reich emigriert und dort zuletzt als Referent für Judenfragen im SD-Hauptamt tätig gewesen war – nach Österreich. Eichmann richtete im August 1938 in Wien eine »Zentralstelle für jüdische Auswanderung« ein, die ein für die Zukunft sehr wichtiges Rezept entwickelte. Revolutionär war weniger die nun zwangsweise Anwendung des Grundsatzes, daß auswanderungswillige wohlhabende Juden neben dem Obolus an den Staat einen weiteren Teil ihres Vermögens zu opfern hatten, um die Emigration ärmerer Juden zu finanzieren; ähnlich funktionierte ja auch – allerdings auf freiwilliger Basis – das Haavara-Abkommen von 1933. Die eigentliche Neuerung bestand darin, daß Eichmann und das von ihm repräsentierte NS-Regime diese Kombination von Vertreibung und Erpressung zu einem guten Teil von jüdischen Organisationen, in Österreich vornehmlich von der Kultusgemeinde, exekutieren ließen und sich selbst weitgehend darauf beschränkten, die Konzeption des Vorgehens zu liefern, ihre Verwirklichung zu befehlen und durch die dräuende Präsenz der Schergen des Systems die Ausführung des Befehls zu sichern. Daß die Zentralstelle von der Organisation Heydrichs geschaffen und besetzt wurde, zeigte im übrigen, daß für die »Judenfrage« grundsätzlich und im Detail Sicherheitspolizei und SD zuständig zu werden begannen.

Parallel zu den Vorgängen in Österreich – das nun in »Ostmark« umgetauft wurde – nahm aber auch im »Altreich« die Judenverfolgung an Schärfe, Härte und Umfang ständig zu. Hatten Anfang 1933 mehr als 50000 jüdische Geschäfte existiert, so gab es im Juli 1938 nur noch 9000, davon 3637 in Berlin, und zu einem erheblichen Prozentsatz lag der Schwund zwischen März und Juli 1938. Beispielhaft war die Entwicklung in München, wo man im Februar 1938 noch 1690 »jüdische Gewerbetreibende« zählte, im Oktober des Jahres indes lediglich 666, von denen zwei Drittel ausländische Staatsangehörige waren. Auch die größeren jüdischen Unternehmen, die sich bislang im allgemeinen besser behauptet hatten als die mittleren und kleinen Betriebe, fielen jetzt immer häufiger dem wachsenden Druck zum Opfer. So wurden von Januar bis Oktober 1938 nicht weniger als 340 Fabriken »arisiert«, 260 in der Textil- und Bekleidungsbranche, 30 in der Leder- und Schuhherstellung, dazu 370 Großhandelsfirmen. Daß die »Arisierung« im gleichen Zeitraum 22 jüdische Privatbanken traf, darunter so klangvolle und sowohl die Emanzipation wie die Assimilation der deutschen Juden symbolisierende Namen wie Bleichröder, Warburg, Arnhold, Dreyfus und Hirschland, war von besonderer, über den Einzelfall hinausreichender Bedeutung, da Häuser wie in Hamburg das Max Warburgs nicht nur bei der Stützung jüdischer Betriebe, sondern überdies bei der Finanzierung jüdischer Organisationen und bei der Förderung der jüdischen Auswanderung eine große Rolle gespielt hatten, wie sie in solcher Form von niemand übernommen werden konnte. Außerdem verhängten die Behörden – zusätzlich zur Ausgestaltung des »Reichsbürgergesetzes«, die 1938 jeder Tätigkeit jüdischer Ärzte und Anwälte ein Ende setzte – weitere Berufsverbote. So untersagte das ›Gesetz zur Änderung der Gewerbeordnung‹, das am 6. Juli 1938 erlassen wurde, den Juden die Ausübung »a) des Bewachungsgewerbes, b) der gewerbsmäßigen Auskunftserteilung über Vermögensverhältnisse oder persönliche Angelegenheiten, c) des Handels mit Grundstücken, d) der Geschäfte gewerbsmäßiger Vermittlungsagenten für Immobiliarverträge und Darlehen, sowie des Gewerbes der Haus- und Grundstücksverwalter, e) der gewerbsmäßigen Heiratsvermittlung ..., f) des Fremdenführergewerbes«. Am bösesten wirkte indes jene Bestimmung des Gesetzes, die es Juden unmöglich machte, künftig als Vertreter oder als Hausierer zu arbeiten; selbst diese letzten Fluchtwege in eine wenigstens lebenserhaltende voremanzipatorische Existenz, zu denen sich so viele ehemalige Ärzte und Anwälte hatten entschließen müssen, waren nun von den – Ideologie, Bosheit und Infamie mit Gründlichkeit verbindenden – Organen des Regimes abgeschnitten worden. Dabei sind »Arisierung« und judenfeindliche Gesetzgebung zwischen Frühjahr und Sommer 1938 auch im »Altreich« von zahllosen Gewaltakten gegen jüdische Betriebe, Wohnungen und einzelne Juden begleitet gewesen; die Synagoge in München wurde am 9. Juni, die Synagoge in Nürnberg am 10. August abgerissen. Der amerikanische Botschafter berichtete am 22. Juni nach Washington: »Die gegenwärtige Kampagne gegen die Juden übertrifft ... alles dieser Art seit Anfang 1933.« Und offenbar in Erinnerung an den 1933 und 1935 beobachteten Zusammenhang zwischen »Volkszorn« und legislativer Aktivität fügte er hinzu: »Es wird erwartet, daß dies auch weitere gesetzgeberische Maßnahmen hervorbringen wird.«[7]

[7] Foreign Relations of the United States. Diplomatic Papers 1938, Bd. 2, S. 382.

In der Tat sah die Führung des nationalsozialistischen Deutschland keinen Grund, mit den von Frühjahr bis Sommer 1938 erzielten Ergebnissen ihres antisemitischen Feldzugs zufrieden zu sein. Noch immer gab es fast 40000 und nicht durchweg schlecht situierte jüdische Betriebe, noch immer gab es jüdische Kapitaleigner, die an deutschen Unternehmen beteiligt waren, und noch immer gab es Juden, die von angelegtem – ererbten oder erworbenen – Vermögen leben konnten. Wie sich später herausstellte, war zwar der jüdische Besitz seit Anfang 1933 von insgesamt 12 Milliarden Reichsmark – etwa drei bis vier Prozent des ganzen damaligen Kapitalstocks in Deutschland – um weit mehr als die Hälfte auf 5,1 Milliarden RM geschrumpft, was den Prozeß der Pauperisierung deutlich genug belegt, zumal die jüdische Bevölkerung im gleichen Zeitraum nur um ein Drittel auf rund 360000 abgenommen hatte, aber dieser jüdische Besitz im Werte von 5,1 Milliarden existierte im Sommer 1938 eben noch, und mit Österreich ergab sich sogar ein Wert von 8,5 Milliarden. Die »Arisierung« hatte freilich auch insofern ihre Spuren hinterlassen, als sich das Betriebsvermögen im Frühjahr 1938 nur noch auf 1,195 Milliarden RM belief, also auf 14 Prozent des jüdischen Gesamtbesitzes, und sich bis zum Sommer weiter verringerte; der Immobilienbesitz konnte auf knapp 2,5 Milliarden veranschlagt werden, »anderes Vermögen« – darunter vor allem Wertpapiere – auf 4,88 Milliarden. Im übrigen mußten die Organe des NS-Staats feststellen, daß trotz der »Arisierungs«-Kampagne, trotz der Berufsverbote und trotz der Zunahme pogromartiger Gewalttaten die jüdische Auswanderung erheblich hinter den Erwartungen zurückblieb, teils auf Grund der objektiven Schwierigkeiten, teils auf Grund der Heimattreue und der Leidensfähigkeit vieler deutscher Juden. Wohl stieg 1938 die Zahl der jüdischen Auswanderer auf 40000, doch war das weniger einer Erhöhung der Emigrationsrate zuzuschreiben als der Erweiterung des Reichsgebiets um Österreich und den österreichischen Aktivitäten Eichmanns.

Die Größenordnung des 1938 noch verbliebenen jüdischen Besitzes haben die Behörden des Staates mit einiger Genauigkeit ermittelt, nachdem im April des Jahres zwei Verordnungen erlassen worden waren, die klarmachten, daß die Führung des Dritten Reiches, nicht mehr fähig, ihre Ungeduld zu bezähmen und sich beim Angriff auf »die Juden in der Wirtschaft« mit den bisherigen Formen zu begnügen, die Entscheidung getroffen hatte, das Problem demnächst radikal und total mit einer umfassenden »Arisierungs«- und Enteignungsgesetzgebung zu lösen. Am 22. April kam die ›Verordnung gegen die Unterstützung der Tarnung jüdischer Gewerbebetriebe‹, die einen deutschen Staatsangehörigen, der »dabei mitwirkt, den jüdischen Charakter eines Gewerbebetriebs zur Irreführung der Bevölkerung oder der Behörden bewußt zu verschleiern«, mit Zuchthaus bedrohte, und vier Tage später folgte die ›Verordnung über die Anmeldung des Vermögens von Juden‹, die jeden deutschen Juden – auch den nichtjüdischen Ehegatten eines Juden – dazu verpflichtete, sein gesamtes in- und ausländisches Vermögen, sofern der Wert nicht unter 5000 RM lag, exakt anzugeben; Juden fremder Staatsangehörigkeit hatten immerhin ihr in Deutschland befindliches Vermögen anzumelden. Was mit alledem beabsichtigt war, fand in Paragraph 7 dieser Verordnung vom 26. April bereits deutlichen Ausdruck: »Der Beauftragte für den Vierjahresplan kann die Maßnahmen treffen, die notwendig sind, um den Einsatz des anmeldepflichtigen Vermögens im Einklang mit den Belangen der deutschen Wirtschaft sicherzustellen.« Am 14. Juni schuf die ›Dritte Verordnung zum Reichsbürgergesetz‹ den amtlichen Begriff »jüdischer Gewerbebetrieb« und schrieb die Registrierung aller solcher Betriebe vor; zugleich enthielt sie für den Reichswirtschaftsminister die Ermächtigung, gemeinsam mit dem Innenminister und dem »Stellvertreter des Führers« nun endlich die seit Jahren erörterte Kennzeichnung der jüdischen Betriebe einzuführen. Auch andere Maßnahmen ließen darauf schließen, daß bald ein großer Schlag gegen die deutsche Judenheit zu erwarten war. So wurden die Juden am 23. Juli 1938 gezwungen, sich eine eigene Kennkarte ausstellen zu lassen, und kaum war diese Verordnung verkündet, die von der Kennzeichnung der jüdischen Betriebe schon zur – nur noch nicht äußerlich sichtbaren – Kennzeichnung der Person vorstieß, hatten die Juden einen weiteren Einfall der Bürokratie zu erdulden: Eine Verordnung vom 17. August erlaubte den Juden nur mehr bestimmte Vornamen bzw. nötigte sie, einen zusätzlichen Vornamen anzunehmen, »und zwar männliche Personen den Vornamen Israel, weibliche Personen den Vornamen Sara«; die Annahme der Vornamen war sowohl Standesämtern wie den jeweils zuständigen Ortspolizeibehörden schriftlich anzuzeigen, und wer »Israel« oder »Sara« im Rechts- und Geschäftsverkehr unterschlug, hatte mit Gefängnis zu rechnen.

Dabei ist sicherlich die Vermutung erlaubt, daß Hitler seine Anordnung oder Billigung derartiger Präliminarien in engstem Zusammenhang mit seiner gleichzeitig verfolgten und Europa in die ernsteste Krise seit dem Ersten Weltkrieg stürzenden Außenpolitik sah: offenbar sollte die totale »Arisierung« der jüdischen Betriebe und die totale Enteignung der jüdischen Vermögen, die »zwangsweise Ausschaltung der Juden«, wie Innenminister Frick am 14. Juni 1938 das Ziel umriß[8], während oder unmittelbar nach der seit dem Frühjahr vorbereiteten und für den Herbst geplanten Eroberung der Tschechoslowakei kommen – der krönende Abschluß dieser Phase der Judenverfolgung parallel zum außenpolitischen Triumph. Bezeichnenderweise drängte das Reichswirtschaftsministerium noch am 19. August die mit der Anmeldung des jüdischen Vermögens befaßten Stellen, die Arbeiten bis zum 30. September abzuschließen. Finanzämter und Sicherheitspolizei waren, von den Handelskammern und den Gauwirtschaftsberatern unterstützt, seit Juni eifrig damit beschäftigt, Listen wohlhabender Juden aufzustellen, und in einigen Konzentrationslagern, Dachau, Buchenwald und Sachsenhausen, bauten 1500 jüdische Häftlinge – am 13. Juni während einer großen Verhaftungsaktion gegen angeblich »Asoziale« festgenommen – neue Baracken.

Nun endete die Sudetenkrise des Jahres 1938 nicht mit der Eroberung der Tschechoslowakei durch die deutsche Wehrmacht. Angesichts der Konzessionsbereitschaft der Westmächte, der Scheu Mussolinis vor einem europäischen Krieg und der militärischen wie politischen Passivität der CSR mußte sich Hitler vorerst mit den Sudetengebieten begnügen, die man ihm anbot und mit denen man ihm zunächst jeden Vorwand für einen noch größeren Raubzug nahm. Doch ungeachtet der bitteren Enttäuschung des »Führers« waren der mit dem Münchner Abkommen vom 29. September 1938 errungene Erfolg und der mit dem Erfolg eingestrichene Machtgewinn wahrhaftig groß genug, um als Treibsätze einer erneuten Steigerung des Selbstgefühls der Nationalsozialisten zu wirken. Daher wurden auch in der »Judenpolitik« keine Kurskorrekturen vorgenommen. Am 5. Oktober verpflichtete eine Verordnung die deutschen Juden dazu, ihre Reisepässe binnen vierzehn Tagen abzuliefern; mit Geltung für das Ausland ausgestellte Pässe wurden erst wieder gültig, nachdem sie mit einem »J« versehen und die

[8] Barkai, »Schicksalsjahr 1938«, S. 52.

Inhaber damit als Juden gekennzeichnet worden waren. Die Bürokratie setzte die Produktion judenfeindlicher Schikanen munter fort, und am 14. Oktober erklärte Göring in einer Sitzung: »Die Judenfrage muß jetzt mit allen Mitteln angefaßt werden, denn sie müssen aus der Wirtschaft raus!« Es sei nur darauf zu achten, so sagte der in Fragen der Korruption überaus erfahrene zweite Mann im Staat, daß die jüdischen Vermögen auf ordentliche Weise in Reichsbesitz genommen und nicht zur Versorgung »untüchtiger Parteigenossen« verschleudert würden[9].

Indes deuten Görings Sätze darauf hin, daß der unerwartete Verlauf der außenpolitischen Krise immerhin den Zeitplan der »Judenpolitik« durcheinandergebracht hatte und daß die nationalsozialistischen Führer sich zu fragen begannen, auf welche Weise jetzt, nach der so jähen Beruhigung der Lage und der Stimmung, wie sie das Münchner Abkommen in Europa und auch in Deutschland selbst bewirkt hatte, die »Ausschaltung der Juden aus der Wirtschaft« ohne größere Erschütterung der Nation realisiert werden könne. Zwar sollten »nur« Juden enteignet werden, andererseits handelte es sich eben doch um eine Enteignungsaktion großen Stils und damit um eine ernste Verletzung der Heiligkeit des Privateigentums, die ohne passende Begründung im deutschen Bürgertum eine unwillkommene oder jedenfalls überflüssige Unruhe hervorrufen mochte. Brauchte man also nicht doch ein spezielles oder noch besser spektakuläres Ereignis, das – anstelle des vertagten Einmarsches in Prag – als halbwegs plausibler Anlaß und als abschirmende Ablenkung dienen konnte?

In diesem Moment gespannter Unsicherheit fielen in der Pariser Botschaft die Schüsse Herschel Grünspans und wurden von den antisemitischen Aktivisten der NS-Führung ohne Zweifel als Erlösung empfunden. Jedenfalls erkannten Hitler und Goebbels sofort die ungewöhnliche Chance, die ihnen das Attentat bot. Dem Judenreferat im SD-Hauptamt waren Pogrome schon im Januar 1937 als »wirksamste Mittel« zur Beschleunigung der »Judenpolitik« erschienen[10]. Hier hatte nun ein Jude die Gelegenheit geliefert, dem Rezept zu folgen und einen solchen Pogrom zu inszenieren: »schlagartig«, reichsweit und mit einer im Vergleich zum April 1933 oder Sommer 1935 erheblich ver-

[9] IMT (International Military Tribunal), XXVII, S. 163.
[10] Barkai, »Schicksalsjahr 1938«, S. 55.

stärkten Dosis »Volkszorn«, wie es dem so brauchbaren Anlaß und den noch weiterreichenden Zielen Zweck der Aktion entsprach. Am Ende des typisch nationalsozialistischen Spektakels – mit wilder Empörung in Presse und Rundfunk, mit nächtlichem Feuerschein, mit terroristischen Gewalttaten landauf, landab mobilisierter und als zorniges Volk auftretender NSDAP- und SA-Kommandos – müßte, so kalkulierten Hitler und Goebbels, der Übergang zur Pseudo-Legalität einer »Arisierungs«- und Enteignungsgesetzgebung als logisch und als die gottlob wieder in Ruhe und Ordnung geschehende Vollstrekkung des Volkswillens erscheinen. Hitler dürfte Attentat und Pogrom aber auch noch aus einem anderen Grund begrüßt haben. Wie die Rede beweist, die er am 10. November 1938 vor Vertretern der deutschen Presse hielt[11], hatte die Kriegsunlust, die von der deutschen Bevölkerung bis zur Münchner Konferenz an den Tag gelegt worden war, den »Führer« ebenso enttäuscht und erbost wie die Erleichterung, die als Reaktion der Deutschen auf die friedliche Beilegung der Sudetenkrise spürbar geworden war. Hitler hielt Anstrengungen für dringend notwendig, die Nation im Hinblick auf die kommenden Akte einer sehr wohl kriegerisch gedachten Expansionspolitik psychisch besser in Form zu bringen. Der Pogrom eignete sich ausgezeichnet, den Deutschen zunächst einmal die offenbar aufgekeimte Illusion zu nehmen, mit dem Münchner Abkommen habe die Zeit der Krisen ihr Ende gefunden und das deutsche Staatsschiff laufe endlich in ruhigeres Fahrwasser ein. Goebbels, der sich von antisemitischem Eifer auch mehr Einfluß im Kreis der NS-Führung versprach und der nach seinem an Hitlers Einspruch gescheiterten Versuch, eine tschechische Schauspielerin zu heiraten, auch die volle Gunst seines »Führers« zurückgewinnen wollte, hat die Erfordernisse der Kriegspropaganda sicherlich nicht anders beurteilt. So haben Hitler und Goebbels den großen Pogrom seit dem 7. November psychologisch vorbereitet, am 9. November ausgelöst und in seiner Endphase tatsächlich zur Ankündigung wie zur Legitimierung der Absicht benutzt, den Raub des jüdischen Besitzes jetzt mit einem legislativen Handstreich zu vollenden.

Göring und Himmler dachten ganz ähnlich. Wohl äußerten sie sich zur »Kristallnacht« in etwas anderen Tönen als Goeb-

[11] Wilhelm Treue, Rede Hitlers vor der deutschen Presse (10. November 1938). In: VfZ 6 (1958), S. 175 ff.

bels, der triumphierend in seinem Tagebuch notierte: »Die radikale Meinung hat gesiegt ... Jetzt wird tabula rasa gemacht.«[12] Der »Beauftragte für den Vierjahresplan« polterte als Wirtschaftsdiktator über die Zerstörung materieller Werte, und der Reichsführer SS hielt sowohl den Zeitpunkt für falsch wie den Krawall eines Pogroms für zu laut. Aber tabula rasa zu machen, war ja nicht Goebbels', sondern Himmlers und Görings Sache, und obwohl der Plan des Reichpropagandaleiters, eine Demonstration des Volkes vorzutäuschen, rundum gescheitert war, zögerten sie nicht einen Augenblick, das Gelingen des Plans zu unterstellen und die Stunde zu nutzen. Als der britische Geschäftsträger in Berlin am 16. November an das Foreign Office schrieb, er habe »nicht einen einzigen Deutschen, gleich welcher Bevölkerungsschicht, angetroffen, der nicht in unterschiedlichem Maße zumindest mißbilligt, was geschehen ist«, da setzte er hinzu: »Aber ich fürchte, daß selbst die eindeutige Verurteilung von seiten erklärter Nationalsozialisten oder höherer Offiziere der Wehrmacht keinerlei Einfluß auf die Horde von Wahnsinnigen haben wird, die gegenwärtig Deutschland beherrscht.«[13] In der Tat. Im Schatten des Pogroms ließ Himmler, wie für den anderen Anlaß längst beabsichtigt und vorbereitet, rund 30000 wohlhabende Juden verhaften, an denen er die gleiche Verbindung von Erpressung und Vertreibung zu praktizieren gedachte und dann auch praktizierte, die Eichmann in Wien erprobt hatte. Göring wiederum – der den Grundgedanken der »Kristallnacht« durchaus billigte und Goebbels lediglich mit dem charakteristischen Satz tadelte: »Mir wäre lieber gewesen, ihr hättet 200 Juden erschlagen und hättet nicht solche Werte vernichtet!«[14] –, Göring setzte sofort den Apparat zur politischen Auswertung des Pogroms in Gang, und zwar zur Auswertung nicht allein im Sinne der Vorstellungen Hitlers und Goebbels', sondern eben auch im Sinne seines mit diesen Vorstellungen identischen eigenen Ziels, wie er es am 14. Oktober formuliert hatte.

In seiner Eigenschaft als Wirtschaftdiktator für diese Phase der Judenverfolgung definitiv zuständig, bestellte Göring – der

[12] Die Tagebücher von Joseph Goebbels, hrsg. v. Elke Fröhlich. Teil I, Bd. 3. München 1987, S. 533.

[13] Documents on British Foreign Policy 1919–1937, Third Series, Vol. III, S. 277.

[14] Protokoll einer Sitzung im Reichsluftfahrtministerium am 12. 11. 1938. In: IMT, XXVIII, S. 499ff.

zu jenem Zeitpunkt auch als preußischer Ministerpräsident, Luftfahrtminister, Oberbefehlshaber der Luftwaffe und sowohl Reichsforst- wie Reichsjägermeister amtierte – die Chefs oder Vertreter der zu beteiligenden Reichsministerien und sonstigen Behörden, dazu einen Repräsentanten der deutschen Versicherungen, noch am 12. November ins Reichsluftfahrtministerium. Am Ende einer Debatte, die von ideologischer Verblendung ebenso gekennzeichnet war wie von roher Brutalität, standen Beschlüsse, die Göring in seinen einleitenden Worten bereits umrissen und dabei ausdrücklich auch als das Programm des »Führers« vorgestellt hatte. Es entsprach der grundsätzlichen Infamie nationalsozialistischer Funktionäre im Umgang mit dem jüdischen Feind, daß es dem Gremium unter dem Einfluß der burschikos-humorigen Bösartigkeit Görings einfiel, den geschundenen Juden durch eine noch am gleichen Tag erlassene ›Verordnung zur Wiederherstellung des Straßenbildes‹ die sofortige Reparatur der von NSDAP und SA angerichteten Verheerungen abzuverlangen, und zwar auf jüdische Kosten. Wohl hatte der Beauftragte der Versicherungen in der Sitzung erklärt, im Interesse ihrer nationalen und internationalen Glaubwürdigkeit müßten die von ihm vertretenen Gesellschaften darauf bestehen, ihre Zahlungspflicht zu erfüllen, aber Göring traf, nachdem der Standpunkt der Versicherungen von ihm akzeptiert worden war, die Entscheidung, daß die Leistungen der Versicherungsgesellschaften nicht an die geschädigten Juden, sondern direkt an das Deutsche Reich gehen würden, und so war es dann auch im Reichsgesetzblatt und in allen Zeitungen zu lesen; 225 Millionen RM brachte dieser Raub in die Staatskasse. Von größerer Bedeutung war allerdings der ebenfalls noch am 12. November als Verordnung formulierte Beschluß, Hitlers Idee von 1936 aufzunehmen und die Juden tatsächlich mit einer Sondersteuer zu quälen, jedoch nicht in Form laufender Besteuerung, sondern als einmalige Vermögensabgabe: Zur »harten Sühne« für das Pariser Attentat, so hieß es in der Verordnung, werde »den deutschen Juden in ihrer Gesamtheit die Zahlung einer Kontribution von 1 000 000 000 RM an das Deutsche Reich auferlegt«. In der Praxis und nach späteren Durchführungsbestimmungen lief das darauf hinaus, daß in Deutschland lebende Juden, die noch ein Vermögen im Wert von 5000 RM und mehr ihr eigen nannten, 20 Prozent flüssig zu machen und in vier Teilbeträgen bis zum 15. August 1939 an das Reich abzuführen hatten; im Oktober 1939 kam eine Erhöhung der Abgaben auf 25 Prozent, da die Milliarde noch nicht erreicht worden sei. Insgesamt machte das Reich bei seinem Raubzug 1,127 Milliarden RM Gewinn.

Das Gremium, das da am 12. November 1938 im Reichsluftfahrtministerium konferierte, entschloß sich auch deshalb zur Form der Vermögensabgabe, weil es sich, von Göring straff gelenkt, auf weitere Maßnahmen einigte, die eine laufende Besteuerung, wie sie 1936 vorgesehen gewesen war, ohnehin unmöglich machten. So wurde eine – auch noch am 12. November erlassene – ›Verordnung zur Ausschaltung der Juden aus dem deutschen Wirtschaftsleben‹ beschlossen, die es Juden untersagte, irgendein selbständiges kaufmännisches Unternehmen, vom Großhandel bis zum Einzelhandelsgeschäft, zu betreiben und ein Handwerk selbständig auszuüben; leitende Angestellte jüdischer Herkunft waren ohne Abfindung und ohne Versorgung zu entlassen. Mit dieser Verordnung und etlichen rasch folgenden Edikten – z. B. mit der ›Achten Verordnung zum Reichsbürgergesetz‹ vom 17. Januar 1939, die jüdischen Zahnärzten, Tierärzten und Apothekern die Ausübung ihres Berufs verbot – fand jegliche berufliche Tätigkeit deutscher Juden, die einen normalen Kontakt zur »arischen« Umwelt erfordert oder auch nur ermöglicht hätte, ihr Ende. Die Angehörigen der deutschen Judenheit wären danach dazu verurteilt gewesen, allein im rein jüdischen Milieu zu arbeiten und also – mit Hilfe der bis dahin noch geretteten Vermögen – in einem ökonomischen Ghetto zu existieren. Aber die Nationalsozialisten blieben dabei nicht stehen. Wie in der Konferenz vom 12. November festgelegt, erging am 3. Dezember 1938 die ›Verordnung über den Einsatz des jüdischen Vermögens‹, die auf der einen Seite die zwangsweise Schließung oder »Arisierung« noch bestehender jüdischer Betriebe wie auch die zwangsweise »Arisierung« des Juden gehörenden Grundeigentums, vom land- und forstwirtschaftlichen Besitz bis zum städtischen Haus und Grundstück, anordnete, andererseits die Deponierung von Bargeld, Wertpapieren und sonstigen Wertgegenständen auf Sperrkonten befahl; die Depots wurden bei den Devisenbanken eingerichtet, und jede Verfügung über sie bedurfte der Genehmigung durch das Reichswirtschaftsministerium. Die nämliche Verordnung machte Juden den freien Umgang mit Edelmetallen, Schmuck und Kunstgegenständen unmöglich, die nur noch an staatliche Ankaufstellen veräußert werden durften. Am 21. Februar 1939 erhielten die Juden dann schon den Befehl, Edelmetalle, Edelsteine, Schmuck und Perlen binnen zwei Wochen bei jenen Ankaufstellen abzuliefern; lediglich die Eheringe konnten behalten werden. Auch ohne diese staatliche Plünderungsaktion wäre klar gewesen: die deutschen Juden waren jetzt tatsächlich, über den Ausschluß aus dem Wirtschaftsleben der deutschen Nation hinaus, praktisch bereits enteignet und in die Rolle von Kostgängern des Deutschen Reiches gedrückt.

Die nationalsozialistischen Führer des Reiches ließen überdies keinen Zweifel mehr zu, daß die deutsche Judenheit mit karger Kost und schikanösester Behandlung zu rechnen hatte. Auf Verlangen von Goebbels hatte die im Reichsluftfahrtministerium tagende Runde auch eine Verordnung beschlossen, die den deutschen Juden – unter dem Datum des 12. November – den Besuch von Theatern, Lichtspielhäusern, Konzerten, Ausstellungen, Varietés, Kabaretts, Zirkusveranstaltungen, Tanzvorführungen und sonstigen »Darbietungen der deutschen Kultur« strikt verbot. Am 28. November erließ Himmler eine Verordnung, die den Regierungspräsidenten das Recht gab und sie damit im Grunde anwies, »Juden deutscher Staatsangehörigkeit und staatenlosen Juden räumliche und zeitliche Beschränkungen des Inhalts aufzuerlegen, daß sie bestimmte Bezirke nicht betreten oder sich zu bestimmten Zeiten in der Öffentlichkeit nicht zeigen dürfen«. Die Sperrbezirke, die nach dieser Verordnung – mit der die Juden praktisch schon unter Kriegsrecht gestellt wurden – tatsächlich entstanden, hießen »Judenbann«. Zugleich förderten die staatlichen und kommunalen Behörden nach Kräften einen längst in Gang gekommenen Prozeß, der mehr und mehr dazu führte, daß bestimmte Häuser oder Häuserblocks nur noch von Juden bewohnt und so kleine Ghettos geschaffen wurden. Die ›Siebente Verordnung zum Reichsbürgergesetz‹ kürzte den 1935 entlassenen jüdischen Beamten, also den Beamten mit nationalen Verdiensten, am 5. Dezember 1938 das Ruhegehalt, und Anordnungen des Reichserziehungsministers Rust, vom 14. November bzw. vom 8. Dezember 1938, verjagten die letzten Juden von den deutschen Schulen und Universitäten. Eine Verordnung vom 29. November untersagte den Juden das Halten von Brieftauben, und am 3. Dezember nahm ihnen Himmler die Führerscheine und die Zulassungspapiere für Kraftfahrzeuge; am gleichen Tag erfuhren die Juden, daß sie künftig auch Sportplätze, öffentliche und private Badeanstalten oder Freibäder nicht mehr betreten durften. Eine Verordnung vom 30. April 1939 »lockerte« für Juden den Mieterschutz. Wie hatte gegen Ende der Konferenz vom 12. November Göring aus tiefster Überzeugung gesagt? »Ich möchte kein Jude in Deutschland sein!«[15]

5. Annäherung an Völkermord

In der Entfaltung des nationalsozialistischen Antisemitismus wie bei seiner Umsetzung in die von NS-Bewegung und NS-Staat exekutierte Judenverfolgung lag die eigentliche Bedeutung der »Reichskristallnacht« jedoch nicht darin, daß sie die Vollendung einer Etappe ermöglichte und markierte, die in den Jahren 1936, 1937 und 1938 unter der Parole »Juden raus aus der Wirtschaft« gestanden hatte und nun tatsächlich die Enteignung und Entmündigung der deutschen Judenheit brachte. Wie während und nach dem Erlaß der »Nürnberger Gesetze« haben vielmehr gerade Nationalsozialisten sogleich mit Recht das Empfinden gehabt oder sogar die Feststellung getroffen, daß lediglich eine Zwischenstation passiert worden war. Zwar fungierten der Pogrom und die anschließende Sequenz legislativer Akte in der Tat als Höhe- und Schlußpunkte eines Abschnitts der Verfolgung. Aber eben als Abschluß erlaubte und diktierte der Pogrom, getreu dem Entwicklungsgesetz, das die Radikalität des nationalsozialistischen Antisemitismus der nationalsozialistischen »Judenpolitik« aufzwang, den Eintritt in eine weitere Phase, in der die Persekution eine erneute Steigerung der Bösartigkeit verzeichnen und eine neue Dimension der Zielsetzung erreichen mußte. Goebbels, der Regisseur der »Kristallnacht«, notierte bereits am 12. November: »Die ganze Frage ist nun ein gutes Stück weitergeführt worden.«[1] Und für Göring stand ebenfalls fest, daß es mit der Pauperisierung der deutschen Juden nicht sein Bewenden haben werde. Am Ende der Konferenz vom 12. November 1938, während der auch er »scharf heranging«, wie der »großartig« mit ihm zusammenarbeitende Goebbels konstatierte[2], sagte er: »Wenn das Deutsche Reich in irgendeiner absehbaren Zeit in außenpolitischen Konflikt

[15] Ebenda, S. 540.

[1] Die Tagebücher von Joseph Goebbels, hrsg. v. Elke Fröhlich. Teil I, Bd. 3. München 1987, S. 532.

[2] Ebenda, S. 533.

kommt, so ist es selbstverständlich, daß auch wir in Deutschland in allererster Linie daran denken werden, eine große Abrechnung mit den Juden zu vollziehen.«[3] Da der zweite Mann des Regimes keinen Zweifel daran hatte, daß das Deutsche Reich in naher Zukunft Krieg führen werde, in welcher Konstellation auch immer, handelte es sich bei dieser Äußerung nicht um die Nennung einer vage ins Auge gefaßten Eventualität, sondern um die Ankündigung eines mit Sicherheit zu erwartenden Falles.

Welche Steigerung der Verfolgung konnten aber Goebbels und Göring eigentlich noch im Auge haben? Sicherlich nicht irgendwelche Wanderbewegungen der im deutschen Machtbereich lebenden Juden. Im Vergleich zu der Existenz, zu der die Juden Deutschlands und Österreichs jetzt ohnehin verurteilt waren, brachten solche Bewegungen ja keine Verschlechterung ihrer Lage, als Auswanderung sogar eine Verbesserung. Gewiß hat das Regime in den Monaten nach der »Kristallnacht« bekräftigt, daß die Auswanderung der Juden, seit 1933 als Lösung der »Judenfrage« ausgegeben und mit unzulänglichen Mitteln halbherzig betrieben, nun erst recht angestrebt werde. Göring, als Beauftragter für den Vierjahresplan und als Inhaber einer ihm in jenen Wochen von Hitler offenbar erteilten Sondervollmacht oberster Koordinator der judenfeindlichen Maßnahmen, gab Reichsinnenminister Frick am 24. Januar 1939 eine Weisung, deren erster Satz lautete: »Die Auswanderung der Juden aus Deutschland ist mit allen Mitteln zu fördern.«[4] Das Ministerium wurde durch die Weisung beauftragt, eine Reichszentrale für die jüdische Auswanderung ins Leben zu rufen, die wiederum die Aufgabe erhielt, durch den zwangsweisen Zusammenschluß aller auf Reichsgebiet lebenden staatsangehörigen und staatenlosen Juden eine »Reichsvereinigung der Juden in Deutschland« als jüdisches Instrument der Auswanderungspolitik zu schaffen, wobei man der am 4. Juli 1939 errichteten Reichsvereinigung zugleich die Zuständigkeit für das jüdische Schulwesen und die jüdische Wohlfahrtspflege übertrug. Praktisch handelte es sich um einen Versuch, die von Eichmann mit seiner Zentralstelle für jüdische Auswanderung in Wien – ab März 1939 mit einer zweiten derartigen Institution auch in Prag – angewandten Methoden der Austreibung reichsweit für die

[3] IMT, XXVIII, S. 538f.
[4] Nürnberger Dokument NG – 2586.

ganze deutsche Judenheit zu übernehmen; in der Spezifizierung des Auftrags der Reichszentrale, wie sie in der Göring-Weisung formuliert war, kam die Adaption der Eichmannschen Prinzipien klar zum Ausdruck. Diese Politik – in großem Maßstab sofort an den im Schatten der »Kristallnacht« festgenommenen Juden erprobt – traf auf eine durch den Pogrom begreiflicherweise bewirkte Steigerung der jüdischen Bereitschaft zur Auswanderung und so verließen von Ende 1938 bis Herbst 1939 immerhin nochmals rund 80000 Juden den deutschen Machtbereich, auch wenn der Weg, meist unter Opferung der ganzen Habe, oft nur nach Ungarn, Italien oder Frankreich und dort in eine armselige Existenz führen konnte, nicht nach Übersee in relative politische und materielle Sicherheit. Zur gleichen Zeit wurden die Verhandlungen fortgesetzt, die Reichsbankpräsident Schacht Ende Dezember 1938 mit dem Direktor des in London ansässigen »Zwischenstaatlichen Komitees für Politische Flüchtlinge«, dem Amerikaner Rublee, angeknüpft hatte, um die Voraussetzungen für die Emigration weiterer 400000 Juden zu schaffen. Nachdem Schacht am 20. Januar 1939 entlassen worden war, führte auf deutscher Seite Ministerialdirektor Helmuth Wohlthat vom Amt des Beauftragten für den Vierjahresplan die Gespräche, und zwar unter Beteiligung des Gesandten Eisenlohr, des vom anfänglich übergangenen Ribbentrop abgeordneten Vertreters des Auswärtigen Amts. Das von Ribbentrop im AA kurz zuvor eingerichtete »Sonderreferat Deutschland« übermittelte im übrigen allen diplomatischen Missionen und Konsulaten des Reiches am 25. Januar 1939 eine Denkschrift, in der ebenfalls die Auswanderung als »das letzte Ziel der deutschen Judenpolitik« bezeichnet wurde, wobei freilich, so hieß es, darauf zu achten sei, daß man keinen Beitrag zur Entstehung eines Judenstaates in Palästina und damit einer jüdischen Weltzentrale leiste[5].

In Wahrheit eröffnete jedoch die »Kristallnacht« eine Etappe, in der sich eine ganz andere Vorstellung von der »Lösung der Judenfrage« Bahn brach und mit der Tendenz zur Austreibung der Juden allmählich zu konkurrieren begann. In logischer Fortsetzung eines Prozesses, der keineswegs als Radikalisierung, sondern lediglich als Reifung einer ihrem Wesen nach radikalen Überzeugung zu charakterisieren ist, als eine Reifung

[5] Akten zur Deutschen Auswärtigen Politik 1918–1945, Serie D, Bd. V, S. 780ff.

freilich, die zu ihrer Vollendung die bisher durchlaufenen Stadien durchaus brauchte – in logischer Fortsetzung dieses Prozesses wurde nach Entrechtung, Isolierung und Enteignung nun als nächstes und eigentliches Ziel die Ausrottung der Juden denkbar und wünschbar. Schon der Pogrom selbst hatte das deutlich gemacht. Sein signifikantestes und auf die künftige Dimension der nationalsozialistischen Judenverfolgung verweisendes Merkmal war ja nicht die Zerstörung jüdischer Geschäfte und Wohnungen, nicht einmal das brandstifterische Wüten gegen die jüdischen Synagogen, sondern die Tatsache, daß 91 Juden, darunter auch Frauen, unter den Stöcken, den Stiefeln und den Kugeln von Mordkommandos der NS-Bewegung den Tod gefunden hatten und daß die Täter weder wegen Totschlags noch gar wegen Mordes vor Gericht gestellt wurden. Goebbels hatte solche Morde noch während der »Kristallnacht« mit zynischer Zustimmung aufgenommen, vor allem jedoch als Aktionen, die mit einer neuen Generallinie der Judenverfolgung übereinstimmten[6]. Und Hitler, der am 16. November, wie Goebbels in seinem Tagebuch festhielt, sich »scharf gegen die Juden« äußerte und in dieser Frage mit dem Reichspropagandaleiter – zu dessen Freude – ein Herz und eine Seele war[7], wich am 24. November, als der südafrikanische Verteidigungs- und Wirtschaftsminister Oswald Pirow mit ihm über großzügige und international zu organisierende Pläne für die Auswanderung aller deutschen Juden sprechen wollte, derartigen Projekten beharrlich und mit den fadenscheinigsten Argumenten aus[8]. Daß Ribbentrop sich erfolgreich darum bemühte, die Verhandlungen mit Rublee steril und ergebnislos zu halten, kann ebenfalls nicht ohne Wissen und Billigung des »Führers« geschehen sein. Offensichtlich war Hitler überhaupt nicht daran interessiert, möglichst viele oder gar alle Juden über die deutschen Grenzen zu bekommen. Das hätte gewiß auch daran liegen können, daß er eine bestimmte Anzahl als Geiseln in der Hand behalten wollte; mit der Androhung noch schärferer Verfolgung mochten die Juden in aller Welt, namentlich in Frankreich, Großbritannien und den USA, dazu gebracht werden, von der jeweiligen Regierung die Tolerierung der durch das

[6] Bericht des Obersten Parteigerichts der NSDAP vom 13. 2. 1939. In: Nürnberger Dokument PS – 3063.
[7] Die Tagebücher von Joseph Goebbels, I, 3, S. 536.
[8] Akten zur Deutschen Auswärtigen Politik, D, IV, S. 291 ff.

Münchner Abkommen in greifbare Nähe gerückten deutschen Ostexpansion zu erzwingen. Tatsächlich sagte Hitler am 30. Januar 1939, als er zum Jahrestag der Machtübernahme im Reichstag sprach:

»Ich bin in meinem Leben sehr oft Prophet gewesen und wurde meistens ausgelacht. In der Zeit meines Kampfes um die Macht war es in erster Linie das jüdische Volk, das nur mit Gelächter meine Prophezeiungen hinnahm, ich würde einmal in Deutschland die Führung des Staates und damit des ganzen Volkes übernehmen und dann unter vielen anderen auch das jüdische Problem zur Lösung bringen. Ich glaube, daß dieses damalige schallende Gelächter dem Judentum in Deutschland unterdes wohl schon in der Kehle erstickt ist. Ich will heute wieder ein Prophet sein: Wenn es dem internationalen Finanzjudentum innerhalb und außerhalb Europas gelingen sollte, die Völker noch einmal in einen Weltkrieg zu stürzen, dann wird das Ergebnis nicht die Bolschewisierung der Erde und damit der Sieg des Judentums sein, sondern die Vernichtung der jüdischen Rasse in Europa!«[9]

Indes handelte es sich bei diesen Sätzen allenfalls um eine nur flüchtige und überdies wenig ernsthafte Annäherung an das Geisel-Prinzip. Bis zum Kriegsausbruch hat weder Hitler noch sonst ein international agierender Repräsentant des NS-Regimes in irgendeiner Situation oder in irgendeiner Verhandlung westliche Politiker mit anti-jüdischen Drohgebärden von der Unterstützung Polens, des nächsten Opfers der Hitlerschen Expansionspolitik, abzuhalten versucht. Erfolg hätte das ohnehin nicht gehabt. Erstens wurde die Deutschlandpolitik der Westmächte von anderen Gesichtspunkten bestimmt als von der Rücksichtnahme auf die im eigenen Land lebenden oder gar auf die deutschen Juden. Zweitens hatte die NS-Führung inzwischen hinlänglich dargetan, nicht zuletzt durch die »Kristallnacht«, daß eine Schonung der deutschen Juden nicht erkauft werden konnte, indem man Hitlers Deutschland außenpolitische Erfolge ermöglichte, daß im Gegenteil jeder derartige Erfolg automatisch die Konsequenz judenfeindlicher Aktivität hatte. Hitlers Zurückhaltung gegenüber umfassenderen Auswanderungsprojekten und die düstere Prophezeiung in seiner

[9] Max Domarus, Hitler. Reden und Proklamationen 1932–1945, Bd. II. Würzburg 1963, S. 1058.

Reichstagsrede waren vielmehr offensichtlich, ebenso wie Goebbels' Zynismus während des Pogroms und Görings Bemerkung vom 12. November, nichts anderes als erste Symptome eines jetzt, nach der Erschöpfung jeder milderen Befriedigung des antisemitischen Verfolgungsdrangs, mit Notwendigkeit aufschießenden Vernichtungswillens. Am 21. Januar 1939 sprach es Hitler auch aus, noch dazu in einer Unterredung mit einem ausländischen Politiker; dem amtlichen deutschen Protokoll zufolge erklärte der »Führer« dem tschechoslowakischen Außenminister Chvalkovsky unverblümt: »Die Juden würden bei uns vernichtet. Den 9. November 1918 hätten die Juden nicht umsonst gemacht, dieser Tag würde gerächt werden.«[10]

Der Stimmung an der Spitze entsprach im übrigen durchaus die Stimmung, die in den Organisationen und Institutionen der NS-Bewegung weiter unten herrschte; das hatte sich ja während der »Kristallnacht« deutlich genug gezeigt, als zahlreiche Killer aus SA und Partei nicht auf Grund eindeutiger Befehle gemordet hatten, sondern schon von vagen Parolen wie »Tod dem internationalen Judentum« zu ihren Verbrechen aufgereizt worden waren. Besonders wichtig mußten in diesem Zusammenhang jetzt die in der SS dominierenden Tendenzen werden. Nach dem Pogrom erschien die »Judenfrage« in den Augen der NS-Führung im wesentlichen als Polizeiproblem, und der Polizei wurde die praktische Handhabung des Problems in der Tat übertragen. Göring ernannte in seinem Erlaß vom 24. Januar Heydrich zum Leiter der Reichszentrale für die jüdische Auswanderung, der in dieser Eigenschaft faktisch nur noch dem zweiten Mann im Staat – dazu natürlich Himmler – unterstand und rechenschaftspflichtig war, nicht mehr dem formal vorgesetzten Innenminister Frick. Heydrich wiederum bestellte als Geschäftsführer der Reichszentrale SS-Standartenführer und Oberregierungsrat Heinrich Müller, Chef der Abteilung II des Gestapa, den dann im Oktober 1939 Eichmann ablöste. Nachdem am 27. September 1939 der SD (das SS-Sicherheitshauptamt) mit der Gestapo und der Kriminalpolizei (Hauptamt Sicherheitspolizei) zum Reichssicherheitshauptamt (RSHA) vereinigt worden war, wurde Eichmann ohnehin zuständig, weil er – aus Wien und Prag nach Berlin zurückgekehrt – im Amt IV (Geheime Staatspolizei) des RSHA im Januar 1940 das Referat

[10] Akten zur Deutschen Auswärtigen Politik, D, IV, S. 170.

IV D 4 (Auswanderung und Räumung) übernahm, das später Referat IV B 4 (Judenangelegenheiten, Räumungsangelegenheiten) hieß. Jene Ministerien, die bei Festlegung und Exekution der nationalsozialistischen »Judenpolitik« bislang maßgeblich mitgewirkt hatten, also vor allem Innen- und Justizministerium, sahen sich mehr und mehr zu Gehilfen der Polizeileitung degradiert. Ansonsten durften sie die Juden weiterhin mit Gesetzen schikanieren, wenn auch zunehmend mit Gesetzen, die überhaupt nichts mehr mit der Generallinie der Judenverfolgung zu tun hatten; so kamen die Bürokraten des Reichsinnenministeriums noch am 18. Dezember 1941 auf die Idee, schwerkriegsbeschädigten deutschen Juden per Erlaß die entsprechenden Ausweise wegzunehmen.

Die Zweige und Ämter der Polizei waren aber inzwischen zur Domäne der SS geworden, vom »Reichsführer SS und Chef der Deutschen Polizei« Heinrich Himmler bis zum Chef der Sicherheitspolizei Reinhard Heydrich und bis zur Verschmelzung von SS und Polizei in den mittleren wie unteren Rängen. Und die SS ließ keinen Zweifel, wie sie die erreichte Bastion gegen die Juden zu nutzen gedachte. Am 24. November 1938 brachte das ›Schwarze Korps‹ einen Artikel, der nicht wegen der üblichen rassistischen Roheit bemerkenswert ist, sondern wegen der zynischen Klarheit, mit der bestimmte Konsequenzen der gegenwärtigen judenfeindlichen Maßnahmen erwartet, und wegen der perfiden Zielgerichtetheit, mit der diese Konsequenzen wiederum als Begründung der schon jetzt eigentlich gewollten »Judenpolitik« ins Auge gefaßt wurden. Nachdem der Verfasser zunächst dargelegt hatte, wie die isolierten und pauperisierten deutschen Juden als »Parasiten« in eine elende Existenz und damit »allesamt in die Kriminalität absinken« müßten, zog er folgenden Schluß: »Im Stadium einer solchen Entwicklung ständen wir daher vor der harten Notwendigkeit, die jüdische Unterwelt genau so auszurotten, wie wir in unserem Ordnungsstaat Verbrecher eben auszurotten pflegen: mit Feuer und Schwert! Das Ergebnis wäre das tatsächliche und endgültige Ende des Judentums in Deutschland, seine restlose Vernichtung.«

Allerdings war es im Augenblick noch unmöglich, solche Visionen in die Tat umzusetzen. Die »Kristallnacht« hatte außerhalb des Deutschen Reiches Entsetzen hervorgerufen und die moralische Isolierung des nationalsozialistischen Deutschland vollendet. Auch gewann das Ereignis sogleich politische Bedeutung. Unabhängig vom Schicksal der deutschen Juden, das keine vitalen französischen oder britischen Interessen berührte und deshalb für sich allein relativ geringes Gewicht besessen hätte, wurde der Pogrom in Frankreich und Großbritannien als Beweis dafür genommen, daß dem NS-Regime eine Aggressivität innewohne, die vom Münchner Abkommen und vom Anschluß der Sudetengebiete eben nicht, wie die meisten gehofft hatten, gesättigt worden sei, die bald die nächsten Streiche erwarten lasse und die – dies vor allem – Widerstand unabweisbar mache. Staatsmänner wie der britische Premierminister Neville Chamberlain, der bei seiner Rückkehr aus München den Londonern ein Stück Papier mit einer deutsch-britischen Verpflichtung zur friedlichen Verständigung gezeigt und ihnen zugerufen hatte, hier halte er den »Frieden in unserer Zeit«, sahen sich blamiert, und die von ihnen gegenüber Deutschland bislang verfolgte Appeasement-Politik war diskreditiert. Als Hitler am 15. März 1939 mit dem Einmarsch in die Tschechoslowakei und der Errichtung des »Reichsprotektorats Böhmen und Mähren« der Annahme, nationalsozialistische Aggressivität sei unstillbar, auch noch die außenpolitische Bestätigung lieferte, war in den Ländern Westeuropas endgültig klar, was ohne die psychologische Vorbereitung durch die »Kristallnacht« weit weniger klar gewesen wäre, nämlich daß der nächste internationale Gewaltakt Deutschlands mit militärischen Mitteln beantwortet werden müsse. Ernst Woermann, Leiter der Politischen Abteilung im Auswärtigen Amt, legte am 20. November 1938 eine Denkschrift vor, die, umrahmt von linientreuer Phraseologie, eine ernste Warnung vor dem außenpolitischen Effekt judenfeindlicher Gewalttaten darstellte. Auf die Wirkung in den USA konzentriert, machte Woermann klar, daß es die »Kristallnacht« Präsident Roosevelt wesentlich erleichtert habe, seine anti-nationalsozialistische Politik zu popularisieren. Die am 14. November vorgenommene Abberufung des amerikanischen Botschafters in Berlin, Hugh Wilson, finde allgemeine Zustimmung und »für den Augenblick jedenfalls« stehe »das gesamte Volk fast einmütig hinter« Roosevelt. »Unsere spärlichen Freunde sind verstummt.«[11]

Nun war es den NS-Führern zwar nicht gegeben, Ausmaß und Tiefe der westlichen Reaktion auf den Pogrom zu begrei-

[11] Ebenda, S. 566ff.

fen, doch wurde ihnen immerhin bewußt, daß sie gehörig Porzellan zerschlagen hatten und daß sie gut daran taten, auf dem Felde der »Judenpolitik« mit einer gewissen Vorsicht zu operieren, jedenfalls für eine Weile und jedenfalls solange noch einige Mühe darauf verwandt werden sollte, von Großbritannien und Frankreich freie Hand in Osteuropa zu erhalten. Auch war es an der Spitze des Regimes nicht verborgen geblieben, daß eine große Mehrheit der deutschen Bevölkerung – darunter viele, die gegen die Entrechtung wie gegen die Isolierung der deutschen Juden nichts einzuwenden hatten und oft auch deren Enteignung noch ohne größere Skrupel hinzunehmen bereit waren – die wüste Gewalttätigkeit der »Kristallnacht« scharf verurteilte. Gewiß brauchte selbst von der hellen Empörung, die sich im November oft ganz ungeniert Luft machte, keine Kristallisierung zu politischer Opposition befürchtet zu werden; schließlich war nach der Massenarbeitslosigkeit der großen Wirtschaftskrise jetzt Vollbeschäftigung erreicht, und Hitlers außenpolitische Erfolge wirkten ebenfalls beruhigend auf die Gewissen. Doch konnte der Übergang der Judenverfolgung zur schieren Gewalt offenbar erst dann in großem Maßstab eingeleitet werden, wenn zusätzliche antisemitische Erziehungsarbeit geleistet war, das moralische Empfinden der Nation eine weitere Abstumpfung erfahren hatte und die Bevölkerung außerdem unter der Wirkung ablenkender Faktoren stand. Sonst drohte immerhin eine Schwächung der Beziehung zwischen Regime und Nation, die der Kraftentfaltung nach außen abträglich sein mußte.

Doch wurde ein Ventil für den antisemitischen Aktionsdrang gebraucht, und lediglich als dieses Ventil diente die Politik der Austreibung. Tatsächlich ist das Geschäft der partiellen Vertreibungsaktivitäten von vielen NS-Führern auch nur noch als ein solcher Notbehelf, als von den Umständen erzwungene Bescheidung empfunden worden. Es ist aufschlußreich genug, daß der jüdischen Auswanderung jetzt ein Effekt zugeschrieben wurde, der selbst sie, langfristig gesehen, als ein Instrument der Vernichtung erscheinen ließ. In seiner Unterredung mit Pirow sagte Hitler, es gehe ihm bei der Vertreibung der Juden auch darum, den Antisemitismus zu »exportieren«, und in der erwähnten Denkschrift des Auswärtigen Amts hieß es ebenfalls, daß von der massenhaften Austreibung eine Stärkung des Antisemitismus in den Aufnahmeländern zu erwarten sei. Hier brach eindeutig der Wunsch durch, die Erde für die Juden unbewohnbar zu machen[12]. Ob solche Wünsche in Erfüllung gingen, war freilich höchst zweifelhaft. Die Vorstellung, daß der Antisemitismus durch die Abschiebung der Juden zu exportieren sei, konnte nur ein schwächlicher Trost sein und nichts am Notbehelf-Charakter der Vertreibungsaktionen ändern. So ist es durchaus glaubwürdig, was Heydrich einige Jahre später rückblickend sagte, nämlich daß die Politik der Auswanderung ein Kurs gewesen sei, dessen »Nachteile ... angesichts des Fehlens anderer Lösungsmöglichkeiten vorerst« hätten »in Kauf genommen werden« müssen[13].

Der Beginn des Krieges und die ersten Feldzüge, die von Anfang September 1939 bis Juli 1940 zur Eroberung Polens, Dänemarks, Norwegens, Belgiens, Hollands, Luxemburgs und Frankreichs führten, brachten noch keinen grundsätzlichen Wandel dieser Lage. Angesichts der militärischen Triumphe wurden die Juden in den besetzten Territorien – namentlich die polnischen Juden – gewiß sofort und bedenkenlos in nationalsozialistischer Manier behandelt. Himmler und Heydrich stellten für den Angriff auf Polen, wie schon bei der Besetzung Österreichs und dem Einmarsch in die Tschechoslowakei, sogenannte Einsatzgruppen der Sicherheitspolizei auf, die, den Kampftruppen unmittelbar folgend, die jüdischen Organisationen auflösten, deren Eigentum beschlagnahmten und in größerem Umfang, wenn auch ohne System, Verhaftungen vornahmen. Parallel dazu wurde binnen weniger Tage und Wochen jene Entrechtung, Isolierung und Enteignung durchgesetzt, die im alten Reichsgebiet sechs Jahre und etliche Phasen beansprucht hatte. Dr. Hans Frank, Chef der Verwaltung des nach der Eroberung Polens gebildeten »Generalgouvernements« – d.h. Polens ohne die in der zweiten Septemberhälfte 1939 sowjetisch gewordenen ostpolnischen Territorien, ohne die unter unter der Bezeichnung »Gau Danzig-Westpreußen« bzw. »Gau Wartheland« unmittelbar ans Reich angeschlossenen westpolni-

[12] Am 8. 11. 1938 sagte Himmler in einer Rede vor den SS-Gruppenführern: »In Deutschland kann sich der Jude nicht halten ... Wir werden sie mit einer beispiellosen Rücksichtslosigkeit mehr und mehr heraustreiben ... Die anderen Staaten ... sind natürlich heute nicht antisemitisch, aber sie werden es mit der Zeit ... so daß einst die Welt keinen Platz mehr bietet für die Juden.« In: Heinrich Himmler. Geheimreden 1933 bis 1945 und andere Ansprachen, hrsg. v. Bradley F. Smith und Agnes F. Peterson mit einer Einführung v. Joachim C. Fest. Frankfurt, Berlin, Wien 1974, S. 38f.

[13] Nürnberger Dokument NC – 2586.

schen Gebiete und ohne die ebenfalls deutsch gewordenen Regierungsbezirke Kattowitz und Zichenau –, befahl am 26. Oktober bzw. am 12. Dezember 1939 außerdem die Einführung der Zwangsarbeit für die depossedierten polnischen Juden. Nach örtlichen Vorläufern, so am 24. Oktober in Wloclawec, kam am 23. November 1939 fürs ganze Generalgouvernement auch noch die Anordnung, daß nicht nur die jüdischen Geschäfte, sondern ebenso die Juden selbst »mit dem Zionsstern« zu kennzeichnen seien. Am 11. Dezember folgte die praktische Aufhebung der Freizügigkeit; Reisen mit der Bahn wurden am 26. Januar 1940 ohnehin verboten. Bei alledem hatten nach reichsdeutschem Muster die in sämtlichen jüdischen Gemeinden gebildeten »Ältestenräte« als jüdische Instrumente der deutschen Exekutive nolens volens mitzuwirken.

Auch waren die Juden jetzt insofern vogelfrei, als sie von der Polizei nach Gutdünken hin und her geschoben werden konnten. Heydrich befahl bereits am 21. September 1939, und zwar sowohl für die ans Reich angeschlossenen Gebiete wie für das Generalgouvernement, die Konzentrierung der polnischen Juden in einigen größeren Städten und dort ihre Ghettoisierung einzuleiten. Obwohl der Prozeß weder so schnell noch so umfassend vor sich ging, wie Heydrich das wünschte, kam es doch bald zu großen Bevölkerungsverschiebungen. Schon im April 1940 wurde das entstandene Großghetto in Lodz – als Litzmannstadt zum Reich geschlagen – »geschlossen«, im Oktober/November 1940 folgte Warschau, im März 1941 Krakau, im April des gleichen Jahres Lublin, dann Radom. Der Drang nationalsozialistischer Satrapen, ihren Gau oder ihre Stadt »judenfrei« zu machen, trat jetzt kräftiger hervor und fand erstmals in größeren organisierten Aktionen Ausdruck, da mit dem Generalgouvernement nun eine Region zur Verfügung stand, die als Schuttabladeplatz für die im Reich störenden Personengruppen geeignet schien. So wurden im Dezember 1939 aus dem Reichsgau Posen – wie der Gau Wartheland bis zum 29. Januar 1940 hieß – 87000 Polen und Juden ins Generalgouvernement deportiert, und am 13. Februar 1940 schlossen sich die ersten Massendeportationen aus dem Reich an, aus Wien, Mährisch-Ostrau, Teschen und Stettin. Gelegentlich nannte die Polizei, so Heydrich im September 1939 gegenüber Generaloberst Walther von Brauchitsch, dem Oberbefehlshaber des Heeres, als Endzweck derartiger und künftiger »Umsiedlungen« die Schaffung eines »Judenreservats« irgendwo in Polen.

Solchen Erklärungen kam freilich keine rechte Ernsthaftigkeit zu. Jedenfalls sind die Reservats-Projekte rasch wieder aufgegeben worden; das sagte im April 1940 der Höhere SS- und Polizeiführer im Generalgouvernement, Friedrich Wilhelm Krüger, von dem zuvor angeblich ins Auge gefaßten Reservat im Bezirk Lublin, und bereits am 12. März 1940 hatte Hitler selbst, in einer Unterhaltung mit dem österreichischen Reiseschriftsteller Colin Roß, geäußert, »auch die Bildung eines Judenstaates um Lublin herum würde nie eine Lösung bedeuten«[14]. Hier drängte sich offenbar, wie schon beim Widerstreben gegen Auswanderungsvorhaben größeren Stils, der Vernichtungswille in den Vordergrund, und die Abwendung der Polizei von der Reservats-Idee dürfte ähnliche Gründe gehabt haben. In dem internen Erlaß vom 21. September 1939, der den Beginn der Konzentrierung und Ghettoisierung der polnischen Juden markierte, bezeichnete Heydrich die von ihm befohlene Wanderung lediglich als Voraussetzung eines »Endziels, welches längere Fristen beansprucht«, und er warnte die Empfänger seiner Weisung, nämlich die von ihm kurz vor der schriftlichen Anordnung mündlich instruierten Führer der Einsatzgruppen, daß dieses Endziel »streng geheim« zu halten sei[15]. Das ist nur als Ausdruck einer bald zu realisierenden Vernichtungsabsicht zu verstehen. In dem erreichten Stadium der Dinge gab es außer dem Massenmord wahrhaftig keine Form der Judenverfolgung mehr, die Geheimhaltung gebraucht hätte oder bei der Geheimhaltung noch sinnvoll gewesen wäre, keine auch, denen die Büttel des Regimes die Notwendigkeit einer so strengen Sekretierung, wie sie Heydrich hier forderte, zugebilligt hätten.

Doch zeigten sich auch noch andere Hinweise darauf, daß sich die Vernichtungsträume immerhin anschickten, in die Realität einzubrechen. Während des Feldzugs in Polen und in den unmittelbar anschließenden Wochen legten viele Angehörige der Einsatzgruppen und anderer NS-Formationen ein Verhalten an den Tag, aus dem hervorgeht, daß sie einem umfassenden Mordbefehl inzwischen förmlich entgegenfieberten. Obwohl die Spezialeinheiten der Sicherheitspolizei »nur« Befehl hatten, die polnische Intelligenz »zu liquidieren«, kam es zu zahlreichen Erschießungen einzelner Juden und in einigen Fällen auch zu größeren Massakern: So wütete eine Einsatzgruppe »zur

[14] Akten zur Deutschen Auswärtigen Politik, D, VIII, S. 716.
[15] Nürnberger Dokument PS – 3363.

besonderen Verwendung« (z.b.V.) unter dem SS-Obergruppenführer Udo von Woyrsch in Galizien, und in Wloclawec ließ Ende September 1939 der Führer einer SS-Totenkopf-Standarte von rund 800 verhafteten Juden eine erhebliche Anzahl »auf der Flucht« erschießen; zu dem örtlichen Vertreter des Heeres, der ihn an der Festnahme aller männlichen Juden der Stadt gehindert hatte, sagte der Standartenführer, sie würden »ja doch totgeschossen«[16]. Und wie die Mörder der »Kristallnacht« blieben die Täter auch diesmal bezeichnenderweise unbestraft. Wohl leitete das Heer, dessen Gerichtsbarkeit die SS-Verbände unterstanden, eine Reihe von kriegsgerichtlichen Verfahren ein. Doch erließ Hitler am 4. Oktober 1939 zunächst für derartige Gewalttaten eine Amnestie, von der etwa der Obermusikmeister der Leibstandarte Adolf Hitler profitierte, der in der Nacht vom 18. zum 19. September in Blonie 50 Juden hatte erschießen lassen, und am 17. Oktober 1939 nahm der »Führer« die SS- und Polizeiverbände aus der Wehrmachts- wie aus jeder ordentlichen Gerichtsbarkeit einfach heraus: Von nun an gab es eine Sondergerichtsbarkeit in Strafsachen für hauptamtliche Angehörige der Reichsführung-SS, die SS-Verfügungstruppe (später Waffen-SS) und die SS-Totenkopf-Standarten, für die Angehörigen der Polizeiverbände »bei besonderem Einsatz«. Ein so tiefer Eingriff in die Struktur der Justiz, wie er hier zugunsten der Mörder unternommen wurde, wirkte auf die SS- und Polizeiformationen naturgemäß alles andere als dämpfend. So blieben auch der weitere Herbst 1939, der Winter 1939/40 und das Frühjahr 1940 nicht ohne Exekutionen. Noch am 19. März 1941 schrieb Goebbels, nachdem ihn bei einem Besuch in Posen die lokalen NS-Gewaltigen über die bisherige Geschichte des jungen Reichsgaus ins Bild gesetzt hatten: »Hier ist allerhand liquidiert worden, vor allem an Judenunrat.«[17]

Bei den Spitzen des Regimes war die Bereitschaft, den bei den unteren Schergen vielfach so begierig erwarteten Mordbefehl zu erteilen, ausgeprägter denn je, zumal man sich mit der Liquidierung der polnischen Intelligenz und seit Oktober 1939 auch mit der Liquidierung des sogenannten »lebensunwerten Lebens« in den Heil- und Pflegeanstalten – erstere mit dem Gewehr, letztere mit Giftgas – ohnehin gerade auf das Geschäft des Massen-

[16] Dokument WB 2754 (Manstein-Prozeß), Mikrofilm im Institut für Zeitgeschichte, München.

[17] Die Tagebücher von Joseph Goebbels, I, 4, S. 544.

mords einließ. Hitler hatte, was angesichts der Struktur des NS-Systems die notwendige Voraussetzung bildete, beide Mordprogramme durch seine persönliche Weisung in Gang gesetzt, die »Euthanasie«, die er sogar von seinem persönlichen Sekretariat, der »Kanzlei des Führers« unter Philipp Bouhler und Viktor Brack, organisieren ließ, durch eine schriftliche Anordnung, die Morde in Polen nur durch mündliche Beauftragung. Wie gerne er mit einem derartigen Befehl auch in der »Judenpolitik« das Zeichen für eine neue und zugleich die letzte Etappe gegeben hätte, machte schon seine Amnestie für die in Polen agierenden Judenmörder klar. Dabei wuchs bei etlichen Nationalsozialisten die Neigung, einen kommenden Massenmord nun auch mit einem Argument zu begründen, das dem gleichen Geiste entsprang wie der Artikel im ›Schwarzen Korps‹ vom 24. November 1938, nämlich mit dem entrüstet und angewidert dargebotenen Hinweis auf das – mittlerweile zu einem guten Teil von deutschen Maßnahmen geschaffene – Elend in den polnischen Ghettos. Nach einem Besuch des Ghettos Lodz notierte Goebbels am 2. November 1939: »Das sind keine Menschen mehr, das sind Tiere. Das ist deshalb auch keine humanitäre, sondern eine chirurgische Aufgabe. Man muß hier Schnitte tun, und zwar ganz radikale. Sonst geht Europa einmal an der jüdischen Krankheit zugrunde.«[18] Dem stimmte der »Führer« am folgenden Tag durchaus zu. Auch er meinte: »Mehr eine klinische als soziale Angelegenheit.«[19] Zu dieser Zeit wurden im übrigen zwei Filme gedreht, die genau zu den Emotionen der Hitler und Goebbels paßten, nämlich der Spielfilm ›Jud Süß‹ und der Ghetto-Film ›Der ewige Jude‹. ›Jud Süß‹ endet mit der öffentlichen Erhängung des negativen Helden, und in ›Der ewige Jude‹ werden die Wege der jüdischen Wanderung von Polen nach Westen mit den Wanderwegen von Ratten verglichen: »Wo Ratten auch auftauchen, tragen sie Seuchen und Vernichtung ins Land, genauso wie die Juden unter den Menschen.« »Dieses Judentum«, vertraute Goebbels nach Proben des Ghetto-Films seinem Tagebuch an, »muß vernichtet werden.«[20] Den Angehörigen der Sicherheitspolizei und sonstiger NS-Formationen wurde der Besuch beider Filme 1940 zur Pflicht gemacht.

[18] Ebenda, I, 3, S. 628.
[19] Ebenda, S. 630.
[20] Ebenda, S. 612.

Doch konnte die Vernichtungsabsicht noch immer nicht in einen Vernichtungsbefehl gefaßt werden. Nach wie vor standen dem allzu gewichtige Gründe entgegen. So hoffte Hitler bis in die zweite Jahreshälfte 1940 hinein, daß es gelingen werde, dem kontinentalen deutschen Imperium die Anerkennung durch Großbritannien zu verschaffen. Solange diese Hoffnung bestand, durfte aber der moralische Leumund Deutschlands im britischen Commonwealth – oder »Empire«, wie die Nationalsozialisten in bezeichnender Verständnislosigkeit weiterhin zu sagen pflegten – und in den USA nicht gänzlich ruiniert, mußte vor allem auf die Möglichkeiten des »internationalen Judentums« zur Beeinflussung der britischen und der amerikanischen Regierung Rücksicht genommen werden. Noch lag ja das Deutsche Reich der Beobachtung durch ausländische, nicht zuletzt amerikanische, Journalisten offen, und die eroberten Länder waren gegen neugierige Blicke ebenfalls nicht genügend abgeschirmt. Bei den im Oktober 1939 bereits erteilten zwei Mordbefehlen spielten derartige Gesichtspunkte in den Augen der NS-Führer eine geringere Rolle: Die »Euthanasie« begann als interner Vorgang, der allein die deutsche Bevölkerung betraf; auch wurde jede Anstrengung unternommen, die Abwicklung von Anfang bis Ende geheim zu halten. Das Mordprogramm in Polen schien dagegen vermutlich deshalb unbedenklicher, weil man bei ihm nicht die gleiche internationale Aufmerksamkeit und nicht die gleichen Pressionen auf die angelsächsische Politik befürchtete wie bei einem Vorgehen gegen die Juden.

Zudem mußte es die NS-Führung erleben, daß die Morde in Polen, die befohlenen an Angehörigen der polnischen Intelligenz wie die spontanen an Juden, eben doch Kritik provozierten, und zwar weniger noch außerhalb Deutschlands als – hier erst recht nicht in diesem Ausmaß erwartet – unter den Deutschen selbst. Schon die Umsiedlung stieß bei beteiligtem deutschen Reichsbahnpersonal auf Ablehnung, und der Oberbefehlshaber Ost, Generaloberst Blaskowitz, begründete seine Verurteilung dieser Aktionen, in einer Notiz für den Vortrag beim Oberbefehlshaber des Heeres, am 6. Februar 1940 mit folgenden Sätzen: »Es liegt auf der Hand, daß die darbende und um ihre Existenz und ihr Leben ringende Bevölkerung nur mit größter Sorge die völlig mittellos, über Nacht aus ihren Häusern gerissenen, sozusagen nackt und hungernd bei ihr unterkriechenden Massen der Umgesiedelten betrachten muß. Daß diese Gefühle durch die zahlreichen verhungerten toten Kinder jedes Transportes und die Waggons voll erfrorener Menschen zu maßlosem Haß gesteigert werden, ist erklärlich.«[21]

Mit ähnlichem Entsetzen registrierten Militärs Vorfälle, in denen sich eine furchtbare Mischung aus Ideologie und Sadismus gegen die Juden austobte. Einen dieser Vorfälle hielt am 23. November 1939 ein offizieller Bericht des Wehrkreiskommandos XXI (Posen) fest: »In mehreren Städten wurden Aktionen gegen Juden durchgeführt, die zu schwersten Übergriffen ausarteten. In Turck fuhren am 30. 10. 39 3 SS-Kraftwagen unter Leitung eines höheren SS-Führers durch die Straßen, wobei die Leute auf der Straße mit Ochsenziemern und langen Peitschen wahllos über die Köpfe geschlagen wurden. Auch Volksdeutsche waren unter den Betroffenen. Schließlich wurden eine Anzahl Juden in die Synagoge getrieben, mußten dort singend durch die Bänke kriechen, wobei sie ständig von den SS-Leuten mit Peitschen geschlagen wurden. Sie wurden dann gezwungen, die Hosen herunterzulassen, um auf das nackte Gesäß geschlagen zu werden.«[22]

Solche Vorkommnisse, kommentierte der Verfasser des Berichts, blieben »nicht ohne Rückwirkung auf die Truppe, die ... dadurch ... in einen Gegensatz zu Verwaltung und Partei gerät«. Voller Empörung konstatierten Angehörige des Heeres ferner, daß die Spezialformationen des Reichsführers SS und Chefs der Deutschen Polizei in größtem Umfang plünderten. Generaloberst Blaskowitz referierte mit ungläubigem Erstaunen, daß sich in einer Besprechung bei Generalgouverneur Frank der Beauftragte für den Vierjahresplan, Generalmajor Rührmann, am 23. Januar 1940 gerühmt habe, seinem »gewandten« Außenstellenleiter, einem Rittmeister Schuh, sei es gelungen, »die SS zu bewegen, große Mengen von Uhren und Goldwaren abzugeben«. Blaskowitz knüpfte daran die Bemerkung: »Angesichts solcher Zustände ist es natürlich nicht verwunderlich, daß der Einzelne jede Gelegenheit benutzt, um sich selbst zu bereichern. Er kann dieses ja auch ohne jede Gefahr, denn wenn die Gesamtheit stiehlt, braucht der einzelne Dieb so leicht keine Strafe zu befürchten.«[23]

Am stärksten wirkten aber naturgemäß die Morde. Blaskowitz, der mit seinem Vortrag beim Oberbefehlshaber des Hee-

[21] Nürnberger Dokument NO – 3011.
[22] IMT, XXXV, S. 89.
[23] Nürnberger Dokument NO – 3011.

res ja etwas erreichen und über Brauchitsch Hitler beeindrukken wollte, führte gegen das Wüten der Sicherheitspolizei auch das Argument der politischen Schädlichkeit ins Treffen: »Die sich in aller Öffentlichkeit abspielenden Gewaltakte gegen Juden erregen bei den religiösen Polen nicht nur tiefsten Abscheu, sondern ebenso großes Mitleid mit der jüdischen Bevölkerung, der der Pole bisher mehr oder weniger feindlich gegenüberstand. In kürzester Zeit wird es dahin kommen, daß unsere Erzfeinde im Ostraum – der Pole und der Jude, dazu noch besonders unterstützt von der katholischen Kirche – sich in ihrem Haß gegen ihre Peiniger auf der ganzen Linie gegen Deutschland zusammenfinden werden.«[24]

Die Verwerflichkeit der Morde stand ihm und anderen Offizieren aber noch deutlicher vor Augen als eventuelle Solidarisierungseffekte. Der Oberbefehlshaber im Grenzabschnitt Süd, General der Infanterie Alexander Ulex, schrieb am 2. Februar 1940, die »Gewalttaten der polizeilichen Kräfte« zeigten »einen ganz unbegreiflichen Mangel menschlichen und sittlichen Empfindens, so daß man geradezu von Vertierung sprechen« könne, und er fügte hinzu: »Den einzigen Ausweg aus diesem unwürdigen, die Ehre des ganzen deutschen Volkes befleckenden Zustand sehe ich darin, daß die gesamten Polizeiverbände einschließlich ihrer sämtlichen Höheren Führer und einschließlich aller bei den Generalgouvernementsstellen befindlichen Führer, welche diesen Gewalttaten seit Monaten zusehen, mit einem Schlag abgelöst und aufgelöst werden und daß intakte, ehrliebende Verbände an ihre Stelle treten.«[25]

Für einige Wochen und Monate sah sich also die Sicherheitspolizei in einen ausgewachsenen Konflikt mit der Armee verwickelt, von unmittelbaren Zusammenstößen zwischen Führern herumstreifender Mordkommandos mit Ortskommandanten des Heeres bis zu geharnischten Protesten, die in hohen Stäben formuliert wurden; in einigen Fällen ließen Ortskommandanten scharf laden und erzwangen – ohne auf Widerspruch ihrer Soldaten zu stoßen – den Abzug der Sicherheitspolizei mit Androhung von Waffengewalt. In diesem Konflikt waren Himmler, Heydrich und ihre Polizeiformationen an sich in keiner allzu guten Position. Bei der Ermordung von Juden

[24] Ebenda.
[25] Von Generaloberst Blaskowitz in seiner Notiz zitiert; Nürnberger Dokument NO – 3011.

konnten sie sich nicht auf einen Befehl des »Führers« berufen, sondern lediglich auf die Erklärung zurückziehen, daß empfundene und tätige Judenfeindschaft schließlich den wahren Nationalsozialisten ausmache, und bei der Ermordung von Polen durften sie sich nicht auf einen Befehl des »Führers« berufen, sondern nur auf die Formel hinausreden, daß auch eine vielleicht etwas hart geübte Rache für die im September 1939 geschehenen polnischen Morde an Volksdeutschen ebenso verständlich wie notwendig sei. Offensichtlich wünschte Hitler, daß zwischen ihm als Staatsoberhaupt, das international handlungsfähig bleiben sollte, und dem Mordgeschäft eine gewisse Distanz gewahrt blieb, weshalb Heydrich noch Anfang Juli 1940 klagte, das »Handeln der Polizei und SS« sei als »willkürliche, brutale Eigenmächtigkeit in Erscheinung« getreten, weil der »Liquidierungsbefehl für zahlreiche polnische Führungskreise, der in die Tausende ging«, den »Heeresbefehlsstellen ... nicht mitgeteilt werden konnte«[26]. Das Äußerste an Indiskretion erlaubte sich Himmler, als er am 13. März 1940 in Koblenz einen Vortrag vor den Befehlshabern des Heeres hielt und dabei sagte: »Ich tue nichts, was der Führer nicht weiß.«[27]

Aber trotz guter Voraussetzungen erreichte die Protestwelle nie eine Breite und Wucht, wie sie notwendig gewesen wären, um Wandel zu schaffen; auch verebbte sie bald wieder. Zunächst machte Hitler denn doch klar, hinter welcher Partei er in diesem Streit stand. Nicht nur durch die Amnestie vom 4. Oktober 1939 und die Schaffung einer eigenen SS- und Polizeigerichtsbarkeit. Am 26. Oktober 1939 befreite er das Heer von nahezu jeder Mitwirkung an der Verwaltung Polens und damit nach seiner Auffassung – wie auch nach der Auffassung vieler Offiziere – von jeglicher Mitverantwortung für das, was Himmler dort trieb; der Reichsführer SS war am 7. Oktober zum »Reichskommissar für die Festigung deutschen Volkstums« ernannt und ausdrücklich mit der »Ausschaltung des schädigenden Einflusses von solchen volksfremden Bevölkerungsteilen, die eine Gefahr für das Reich und die deutsche Volksgemeinschaft bedeuten«, beauftragt worden. Als Hitler

[26] Helmut Krausnick, Hitler und die Morde in Polen. Ein Beitrag zum Konflikt zwischen Heer und SS um die Verwaltung der besetzten Gebiete. In: VfZ 11 (1963), S. 196ff.

[27] Bezeugt von General a.D. Ulex, Institut für Zeitgeschichte, München, ZS 626.

Mitte November 1939 die erste von zwei Blaskowitz-Denkschriften über die Greuel in Polen vorgelegt wurde, reagierte er überdies mit wütenden Ausfällen gegen Generäle, die anscheinend glaubten, einen Krieg könne man mit »Heilsarmee-Methoden« führen[28]. So brach er dem Protest bereits die Spitze ab, denn nach einer solch eindeutigen Stellungnahme Hitlers wagte es Generaloberst von Brauchitsch, der schwache und willfährige Oberbefehlshaber des Heeres, nicht mehr, die Kritik an den Verbrechen weiter zu vertreten, weder in milder Form noch gar als Wortführer einer auf Änderung und auf Bestrafung der Schuldigen dringenden Bewegung.

Brauchitschs Haltung war aber auch insofern von Bedeutung, als in einer Institution wie der Armee doch die meisten der protestierenden Offiziere meinten, mit der Meldung übler Vorkommnisse bei der nächsthöheren Stelle – im Falle hoher Befehlshaber also mit der Unterrichtung des Oberkommandos des Heeres (OKH) – ihre Pflicht getan zu haben; die Front der Kritiker hätte mithin, um politisch effektiv werden zu können, den Oberbefehlshaber des Heeres unbedingt gebraucht. Das Verhalten Brauchitschs, das ja keineswegs unbekannt blieb, signalisierte zudem deutlich den Standpunkt Hitlers, und da der »Führer« und die »Führergewalt« inzwischen auch für die überwältigende Mehrheit des Offizierskorps zu nicht mehr anfechtbaren Instanzen der professionellen, politischen und moralischen Entscheidungsfindung geworden waren, genügte vielen die Kenntnis des »Führerwillens«, um aufgekommene Unruhe, ob professioneller, politischer oder eben auch moralischer Art, wieder verschwinden zu lassen. Gewiß gab es noch etliche, die nicht bereit waren, den »Führer« als Gewissensersatz zu akzeptieren, etliche auch, die nicht der Ansicht waren, mit dem Ende der administrativen Zuständigkeit für Polen habe am 26. Oktober 1939 zugleich die moralische Verantwortung der Armee ihr Ende gefunden. Aber wenn solche Offiziere ihre Lage ernstlich zu prüfen begannen, gerieten sie fast sofort in das Dilemma, daß sie im Grunde nur noch die Wahl zwischen zähneknirschendem Gehorsam und einer mit konspirativen Mitteln auf den Staatsstreich zielenden Opposition hatten, und wenn mancher nun auch in der Tat den aktiven Widerstand wählte oder sich darin bestärkt sah, so gingen die meisten doch den

[28] Heeresadjutant bei Hitler. Aufzeichnungen des Majors Engel, hrsg. v. Hildegard von Kotze. Stuttgart 1974, S. 68.

psychisch und moralisch einfacheren Weg und hielten sich an den Eid. Banale Faktoren spielten naturgemäß ebenfalls ihre Rolle, so die rasche Verlegung fast aller aktiven Einheiten an die Westfront, wo sie sich in den Aufmarsch zum Angriff auf Frankreich, Belgien und Holland einzureihen hatten. Daneben kam es zu personalpolitischen Eingriffen. Der Störenfried Blaskowitz zum Beispiel sah sich nach seinen Protesten bald als Oberbefehlshaber Ost abgehalftert und als Oberbefehlshaber der 9. Armee in den Westen versetzt, wo er am 3. Juni 1940 auf Verlangen Hitlers seines Kommandos enthoben wurde.

Indes ist nicht zu verkennen, daß die militärische Fronde gegen die Sicherheitspolizei vor allem anderen an einer grundsätzlichen Schwäche litt. Was die Judenmorde anging, war die Basis der Kritiker überaus schmal und dünn: Ihre Proteste galten ausschließlich öffentlichen Gewalttaten und Morden bzw. den schlimmsten Begleitumständen der »Umsiedlung«, während die übrigen Formen der Verfolgung, von der Entrechtung über die Enteignung bis zur zwangsweisen Ghettoisierung der zu einem Sklavendasein herabgewürdigten Juden, nicht einmal mehr Erwähnung fand. Meist ging das keineswegs auf eine von taktischen Überlegungen bestimmte Konzentration auf die übelsten Auswüchse zurück, sondern auf Gewöhnung und Abstumpfung; die sozusagen ordinäre Peinigung der Juden wurde bereits für selbstverständlich gehalten und kaum noch wahrgenommen. Sieben Jahre Existenz unter einem Regime, das den Antisemitismus zum Kern einer rassistischen Staatsreligion erhoben hatte, waren selbst an einer Majorität der moralisch sensibleren Offiziere nicht spurlos vorübergegangen.

Für Hitler freilich genügte es, eine kritische Bewegung von einiger Breite zu wittern. Zwar wußte er nicht, daß im Winter 1939/40 manche der schon zu aktivem Widerstand entschlossenen Offiziere nicht zuletzt mit Material über die Greuel der Sicherheitspolizei bei OKH, OKW und den Führungsstäben der im Westen aufmarschierten Angriffsarmeen für einen Staatsstreich gegen das Regime warben, aber offensichtlich sagte er sich, daß es im Moment auch einen gewichtigen innenpolitischen Grund gab, in der »Judenpolitik« eine letzte Grenze vorerst noch zu respektieren – angesichts einer Stimmung in der Armee, die Blaskowitz immerhin schreiben ließ: »Die Einstellung der Truppe zur SS und Polizei schwankt zwischen Abscheu und Haß. Jeder Soldat fühlt sich angewidert und abgestoßen durch diese Verbrechen, die in Polen von Angehörigen des

Reiches und Vertretern der Staatsgewalt begangen werden. Er versteht nicht, wie derartige Dinge, zumal sie sozusagen unter seinem Schutz geschehen, ungestraft möglich sind.«[29]

Wann Hitler und andere Spitzenfunktionäre des Regimes wie Göring, Himmler und Heydrich sich mit dem Gedanken vertraut machten, daß es doch möglich sei, der mörderischen Logik ihrer »Weltanschauung« zu gehorchen, beim Krieg gegen die Juden auch noch die Grenze zum Genozid zu überschreiten und tatsächlich einen Versuch zur Austilgung des in der Gegenrasse verkörperten bösen Prinzips der Geschichte zu unternehmen, ist nicht leicht erkennbar. Indes ist sicher, daß die militärischen Triumphe in Skandinavien und dann vor allem in Frankreich dem Vernichtungsdrang sofort neue Nahrung und zugleich einige wichtige Voraussetzungen für die Realisierung lieferten. So erreichte sowohl die militärische und politische wie auch die sozusagen »weltanschauliche« Arroganz der NS-Führer jetzt Höhen einer Hybris, auf denen überhaupt nichts mehr unmöglich schien. Der nach den Erfolgen mit gewohnter Promptheit auflebende Hang, nun auch wieder ein neues Kapitel der Judenverfolgung zu schreiben, ging mit dieser gesteigerten Arroganz eine außerordentlich gefährliche Verbindung ein. Überdies billigte die Nation manchen Spitzenfiguren des Systems, in erster Linie Hitler selbst, aber auch etwa Göring und Goebbels, sogar das Recht auf diese Art von Arroganz zu. Anders gesagt: Das Prestige des »Führers« und einiger Paladine stieg auf einen nicht mehr überbietbaren Scheitelpunkt, und das war insofern auch in einem engeren Sinn von eminent politischer Bedeutung, als für eine Weile die Begriffe »Wille des Führers« oder »Befehl des Führers« eine geradezu magische Kraft bekamen. Hitler war sich dessen durchaus bewußt. Im übrigen fühlte er sich, nach der Niederwerfung der französischen Armee, die ja als die beste Armee nicht allein Europas, sondern der ganzen Welt gegolten hatte, als nicht länger anfechtbarer Herr des europäischen Kontinents. Wohl hoffte er noch einige Zeit nach der Kapitulation Frankreichs, daß Großbritannien sich mit der entstandenen Situation abfinden und die Verständigung mit ihm suchen werde. Doch mußte für das britische Einlenken nun die Machtlage genügen, zumal dann, wenn die deutsche Luftwaffe mit harten Schlägen half, den starrsinnigen Briten

[29] Nürnberger Dokument NO – 3011.

die Aussichtslosigkeit der Fortsetzung des Krieges begreiflich zu machen. Hingegen hielt er es mehr und mehr für überflüssig, irgendwelche Rücksichten auf Deutschlands moralischen Leumund in den angelsächsischen Ländern zu nehmen. Auf der anderen Seite verdichtete sich bei den Chefs des für die »Judenfrage« unmittelbar zuständigen SS-Apparats eine seit dem Einmarsch in Österreich mehrmals wiederholte Beobachtung zu einer politisch relevanten Erkenntnis: Mit jeder Erweiterung des deutschen Machtbereichs geriet auch eine beträchtliche Anzahl von Juden unter NS-Herrschaft, und der Zuwachs lag jeweils erklecklich höher als die bis dahin durch Auswanderung bewirkte Reduzierung. Nach der Eroberung Polens und der westeuropäischen Länder, die auch einen Teil der zuvor emigrierten deutschen Juden erneut in nationalsozialistische Hand gebracht hatte, standen die Leiter der Polizei vor einer quantitativen Dimension ihres selbstgeschaffenen Problems, die es vollends verbot, in normalen Formen von Auswanderung Mittel zur Lösung der »Judenfrage« zu sehen. Und die Expansion des nationalsozialistischen Deutschland hatte ja noch keineswegs ihr Ende gefunden. Am 24. Juni 1940 schrieb Heydrich an Außenminister von Ribbentrop: »Das Gesamtproblem – es handelt sich bereits um rund 3 ¼ Millionen Juden in den heute [welches Wörtchen der Chef der Sicherheitspolizei hervorhob] deutscher Hoheitsgewalt unterstehenden Gebieten – kann durch Auswanderung nicht mehr gelöst werden; eine territoriale Endlösung wird daher notwendig.«[30]

Tatsächlich entstand im Sommer 1940 ein Plan, der das charakteristische Produkt dieser Periode des Übergangs war. Die »Abteilung Deutschland« des Auswärtigen Amts verfügte inzwischen über ein »Judenreferat«, und ein hier sitzender Legationsrat Franz Rademacher heckte im Juni, als sich die Niederlage der französischen Armee bereits abzeichnete, den Gedanken aus, das besiegte Frankreich müsse im Friedensvertrag zur Abtretung der Insel Madagaskar gezwungen werden, aus der dann, nach »Aussiedlung« der dort lebenden Franzosen, ein »Großghetto« für vier Millionen Juden gemacht werden könne, kontrolliert von Heydrichs Sicherheitspolizei und geleitet von einem Himmler unterstehenden Polizeigouverneur[31]. Das Den-

[30] Eichmann-Prozeß, Beweisdokument Nr. 464, Fotokopie im Institut für Zeitgeschichte, München.

[31] Nürnberger Dokument NG – 2586 und NG – 5764.

ken der SS-Führung ging in ähnliche Richtung. Als Himmler im Mai seine Vorstellungen »Über die Behandlung der Fremdvölkischen im Osten« zu Papier brachte, schrieb er dabei: »Den Begriff Juden hoffe ich durch die Möglichkeit einer großen Auswanderung sämtlicher Juden nach Afrika oder sonst in eine Kolonie völlig auslöschen zu sehen.«[32] So hat das Reichssicherheitshauptamt Rademachers Vorschläge »begeistert aufgenommen« und in wenigen Wochen unter der Federführung Eichmanns einen kompletten »Madagaskar-Plan« ausgearbeitet. Himmler genehmigte das Projekt, und Hitler gab zunächst ebenfalls seine Zustimmung. So notierte Goebbels am 26. Juli 1940, im Anschluß an eine Unterhaltung mit dem »Führer«, daß »sämtliche Juden Europas nach dem Kriege nach Madagaskar deportiert werden«[33], und auch Hans Frank konstatierte am 12. Juli befriedigt, daß auf Grund einer Entscheidung Hitlers keine »Judentransporte« ins Generalgouvernement mehr stattfinden dürften, weil die im deutschen Machtbereich lebende »Judensippschaft« vielmehr »ein neues Leben« in Madagaskar beginnen müsse[34].

Dieses Vorhaben spiegelte in der Tat genau die Gestimmtheit des NS-Führungskreises nach dem Sieg in Frankreich. Drei Züge waren am bezeichnendsten: Erstens verrieten die Autoren des Plans die Überzeugung, ohne jede Einschränkung über die europäischen Staaten des Kontinents und ihren überseeischen Besitz verfügen zu können; zweitens zeigten sie sich gewillt, die errungene Verfügungsgewalt zur Ausdehnung der Judenverfolgung über den ganzen Kontinent zu nutzen; und drittens bekundeten sie zum ersten Mal ihre Entschlossenheit, die Judenverfolgung mit einer totalen Lösung abzuschließen, d.h. das eroberte Europa gänzlich »judenfrei« zu machen. Von drei solchen Impulsen gezeugt, enthielt der Madagaskar-Plan nur noch eine bescheidene Dosis der alten Auswanderungs- und Austreibungspolitik, überwiegend stand er bereits im Zeichen einer kaum mehr kaschierten Vernichtungsabsicht, einer Vernichtungsabsicht freilich, die noch auf Gewehre oder Gas verzichten und mit den Kräften der Natur arbeiten wollte. Den Plan

[32] Helmut Krausnick, Denkschrift Himmlers über die Behandlung der Fremdvölkischen im Osten (Mai 1940). In: VfZ 5 (1957), S. 194ff., S. 197.
[33] Die Tagebücher von Joseph Goebbels, I, 4, S. 253.
[34] Das Diensttagebuch des deutschen Generalgouverneurs in Polen 1939 bis 1945, hrsg. v. Werner Präg und Wolfgang Jacobmeyer. Stuttgart 1975, S. 252.

inspirierte offenkundig die Erwartung, daß die europäischen Juden elend zugrunde gehen mußten, wenn man sie gewaltsam aus Heimat und Beruf riß, sie nur mit »etwas größerem Handgepäck«, wie Rademacher sagte, auf die unfreiwillige Reise schickte und sie dann ohne vernünftige Arbeitsmöglichkeit auf einer der für Europäer ungesündesten Inseln dieser Erde zusammenpferchte. Hitler spekulierte auf solche Wirkung des Klimas, und wie Krankheiten aller Art in einem derartigen »Großghetto« aufräumen würden, konnten sich die Berliner Pläneschmiede auch nach den bislang in den polnischen Ghettos gesammelten Erfahrungen mühelos – und zuversichtlich – ausrechnen. Mit den Madagaskar-Projekten, wie sie in der Zwischenkriegszeit gelegentlich in Polen als Möglichkeiten der Auswanderung einer begrenzten Anzahl polnischer Juden erörtert worden waren, hatten die Pläne Rademachers und des RSHA also lediglich das geographische Ziel und damit den Namen gemein. Der deutsche Madagaskar-Plan von 1940 war vielmehr vom gleichen Geiste wie der schon 1892 von Karl Paasch öffentlich gemachte Vorschlag, die Juden, die im allzu zahm und weich gewordenen Deutschland ja doch nicht umgebracht würden, wenigstens nach Neu-Guinea zu deportieren und dort langsam krepieren zu lassen.

6. Genozid

Indes ist die afrikanische Planung der Sicherheitspolizei nie ernstlich in Angriff genommen worden. Das lag keineswegs am Kriegsverlauf, der solche Vorhaben allerdings ohnehin ausgeschlossen hätte, sondern daran, daß der Entschluß gefaßt wurde, die Realisierung der Vernichtungsabsicht in die eigene Hand zu nehmen, statt sie dem Walten der Natur zu überlassen. Jedoch kam dieser Schritt offensichtlich nicht einfach als eine verschärfende Modifizierung des Madagaskar-Plans. Die Vorstellung, man könne, müsse und werde die europäische »Judenfrage« in Europa selbst definitiv »lösen«, und zwar durch die Ermordung aller dort lebenden Juden, eine derartige Vorstellung reifte vielmehr parallel zur Arbeit des RSHA an jenem Deportationsprojekt, und zwar offenkundig zuerst und zunächst allein in Hitler. Der Reichsführer SS hatte noch im Mai 1940 die »Methode der physischen Ausrottung eines Volkes«

als »bolschewistisch« und als »ungermanisch« abgelehnt[1]. Wohl war seine Bemerkung auf die Polen gemünzt, die nach Auffassung von SS und Partei – wie auch in deren späteren Plänen für das Vorgehen in Osteuropa ausdrücklich gesagt[2] – wesentlich besser als die Juden behandelt werden mußten. Doch scheint Himmler, obschon zur Exekution selbst größerer partieller Mordprogramme ohne Skrupel bereit, bei dem Gedanken an Genozid immerhin so große Schwierigkeiten gehabt zu haben, daß er ihn auch im Hinblick auf die Juden nicht als erster zu fassen vermochte. Als er seinem finnischen Masseur Felix Kersten erzählte, der »Führer« habe im Sommer 1940, unmittelbar nach dem Feldzug in Frankreich, die etappenweise Vernichtung der europäischen Juden befohlen, war jedenfalls klar, daß Hitler das Patent an dieser »Endlösung der Judenfrage« zustand, wenngleich Himmler auch den Einfluß von Goebbels und Martin Bormann, dem Chef der Parteikanzlei, am Werke sah[3]. Im übrigen hat Kersten seinen Patienten sicherlich mißverstanden. Hitler dürfte im Sommer 1940 noch keinen »Befehl« gegeben haben. Hingegen ist durchaus glaubhaft, daß er dem Reichsführer SS zu diesem Zeitpunkt seine Absicht eröffnete, einen Vernichtungsbefehl wahrscheinlich schon in absehbarer Zukunft zu erteilen. Ebenfalls im Sommer 1940, am 20. Juli, sagte er ja auch zu Goebbels, daß man mit den Juden »kurzen Prozeß machen« müsse: »Sie wirken sich sonst immer als Spaltpilze aus.«[4]

Bei den beiden Äußerungen ist nicht zuletzt der Zeitpunkt aufschlußreich. Sie fielen in jenen Wochen, in denen Hitler auch zum ersten Mal von der Absicht sprach, relativ bald die Sowjetunion anzugreifen. Offenbar bestand bereits an den Ursprüngen jener dann am Ende ganz deutliche Zusammenhang zwischen Hitlers Entschluß zum Krieg gegen Rußland und seinem Entschluß zur mörderischen »Endlösung der Judenfrage«. In seinen Augen muß ja auch, nachdem die Vernichtungsabsicht einmal geweckt war, der Zusammenhang sowohl »weltanschau-

[1] Helmut Krausnick, Denkschrift Himmlers über die Behandlung der Fremdvölkischen im Osten (Mai 1940). In: VfZ 5 (1957), S. 197.

[2] Helmut Heiber, Der Generalplan Ost. In: VfZ 6 (1958), S. 281 ff., hier S. 308.

[3] Felix Kersten, Klerk en Beul. Amsterdam 1948, S. 197 ff.; ähnlich ders., Totenkopf und Treue. Hamburg 1952, S. 201.

[4] Die Tagebücher von Joseph Goebbels, hrsg. v. Elke Fröhlich. Teil I, Bd. 4. München 1987, S. 246.

lich« logisch gewesen wie situationsgerecht erschienen sein. Zum Angriff auf die Sowjetunion ließ sich Hitler gewiß auch von Umständen der Kriegslage bewegen, wie sie sich ihm nach den Feldzügen in Nord- und Westeuropa darbot, also vornehmlich von der deutschen Unfähigkeit zur Eroberung der britischen Inseln und, daraus abgeleitet, von der vermeintlichen Notwendigkeit der Ausschaltung des letzten potentiellen Festlandsdegens der Briten. Davon abgesehen, entschloß er sich jedoch vor allem deshalb zum Marsch nach Osten, weil er sich, obwohl England noch nicht die Waffen gestreckt hatte, mittlerweile stark genug fühlte, seinen eigentlichen Krieg zu führen, den Krieg um »Lebensraum« und um die Schaffung des zunächst anvisierten kontinentalen Imperiums, jenen Krieg also, für den die NS-Bewegung begründet worden war, für den sie sich das Deutsche Reich dienstbar gemacht hatte und für den das nationalsozialistische Deutschland nun, nach den bisherigen Erfolgen, in der angestrebten Ausgangsstellung stand. Für einen Geist wie Hitler war es, angesichts einer so atemberaubenden Entwicklung, wohl zwingend, diesen einen genuin nationalsozialistischen Krieg mit dem zweiten genuin nationalsozialistischen Krieg, dem rassistischen Kreuzzug gegen die Juden, nicht nur ideologisch, sondern jetzt auch faktisch aufs engste zu verzahnen und die Endsiege beider Kampagnen in eins fallen zu lassen. So schob er mit der Planung zum ungeliebten »Unternehmen Seelöwe«, dem Angriff auf England, auch den ebenso widerwillig aufgenommenen Madagaskar-Plan beiseite, um – vermutlich erleichtert und befreit – an die Vorbereitung und die Realisierung des »Unternehmens Barbarossa« endlich eine »Lösung der Judenfrage« zu binden, wie er und andere Nationalsozialisten sie seit der »Kristallnacht« gewünscht, aber bislang nicht zu verwirklichen gewagt hatten.

Im Vergleich zu den vorangegangenen nationalsozialistischen Aktionen waren die Ziele der beiden jetzt aufs Programm gesetzten Vorhaben mit einer gigantischen Vervielfachung von Opfern und einer unermeßlichen Vermehrung von Leiden identisch; allein die Planer des Kriegs um Lebensraum rechneten mit einer Reduzierung der sowjetischen Bevölkerung um rund 30 bis 40 Millionen. Im Hinblick auf die Reaktion der eigenen Nation konnte das in den Augen der NS-Führer, trotz ihres jüngsten Autoritätsgewinns, nicht unproblematisch sein, zumal sich kurz nach der Unruhe, die vom Vorgehen in Polen provoziert worden war, überdies Widerspruch gegen die im Herbst

1939 eingeleitete »Euthanasie« zu regen begann, und zwar parallel zu Planung und Inszenierung von »Barbarossa«. Indes durfte der Angriff auf Rußland als heiliger Krieg gegen den Bolschewismus präsentiert werden, und das erlaubte den Versuch, mit dem Hinweis auf die Gesetze und Notwendigkeiten, die bei der vollständigen Austilgung dieses Todfeinds der bürgerlichen Welt zu herrschen hätten, der Armee und der ganzen Nation eine Brutalisierung von Kriegführung und Politik zuzumuten, wie sie bisher nicht gekannt worden war. Bei einem solchen Kreuzzug, so ließ sich weiter spekulieren, mußte der Lärm der Schlachten und das Geschmetter der Fanfaren auf den Siegesfeiern doch auch die Salven der Juden jagenden Exekutionskommandos übertönen. So offerierte das »Unternehmen Barbarossa« zugleich eine Chance für die »Endlösung der Judenfrage«, wie sie vielleicht nie wiederkehrte.

Hitler unternahm denn auch, während die Medien des Regimes und seine Einrichtungen zur »weltanschaulichen Schulung« die Nation insgesamt bearbeiteten, größere Anstrengungen als vor dem Feldzug in Polen, um die Führung der Wehrmacht einzustimmen. Am 30. März 1941 holte er die Befehlshaber der im Osten inzwischen aufmarschierten Stoßarmeen und ihre Stabschefs nach Berlin, wo er ihnen in der Reichskanzlei die Parole »Kampf zweier entgegengesetzter Weltanschauungen« einzuhämmern suchte und ihnen – wie Wochen zuvor schon OKW und OKH – auseinandersetzte, daß das bolschewistische System mit Stumpf und Stiel ausgerottet werden müsse und daß dies konkret die Liquidierung aller politischen Funktionäre wie aller Kommissare der Roten Armee bedeute, ja die Erledigung der »kommunistischen Intelligenz« oder, wie er sich auch ausdrückte, der »jüdisch-bolschewistischen Intelligenz«[5]. Die Hauptlast des Vernichtungswerks, so erklärte er der versammelten Generalität ferner, hätten Sonderformationen des Reichsführers SS zu tragen, Einsatzgruppen, die in den eroberten Gebieten auf eigene Verantwortung handeln würden, doch habe sich auch die Armee zu beteiligen, indem sie die Kommissare der sowjetischen Truppen selbst erschießen bzw., wenn das aus irgendwelchen Gründen unterbleibe, den Einsatzgruppen übergeben müsse. Einige Wochen später, am 6. Juni 1941, ging eine Mitteilung des OKW an die Stäbe des Osthee-

[5] Helmut Krausnick, Kommissarbefehl und »Gerichtsbarkeitserlaß Barbarossa« in neuer Sicht. In: VfZ 25 (1977), S. 682ff.

res, in der Hitlers Darlegungen, soweit sie die Behandlung der Truppenkommissare betroffen hatten, in Befehlsform gefaßt waren (»Kommissarbefehl«) und in der abermals ein Hinweis auf Existenz und Eigenständigkeit der von Hitler erwähnten Einsatzgruppen erschien. Bereits am 13. Mai hatte ein »Führererlaß« über die »Ausübung der Kriegsgerichtsbarkeit im Gebiet ›Barbarossa‹« festgelegt, daß während der Besetzung sowjetischer Territorien Gewaltakte deutscher Soldaten gegen die Zivilbevölkerung in der Regel nicht kriegsgerichtlich zu verfolgen seien.

Weder in Hitlers Rede vom 30. März noch in Kommissarbefehl oder Gerichtsbarkeits-Erlaß war davon die Rede, daß die Einsatzgruppen die Weisung erhalten hätten, die in der Sowjetunion lebenden Juden auszurotten. Auch in den Verhandlungen zwischen Heydrich und dem Generalquartiermeister im OKH General Wagner, die in den Tagen bis zum 26. März 1941 zu einer schriftlichen Vereinbarung über das Verhältnis zwischen Heer und Einsatzgruppen führten, fiel kein Wort über einen solchen Auftrag. Aber OKW, OKH und die Generalität des Ostheeres wußten nun, daß zu dem kommenden Feldzug ein Mordprogramm von beispiellosen Ausmaßen gehörte, weit größer als alles, was in Polen geschehen war, und nach den polnischen Erfahrungen mußten es die Soldaten zumindest für höchstwahrscheinlich halten, daß die diesmal mit einem eindeutigen »Führerbefehl« losgelassene Sicherheitspolizei ihre Vollmachten auch zur Ermordung zahlloser Juden nutzen werde. Gleichwohl trafen die Worte Hitlers und die in ihrem Geiste formulierten Befehle – wenn man von einer gewissen Unruhe absieht, die der für disziplingefährdend gehaltene Gerichtsbarkeits-Erlaß auslöste – nicht auf Widerspruch, von Widerstand ganz zu schweigen. Die meisten Militärs nahmen die Ankündigung der Mordserien schon deshalb passiv und gehorsam hin, weil sie vom »Führer« kam; wie bereits im Falle der Polen-Greuel verstummte vor dem »Willen des Führers« und dem »Führerbefehl« jeder Einwand, der sich auf die Regeln des Völkerrechts oder die Gebote von Moral und Religion gestützt hätte. Dabei half nicht nur den moralisch stumpfen Naturen, sondern auch manchem, der immerhin in sich Gefechte zwischen »Führergewalt« und Gewissen erlebte, die Überzeugung, daß Deutschland – erst recht nach der von niemand bezweifelten raschen Niederwerfung der Sowjetunion – militärisch unverwundbar geworden sei und daher keine politische Bestrafung mehr zu fürchten brauche. Doch bewährte sich auch Hitlers Spekulation auf die Wirkung der antibolschewistischen Parolen. Mit den entsprechenden Passagen seiner Rede hat er am 30. März eine erkleckliche Zahl der Zuhörer tatsächlich überzeugt, etlichen einfach aus der Seele gesprochen; daß man bolschewistische Kommissare nicht gefangennimmt, sondern erschießt, hatten Offiziere wie General Guderian, der in Vorbereitung und Führung des Feldzugs in Rußland eine so herausragende Rolle spielte, bereits 1919 im Baltikum gelernt, als sich dort deutsche Truppen mit kommunistischen Verbänden herumschlugen. In solchem Geiste nahm die Armee des nationalsozialistischen Deutschland den Kommissarbefehl ohne Murren hin und führte ihn nach Beginn des Angriffs zunächst auch ohne Murren aus, bis man die Entdeckung machte, daß der Befehl die Kommissare und damit oft auch die von ihnen gelenkten Einheiten zwang, wirklich bis zur letzten Patrone zu kämpfen. Im übrigen war auch das Begriffspaar »jüdisch-bolschewistisch« kein alleiniger Besitz der Nationalsozialisten. Von ihrem sozusagen ordinären Antisemitismus geleitet, glaubten mittlerweile viele deutschnationale Offiziere ebenfalls, jüdisch und bolschewistisch gehörten irgendwie zusammen; daß die in der Sowjetunion lebenden Juden ein besonders hohes Kontingent der politischen Funktionäre Stalins und der Kommissare der Roten Armee stellten, war im deutschen Offizierskorps herrschende Lehrmeinung.

Trotzdem wäre eine breitere Gegenreaktion vielleicht nicht ausgeblieben, hätte der »Führer« noch vor Beginn des Angriffs klipp und klar gesagt, daß die Einsatzgruppen angewiesen seien, alle in der Sowjetunion anzutreffenden Juden zu erschießen. Die bewußt beibehaltene Unklarheit über das volle Ausmaß des Mordprogramms und die in den schriftlichen Befehlen gegebene Einschränkung der Opfer auf bestimmte – allerdings höchst ungenau definierte – Kategorien von Funktionsträgern haben zur gehorsamen Hinnahme der Weisungen Hitlers zumindest etwas beigetragen. Tatsächlich war aber, als Kommissarbefehl und Gerichtsbarkeits-Erlaß das Ostheer erreichten, der Entschluß zur Ausrottung der Juden längst gefaßt. In den Monaten zuvor ausgebrütet, wurde der Vernichtungsbefehl im März 1941 endgültig fixiert, als Hitler neben sonstigen sozusagen politischen Aspekten von »Barbarossa« auch die Aufgaben der Einsatzgruppen klärte, d.h. mit Himmler und Heydrich vornehmlich die zu liquidierenden Personengruppen festlegte. Die initiierende und dominierende Aktivität des »Führers« ist dabei, wie in den anderen grundsätzlichen Fragen des Kriegs gegen Rußland, deutlich erkennbar. Trotz der Zustimmung und Willfährigkeit, die Hitler allenthalben fand und ohne die er nicht handlungsfähig gewesen wäre, konnte im NS-Regime, das weitgehend die Struktur der NS-Bewegung angenommen hatte, doch kein politisches Problem prinzipiellerer Natur oder von prinzipiellerer Bedeutung ohne Entscheidung des »Führers« gelöst werden, schon gar nicht auf einem Felde, auf dem er sich jede wichtigere Entscheidung ausdrücklich vorbehalten hatte. Zu jener Zeit vermochten Gauleiter wie Schirach in Wien und Goebbels in Berlin, die darauf brannten, ihre Städte »judenfrei« zu machen, nicht einen Juden ohne Genehmigung des »Führers« ins Generalgouvernement zu deportieren; Goebbels war es, weil Hitlers Zustimmung fehlte, noch immer nicht möglich gewesen, für das Reichsgebiet oder wenigstens für Berlin die Kennzeichnung der Juden anordnen zu lassen, und ein Projekt wie der Madagaskar-Plan hatte selbstverständlich dem »Führer« vorgelegt werden müssen. Angesichts solcher Verhältnisse ist die Vorstellung absurd, Figuren wie Himmler und Heydrich, nicht ohne Macht, aber doch nur zweitrangig und mit zweitrangigen Kompetenzen ausgestattet, hätten eigenmächtig eine grundsätzliche Kursänderung der nationalsozialistischen »Judenpolitik« vornehmen können, und zwar mit einem Befehl, der die internationale Position Deutschlands in ihrem Wesen verwandeln, das Gesicht der deutschen Besatzungspolitik in Rußland prägen und während der Durchführung naturgemäß ständig Friktionen zwischen diversen Ämtern und Organisationen des NS-Staats produzieren mußte. Hier war jene Instanz erforderlich, die allein über sämtlichen konkurrierenden Meinungen, Absichten und Interessen stand; nur sie war in der Lage, die nationalsozialistische »Judenpolitik« von der Ebene, auf der noch Madagaskar-Pläne geschmiedet wurden, auf die Ebene des Genozids zu verlagern. Daß Hitler nicht bloß entschieden hat, sondern auch als Initiator anzusehen ist, kann im übrigen daran abgelesen werden, daß es bis zur Erteilung der Befehle im Frühjahr 1941 nicht die kleinste Spur einer Initiative von SS-Führung oder RSHA gibt. Beide haben auch später nie beansprucht, Anreger des Massenmords gewesen zu sein, sich vielmehr intern und erst recht nach außen – anders als im Falle Polen offensichtlich dazu ermächtigt – stets glaubwürdig und von niemandem bezweifelt auf einen »Führerbefehl« berufen.

Die Berufung auf den Willen und auf die Weisung Hitlers begann schon bei der Instruierung des Führungspersonals der Einsatzgruppen. Vier solcher Einheiten »der Sicherheitspolizei und des SD«, mit A, B, C und D bezeichnet, wurden von März bis Juni 1941 aufgestellt. Zwischen 500 und 1000 Mann stark, setzten sich die Mannschaften und die unteren Ränge einer Gruppe aus überwiegend mehr zufällig abkommandierten Angehörigen von SD, Gestapo, Kriminalpolizei und Waffen-SS zusammen, während das für Personalien zuständige Amt I des RSHA bei den Führungskadern sorgfältig darauf achtete, in der Wolle gefärbte und bereits vielfach »bewährte« Nationalsozialisten auszuwählen. Im Juni mußten dann diese Führungskader Kurse, auch landeskundlicher Art, zur Vorbereitung auf ihre Tätigkeit in der Sowjetunion absolvieren, und bei zwei Gelegenheiten wurden ihnen ihre eigentlichen Aufgaben erläutert[6]: einmal in Pretzsch (nordöstlich von Leipzig an der Elbe gelegen) offenbar von Bruno Streckenbach, der im RSHA das Amt I leitete, und einmal, wahrscheinlich am 17. Juni, in Berlin von Heydrich selbst, dem Chef des RSHA. Vier Personengruppen, so erfuhren sie, seien von ihren Verbänden zu exekutieren: Alle Funktionäre des sowjetischen Systems, »Asiatisch-Minderwertige«, Zigeuner und Juden. Daß noch vor Beginn des Angriffs auf Rußland der Befehl zur Ermordung aller Juden, ob Männer, Frauen oder Kinder, gegeben wurde, steht fest. Otto Ohlendorf, Chef der Einsatzgruppe D, hat das nach dem Kriege ebenso bezeugt wie etliche überlebende Führer von Einsatzkommandos, so Dr. Walter Blume (Sonderkommando 7a der Einsatzgruppe B) und Dr. Alfred Filbert (EK 9). Als SS-Brigadeführer Dr. Walter Stahlecker, Chef der für die baltischen Länder bestimmten Einsatzgruppe A, am 23. Juni 1941 auf der Gestapo-Dienststelle in Tilsit eintraf und dort den noch nicht unterrichteten Funktionären Heydrichs Befehle vom 17. Juni übermittelte, ließ er keinen Zweifel daran, daß sämtliche Juden, auch Frauen und Kinder, zu erschießen seien; schon in den nächsten Tagen begann ein daraufhin formiertes »Einsatzkom-

[6] Hierzu und zu den folgenden Absätzen Helmut Krausnick und Hans-Heinrich Wilhelm, Die Truppe des Weltanschauungskrieges. Die Einsatzgruppen der Sicherheitspolizei und des SD 1938–1942. Stuttgart 1981, insbes. S. 150 ff.; ferner Helmut Krausnick, Hitler und die Befehle an die Einsatzgruppen im Sommer 1941. In: Der Mord an den Juden im Zweiten Weltkrieg. Entschlußbildung und Verwirklichung, hrsg. v. Eberhard Jäckel u. Jürgen Rohwer. Stuttgart 1985, S. 88 ff.

mando Tilsit« entsprechend zu verfahren. Zwar hat Heydrich am 2. Juli 1941, die am 22. Juni eröffneten Grenzschlachten waren bereits in vollem Gange, den für das sowjetische Gebiet vorgesehenen vier Höheren SS- und Polizeiführern eine schriftliche Weisung übersandt, in der lediglich davon die Rede war, daß »Juden in Partei- und Staatsstellungen« zu exekutieren seien, doch hatte dieses Schriftstück offensichtlich nur den Zweck, von den Adressaten als Beruhigungsmittel verwendet zu werden, wenn, wie seinerzeit in Polen, Offiziere der Armee zudringliche Fragen stellen und Kritik üben sollten. Es wäre sonst nicht zu erklären, daß der »Befehl« von keiner Polizeiformation im »Ostraum« je beachtet wurde, schon gar nicht von den Höheren SS- und Polizeiführern, an die er ja gerichtet war; wenig später verbuchten jedenfalls die ihnen unmittelbar zugeordneten Polizeiverbände einige der größten Judenmassaker auf ihr Konto. Ebenso eindeutig bezeugten indes die überlebenden Angehörigen der Einsatzgruppen, daß Heydrich den erhaltenen Mordauftrag als »Führerbefehl« charakterisierte und zur Sicherung des Gehorsams auch charakterisieren mußte.

Die Führer der Einsatzkommandos wiederholten dann Heydrichs Muster, als sie ihren Einheiten entweder kurz vor oder kurz nach Überschreiten der sowjetischen Grenze beizubringen hatten, worin ihre Aufgabe bestand, so Dr. Filbert im ostpreußischen Treuburg oder Dr. Otto Bradfisch vom EK 8, der seinen Untergebenen ebenfalls »in militärisch knapper Form« mitteilte, nach einem Befehl des »Führers« müsse »das ganze besetzte Rußland judenfrei« gemacht werden und seien »auch andere rassisch minderwertige Elemente sowie KP-Funktionäre zu liquidieren«[7]. Allerdings hatten Himmler und Heydrich den Gruppenchefs und Kommandoführern gewisse taktische Freiheiten zugestanden. Sie waren z. B. ermächtigt, in den baltischen Ländern und in den anderen sowjetischen Gebieten judenfeindliche Pogrome der einheimischen Bevölkerung zu dulden und sogar anzustiften, sofern letzteres gelang, ohne die deutschen Urheber zu kompromittieren. Der Zweck solcher Rezepte, von denen im allgemeinen lediglich Aufstellung und Angliederung landeseigener Milizen verwirklicht werden konnten, bestand, wie bei Heydrichs Weisung vom 2. Juli, allein darin, den Massenmord an den Juden für deutsche Beobachter verträglicher ablaufen zu lassen. So schrieb Stahlecker,

[7] Zit. nach Krausnick, Hitler und die Befehle an die Einsatzgruppen, S. 96.

als er im Oktober 1941 Zwischenbilanz zog, es sei »nicht unerwünscht« gewesen, wenn die Sicherheitspolizei – »befehlsgemäß ... entschlossen, die Judenfrage mit allen Mitteln und aller Entschiedenheit zu lösen« – »nicht sofort in Erscheinung trat«, da »die doch ungewöhnlich harten Maßnahmen ... auch in deutschen Kreisen Aufsehen erregen mußten«[8]. Auch war es anfänglich zulässig, auf die Nerven des Exekutions-Personals Rücksicht zu nehmen. Die Kommandos bestanden ja nicht durchweg aus antisemitischen Fanatikern, und die Vollstrekkung eines Befehls zur Ermordung sämtlicher Juden war denn doch noch etwas anderes als die Erschießung einzelner Juden oder als vereinzelte Massaker. Die Schreibtischtäter in Berlin scheinen vor allem die Erschießung von Kindern als große Zumutung für die Schützen angesehen zu haben. Nicht daß die Weisung zur Ermordung der jüdischen Kinder erst nach Feldzugsbeginn gegeben worden wäre, zu der nach der ersten Phase der Aktion als »notwendig« entdeckten Komplettierung eines ursprünglich nicht totalen Mordprogramms. Neben anderen hat auch SS-Obersturmbannführer Karl Tschierschky, ein enger Mitarbeiter Stahleckers, bezeugt, »daß sich der Liquidierungsbefehl von Anfang an auf alle Juden, d.h. einschließlich Frauen und Kinder, bezog«[9]. Aber die Gruppenchefs hatten offensichtlich die Erlaubnis, ihre Untergebenen, falls das angebracht schien, an ihre Aufgabe heranzuführen und einen Prozeß der Härtung zu tolerieren. Arthur Nebe, vor, während und nach seiner Tätigkeit als Chef der Einsatzgruppe B Leiter des Reichskriminalamts, konnte bereits am 13. Juli 1941 melden, bei seinen Kommandos hätten sich »die Liquidierungen eingespielt, die jetzt täglich in größerem Maße erfolgen«[10]. Es sollte jedoch nie ernstliche personelle Probleme geben, schon gar nicht bei den Führungskadern; ein einziger, dem das Mordgeschäft zuwider war, SS-Sturmbannführer Ernst Ehlers, hatte sich sogleich nach der Befehlserteilung in Pretzsch weggemeldet, ohne daß ihm daraus Nachteile erwachsen wären.

So fielen die Einsatzgruppen in die baltischen Länder ein, in Weißrußland, in die Ukraine, wiederum den Kampftruppen »dichtauf« folgend, und die Meldungen, die sie regelmäßig ans RSHA in Berlin sandten, wo sie für einen gar nicht so kleinen

[8] Nürnberger Dokument L – 180.
[9] Zit. nach Krausnick, Hitler und die Befehle an die Einsatzgruppen, S. 100.
[10] Ebenda, S. 95.

Bezieherkreis zu Gesamtberichten zusammengefaßt wurden, diese Meldungen bewiesen binnen kurzem, daß sie den Befehl zur »umfassenden Beseitigung der Juden« in der Tat mit grauenerregender Gewissenhaftigkeit auszuführen begannen. So berichtete das Einsatzkommando 3 – um nur ein Beispiel aus dem Alltag jener »Weltanschauungskrieger« zu nennen –, daß es allein am 29. August 1941 in Utena und Moletei 582 Juden, 1731 Jüdinnen und »1469 Judenkinder« erschoß[11]. Die Meldungen bewiesen ferner, daß sich die »Lösung der Judenfrage« in der Sowjetunion für die Einsatzgruppen zu einem Unternehmen entwickelte, das alle anderen Exekutionsaufgaben – auch die Exekutionen kommunistischer Funktionäre – quantitativ in den Schatten stellte. Die Tag für Tag, Woche für Woche, Monat für Monat nach Berlin gelieferten Zahlen ermordeter und in Massengräbern verscharrter Juden summierten sich allmählich zu Gesamtzahlen, die selbst in der SS- und Polizeiführung manchem Leser den Atem genommen haben müssen. Das erwähnte EK 3 etwa meldete, bis zum 25. November 1941 folgendes Ergebnis erzielt zu haben: 1064 Kommunisten, 56 Partisanen, 653 Geisteskranke, 44 Polen, 28 russische Kriegsgefangene, 5 Zigeuner, 1 Armenier – und 136421 Juden[12]. Die Einsatzgruppe A, zu der das Kommando gehörte, verzeichnete für den gleichen Zeitraum insgesamt 229052 exekutierte Juden. Einsatzgruppe B berichtete bis zum 14. November 1941 die Erschießung von 45467, Gruppe C (SS-Brigadeführer Dr. Dr. Otto Rasch) bis Anfang Dezember 1941 von 95000, Gruppe D bis 8. April 1942 von 92000 Juden. Dazu kamen die von den Polizeiformationen der Höheren SS- und Polizeiführer ermordeten Juden: z.B. im Monat August 1941 rund 23600 karpato-ukrainische Juden bei Kamenez-Podolsk, am 13. Oktober 1941 etwa 10000 in Dnjepropetrowsk, Anfang November 1941 mindestens 15000 in Rowno. Dem Massaker von Kiew (Babi Jar), an dem neben Teilen der Einsatzgruppe C mehrere andere Einheiten beteiligt waren, fielen im Laufe dreier Septembertage des Jahres 1941 nicht weniger als 33771 Juden zum Opfer. Im übrigen gab es in der Mordarbeit auch keine Pause, nachdem die Gruppenchefs als Befehlshaber der Sicherheitspolizei und die Kommandoführer als Kommandeure der Sicherheitspolizei im

[11] Zit. nach Krausnick, Judenverfolgung. In: Anatomie des SS-Staates. Olten, Freiburg 1965, Bd. 2, S. 367.
[12] Ebenda, S. 367.

Herbst 1941 stationär geworden waren. Bereits im ersten Dreivierteljahr nach dem 22. Juni 1941 kostete dieser nationalsozialistische Vernichtungsfeldzug insgesamt 700000 bis 750000 Juden in der Sowjetunion das Leben, und das Jahr 1942 brachte noch eine Zunahme der mörderischen Raserei: Beispielsweise wurde dem »Führer« am 20. Dezember 1942 von Himmler mitgeteilt, daß von August bis November 1942 allein in der Ukraine, in Südrußland und im Bezirk Bialystok 363211 Juden erschossen worden seien[13].

Zwar gelang es den Einsatzgruppen und den Verbänden der Höheren SS- und Polizeiführer nicht, die jüdischen Sowjetbürger tatsächlich auszurotten. Viele Juden entgingen den Mordkommandos durch rechtzeitige Flucht vor den deutschen Armeen. Andere wiederum, die das Glück hatten, die ersten Monate nach dem Erscheinen deutscher Truppen zu überleben, fanden dann bei Stellen und Betrieben der Wehrmachtverwaltung und der zivilen Besatzungs-Administration Beschäftigung als hochgeschätzte Handwerker und Facharbeiter. Solche Beschäftigung bot gewiß nur einen prekären Schutz, da die Sicherheitspolizei sich wieder und wieder, auf Befehl Hitlers und Himmlers[14], über die Interessen der Wehrmacht wie erst recht der Zivilverwaltung rücksichtslos hinwegsetzte, der Vernichtung der Juden Priorität vor dem Beitrag jüdischer Sklaven zur Kriegsanstrengung gab und von Zeit zu Zeit große Beutezüge unter den jüdischen Arbeitskräften unternahm; zahlreichen Juden brachte die Sklaverei aber doch die Rettung. Einige schlugen sich auch zu den Partisanen oder bildeten spezifisch jüdische Partisanengruppen. Gleichwohl – und wenn auch allein schon die ungeheure Dimension der gestellten Aufgabe die Möglichkeiten der Sicherheitspolizei einfach überstieg – bleibt das Ergebnis festzuhalten, daß es Hitlers und Himmlers Mordkommandos immerhin fertigbrachten, fast die Hälfte der am 22. Juni 1941 auf sowjetischem Boden lebenden Juden umzubringen: von 4,7 Millionen nicht weniger als 2,2 Millionen[15].

Angesichts derartiger Zahlen hatte es keinen rechten Sinn, daß Himmler und Heydrich den Kommandos vorschrieben, bei jeder Meldung über ein Massaker an Juden die Wendung einzu-

[13] Zit. nach Gerald Fleming, Hitler und die Endlösung. München 1982, S. 142.

[14] Selbst Göring äußerte gelegentlich, es »müsse davon abgegangen werden, daß der Jude unentbehrlich sei«; vgl. Krausnick, Judenverfolgung, S. 424.

[15] Krausnick/Wilhelm, Die Truppe des Weltanschauungskrieges, S. 621 f.

bauen, die Exekution habe als »Vergeltung« für irgendwelche feindseligen Handlungen stattgefunden. Wem sollte damit eigentlich vorgemacht werden, daß die Juden nicht ihrer Rasse wegen, sondern wegen ihres Verhaltens erschossen wurden? Die Einsatzgruppen selbst brachten für diese »Sprachregelung« offensichtlich auch kein Verständnis auf. Monatelang wurden so stereotype und zugleich vage Formeln benutzt, daß mit ihnen kein Anspruch auf Glaubwürdigkeit zu erheben war, und wenn die Begründung gelegentlich doch ins Detail ging, rutschten die Verfasser nicht selten ins Grausig-Lächerliche ab, so wenn es hieß, in Marina Gorka seien 996 männliche und weibliche Juden erschossen worden, weil sie »nur mit Widerwillen« gearbeitet hätten. Die Einsatzgruppe B kümmerte sich dagegen während des ganzen Juli 1941 überhaupt nicht um die Sprachregelung und meldete die Exekution von Juden ohne Begründung; dann erhielt Gruppenchef Nebe offensichtlich einen Rüffel und paßte seinen Meldestil an. Ein Viertel- oder Halbjahr später freilich wurde in manchen Berichten aller Einsatzgruppen die Sprachregelung abermals ignoriert, jetzt aber dergestalt, daß man den rassistischen Vernichtungsfeldzug gegen die Juden klar von allen anderen Aktivitäten abhob. Wie unernst der Formelkram mit »Vergeltung« intern genommen wurde und wie ernst dagegen die rassistische Ideologie, zeigt nichts besser als ein bestimmter Meinungsaustausch zwischen Ohlendorf und dem RSHA. Der Chef der Einsatzgruppe D stand im Spätherbst 1941 vor der Frage, wie mit den Karaimen und den Krimtschaken zu verfahren sei. Auf seine Erkundigung in Berlin erhielt er vom RSHA zur Antwort, die Karaimen seien wohl jüdischen Glaubens, doch rassisch keine Juden, wogegen die Krimtschaken zwar den jüdischen Glauben abgelegt hätten, aber rassisch einwandfrei Juden seien; daraufhin meldete die Gruppe später »die Einbeziehung der Krimtschaken in das Schicksal« der »eigentlichen« Juden[16].

Auch der Wehrmacht und der Zivilverwaltung konnte nicht vorgespiegelt werden, daß der Massenmord an den Juden in irgendeinem Sinn als ein Akt oder doch als ein Produkt der Kriegführung gegen Sowjetunion und Sowjetsystem gelten müsse. Zu klar lag vor aller Augen, daß der Feldzug in Rußland die Ermordung der dort lebenden Juden lediglich ermöglichte und keineswegs bedingte. Schon in den ersten Wochen nach

[16] Nach Krausnick, Hitler und die Befehle an die Einsatzgruppen, S. 95f.

dem 22. Juni 1941 bestätigte sich, was auf Grund der in Polen gemachten Erfahrungen zu erwarten gewesen war, nämlich daß die jüdische Bevölkerung, statt feindselige Handlungen gegen die deutschen Truppen zu riskieren, sich »von vornherein ängstlich-willig« verhielt, wie ein Vertreter des Wehrwirtschafts- und Rüstungsamts im OKW am 2. Dezember 1941 an seinen Chef, General Georg Thomas, schrieb[17], und im weiteren Verlauf der Dinge stellte sich überdies heraus, daß die im Dienste einer abstrusen »Weltanschauung« stehende Mordorgie, die der Wehrmacht wie der Zivilverwaltung ja zahllose wertvolle und oft unersetzliche Arbeitskräfte wegschoß, die Interessen der Kriegführung gröblich verletzte. Doch auch ohne Blick auf Aspekte der Nützlichkeit oder Schädlichkeit empfand außerhalb der Sicherheitspolizei eine deutliche Mehrzahl der Soldaten und Besatzungsfunktionäre, die vom Massenmord Kenntnis erhielten, den Genozid als ein Verbrechen, das selbst angesichts eines beiderseits von Anfang an gnadenlos geführten Krieges nichts von seiner Furchtbarkeit und Abscheulichkeit verlor. Da sich die Kenntnis rasch ausbreitete – ein so gigantisches Mordprogramm war nicht geheim abzuwickeln, und mit der Rückendeckung des »Führerbefehls« gab sich die Sicherheitspolizei auch keine sonderliche Mühe –, begann sich in der Armee sogar eine gewisse Unruhe zu regen.

Am 9. Dezember 1941 schrieb der Nachrichtenoffizier (Ic) der Heeresgruppe Mitte, nachdem er die Divisionen der 4. Armee besucht hatte, in seinem dienstlichen Bericht: »Bei allen längeren Gesprächen mit Offizieren wurde ich, ohne darauf hingedeutet zu haben, nach den Judenerschießungen gefragt. Ich habe den Eindruck gewonnen, daß die Erschießung der Juden, der Gefangenen und auch der Kommissare fast allgemein im Offizierskorps abgelehnt werden ... Je nach Temperament und Veranlagung der Betreffenden wurde in mehr oder weniger starker Form die Frage der Verantwortung hierfür zur Sprache gebracht. Es ist hierzu festzustellen, daß die vorhandenen Tatsachen in vollem Umfang bekannt geworden sind und daß im Offizierskorps der Front weit mehr darüber gesprochen wird, als anzunehmen war.«[18] Noch am 31. Dezember 1942 erwähnte Ernst Jünger, der damals die Südfront in Rußland bereiste, ei-

[17] IMT, XXXII, S. 72ff.

[18] Zit. nach Krausnick/Wilhelm, Die Truppe des Weltanschauungskrieges, S. 257f.

nen Bericht über die »ungeheuerlichen Schandtaten des Sicherheitsdienstes nach der Eroberung von Kiew« in seinem Tagebuch als Teil eines der »üblichen« Gespräche in den Stäben des deutschen Ostheeres. Danach schilderte der konservative Autor in bewegenden Worten den Ekel, der ihn, der sich im Ersten Weltkrieg als Infanterieleutnant den »Pour le mérite« verdient hatte, jetzt vor Uniformen, Orden und Waffen ergriff[19]. 1941 nahmen die Redereien im Ostheer zeitweise ein Ausmaß an, daß die Führung Grund zum Eingreifen zu haben glaubte. Generalfeldmarschall Walter von Reichenau, Oberbefehlshaber der 6. Armee, erließ am 10. Oktober 1941 einen Befehl an seine Soldaten, in dem er ihnen erklärte, sie seien nicht nur »Kämpfer nach den Regeln der Kriegskunst, sondern auch Träger einer unerbittlichen völkischen Idee« und müßten deshalb »für die Notwendigkeit der harten, aber gerechten Sühne am jüdischen Untermenschentum volles Verständnis haben«. Feldmarschall von Rundstedt, OB der Heeresgruppe Süd, fand an Reichenaus Worten so viel Gefallen, daß er sie den übrigen drei Armeen der Heeresgruppe zur Kenntnis gab und zum Erlaß ähnlicher Weisungen aufforderte. Nachdem sich auch Hitler lobend geäußert hatte, übermittelte Brauchitsch den Reichenau-Text am 28. Oktober 1941 allen Heeresgruppen, Armeen, Panzergruppen und Befehlshabern rückwärtiger Heeresgebiete im Osten, und zwar mit der Bitte, Anordnungen »im gleichen Sinne« herauszugeben. Generaloberst Hermann Hoth, OB der 17. Armee, und General Erich von Manstein, OB der 11. Armee, kamen dem Wunsch des OKH sogar mit Befehlen nach, die eigenständige und Reichenaus Sätze ideologisch noch überbietende Formulierungen enthielten[20].

Solche Interventionen zeigten eine Haltung der Generalität, die es der im Heer laut gewordenen Kritik an der Sicherheitspolizei verwehren mußte, politische Relevanz zu gewinnen. Allerdings fehlte der Ablehnung und der entsetzten Verständnislosigkeit, die Reichenau, Hoth und Manstein anprangerten, ohnehin jede Tendenz zur Politisierung. Nach Beginn des Feldzugs in Rußland gesellte sich sowohl bei Feldmarschällen und Generälen wie in den sonstigen Rängen der Armee – wenn es auch Ausnahmen gab – zu all jenen Faktoren, die bisher schon prak-

[19] Ernst Jünger, Strahlungen. Tübingen 1949, S. 250.

[20] Hierzu Krausnick/Wilhelm, Die Truppe des Weltanschauungskrieges, S. 258ff.

tisch jeglichem »Führerbefehl« den Gehorsam gesichert hatten, die Überzeugung oder die Empfindung, in einem Kampf auf Leben und Tod gegen den schlimmsten Feind europäischer Kultur und Gesittung zu stehen und deshalb zumindest für die Dauer des Krieges unlösbar an das im Reich herrschende Regime gekettet zu sein. Als Folge wurde die Beunruhigung durch die Verbrechen der Polizei meist rasch wieder unterdrückt, oft selbst die Kenntnis verdrängt, und von einer gleichsam entschlossenen Konzentration auf die unmittelbaren Nöte der eigenen Situation abgelöst, die ja nicht gering waren. Im übrigen weckte die Vernichtungskampagne der Sicherheitspolizei auch in der Armee nicht nur Empörung. Zur greifbaren Konsequenz der offiziellen Zustimmung, die darin bestand, daß die Armee das Geschäft der Einsatzgruppen durch logistische und technische Unterstützung im Grunde erst ermöglichte, ferner zur Genehmigung des OKW für die Sicherheitspolizei, alle sowjetischen Kriegsgefangenen jüdischer Herkunft aus den Lagern der Wehrmacht herauszuholen, ist die gut dokumentierte Beobachtung zu fügen, daß derartige Hilfsdienste immer wieder auch gerne geleistet wurden. In einigen Fällen haben sich nicht bloß Verbände der Waffen-SS, wie in großem Umfang die von Hitlers späterem Schwager Hermann Fegelein geführte 1. SS-Kavallerie-Brigade, sondern sogar einzelne Angehörige und einzelne Einheiten der Wehrmacht auch an Exekutionen beteiligt – teils auf Anforderung und Befehl, teils ohne äußere Zwänge. Die Gifte der nationalsozialistischen Ideologie waren längst in alle Blutbahnen der Nation gedrungen.

So löste Hitler bei seinen Hörern keine größere Bewegung aus, als er am 30. Januar 1942 in öffentlicher Rede verkündete, seine Prophezeiung vom 30. Januar 1939, Ergebnis eines Krieges werde »die Vernichtung des Judentums« sein, beginne sich zu erfüllen: »Aug' um Aug', Zahn um Zahn!«[21] Damit war zu diesem Zeitpunkt freilich schon nicht mehr allein die Aktivität der Einsatzgruppen gemeint. RSHA, die »Kanzlei des Führers« und einige andere Stellen des Regimes hatten längst die Vorarbeiten für ein zusätzliches Mordprogramm aufgenommen, dessen Dimensionen die Vernichtungskampagne in der Sowjetunion noch überbieten und dessen Methoden das Vorgehen der Einsatzgruppen gleichsam altmodisch aussehen lassen sollten. Als Hitler über der politischen Konzeption des »Unternehmens

[21] Völkischer Beobachter, 31. 1. 1942, S. 4.

Barbarossa« brütete und dann der Sicherheitspolizei ihre Aufgabe zuwies, stellte sein Befehl zur Ermordung der in der Sowjetunion greifbaren Juden offensichtlich nur den ersten und den nach Feldzugsbeginn sofort in Angriff zu nehmenden Teil eines weit umfassenderen Entschlusses dar, nämlich des Entschlusses zur Ermordung aller im deutschen Macht- und Einflußbereich lebenden Juden, zur Ausrottung der gesamten europäischen Judenheit. In seinen Augen und nach der tödlichen Logik der wahnhaften nationalsozialistischen Judenfeindschaft wäre es ja auch widersinnig gewesen, eine gewissermaßen partielle, d.h. auf die UdSSR beschränkte Ausrottung der Juden anzuordnen. Nicht einmal als Konzentration – auf die »Ostjuden« als den Keimzellen des »Weltjudentums« – hätte er solche Bescheidung vorsehen oder ertragen können, und zwar nicht allein deshalb, weil die Nationalsozialisten unter »Ostjuden« eigentlich mehr noch die polnischen als die sowjetischen Juden verstanden und weil sie die Juden Mitteleuropas und des Westens für mindestens so verderblich hielten wie die des Ostens, sondern auch auf Grund der schieren ideologischen wie psychischen Unmöglichkeit, eine bloß teilweise Ausrottung zu beschließen und zu planen. Der Begriff Ausrottung meint Totalität, zum Vorhaben der Ausrottung einer bestimmten Gruppe von Menschen gehören der Wille und die Tendenz zum totalen Ergebnis. Auch ist gewiß auszuschließen, daß Hitler und der engere Führungskreis des Regimes die Absicht hatten, erst die sowjetischen Juden umzubringen und dann in den leergemordeten Räumen die übrigen europäischen Juden anzusiedeln, zumal ein dermaßen gigantisches Deportationsprogramm in einem schroffen Gegensatz zu den Ausbeutungs- und Ausmerzungszielen des Ostkriegs gestanden hätte und auch handfesten Gegengründen begegnet wäre: So rechnete man in Berlin damit, daß der militärische Sieg über die Rote Armee nicht unbedingt das Ende aller Kampfhandlungen bringen werde; man war durchaus darauf gefaßt, an einer unsicheren Grenze zum asiatischen Rußland einen jahrelangen Kleinkrieg führen zu müssen. Angesichts einer solchen Perspektive kann nicht beabsichtigt gewesen sein, hinter jener Grenze in den ohnehin schwer zu sichernden Riesenräumen Millionen der gefährlichsten Feinde der »arischen« Rasse permanent unterzubringen; das wäre weder Hitler eingefallen noch den höchst sicherheitsbewußten Chefs von Gestapo, SD und Ordnungspolizei.

Daß er in der Tat beschlossen hatte, nicht allein die sowjetischen Juden, sondern die gesamte europäische Judenheit auszurotten, verriet Hitler – soweit wir sehen können – zum ersten Mal bezeichnenderweise im März 1941, als sich auch der Auftrag für die auf die Sowjetunion angesetzten Einsatzgruppen klärte. Am 17. März konferierte der »Führer« in Berlin mit Hans Frank, um neben den konkreten Problemen, die dem Generalgouvernement durch den Aufmarsch der deutschen Armee gegen Rußland entstanden, auch die nach dem Erfolg von »Barbarossa« neu zu orientierende politische Zukunft des Territoriums zu erörtern. Abgesehen davon, daß Hitler eine in längerer Frist, in fünfzehn oder zwanzig Jahren, zu verwirklichende Vision der »Aussiedlung« aller polnischen Bewohner und der totalen Germanisierung bei dieser Gelegenheit definitiv zur Leitlinie der deutschen Politik erhob, sagte er seinem Krakauer Statthalter ferner zu, daß als erstes deutsches Herrschaftsgebiet das Generalgouvernement »judenfrei gemacht« werde, und zwar schon »in absehbarer Zeit«[22]. Da der Madagaskar-Plan für ihn bereits ein Schubladen-Projekt darstellte und er sich auch nicht mit dem Gedanken beschäftigt haben kann, die polnischen Juden in die Sowjetunion zu verfrachten, lag seinem »Versprechen« an Frank offensichtlich der Entschluß zugrunde, auch die westlich der sowjetischen Grenzen lebenden Juden umbringen zu lassen, und zwar wohl ab Herbst 1941, nach dem Ende, wie er zuversichtlich annahm, größerer Kampfhandlungen in Rußland. Dazu paßt exakt, daß die Administration des Generalgouvernements sich bis Juli 1941 Zeit ließ, ehe sie auf das Versprechen des »Führers« zurückkam und Vorarbeiten zur »Entfernung der Juden aus dem GG beginnend mit dem Warschauer Ghetto« in Angriff nahm[23]. Anders als bei dem sofort zu erfüllenden Auftrag der Einsatzgruppen mußte ja bei der Erstreckung des Ausrottungsbefehls auf alle europäischen Juden gewartet werden, bis es im Osten Räume und Plätze für den unauffälligen Vollzug gab, ob in den eroberten sowjetischen Territorien oder im Generalgouvernement, das die gegen Rußland versammelten Divisionen dann verlassen haben würden. Wenige Wochen nach dem Gespräch mit Frank scheint Hitler im übrigen auch Alfred Rosenberg unterrichtet zu ha-

[22] Das Diensttagebuch des deutschen Generalgouverneurs in Polen 1939 bis 1945, hrsg. v. Werner Präg und Wolfgang Jacobmeyer. Stuttgart 1975, S. 335, 338.

[23] Ebenda, S. 389.

ben, den er gewiß nie zu den politischen oder organisatorischen Größen seines Regimes rechnete, doch stets in allen sozusagen »theologischen« Fragen der nationalsozialistischen »Weltanschauung« als obersten Wächter respektierte und deshalb für würdig gehalten haben mag, als einer der ersten den Plan zur Vernichtung der »jüdischen Weltpest« kennenzulernen. Jedenfalls notierte Rosenberg am 2. April 1941 in seinem Tagebuch, der »Führer« habe ihm ein Vorhaben eröffnet, das »ich heute nicht niederschreiben will«[24]. Im Juni 1941 schließlich, als ihm der Entwurf einer Verordnung des Reichsinnenministeriums über die Rechtsstellung der in Deutschland lebenden Juden zur Entscheidung vorgelegt wurde, lehnte der »Führer« nicht nur diese, sondern jede rechtliche Fixierung des Status der Juden ab, weil er, wie der Chef der Reichskanzlei an den Chef der Parteikanzlei schrieb, der Meinung war, daß es nach dem Kriege »in Deutschland ohnedies keine Juden mehr geben werde«[25].

Seinen Organisatoren auf dem Felde der »Judenpolitik«, Göring, Himmler und Heydrich, hat Hitler im Frühjahr 1941, als er ihnen mitteilte, daß er die Liquidierung der sowjetischen Juden befehle, daneben offenbar auch schon zu verstehen gegeben, daß in der »Judenfrage« bald eine grundlegende Wendung zu einer dann tatsächlich endgültigen Gesamtlösung zu erwarten sei. Jedenfalls tauchten nun im Schriftverkehr der Polizei entsprechende Hinweise auf. So war in einem Erlaß, den das RSHA am 20. Mai 1941 an die Staatspolizeileitstellen und an den Beauftragten der Sicherheitspolizei und des SD für Belgien und Frankreich sandte, zwar noch von der – während des Krieges allerdings kaum mehr möglichen – Förderung der jüdischen Auswanderung aus Deutschland die Rede, doch danach hieß es, die Auswanderung aus Frankreich und Belgien werde hiermit untersagt, und zwar »im Hinblick auf die zweifellos kommende Endlösung der Judenfrage«[26]. Welcher Art diese »Endlösung« sein werde, dürfte im RSHA zumindest vermutet worden sein, nachdem über das Schicksal der sowjetischen Juden bereits Klarheit herrschte, und wenige Wochen später waren die Chefpolizisten des Regimes nicht mehr auf Vermutungen angewiesen. Irgendwann in der ersten Junihälfte müssen Himmler und Heydrich von Hitler erfahren haben, daß unter der kommen-

[24] Zit. nach Robert Kempner, Eichmann und Komplizen. Zürich 1961, S. 97.
[25] Nürnberger Dokument NG – 1123.
[26] Nürnberger Dokument NG – 3104.

den »Endlösung« die Ermordung aller europäischen Juden zu verstehen sei, was im nationalsozialistischen Sprachgebrauch natürlich in etwas weniger kriminell und etwas mehr nach historisch-politischer Aufgabe klingende Begriffe wie »physische Vernichtung« oder »Ausrottung« gefaßt wurde, um schließlich mit der Tarnformel »Evakuierung nach dem Osten« umschrieben zu werden; in einer seiner Reden hat Himmler die Wörter »Evakuierung« und »Vernichtung« sogar in einem einzigen Satz als Synonyme gebraucht[27]. Als Stahlecker, Chef der Einsatzgruppe A, am 6. August 1941 dem Reichskommissar Ostland auseinandersetzte, daß es falsch sei, für die Juden im »Ostraum« – wie das ein Richtlinienentwurf des Reichkommissars vorsah – die gleiche Behandlung ins Auge zu fassen, die sie bislang im Generalgouvernement genossen, daß die Sicherheitspolizei vielmehr Befehl habe, die sowjetischen Juden zu liquidieren, da verknüpfte er jenen Befehl ganz selbstverständlich mit der, wie er schrieb, »Gesamtreinigung des europäischen Raumes von allen Juden«, die demnächst »spruchreif« werde[28]. Das Führungspersonal der Sicherheitspolizei wußte also schon zu Beginn des Überfalls auf die Sowjetunion, daß der Massenmord an den sowjetischen Juden nur den ersten Akt einer im Prinzip gleichartigen Gesamtlösung in europäischem Maßstab darstellte und daß der zweite Akt nahe bevorstand. Solche Gewißheit konnte Stahlecker indes allein dann haben, wenn Heydrich, als er die Führer der Einsatzgruppen und der Kommandos am 17. Juni in ihre Aufgaben einwies, wenigstens den Gruppenchefs klargemacht hatte, daß das Mordprogramm nicht auf die Sowjetunion beschränkt sei, sondern der gesamten europäischen Judenheit gelte. Daß Heydrich dazu in der Lage war, setzte wiederum voraus, daß Himmler und vielleicht auch Hitler persönlich ihm in den vorhergegangenen Tagen oder Wochen eine entsprechende Entscheidung des »Führers« eröffnet hatten.

Mit seinem förmlichen – nach dem Muster des Ausrottungsauftrags an die Einsatzgruppen offenbar nur mündlich erteilten – Befehl, die Vorarbeit zur Realisierung der grundsätzlichen Entscheidung in Angriff zu nehmen, scheint Hitler jedoch bis zum Juli gewartet zu haben. Es ist anzunehmen, daß er vor der

[27] Heinrich Himmler am 4. 10. 1943 in Posen vor SS-Gruppenführern.

[28] Hermann Graml, Zur Genesis der »Endlösung«. In: Das Unrechtsregime. Internationale Forschung über den Nationalsozialismus, Bd. 2: Verfolgung – Exil – Belasteter Neubeginn, hrsg. v. Ursula Büttner unter Mitwirkung v. Werner Johe und Angelika Voß. Hamburg 1986, S. 13f.

definitiven Festlegung durch einen Befehl und davon ausgelöste praktische Maßnahmen erst Sicherheit über die militärische Entwicklung gewinnen wollte. Mitte Juli konnte er glauben, die gewünschte Sicherheit zu haben. Die deutschen Armeen hatten die Grenzschlachten erfolgreich abgeschlossen, bei der Heeresgruppe Mitte sogar mit der ersten der großen Kesselschlachten des Rußlandkriegs. Franz Halder, der Chef des Generalstabs, hatte schon am 3. Juli seinem Tagebuch die Gewißheit anvertraut, »daß der Feldzug gegen Rußland innerhalb 14 Tagen gewonnen wurde«[29]. Noch vor Einbruch des Winters, so rechnete man im Führerhauptquartier, war wieder ein siegreicher Feldzug zu Ende, und zwar der politisch zentrale Feldzug des Dritten Reichs, jener Krieg, der die Erfüllung des nationalsozialistischen Traums vom Lebensraum bescherte und den europäischen Kontinent endgültig in deutschen Besitz brachte. Vor einem so ungeheuren Triumph stehend und dem Anschein nach von jeglichem Risiko befreit, war es in den Augen des »Führers« wohl an der Zeit, auch für den zweiten genuin nationalsozialistischen Krieg – zuerst in der UdSSR geführt und nun auf seine vielen europäischen Schauplätze auszuweiten – endlich die Generalmobilmachung zu befehlen, damit der letzte Sturm auf die Bastionen der Judenheit Europas nach dem militärischen Sieg in Rußland unverzüglich beginnen konnte.

Sichtbarstes Zeichen dafür, daß Hitler und Himmler dem RSHA nun in der Tat befohlen hatten, den Weg zur »Endlösung« im europäischen Maßstab begehbar zu machen, war die Formulierung einer neuen Bevollmächtigung Heydrichs, die seine vom Januar 1939 stammende Ermächtigung zur Direktion der Auswanderungs- und Austreibungspolitik ablösen sollte. Göring, als Inhaber vielfältiger Kompetenzen nach wie vor – namentlich gegenüber den staatlichen Behörden – oberster Koordinator der nationalsozialistischen »Judenpolitik«, unterschrieb am 31. Juli eine offenbar von Heydrich selbst entworfene Weisung, die den Chef des RSHA beauftragte, »alle erforderlichen Vorbereitungen in organisatorischer, sachlicher und materieller Hinsicht zu treffen für eine Gesamtlösung der Judenfrage im deutschen Einflußgebiet in Europa«; im zweiten Absatz wurde Heydrich angewiesen, »in Bälde« einen Entwurf der »Vorausmaßnahmen zur Durchführung der angestrebten

[29] Generaloberst Franz Halder, Kriegstagebuch. Bearb. v. Hans Adolf Jacobsen, 3 Bde. Stuttgart 1962–1964, Bd. 3, S. 38.

Endlösung der Judenfrage vorzulegen«[30]. Göring, der zwei Wochen später zeigte, daß ihm die Bedeutung des Begriffs »Endlösung« durchaus bewußt war, als er während einer Konferenz über Rüstungsfragen sagte, die Juden würden aus »den von Deutschland beherrschten Gebieten« verschwinden[31], hatte mit diesem Erlaß vom 31. Juli Heydrich zum Leiter des Mordprogramms bestellt und dem Chef des RSHA auch schon das Instrument in die Hand gegeben, das er brauchte, um die demnächst erforderliche Mitwirkung anderer staatlicher Behörden und Einrichtungen zu sichern, vom Reichsaußenministerium bis zur Reichsbahn.

Einige für den Juli und für den weiteren Verlauf des Sommers 1941 sonst noch zu konstatierende Aktivitäten lassen im übrigen erkennen, daß bereits in jenen Monaten, in denen mit Hitlers Befehl der Übergang von Absicht und Entschluß zu konkreter Planung und praktischer Vorbereitung begann, drei Aktionskreise zu unterscheiden sind, in die sich die »Endlösung«, neben den Operationen der Einsatzgruppen auf sowjetischem Gebiet, später tatsächlich gliedern sollte, wenn auch die Wirklichkeit keine strenge Scheidung zuließ, die der planerische Entwurf auch gar nicht vorsah.

Einen ersten Kreis bildete die Vernichtung der polnischen Juden, d.h. der Juden des Generalgouvernements. Am 20. und 21. Juli 1941 hielt sich Himmler in Lublin auf, wo er, wie auch die am 22. Juli eingetragene Notiz im Diensttagebuch des Generalgouverneurs über die jetzt vorzubereitende »Abschiebung« der Juden bestätigte, das Vorhaben mit dem als Leiter ausgesuchten Odilo Globocnik besprochen haben muß[32], der dort als SS- und Polizeiführer residierte; Globocnik zählte zur Elite der österreichischen NSDAP und war zeitweilig Gauleiter von Wien gewesen. Etwa zur gleichen Zeit haben sich Himmler und Heydrich ferner mit Philipp Bouhler, dem Chef der »Kanzlei des Führers«, darüber verständigt, einen Teil des bislang beim »Euthanasieprogramm« (Aktion T 4) verwendeten Personals von dieser Aufgabe abzuziehen und Globocnik zur Verfügung zu stellen. Aktion T 4, der von Januar 1940 bis Au-

[30] Nürnberger Dokument NG – 2586/PS – 710.

[31] Zit. nach Raul Hilberg, Die Aktion Reinhard. In: Der Mord an den Juden im Zweiten Weltkrieg. Entschlußbildung und Verwirklichung, hrsg. v. Eberhard Jäckel und Jürgen Rohwer. Stuttgart 1985, S. 126.

[32] Nach Eberhard Jäckel, in: Jäckel/Rohwer, Der Mord an den Juden im Zweiten Weltkrieg, S. 137.

gust 1941 in Anstalten wie Grafeneck, Hartheim und Hadamar rund 70000 mit Kohlenmonoxyd vergaste Behinderte zum Opfer gefallen waren, befand sich auf Grund ständig heftiger geäußerter Proteste der Bevölkerung und der Kirchen ohnehin gerade in so kräftigen Turbulenzen, daß es geraten schien, das Unternehmen für eine Weile zu drosseln und die freigesetzte Mannschaft mit ihren einschlägigen Erfahrungen anderweitig zu nutzen. Einer der Organisatoren von T 4, Christian Wirth, der aus der Kriminalpolizei kam und später den Rang eines Polizeimajors erhielt, hatte sich im Spätsommer 1941 mit seinem Kommando bei Himmler zu melden, der ihm den Marschbefehl nach Lublin und die bevorstehende Aufgabe mit dem Zusatz erläuterte, daß dem Kommando Wirth »Übermenschlich-Unmenschliches« zugemutet werde, es sei aber »Befehl des Führers«[33]. Wirth und seine Leute, die bis zum Herbst 1943, als ihre polnischen Aktivitäten endeten, bürokratisch als Exekutoren eines »Sonderauftrags des Führers« eingestuft und von Hitlers persönlicher Kanzlei besoldet wurden, trafen Ende August oder Anfang September in Lublin ein. Globocnik unmittelbar unterstellt, machten sie sich sogleich daran, eine Organisation aufzubauen, die – aus ihnen als Kern, landeseigenen Hilfstrupps und Angehörigen diverser SS- und Polizeiformationen bestehend – den Anforderungen der »Aktion Reinhard«, wie die Ausrottung der Juden des Generalgouvernements im Sprachgebrauch der SS-Bürokratie bald hieß, gewachsen sein sollte. Noch im September schwärmten die Späher Globocniks und Wirths aus, um einen geeigneten Platz für den Massenmord zu suchen. Fündig geworden, verlangte eine dieser Gruppen im Oktober von der polnischen Verwaltung des südöstlich von Lublin gelegenen Orts Belzec Arbeitskräfte, die auf dem dort gewählten Bauplatz unter deutscher Leitung die benötigten Anlagen errichten sollten. Die Arbeiten begannen am 1. November 1941. Anfang März 1942 war das Vernichtungslager Belzec – wie die Anstalten von »Aktion T 4« für die Verwendung von Kohlenmonoxyd bestimmt – betriebsbereit.

Himmlers damalige Reisen auf die östlichen Schauplätze des nationalsozialistischen »Weltanschauungskrieges» erlangten im übrigen, zusammen mit der ja von Anfang an gegebenen Mitwirkung der Sicherheitspolizei bei der »Aktion T 4«, auch für die Einsatzgruppen eine gewisse Bedeutung. Am 15. oder

[33] Aussage des SS-Richters Dr. Konrad Morgen. In: IMT, XLII, S. 564.

16. August 1941 hat der Reichsführer SS bei Minsk, also im Bereich der Einsatzgruppe B, eine Erschießungsaktion beobachtet. Noch nicht überzeugt davon, mit der Exekutionspraxis der Heydrichschen Kommandos schon auf dem technisch richtigen Wege zu sein, war er offenbar auf der Suche nach einem geeigneteren Verfahren. Tatsächlich gewann er den Eindruck, daß Erschießen sein Personal nervlich doch stark belaste, weshalb er Gruppenchef Nebe befahl, eine »humanere« Tötungsmethode zu finden[34]. Nachdem Nebe ohne befriedigendes Ergebnis mit Sprengstoff – in Bunkern voller russischer Geisteskranker – experimentiert hatte, ließ er Anfang September den Leiter des Referats »Chemie und Biologie« im Kriminaltechnischen Institut (KTI) seines Reichskriminalamts (Amt V des RSHA) nach Minsk kommen, SS-Obersturmführer Dr. Albert Widmann. Das KTI unter SS-Sturmbannführer und Kriminalrat Dr. Ing. habil. Walter Heeß hatte bereits die »Kanzlei des Führers« bei der Vergasung der Behinderten aufs trefflichste unterstützt, und so begann mit Widmanns Mission – nach erfolgreichen Experimenten und nach Weisung der davon sogleich unterrichteten Himmler und Heydrich – auch für den Judenmord der Einsatzgruppen die Verwendung von Kohlenmonoxyd, und zwar, der Beweglichkeit dieser Formationen entsprechend, in mobilen Vergasungseinrichtungen: Im Prinzip handelte es sich dabei um relativ kleine Gaskammern, die auf vier Räder gesetzt wurden und das Gas vom Motor des Gefährts erhielten. Schon im Dezember 1941 befanden sich die ersten von dann insgesamt dreißig Gaswagen – aus Vorläufern, wie sie bei der »Euthanasie« gelegentlich erprobt worden waren, rasch entwickelt – »im Einsatz«. Wenn auch die Sicherheitspolizei im Osten weiterhin überwiegend mit dem Gewehr mordete, so sind von den Einsatzgruppen A, B, C und D – dazu bei der an Ort und Stelle geschehenden Ausrottung der in Jugoslawien lebenden Juden – in jenen Sonder- oder Spezial- oder schlicht S-Wagen genannten Fahrzeugen doch mindestens 100000 Juden ermordet worden.

Von solchen eher zufällig entstandenen Varianten abgesehen, plante die SS- und Polizeiführung parallel zur Vergasung der Juden des Generalgouvernements die Ermordung zweier weiterer Großgruppen: Da waren einmal jene Juden, die in den vom

[34] Mathias Beer, Die Entwicklung der Gaswagen beim Mord an den Juden. In: VfZ 35 (1987), S. 403f.

nationalsozialistischen Deutschland mittlerweile besetzten oder politisch kontrollierten Ländern lebten, von Norwegen und Dänemark über die Slowakei, Ungarn, Jugoslawien und Rumänien bis Griechenland, von den Niederlanden über Belgien, Luxemburg und Frankreich bis Italien; bald stellte sich heraus, daß die Berliner Planer auch schon die jüdischen Bewohner von Staaten ins Auge faßten, die sich noch keineswegs in ihrer Reichweite befanden, ob Großbritannien oder die Schweiz, ob Spanien, Portugal oder die Türkei. Die zweite und zahlenmäßig wesentlich schwächere Gruppe machten die Juden aus, die ihr Leben noch auf Reichsgebiet fristeten, im »Altreich«, in Österreich, in den Sudetengebieten, im »Protektorat Böhmen und Mähren«, in den annektierten polnischen Territorien, die nun Reichsgau Danzig-Westpreußen und Reichsgau Wartheland hießen, in Regionen mit ungeklärtem Status wie Elsaß und Lothringen. Für beide Gruppen wurde der Vernichtungsbefehl gleichzeitig und zur gleichen Zeit wie die Order zur »Aktion Reinhard« gegeben; entsprechend zeitgleich lagen auch die Vorbereitungsphasen.

Irgendwann im Sommer 1941 erhielt SS-Sturmbannführer Rudolf Höß die Weisung, sich bei Himmler zu melden. Höß hatte sich im Ersten Weltkrieg ausgezeichnet, anschließend in Freikorps gedient und von 1924 bis 1928 wegen seiner Beteiligung an einem Fememord im Zuchthaus gesessen; im November 1922 in die NSDAP und im September 1933 in die SS eingetreten, tat er seit Ende 1934 Dienst in Konzentrationslagern (Dachau, Sachsenhausen) und war im Mai 1940 erster Kommandant des KL Auschwitz geworden. Westlich von Krakau am Zusammenfluß von Sola und Weichsel bei dem im Herbst 1939 annektierten und damals 12000 Einwohner zählenden Städtchen Oswiecim (Auschwitz) gelegen, hatte das neue Konzentrationslager für Errichtung und erste Expansion ein »Interessengebiet« von 40 Quadratkilometern beansprucht, was die Räumung von sieben polnischen Dörfern und die »Aussiedlung« von insgesamt 15000 Polen erforderte; als Häftlinge kamen zunächst überwiegend Polen, die aus irgendwelchen »politischen« Gründen festgenommen worden waren. Am 1. März 1941 hatte Himmler Auschwitz besucht und dabei Höß angewiesen, eine enorme Erweiterung des Lagers vorzubereiten, u. a. für die Aufnahme von rund 100000 sowjetischen Kriegsgefangenen; die Häftlinge waren als Sklaven für landwirtschaftliche Betriebe der SS und ein Buna-Werk der IG-Farben bestimmt. Jetzt, im Sommer 1941, eröffnete Himmler dem Kommandanten von Auschwitz, daß der »Führer« die »Endlösung der Judenfrage« als Vernichtung »aller erreichbaren Juden« befohlen habe und daß dabei dem KL Auschwitz – auch auf Grund der verkehrstechnisch günstigen Lage – eine zentrale Rolle zugedacht sei[35]. Ohne daß die bislang anvisierte Nutzung des Lagers und seiner Häftlinge gänzlich preisgegeben werden dürfe, müsse die geplante Erweiterung nun vor allem an den Bedürfnissen der vom »Führer« beschlossenen »Endlösung« orientiert werden. Kurz danach erfuhr Höß von Eichmann, daß Auschwitz nicht zuletzt die in den besetzten und kontrollierten Ländern lebenden Juden, etwa die holländischen, belgischen und französischen, »verarbeiten« solle.

So baute Höß im Herbst 1941 das Lager Auschwitz II-Birkenau. Während innerhalb des Gesamtkomplexes Auschwitz – im Mai 1942 kam noch Auschwitz III-Monowitz mit Arbeitssklaven für die IG-Farben dazu – dieses Vernichtungslager entstand, das spätestens um die Jahreswende 1941/42 betriebsbereit war, fanden seit dem 3. September 1941 im Stammlager bereits Experimente mit dem Blausäurepräparat Zyklon B statt, Experimente, die mindestens neunhundert kriegsgefangenen sowjetischen Soldaten das Leben kosteten und das gewählte Gas als Tötungsmittel geeignet erscheinen ließen. Eichmann selbst, der auf Grund seiner Position im Amt IV des RSHA für die bevorstehende gigantische Wanderbewegung der europäischen Juden gewissermaßen als Fahrdienstleiter zu fungieren hatte, war von seinen Vorgesetzten, Heydrich und Gestapochef Müller, über Hitlers Befehl zur »Endlösung« ebenfalls im Sommer 1941 unterrichtet worden. Anschließend informierte er sich über die Stätten, an denen der Massenmord vor sich gehen sollte; so besuchte er Höß in Auschwitz, und noch im Herbst 1941 studierte er bei Globocnik in Lublin die entstehenden Einrichtungen der »Aktion Reinhard«, wohl um herauszufinden, ob deren Kapazität auch für nichtpolnische Juden genutzt werden könne. Zugleich begann das RSHA die okkupierten und kontrollierten Länder Europas mit einem Netz von »Beauftragten für Judenfragen« zu überziehen, die teils den Dienststellen der militärischen und zivilen Besatzungsverwaltung attachiert waren, teils den diplomatischen Missionen. In den besetzten Re-

[35] Kommandant in Auschwitz. Autobiographische Aufzeichnungen von Rudolf Höß. Eingel. und komm. v. Martin Broszat. Stuttgart 1958, S. 153.

gionen mußte ja die Mitwirkung einheimischer Kräfte, namentlich des Polizei- und Bahnpersonals, gesichert, in den Satellitenstaaten die Zustimmung und die aktive Hilfe der jeweiligen Regierung erreicht werden.

Als Eichmann in Auschwitz mit Höß konferierte, machte er den Kommandanten darauf aufmerksam, daß sein Lager zunächst einmal das Ziel von Transporten aus den nächstgelegenen Distrikten des Generalgouvernements und vor allem – beginnend mit Oberschlesien – aus dem Reichsgebiet sein werde. Das war nicht allein Ausdruck der im RSHA schon damals herrschenden Überzeugung, daß es weder möglich noch erstrebenswert sei, die drei Aktionskreise des antisemitischen Vernichtungskrieges säuberlich voneinander zu trennen, auch nicht so sehr Ausdruck der deshalb offenbar bestehenden Absicht, mit Auschwitz einen Ort der Vernichtung als Schnittpunkt der drei Kreise zu schaffen. In erster Linie zeigte die Sicherheitspolizei damit ihre Bereitschaft, nach den Wünschen von Gauleitern wie Goebbels in Berlin oder Schirach in Wien und nach dem korrespondierenden Wunsch des »Führers« – wie Himmler am 18. September 1941 an Gauleiter Arthur Greiser in Posen schrieb – das Reichsgebiet mit größtmöglicher Beschleunigung »judenfrei« zu machen[36]. Bezeichnenderweise haben die deutschen Gesandtschaften in Preßburg, Budapest, Bukarest oder Sofia, als sie jetzt, im Herbst 1941, von den Satellitenstaaten einen ersten Beitrag zur europaweiten »Endlösung der Judenfrage« zu fordern hatten, von der jeweiligen Regierung das Einverständnis damit verlangt, daß das RSHA auch die auf Reichsgebiet lebenden Juden slowakischer, ungarischer oder rumänischer Staatsangehörigkeit »nach dem Osten evakuierte«. Allerdings konnte Auschwitz, angesichts seiner geographischen Lage und angesichts seiner anderen Aufgaben, nicht zum alleinigen Zielort der Juden des Deutschen Reiches bestimmt werden. Daher war, so ist aus einigen Indizien zu schließen, nach dem Sieg in Rußland der rasche Bau zusätzlicher Vernichtungsstätten in eroberten sowjetischen Territorien geplant, während für die jüdische Bevölkerung der eingegliederten Ostgebiete noch im Oktober und November 1941 durch ein T 4-Team und Lodzer Polizei die ab Dezember betriebsfertige Vergasungsstation Chelmno entstand, zwischen Lodz und Posen im Warthegau

[36] Persönlicher Stab RFSS, Archiv Institut für Zeitgeschichte, München, MA 3/9, Folder 94.

gelegen. Von Personal aus dem KL Buchenwald wurde ferner, ebenfalls seit September, weiter im Osten – nahe Lublin – das Lager Majdanek eingerichtet, wo einerseits die »Aktion Reinhard« unterstützt, vornehmlich aber – und zwar wie in Auschwitz mit Zyklon B – die Beseitigung der Juden neuer Reichsteile geschehen sollte, des an Ostpreußen angeschlossenen Bezirks Bialystok und der Slowakei, die vom RSHA praktisch als ein mit etwas Autonomie ausgestatteter Reichsgau behandelt wurde.

Im übrigen sind auch vorbereitende Maßnahmen ganz anderer Art getroffen worden. So kam am 1. September 1941 eine achtzehn Tage später in Kraft tretende Polizeiverordnung, die den Juden des Reiches wie des »Protektorats Böhmen und Mähren« vorschrieb, einen »Judenstern« zu tragen, d.h. einen »handtellergroßen, schwarz ausgezogenen Sechsstern aus gelbem Stoff mit der schwarzen Aufschrift ›Jude‹«[37]. Am 25. November 1941 folgte die ›Elfte Verordnung zum Reichsbürgergesetz‹, die deportierten oder zur Deportation vorgesehenen Juden die Staatsangehörigkeit aberkannte und ihre letzte Habe zugunsten des Reiches einzog. Auf der anderen Seite produzierte das RSHA in jenen Monaten den Plan, ältere Juden mit bisher deutscher Staatsangehörigkeit, die Auszeichnungen aus dem Ersten Weltkrieg besaßen oder sonstige nationale Verdienste aufzuweisen hatten, von der »Evakuierung nach dem Osten« vorerst auszunehmen und in ein Lager mit Vorzugsbehandlung und kulturellem Eigenleben zu stecken; als Lokalität wurde Theresienstadt ausgesucht, nordwestlich von Prag. Das Motiv war erklärtermaßen rein taktischer Natur. Das RSHA wollte einfach jener Vielzahl von Interventionen zugunsten einzelner Juden vorbeugen oder doch mit einer beruhigenden Antwort begegnen können, wie sie befürchtet werden mußte, wenn man diesen völlig assimilierten Teil der Judenheit aus dem deutschen Volkskörper herausschnitt.

Indes geriet die Planung etwas durcheinander. Noch vor der ›Elften Verordnung zum Reichsbürgergesetz‹, erst recht vor dem siegreichen Ende der Kampagne gegen die Sowjetunion und dem dann geplanten Bau von Vernichtungslagern in Rußland, begannen Transporte mit Juden aus dem Reichsgebiet nach Osten zu rollen. Gewiß hatte es schon früher Deportationen deutscher Juden gegeben. Von den Vorgängen im Dezem-

[37] Reichsgesetzblatt 1941, I, S. 547.

ber 1939 und im Februar 1940 abgesehen, hatten die Gauleiter Robert Wagner und Josef Bürckel am 22. und 23. Oktober 1940 rund 6500 Juden aus den Gauen Baden und Saarpfalz in den unbesetzten Teil Frankreichs abgeschoben, ohne zuvor die französischen Behörden verständigt zu haben, und im Februar/März 1941 waren über 5000 Juden aus Wien ins Generalgouvernement verschleppt worden. Aber dabei hatte es sich um Einzelaktionen gehandelt; neben der generellen Abschiebungslust nationalsozialistischer Territorialfürsten war kein plausibler Zusammenhang mit den jeweiligen Orientierungspunkten der NS-Judenpolitik behauptet worden oder zu sehen gewesen. Am 14. und 24. Oktober 1941 setzten jedoch zwei Deportationsbefehle, unterschrieben von Kurt Daluege, dem Chef der Ordnungspolizei, Massentransporte deutscher Juden in Bewegung, die bei allen beteiligten NS-Stellen als erster Akt eines Prozesses galten, an dessen – baldigem – Ende das Deutsche Reich gänzlich »judenfrei« zu sein hatte. Offensichtlich war die SS- und Polizeiführung von der wachsenden Ungeduld, mit der hochmögende NS-Funktionäre wie Goebbels und auch Hitler selbst den Wunsch nach einem »judenfreien« Reich zuletzt geäußert hatten, derart unter Druck gesetzt worden, daß sie die Vernichtung der im Reich noch vorhandenen Juden schließlich einleitete, ohne die vorbereitende Arbeit abgeschlossen zu haben. Vermutlich hielten Himmler und Heydrich diese Nachgiebigkeit für vertretbar, da sie noch in der Vorstellung lebten, das Ende des Krieges in Rußland stehe ohnehin unmittelbar bevor. Vom 2. bis zum 13. Oktober waren ja in der Doppelschlacht von Wjasma-Brjansk die Armeen Marschall Timoschenkos ausgeschaltet worden und Moskau schien dem Zugriff der deutschen Truppen preisgegeben; am 9. Oktober verkündete Reichspressechef Otto Dietrich öffentlich, daß »die militärische Entscheidung im Osten gefallen und Rußland erledigt« sei[38]. In solcher Stimmung mochten sich die Chefs der Polizei schon einreden, daß man, wenn dem »Führer« ein so großer Gefallen getan werde, einige Monate lang ein gewisses Maß an Improvisation und Inkonsequenz in Kauf nehmen dürfe.

So brachten Züge der Reichsbahn, jeweils mit etwa 1000 Personen beladen, vom 16. Oktober bis zum 13. November 1941 rund 20000 Juden nach Lodz, und zwar vor allem aus Berlin,

[38] Vgl. auch Hitlers »Tagesbefehl an die Soldaten der Ostfront« vom 2. 10. 1941; Völkischer Beobachter, 11. 10. 1941.

Hamburg, Hannover, Münster, Dortmund, Düsseldorf, Köln, Frankfurt/Main, Kassel, Stuttgart, Nürnberg, München und Breslau, dazu aus Wien, Prag, Theresienstadt, Brünn und Luxemburg. In Lodz sahen sich die Deportierten ins Ghetto gesteckt, von dem Himmler glaubte, es sei »noch aufnahmefähig«[39]. Der in Lodz amtierende Regierungspräsident, SS-Brigadeführer Friedrich Uebelhör, war ganz anderer Meinung und protestierte energisch gegen den lästigen Zuwachs. Himmler tröstete die Funktionäre des Warthegaus mit der Versicherung, daß Lodz für die Juden aus dem Reich lediglich eine Zwischenstation sei, die sie im Frühjahr wieder verlassen müßten, um »weiter nach dem Osten« zu gehen[40]; der Reichsführer SS wußte ja, daß für die Juden des Warthegaus und speziell für die Insassen des Lodzer Ghettos schon in nächster Zukunft die Vernichtungsstation Chelmno zur Verfügung stand. Eine zweite Deportationswelle mit rund 40000 Juden ging aber vom 14. November bis zum Februar 1942 nicht mehr in die eingegliederten Ostgebiete, sondern überwiegend, von einigen Transporten nach Warschau abgesehen, nach Riga, Minsk und Kowno. Dort war nur noch einem Rest eine gewisse Galgenfrist im jeweiligen Ghetto gegönnt; ein beträchtlicher Teil der Deportierten wurde sofort bei der Ankunft oder kurz danach vom Personal der Einsatzgruppen erschossen. Als Himmler am 29. November anordnete, einen bestimmten Transport nach Riga von der Liquidierung auszunehmen, offenbar weil amerikanische Journalisten auf die Deportation von Berliner Juden aufmerksam geworden waren und unangenehme Fragen gestellt hatten, kam der Befehl zu spät: Am 30. November fanden unter den Kugeln eines Einsatzkommandos so viele deportierte und einheimische Juden den Tod, daß der Tag selbst in dieser Zone und in dieser Zeit als »Rigaer Blutsonntag« einen düsteren Ruf erlangte. Am 16. November 1941 hatte Goebbels diese Anfänge der Deportationen aus Deutschland, Österreich und der Tschechoslowakei mit zynischer Befriedigung kommentiert. Unter dem Titel ›Die Juden sind schuld!‹ veröffentlichte er in der von ihm mit hohem intellektuellen Anspruch kreierten Wochenzei-

[39] So am 18. 9. 1941 an Greiser; Persönlicher Stab RFSS, Archiv Institut für Zeitgeschichte, München, MA 3/9, Folder 94. Die Version »kaum aufnahmefähig« bei Martin Broszat, Hitler und die Genesis der Endlösung. Aus Anlaß der Thesen von David Irving. In: VfZ 25 (1977), S. 750, beruht auf einem Lesefehler.

[40] Persönlicher Stab RFSS, Archiv Institut für Zeitgeschichte, München, MA 3/9, Folder 94.

tung ›Das Reich‹ einen Leitartikel, in dem er an Hitlers Prophezeiung vom 30. Januar 1939 erinnerte, der Krieg werde die »Vernichtung der jüdischen Rasse in Europa« bringen, und dann – auch an Kritiker gewandt – sagte: »Wir erleben eben den Vollzug dieser Prophezeiung, und es erfüllt sich damit am Judentum ein Schicksal, das zwar hart, aber mehr als verdient ist. Mitleid oder gar Bedauern ist da gänzlich unangebracht ... Die Juden sind eine parasitäre Rasse, die sich wie ein faulender Schimmel auf die Kulturen gesunder ... Völker legt. Dagegen gibt es nur ein wirksames Mittel: einen Schnitt machen und abstoßen.«

Für Planung und Vorbereitung der europaweiten »Endlösung« bedeutete der vorzeitige Start der Aktion im Reich jedoch nur eine relativ geringfügige Irritation. Die Vorbereitung, die nach einem Schreiben Eichmanns an die »Judenexperten« des Auswärtigen Amtes bereits im August 1941 in vollem Gange gewesen war, ging unerbittlich ihren Gang, und die Organisatoren des Massenmords, weit davon entfernt, vor der schieren Dimension ihrer Aufgabe Angst zu bekommen, begannen sich im Gegenteil allmählich Sorgen zu machen, daß ihnen Juden durch die Maschen schlüpfen könnten. So wandte sich Heydrich am 17. Oktober 1941 scharf gegen die Annahme eines Angebots der Madrider Regierung, etwa 2000 in Frankreich lebende und zum Teil dort internierte Juden spanischer Staatsangehörigkeit zurückzunehmen, denn, so sagte er, diese Juden wären ja dann »bei den nach Kriegsende zu ergreifenden Maßnahmen zur grundsätzlichen Lösung der Judenfrage dem unmittelbaren Zugriff allzusehr entzogen«[41]; am 23. Oktober wurde jede Auswanderung von Juden durch einen RSHA-Erlaß definitiv verboten. Zwei Vorfälle jenes Herbstes zeigen im übrigen deutlich genug, wie weit die Dinge schon gediehen waren. Als die deutsche Administration in Belgrad am 12. September 1941 in Berlin um Auskunft bat, ob die serbischen Juden nach Rußland oder ins Generalgouvernement zu deportieren seien, kam postwendend die Antwort, der zuständige Mann im RSHA habe das als unmöglich abgelehnt, aber eine andere Behandlung des Problems empfohlen: »Eichmann schlägt Erschießen vor.«[42] Am 25. Oktober 1941 setzte der für »Judenfragen« eingeteilte

[41] Zit. nach Christopher R. Browning, Fateful Months. Essays on the Emergence of the Final Solution. New York, London 1985, S. 26f.

[42] Browning, Fateful Months, S. 26.

Referent des Reichsministeriums für die besetzten Ostgebiete, Dr. Ernst Wetzel, seinem Minister ein Schreiben an Hinrich Lohse, den Reichskommissar für das Baltikum (»Ostland«), auf, in dem er betonte, die dort eintreffenden Juden aus dem Reichsgebiet dürften, sofern arbeitsunfähig, ohne weiteres mit Vergasungsapparaten getötet werden, welche von der T 4-Mannschaft der »Kanzlei des Führers« zur Verfügung gestellt würden[43]. Daß Funktionäre, die ganz verschiedenen Dienststellen angehörten und in der Hierarchie nicht sonderlich hoch rangierten, derart selbstverständlich quantitativ bedeutende Mordaktionen in die Wege leiten konnten, beweist unwiderleglich, daß ein grundsätzlich für alle Juden geltender Mordbefehl von der höchsten Autorität des Regimes in der Tat längst gegeben und in Kraft gesetzt worden sein mußte; allein bei Deckung durch einen »Führerbefehl« war es möglich, daß drittrangige Exekutivfunktionäre es wagten, in solchem Sinne zu handeln, und da, wo das aus irgendwelchen Gründen geraten und möglich schien, Teilprobleme des Gesamtvorgangs in so beiläufigem Stile auch an Ort und Stelle erledigen ließen. Diese Beiläufigkeit verriet freilich zugleich, wie widerstandslos und wie überzeugt die damit befaßten nationalsozialistischen Apparatschiks Ziel und Methode der »Endlösung« akzeptiert hatten, wie tief sie mittlerweile in den Geist des Genozid eingetaucht waren.

Schon in jenen Herbstmonaten des Jahres 1941 gab es übrigens eine gar nicht geringe Zahl von Mitwissern und von Gehilfen außerhalb des SS- und Polizeiapparats. Bis zu einem gewissen Grade war das unvermeidlich. Von den vielen abgesehen, die von den Morden der Einsatzgruppen in der Sowjetunion Kenntnis hatten und ihre Kenntnis nicht für sich behielten, schufen die Deportationswellen aus dem Reich und gerade auch partielle Mordaktionen wie die in Serbien ebenfalls Zeugen und Komplicen in der staatlichen Bürokratie und in der Wehrmacht. Doch ist die an sich selbstverständlich angeordnete und angestrebte Geheimhaltung zudem durch ein Mitteilungsbedürfnis konterkariert worden, das vornehmlich die Spitzenfunktionäre der NS-Bewegung nicht zu unterdrücken vermochten. Statt die Ausrottung der europäischen Judenheit, die sie als »historische Mission« bejahten, angesichts des sinistren Charakters der Mission gewissermaßen mit einer Diskretion in gleichfalls historischer Dimension zu exekutieren, befiel sie bereits früh wieder

[43] Nürnberger Dokument NO – 365.

und wieder der Drang, sich eines Unternehmens von so ungeheuerlicher »Größe« zu rühmen. Paul Wurm, Mitglied der Redaktion von Streichers ›Stürmer‹, schrieb am 23. Oktober 1941 an seinen Freund Rademacher im Auswärtigen Amt, nachdem er während einer Bahnfahrt einen »alten Parteigenossen« getroffen hatte, der »im Osten an der Regelung der Judenfrage arbeitet«: »In nächster Zeit wird von dem jüdischen Ungeziefer durch besondere Maßnahmen manches vernichtet werden.«[44] Alfred Rosenberg fühlte sich bemüßigt, am 18. November 1941 eine Pressekonferenz zu der Eröffnung zu benutzen, die »Judenfrage« werde jetzt durch »die biologische Ausmerzung aller Juden in Europa« gelöst[45], und eine Woche zuvor, am 11. November, hatte selbst der Reichsführer SS nicht umhin gekonnt, wenigstens seinem Masseur anzuvertrauen, daß die Vernichtung der Juden unmittelbar bevorstehe[46]. In Krakau wiederum nahm Hans Frank, als er am 16. Dezember 1941 vor einer nicht kleinen Schar leitender Verwaltungsfunktionäre des Generalgouvernements das baldige Verschwinden der Juden aus dem Reich und aus Polen ankündigte, kein Blatt vor den Mund. »Aber was soll mit den Juden geschehen?« fragte er und antwortete sich selbst mit der rhetorischen Bemerkung: »Glauben Sie, man wird sie im Osten in Siedlungsdörfern unterbringen?« Dann sprach er, zwar schaudernd und nicht ohne Zweifel, ob ein so gigantisches Werk gelingen könne, aber zugleich im stolzen Bewußtsein einer geschichtlichen Aufgabe, von »Eingriffen«, die »irgendwie zu einem Vernichtungserfolg führen« müßten[47].

Als Frank im Krakauer Wawel solche Perspektiven zeichnete, hatte sich gerade herausgestellt, daß die Blitzkriegskonzeption in Rußland gescheitert war und der Wehrmacht im Jahr 1942, nach der Meisterung einer üblen Winterkrise, zumindest noch ein schweres Stück Arbeit bevorstand. Überdies hatte der japanische Angriff auf Pearl Harbor am 7. Dezember 1941 die USA ins Spiel gebracht und den bislang europäischen Konflikt in einen für Berlin zumindest völlig unkalkulierbar gewordenen Weltkrieg verwandelt. Beides war aber in der Tat ohne größeren Einfluß auf den antisemitischen Vernichtungskrieg des Re-

[44] Browning, Fateful Months, S. 27.
[45] Ebenda, S. 33.
[46] Felix Kersten, The Kersten Memoirs 1940–1945. New York 1957, S. 119.
[47] Das Diensttagebuch des deutschen Generalgouverneurs in Polen, S. 457f.

gimes geblieben, jedenfalls was den Beginn der Einbeziehung aller Juden des deutschen Machtbereichs in die von den Einsatzgruppen einige Monate zuvor begonnene »Endlösung« betrifft und was die Entschlossenheit der Exekutoren angeht; bei ersterem gab es weder Verzögerung noch Beschleunigung, bei letzterem weder Abschwächung noch Steigerung. Von Hitler sicherlich gewollt und gebilligt, haben Himmler und Heydrich die für die Einleitung des umfassenden Mordprogramms bisher gültige Formel »nach dem Ende des Krieges« einfach beiseite gelegt und durch den Beschluß ersetzt, die »Ausscheidung der Juden«, wie Himmler das jetzt gelegentlich nannte, eben unter den Bedingungen des Krieges zu vollziehen; daß der Krieg verloren und das nationalsozialistische Regime liquidiert werden könne, war für sie ohnehin noch unvorstellbar. Als das Ostministerium im Januar 1942 danach trachtete, die Formel »nach dem Ende des Krieges« für den Richtlinienkatalog der NS-Bürokratie zu retten und damit, so wie die Dinge lagen, eine Vertagung größerer judenfeindlicher Aktionen zu erreichen, ist Himmler dem energisch entgegengetreten. Tatsächlich hat in Chelmno die Vergasung – der zuerst Juden aus der Umgebung des Lagers und dann planmäßig Juden aus allen Teilen des Warthegaus einschließlich des Lodzer Ghettos zum Opfer fielen – am 8. Dezember 1941 begonnen, und in Auschwitz-Birkenau lief die Vernichtungsmaschinerie um die gleiche Zeit an, spätestens im Januar 1942.

In Detailfragen gewann der Umstand, daß die »Endlösung« nun während des Krieges durchgeführt wurde, und zwar während eines von Monat zu Monat härter werdenden und die deutschen Ressourcen schärfer angreifenden Krieges, allerdings erhebliche Bedeutung. Da war einmal das Transportproblem, das sich bereits im Herbst 1941 während der ersten Deportationen aus dem Reichsgebiet bemerkbar gemacht und zu geharnischten Protesten militärischer Stellen geführt hatte. Bei der europaweiten Bewegung stellte sich das Problem in noch beträchtlich größeren Dimensionen, und je höher im Laufe des Krieges, der sich ja zu einer einzigen Krise entwickelte, die Ansprüche zahlreicher Interessen an ein ständig schrumpfendes Transportsystem stiegen, desto schwerer war es zu bewältigen. Daß es dem Organisator der Deportationen, Adolf Eichmann, nicht immer gelang, mit dieser Schwierigkeit allein fertig zu werden, daß gelegentlich der Reichsführer SS persönlich intervenieren mußte, so am 20. Januar 1943 mit einem Brief an den

Staatssekretär im Reichsverkehrsministerium, zeigt klar genug, daß die permanente Knappheit an Transportmitteln zeitweilig immerhin bremsend wirkte. Auf der anderen Seite brachten Eichmanns und seiner Gehilfen Eifer und vor allem auch ihre Mißachtung militärischer Belange doch laufend so viel menschlichen Rohstoff in die östlichen Lager, daß die Kapazität dieser Leichenfabriken fast immer voll genutzt werden konnte. Welche Effizienz der Apparat Eichmanns in solcher Hinsicht zu erreichen vermochte, wird etwa dadurch illustriert, daß noch im August 1944 die zwölfhundert Juden von Rhodos deportiert und mitten durch den oft fluchtartigen Rückzug der deutschen Balkan-Armeen nach Auschwitz geschleust wurden – wo rund tausend starben –, während es nicht mehr gelang, die deutsche Besatzung der Insel zurückzuholen.

Vor noch schwerer zu nehmende Hindernisse sah sich die SS- und Polizeiführung durch eine zweite Folge der Verlängerung des Krieges gestellt. Auch diese Hemmnisse hatten sich schon im Herbst 1941 angekündigt, als der Vorsatz, unterschiedslos alle Juden zu beseitigen, erstmals von dem Gesichtspunkt angefochten und behindert worden war, es sei unsinnig oder sogar unmöglich, auf die Arbeitsleistung jüdischer Sklaven zu verzichten; so hatte Goebbels zu seinem Erstaunen und zu seinem Ärger feststellen müssen, daß Berlin nicht ohne weiteres »judenfrei« zu machen war, da von den rund 70000 Berliner Juden inzwischen nicht weniger als 15000 in kriegswichtigen Betrieben arbeiteten. Mit der Dauer des Krieges und mit dem Schwinden jeder Aussicht auf einen baldigen Frieden stieg naturgemäß der Wert jüdischer Arbeitskraft, mehr noch als in Westeuropa oder im Reich in Polen und Rußland, wo Juden einen erheblichen Teil der Handwerker und Facharbeiter stellten. Im Dezember 1941 war die Anfrage des Reichskommissars Lohse, ob »alle Juden im Ostland ohne Rücksicht auf Alter und Geschlecht und wirtschaftliche Interessen [zum Beispiel der Wehrmacht an Facharbeitern in Rüstungsbetrieben] liquidiert werden« sollten, vom Ostministerium noch mit der Antwort beschieden worden: »Wirtschaftliche Belange sollen bei der Regelung des Problems grundsätzlich unberücksichtigt bleiben.«[48] In Wirklichkeit mußten wirtschaftliche Belange zunehmend Beachtung finden.

Am 29. November 1941 hatte Heydrich, um die Mitwirkung

[48] IMT, XXXIII, S. 435ff.

des Staatsapparats an der »Endlösung« und die koordinierende Führungsfunktion des RSHA definitiv zu sichern, die obersten Reichsbehörden, die Parteikanzlei und die Verwaltung des Generalgouvernements für den 9. Dezember zu einer Staatssekretärsbesprechung eingeladen. Aus nicht mehr erkennbaren Gründen verschoben, kam es dann am 20. Januar 1942 zu dem Treffen, und zwar im Berliner Gebäude der Interpol am Großen Wannsee Nr. 56/58, weshalb es die Bezeichnung »Wannseekonferenz« erhielt. Für Planung, Auslösung und Durchführung des Genozid ohne entscheidende Bedeutung, verdient die Wannseekonferenz aus zwei Gründen doch Aufmerksamkeit. Wenn sie zu diesem Zeitpunkt überhaupt stattfand, ohne daß sich ihr ursprünglicher Zweck als simple Koordinierungskonferenz im Dienste eines beschlossenen und partiell bereits angelaufenen Unternehmens geändert hatte, so bewies das allen Stellen, die an der »Endlösung« zu beteiligen waren, daß die SS- und Polizeiführung – wie auch der hinter ihr stehende Hitler – gar nicht daran dachte, sich durch die Verzögerung eines siegreichen Kriegsendes von der Ermordung der Juden abhalten zu lassen. Auf der anderen Seite machte die zu Beginn der Konferenz gegebene Darlegung Heydrichs klar, daß die im Sommer 1941 noch feste Absicht, in raschem Zugriff alle erreichbaren Juden umzubringen, inzwischen modifiziert worden war. Für Juden, die nicht arbeitsfähig waren, also für ältere und kranke Juden, für viele Frauen und die Kinder, blieb, so ging aus Heydrichs Planskizze hervor, der Mordbefehl in Kraft, während man den arbeitsfähigen Juden jetzt noch eine Zeit der Fron für deutsche Interessen auferlegen wollte, freilich nur eine kurze Zeit, weil unter Bedingungen, unter denen »zweifellos ein Großteil durch natürliche Verminderung ausfallen wird«. Dem allzu widerstandsfähigen Rest kündigte der Chef des RSHA natürlich das gleiche Schicksal an, das er den nicht arbeitsfähigen Juden zudachte[49].

Nachdem das Endlösungs-Personal – höchst widerwillig und nur unter massivem Druck der Verhältnisse – die eigene Konzeption eines Blitzkrieges gegen die Juden mit der Parole »Vernichtung durch Arbeit« hatte versetzen und gewissermaßen verwässern müssen, entstand ein Klima, in dem etwa der Beauftragte für den Vierjahresplan, Göring, die »Evakuierung« der in einem kriegswichtigen Betrieb des Reiches beschäftigten Juden

[49] Nürnberger Dokument NG – 2586.

kurzerhand verbot. Schon vor dieser im März 1942 gegebenen Anordnung waren von Göring entsprechende »Wünsche« geäußert, doch von der Sicherheitspolizei nur ungenügend respektiert worden. Auch seine Anordnung hat das Vorgehen der Polizei lediglich zu bremsen und nicht zu stoppen vermocht. Als Hitler im Herbst 1942 Görings Verfügung aufhob und die Evakuierung selbst der in Rüstungsbetrieben arbeitenden Juden befahl, haben freilich umgekehrt die unabweisbaren Erfordernisse der Kriegsanstrengung und die vitalen Bedürfnisse vieler Unternehmen auch eine rigorose oder gar totale Befolgung dieses »Führerbefehls« verhindert. Der Konflikt zwischen den Exekutoren der »Endlösung« und den Vertretern militärischer oder wirtschaftlicher Interessen folgte überall im deutschen Machtbereich dem gleichen Muster: Griffe der Polizei nach jüdischen Arbeitskräften provozierten Proteste und die Proteste erzwangen Pausen; nach gewissen Fristen riskierte dann Himmler, der sich nach Heydrichs Tod am 4. Juni 1942 mehr und mehr in die Details der »Endlösung« einschaltete, erneut Befehle zur Dezimierung oder sogar zur totalen Räumung von Ghettos und anderen Stätten der Konzentration jüdischer Arbeitskräfte, wonach ihn die Klagen der betroffenen Ämter und Manager abermals zum Innehalten oder wenigstens zu Kompromissen nötigten. Auch im engeren Bereich der Vernichtung fand das auf der Wannseekonferenz zur Direktive erhobene Prinzip, Juden müßten zu Sklavenarbeit herangezogen werden, halbherzige Anwendung: Bei den Vernichtungslagern Auschwitz-Birkenau und Lublin-Majdanek existierten stets sozusagen normale Konzentrationslager, in denen Juden ein zumeist nur noch kurz bemessenes Leben fristeten, die als Sklaven für die SS oder im Monowitzer Buna-Werk der IG-Farben arbeiteten. Hier kam es beim Eintreffen der Transportzüge zu jener »Selektion« auf der Rampe, bei der SS-Ärzte wie Dr. Josef Mengele die Deportierten in noch arbeitsfähige und sofort zu vergasende Juden schieden. Daß es Himmler gleichwohl gelang, auch in die Heere der jüdischen Arbeitssklaven furchtbare Breschen zu schlagen und im Lauf der Jahre sowohl die verbliebenen Nester jüdischer Arbeitskräfte im Reich wie die Ghettos in den sowjetischen oder polnischen Territorien auf verschwindende Reste zu reduzieren, lag nicht zuletzt daran, daß er, wann immer er seiner wahren Neigung gehorchte und dem ideologischen Wahn Priorität vor Erwägungen der Nützlichkeit gab, die Unterstützung Hitlers hatte. So notierte Himmler am

19. Juni 1943, nachdem er auf dem Obersalzberg einen Bericht über den Stand der »Endlösung« erstattet hatte, der »Führer« habe klar bestimmt, »daß die Evakuierung der Juden trotz der dadurch in den nächsten 3 bis 4 Monaten noch entstehenden Unruhe radikal durchzuführen sei und durchgestanden werden müßte«[50]. Ein halbes Jahr zuvor, am 9. Dezember 1942, war von Hans Frank, der für sein Generalgouvernement mittlerweile den Segen der Effizienz entdeckt hatte, in einer Ansprache vor einem stattlichen Zuhörerkreis grollend bemerkt worden: »Nicht unwichtige Arbeitskräfte hat man uns in unseren altbewährten Judenschaften genommen. Es ist klar, daß der Arbeitsprozeß erschwert wird, wenn mitten in dieses Arbeitsprogramm des Krieges der Befehl kommt, alle Juden sind der Vernichtung anheim zu stellen. Die Verantwortung hierfür trifft nicht die Regierung des Generalgouvernements. Die Weisung der Judenvernichtung kommt von höherer Stelle.«[51] Als »höhere Stelle« hat der Krakauer Generalgouverneur aber stets allein den »Führer« anerkannt.

Aus einem dritten Faktor, der mit dem Andauern des Krieges zusammenhing, resultierte eine noch ernstere Behinderung des Endlösungs-Personals. Daß Hitlers Politik dem Deutschen Reich einen Mehrfrontenkrieg eingebrockt hatte, dessen siegreiches Ende zumindest nicht näher kommen wollte, zwang Berlin zu einer der nationalsozialistischen Mentalität an sich völlig fremden Rücksicht auf die Eigenständigkeit der Satellitenstaaten, und dieser Umstand machte auch den Versuch der Sicherheitspolizei, die »Endlösung« auf Süd-, West- und Nordeuropa auszudehnen, unerwartet schwierig. Schon in den besetzten Ländern des Westens und Skandinaviens stellten sich überraschende Probleme. In Belgien etwa erwies es sich als unmöglich, jene eifrige Mitarbeit der einheimischen Behörden zu finden, die erforderlich gewesen wäre, um die größtenteils völlig assimilierten und für die Polizei der Besatzungsmacht unerkennbar gewordenen belgischen Juden alle zu ergreifen; so konnten von 65 000 immerhin 40 000 überleben. In Holland reagierte die Bevölkerung auf die Deportation ihrer jüdischen Mitbürger anfänglich sogar mit Streiks, was zeitweilig zur Vorsicht mahnte, freilich nicht verhindern konnte, daß von den 125 000 Juden des Landes rund 100 000 umkamen. Auch in

[50] Zit. nach Krausnick, Judenverfolgung, S. 447.
[51] Das Diensttagebuch des deutschen Generalgouverneurs in Polen, S. 588.

Norwegen, das von seinen 1728 Einwohnern jüdischer Herkunft 728 verlor, gab es Hemmnisse, und in Dänemark fielen Himmlers Häschern nur knapp hundert Juden in die Hände, da die nichtjüdische Bevölkerung, als Ende September und Anfang Oktober 1943 die Deportation der jüdischen Mitbürger nach Auschwitz begann, nicht weniger als 7000 in einer der bemerkenswertesten Aktionen des Zweiten Weltkriegs erst versteckte und dann über Wochen hinweg in kleinen Gruppen – mit Zustimmung der Stockholmer Behörden – nach Schweden schmuggelte. In all diesen Ländern stieß die deutsche Polizei auf Widerstände, die vom Haß auf eine harte Besatzungsmacht und vom Abscheu vor der nationalsozialistischen »Weltanschauung« ebenso gespeist wurden wie von den westlichen politischen Prinzipien und von christlich oder aufklärerisch fundierter Humanität; vereinigt begründete das ein tief empfundenes Gefühl der Solidarität mit den verfolgten Juden. In Dänemark war es freilich Voraussetzung der geglückten Rettungsaktion gewesen, daß sich auch Deutsche solidarisch verhielten, so der Militärbefehlshaber, General Hermann von Hannecken, der mit seiner Opposition gegen die Deportation die notwendige Spanne Verzögerung verursachte, und der Reedereivertreter Georg Ferdinand Duckwitz, dem es gelang, die bedrohten Juden in letzter Minute zu warnen; Duckwitz war nach dem Krieg eine große Karriere im diplomatischen Dienst der Bundesrepublik Deutschland vergönnt.

In den Satellitenstaaten mochte sich solche Solidarität weit seltener regen, doch konnten sich hier politische Erwägungen der Regierungen stärker auswirken. Zwar brachte es Berliner Druck fertig, in allen Ländern des deutschen Kontrollbereichs – vom konservativ-autoritären Regime des Marschalls Pétain im unbesetzten Frankreich über das faschistische Italien Mussolinis bis zu den mit faschistischen Einsprengseln versehenen reaktionären Diktaturen in Kroatien, der Slowakei, Ungarn und Rumänien – eine am nationalsozialistischen Muster orientierte judenfeindliche Gesetzgebung durchzusetzen. Aber mit wachsendem Unmut mußten die nationalsozialistischen Antisemiten registrieren, daß diese Gesetze in Staaten wie Italien und Ungarn nur lax angewandt wurden, vielfach sogar mit einer von Sabotage kaum zu unterscheidenden Widerwilligkeit, und daß selbst mit der enthusiastischen Unterstützung durch einheimische antisemitische Gruppen kaum mehr Rigorosität zu erreichen war. Noch sperriger zeigten sich die politischen Spitzen der Satellitenstaaten, als die NS-Führung zur »Endlösung« überging. Wohl wurde es von jenen Ländern in der Regel hingenommen, daß das RSHA ihre jüdischen Bürger, die im Reich wohnten, in die »Evakuierung nach dem Osten« einbezog; die Preßburger Regierung verstand sich zunächst auch dazu, die Deportierung der innerhalb der slowakischen Grenzen lebenden Juden zu erlauben. Als aber im Herbst 1942 ruchbar wurde, daß die deutschen Stellen die abgeholten Juden im Osten nicht in Lager mit erträglichen Bedingungen steckten, sondern großenteils sofort ermordeten, begann die von Monsignore Jozef Tiso geleitete slowakische Regierung widerspenstig zu werden, nicht zuletzt auf Grund der vom Nuntius übermittelten päpstlichen Vorhaltungen. Bis dahin waren freilich nach dem Abtransport von 58000 nur 25000 Juden verblieben, von denen dann im Herbst 1944 noch weitere 8000 nach ihrer durch den Slowakischen Aufstand ermöglichten Festnahme den Tod fanden. In Bukarest nahm es Marschall Antonescu zunächst hin, daß Einheiten der rumänischen Polizei wie der Armee nach dem Angriff auf die Sowjetunion einen furchtbaren Vernichtungskrieg gegen die Juden in Bessarabien, in der Bukowina und – zusammen mit der Einsatzgruppe D – in Südrußland eröffneten, dem mindestens 350000 zum Opfer fielen, doch wehrte sich der rumänische Staatschef gegen die Deportation der Juden des engeren Rumänien; rund 300000 verdankten diesem seit Sommer 1942 geleisteten hinhaltenden Widerstand ihr Leben. Und auch in Frankreich gelang es Politikern wie Pierre Laval, den Berliner Forderungen und dem Drängen der französischen Antisemiten immer wieder auszuweichen. Allerdings schützte die Regierung in Vichy vornehmlich die französischen Juden, während sie, um den Deutschen ihre gute Gesinnung zu beweisen, die in Frankreich besonders zahlreichen jüdischen Emigranten in Raten opferte; unter den insgesamt rund 90000, die von Zeit zu Zeit den deutschen und französischen Wölfen vorgeworfen wurden, befanden sich schätzungsweise 8000 in Frankreich geborene Juden.

Mit besonderem Ingrimm verzeichneten die Organisatoren der »Endlösung« indes die italienische und die ungarische Haltung. Daß sowohl die Regierung in Rom wie die in Budapest gegenüber den Berliner – gelegentlich von Hitler persönlich artikulierten – Deportationswünschen taub blieben, erboste aus einem doppelten Grund. Erstens handelte es sich um die mit dem Deutschen Reich am engsten liierten Staaten, im Falle Italiens sogar – jedenfalls in nationalsozialistischen Augen – um das ideologisch nächstverwandte Regime. Zweitens gab es da einen quantitativen Aspekt: Ungarn beherbergte mittlerweile 650000 Juden, darunter viele Flüchtlinge aus Deutschland, Österreich und der CSR, und daß Italien als Protektor seiner Juden gegen das nationalsozialistische Mordprogramm auftrat, deckte zugleich die Juden der italienischen Besatzungszonen in Griechenland, auf dem Balkan und in Südfrankreich. Gewiß war in Rom und Budapest, wie auch in Preßburg und Bukarest, ein gerütteltes Maß an Opportunismus im Spiel. Marschall Antonescu und in Ungarn Admiral Nikolaus von Horthy waren nicht gewillt, durch ihre Beteiligung am Judenmord auch noch die letzten Brücken zu den Westmächten abzubrechen, zumal die Zukunft des nationalsozialistischen Deutschland immer zweifelhafter wurde. Aber religiös oder moralisch begründete Skrupel wirkten ebenfalls; von Ausnahmen abgesehen, hatten ja selbst die italienischen Faschisten, anders als die deutschen Nationalsozialisten, die Verbindung zu den Traditionslinien europäischer Gesittung und Humanität nie völlig durchtrennt und auch deshalb die in den dreißiger Jahren so unverhohlen geäußerte Verachtung des Rassenwahns ihrer nördlichen Verbündeten nie wirklich abgelegt. Jedenfalls konnte in beiden Staaten das RSHA erst zugreifen, nachdem die politische Macht in deutsche Hände gekommen war. Als das in Italien geschah, nach dem Sturz der faschistischen Herrschaft im Juli und dem Seitenwechsel der Regierung des Marschalls Pietro Badoglio Anfang September 1943, blieb es jedoch auf Grund der militärischen Entwicklung ohne größeren Effekt; von den rund 40000 Juden in Italien gerieten noch 8000 in den Sog der »Evakuierung«. In Ungarn freilich nutzte das RSHA die deutsche Militärherrschaft, am 19. März 1944 etabliert, zur größten und schnellsten Einzelaktion der »Endlösung«. Von Eichmann – er kam noch am 19. März nach Budapest – persönlich organisiert, brachte die Aktion vom 15. Mai bis zum 8. Juli 1944 mindestens 430000 ungarische Juden nach Auschwitz, von denen mindestens 280000 in den Gaskammern starben.

An Eichmanns Erfolgen in Ungarn ist allerdings abzulesen, daß die Kommandos des RSHA, die in den Ländern des deutschen Macht- und Einflußbereichs die Juden zusammenzutreiben und in die östlichen Todeslager zu verschleppen trachteten, nicht nur mit Schwierigkeiten und Hemmnissen zu kämpfen hatten, sondern durchaus auch begünstigende Elemente nutzen durften. So beruhte das ungarische Ergebnis nicht zuletzt auf der Unterstützung, die Eichmann bei willigen Helfern in der Polizei und der Verwaltung Ungarns fand, als derartige einheimische Gesinnungsgenossen nicht mehr an der Kette konservativer Führungsgruppen hingen, die sich in Budapest erst im Sommer 1944 noch einmal durchsetzen und den Deportationen ein Ende machen konnten; eine vergleichbare Rolle spielten französische Antisemiten im besetzten Teil Frankreichs. Ein zweiter Faktor war von ebenso großer Bedeutung. Wie in allen anderen europäischen Ländern, die jüdische Opfer beherbergten, wäre auch in Ungarn die Leistungsfähigkeit des Eichmannschen Apparats erheblich geringer gewesen, hätten es die Emissäre des RSHA nicht fertiggebracht, bestehende und von ihnen geschaffene Organe jüdischer Selbstverwaltung – wie in den früheren Jahren bei der Auswanderungs- und Austreibungspolitik – zu organisatorischen Hilfsdiensten zu zwingen. Ähnliches gab es in den Vernichtungslagern selbst, und daß die SS bei der Vergasung und bei der Leichenbeseitigung, etwa an den Krematorien, zahlreiche Juden zur Erledigung fürchterlicher Arbeiten pressen konnte, ist auch nicht weiter verwunderlich; mit der Ankunft in einem solchen Lager war jede Möglichkeit, sich der totalen Fremdbestimmung zu entziehen, verloren. Welche Motive aber führende Mitglieder jüdischer Gemeinden und sonstige prominente Juden bewogen, in sogenannten Judenräten mit der nationalsozialistischen Sicherheitspolizei zu kooperieren und namentlich bei Erfassung, Konzentration und Deportation der Opfer als effiziente Exekutivorgane zu fungieren, ist nicht mit simplen Formeln zu erklären.

Einmal wirkte gewiß auch hier die Überzeugung, daß es sinnlos oder doch vergeblich sei, sich den Befehlen der bewaffneten Schergen Himmlers zu widersetzen, die zudem jederzeit in der Lage waren, stärkere Bataillone des Deutschen Reiches und seines bis in die letzte Kriegsphase außerordentlich schlagkräftigen Regimes herbeizurufen. Ein solchermaßen situationsbedingter Fatalismus bemächtigte sich der jüdischen Führer um so eher, als namentlich die ost- und südosteuropäischen Juden unter dem Einfluß der jahrhundertealten Erfahrung lebten, daß Verfolgung ein periodisch wiederkehrendes jüdisches Schicksal sei, dem man nicht entrinnen könne. Allenfalls, so wurde empfunden, sei es denkbar, den Ablauf der Dinge etwas zu lindern. Im Hinblick darauf war dann vielfach ein hohes und respektheischendes Gefühl der Verantwortung bestimmend. Solange die

Annahme dominierte, daß am Ende der Deportation »nur« eine harte Sklavenexistenz stehe, konnte sich das Verantwortungsgefühl in Versuchen äußern, einzelnen Juden Beistand zu leisten oder den Vertretern des RSHA für eine größere oder sogar eine große Anzahl Erleichterungen abzuhandeln; hatten jüdische Funktionsträger aber erfahren, daß sie an einem Unternehmen mitwirkten, bei dem die Mehrzahl der Deportierten dem sofortigen Tod entgegenfuhr, schien ihnen manchmal die Fortsetzung ihrer Tätigkeit trotzdem gerechtfertigt, weil sie Möglichkeiten sahen, wenigstens kleinere Gruppen zu retten. Als Mittel bot sich, wie immer bei der Paarung von politischer Ohnmacht mit finanzieller Kraft, Bestechung an, und so sind z.B. in der Slowakei und in Ungarn tatsächlich einige Gelder sowohl in die Taschen einzelner Angehöriger von SS und Polizei wie in die Kassen der SS selbst geflossen. Die Ergebnisse blieben freilich bescheiden. Im Juni 1944 durften 45 Mitglieder der wohl reichsten jüdischen Familie Ungarns, der Industriellenfamilie Weiss, nach Portugal ausreisen, und im August bzw. Dezember 1944 fuhren zwei Züge mit fast 2000 Verwandten, Freunden und Gesinnungsgenossen ungarischer Zionistenführer in die Schweiz. Das größte derartige Projekt, bei dem um den Freikauf von einer Million europäischer Juden gegen die Lieferung von 10000 Lastwagen aus alliierter Produktion verhandelt wurde, zeitigte überhaupt keine Resultate. Da die Idee von Eichmann lanciert worden war, und zwar um die Monatswende April/Mai 1944 in Gesprächen mit führenden Budapester Juden, ist ohnehin die Vermutung nicht von der Hand zu weisen, daß die Abgesandten des RSHA den Führern der ungarischen Juden nur deshalb monatelang die Vision einer so gewaltigen Rettungsaktion vorgaukelten, weil sie für einen störungsfreien Verlauf der im gleichen Zeitraum abgewickelten Deportationen jüdische Mitwirkung brauchten. Jedenfalls war das in der Tat der faktische Effekt des Angebots »Blut gegen Lastwagen«. Daß jüdische Funktionäre, die zuverlässige Berichte über das wahre Los der Deportierten erhalten hatten, von der trügerischen Aussicht auf Geschäfte mit der SS sogar verleitet wurden, die empfangenen Informationen zu unterdrücken und auch damit zum Gelingen der Eichmannschen Ungarn-Aktion beizutragen, hat freilich für diesen Fall und für andere Fälle den überwiegend doch unbegründeten Vorwurf entstehen lassen, Mitglieder jüdischer Selbstverwaltungsorgane hätten auch deshalb im Sinne ihrer Peiniger funktioniert, weil sie von Deportation und Vergasung ausgenommen blieben, solange sie sich der SS nützlich machten.

Der Vorwurf ist nicht selten von der Annahme begleitet, daß es gegen die Deportationen Widerstand gegeben hätte, wenn auch dem Gros der Juden klargewesen wäre, welches Schicksal ihm das nationalsozialistische Deutschland zudachte, und daß solcher Widerstand die Maschinerie der »Endlösung« zum Stillstand gebracht hätte. Daran ist sicherlich richtig, daß die Fügsamkeit, mit der die Masse der europäischen Judenheit den Deportationsbefehlen folgte, die Arbeit der SS- und Polizeiführung erheblich erleichtert hat und daß die Fügsamkeit wiederum sehr viel leichter fiel, weil die Masse der Deportierten die Mordabsicht nicht kannte. Der Vorstellung, am Bestimmungsort in einer Gaskammer sofort oder durch allzu schwere Arbeit, Hunger und Krankheit in kurzer Zeit ermordet zu werden, einer Vorstellung, die ja in der Tat menschliches Fassungsvermögen zunächst überforderte, wurde allerdings auch dann kein Raum gegeben, wenn düstere Gerüchte die Runde machten oder sogar solidere Informationen auftauchten. Stellt man die natürliche menschliche Neigung in Rechnung, auf die Ankündigung eines bösen Endes mit Unglauben zu reagieren, bedenkt man ferner, daß die Mehrheit der jüdischen Opfer – namentlich die in Mittel-, Ost- und Südosteuropa lebenden Opfer – mit den nationalsozialistischen Tätern zwar gewiß nicht die Gläubigkeit beim Empfang judenfeindlicher Befehle der Obrigkeit gemeinsam hatte, wohl aber die Bereitschaft, Anordnungen der Obrigkeit Gehorsam zu leisten, ob man sie nun verstand und billigte oder nicht, dann wird zumindest fraglich, ob die Fügsamkeit durch zuverlässige Unterrichtung erschüttert worden wäre. Zu noch vorsichtigerem Umgang mit spekulativen Annahmen mahnt die Beobachtung, daß in den osteuropäischen Ghettos, anders als in Ungarn oder Westeuropa, doch relativ bald nach dem Beginn der »Endlösung« das wahre Wesen von Lagern wie Auschwitz und Majdanek erkannt wurde, ohne daß es zu Massenfluchten oder Widerstandsakten gekommen wäre. In den Vernichtungslagern selbst gab es gelegentlich Häftlingsrevolten, jedoch stets erst in der Endphase der Vernichtungstätigkeit oder der Lagerexistenz, so in Auschwitz am 7. Oktober 1944 und in Chelmno im Januar 1945. Gelang dabei immerhin einzelnen Überlebenden die Flucht, so endete der einzige größere Aufstand gegen den Ausrottungsprozeß, der im Warschauer Ghetto ebenfalls erst ausbrach, nachdem bereits Hunderttausende der Insassen deportiert und ermordet worden waren, notwendigerweise mit einem Desaster. Gewiß sahen sich stärkere Kräfte der Polizei vom 19. April bis Mitte Mai 1943 zu erheblichen Anstrengungen in heftigen und verlustreichen Straßen- und Häuserkämpfen genötigt. Doch stand der Ausgang, da die heroisch fechtenden Juden an Zahl und vor allem an Bewaffnung hoffnungslos unterlegen waren, nicht einen Augenblick in Zweifel. Nachdem Tausende der Verteidiger gefallen waren, hörte jeder Widerstand auf; von den übriggebliebenen 56000 Juden wurden 7000 sofort erschossen, alle anderen in Vernichtungslager verbracht. Am 16. Mai 1943 konnte der Kommandeur der in Warschau eingesetzten Polizeiverbände, SS-Brigadeführer Jürgen Stroop, seinen Vorgesetzten einen Bericht vorlegen, der die Überschrift trug: ›Es gibt keinen jüdischen Wohnbezirk in Warschau mehr!‹[52]

Offensichtlich vermochte nichts der »Endlösung« Einhalt zu gebieten. Vor allem liefen die Organisatoren des Massenmords, wie sich bald herausstellte, keine Gefahr, daß ihnen die Alliierten in den Arm fielen oder Widerstände in der eigenen Nation das Mordgeschäft unmöglich machten. Zwar gewann man auf alliierter Seite im Laufe der Jahre 1943 und 1944 durchaus Sicherheit über die Faktizität des Genozids und auch einige Klarheit über die Art des technischen Vollzugs, so etwa über Existenz und Funktionsweise von Auschwitz. Aber mit der Kenntnis war nichts anzufangen. Nach den ersten zuverlässigen Nachrichten über Auschwitz tauchte sogleich die dann Jahrzehnte später erneut mit Verve verfochtene Forderung auf, anglo-amerikanische Bomber müßten das Vernichtungswerk stoppen, indem sie das Lager und seine Zufahrtswege angriffen. Doch handelte es sich bei dieser Vorstellung um eine Chimäre, die einerseits auf einer naiven Überschätzung der Möglichkeiten des Luftkriegs, namentlich der Wirkungsdauer eines Bombenangriffs, basierte, andererseits auf einer nicht weniger naiven Unterschätzung des »politischen« Eifers, der kriminellen Energie und der technischen Ressourcen des RSHA-Personals. Daß alle Störversuche unterblieben, lag sicherlich auch daran, daß viele Briten und Amerikaner den Gedanken, Interventionen seien zwecklos und folglich unzulässige Ablenkungen von der eigentlichen Kriegsanstrengung, nur allzu schnell und nur allzu gern akzeptierten: aus Mangel an Phantasie, aus engherziger

[52] IMT, XXVI, S. 693.

Abweisung jeder Belästigung des eigenen Interessenbereichs und aus Stumpfheit gegenüber moralischen Appellen; gelegentlich war auch spezifische Gleichgültigkeit gegen jüdisches Leiden im Spiel oder sogar heimliche Sympathie einzelner Antisemiten mit den nationalsozialistischen Aktivitäten. Gleichwohl war die Auffassung richtig, daß es im Grunde nur ein taugliches Mittel gab: möglichst rasch den Krieg zu gewinnen und der NS-Herrschaft den Garaus zu machen. Nicht einmal in der Propaganda durfte der Judenvernichtung eine Sonderstellung gegeben werden. Wenngleich die Führer der Alliierten immer wieder die Bestrafung deutscher Kriegsverbrecher ankündigten und damit eine gewisse abschreckende Wirkung auszuüben hofften, glaubten sie sich, um die innere Geschlossenheit der eigenen Nationen nicht zu gefährden, doch genötigt, auch nur den Anschein zu vermeiden, daß Großbritannien und die USA, wie das die deutschen Medien pausenlos in die Welt posaunten, im Dienste jüdischer Interessen gegen Deutschland Krieg führten. Selbst Präsident Franklin D. Roosevelt und Premierminister Winston S. Churchill, die beide während ihrer Karrieren oft genug bewiesen hatten, daß jüdische Beschwerden bei ihnen Mitgefühl und die Bereitschaft auch zu politischer Hilfe weckten, konnten sich solchen Zwängen nicht entziehen. Als Churchill im Juni 1944 erfuhr, daß jetzt täglich 10000 bis 12000 ungarische Juden nach Auschwitz deportiert wurden, schrieb er in ratloser Verzweiflung an den Rand des Berichts: »Was können wir tun? Was können wir sagen?«[53]

Solange die Bevölkerung im nationalsozialistischen Deutschland unverdrossen werkte, vom Industriellen bis zum Arbeiter, solange der deutsche Staatsapparat zuverlässig funktionierte und solange die Wehrmacht des Deutschen Reiches zwischen Hitlers Regime und den Alliierten stand, war die Maschinerie der »Endlösung« in der Tat nicht von außen anzuhalten. Während der Vernichtungsprozeß seinen Gang nahm, arbeitete aber die Bevölkerung so unverdrossen, funktionierte die Staatsverwaltung so zuverlässig und stand die Wehrmacht, bis zuletzt mit staunenerregender Tapferkeit kämpfend, so fest vor dem »Führer« und seinem System, daß dem Apparat der SS und Polizei weder von außen noch von innen eine Störung drohte. Dabei wurde die »Endlösung« auch in Deutschland schon wäh-

[53] Zit. nach John S. Conway, Der Holocaust in Ungarn. Neue Kontroversen und Überlegungen. In: VfZ 32 (1984), S. 185.

rend ihres Vollzugs wahrgenommen. Nachdem die Judenverfolgung bis 1941 ohnehin vor aller Augen abgelaufen war und dann das Wüten der Einsatzgruppen in Rußland zahllose – keineswegs diskret gebliebene – Beobachter gefunden hatte, drang auch über das Geschehen in den Vernichtungslagern genügend durch, um jedem, der wissen wollte, ein leidliches Gesamtbild zu geben. Schließlich war am Ablauf des Ausrottungsfeldzugs ein gar nicht kleiner Teil des Staatsapparats unmittelbar beteiligt, vom Auswärtigen Amt über das Reichsinnenministerium und unzählige Kommunalverwaltungen bis zur Reichsbahn, und die bei Beginn der »Endlösung« aufgetretene Ruhmredigkeit etlicher Spitzenfiguren des Regimes schaffte sich auch während der Exekution Luft. Besonders nach der Kriegswende von Stalingrad und Nordafrika, die ansonsten auf Richtung und Tempo der »Endlösung« keinen erkennbaren Einfluß hatte, brach jene Angeberei mit den vollbrachten Vernichtungstaten wieder und wieder durch, während andererseits Kommandos des RSHA bereits Vernichtungslager möglichst spurenlos zu beseitigen suchten. Offenbar bildete sich in Nationalsozialisten, die den Gedanken an die militärische Niederlage nicht mehr ganz zu verdrängen vermochten, eine Art Trotz: Wenn schon der »Krieg um Lebensraum« verloren sein sollte, so wollten sie doch den in ihren Augen nicht weniger wichtigen rassistischen Vernichtungskrieg bis zum größtmöglichen Erfolg führen und diesen Erfolg die Mit- und Nachwelt auch wissen lassen. In relativer Öffentlichkeit, nämlich in einer Serie von Ansprachen vor SS-Führern, Parteifunktionären, Offizieren und Fahnenjunkern, rühmten sich Hitler und Himmler ihres historischen Verbrechens; in aller Öffentlichkeit, d.h. abermals in einem Leitartikel seiner Wochenzeitung ›Das Reich‹, am 9. Mai 1943 Joseph Goebbels; Robert Ley, Chef der Deutschen Arbeitsfront, feierte den Genozid in seiner 1944 erschienenen Broschüre ›Pesthauch der Welt‹[54]. So ist jedenfalls mehr gewußt und mehr beredet worden, als die verstörten und beschwerten Gewissen nach Kriegsende einzugestehen bereit waren. Im Oktober 1942 verpflichtete z.B. ein Erlaß der Parteikanzlei die Funktionäre der NSDAP, gegen die in der Bevölkerung häufigen »Erörterungen« über »sehr scharfe Maßnahmen« gegen die

[54] Hierzu Hans-Heinrich Wilhelm, Wie geheim war die »Endlösung«? In: Miscellanea. Festschrift für Helmut Krausnick zum 75. Geburtstag. Stuttgart 1980, S. 131 ff.

Juden teils abschwächend, teils Verständnis heischend Front zu machen[55], und 1943 konstatierte der SD in seinen Stimmungsberichten, die Versuche der NS-Propaganda, mit der Entdekkung der Leichen tausender polnischer Offiziere, die von Stalins NKWD im Wald von Katyn ermordet worden waren, moralische Empörung über die bolschewistischen Untermenschen zu wecken, hätten nicht ganz die gewünschte Wirkung, weil überraschend viele Deutsche die Ansicht äußerten, Katyn sei gar nichts gegen das, was die Organe des eigenen Regimes mit den Juden anstellten[56]. Theophil Wurm, der Landesbischof von Württemberg, schrieb am 16. Juli 1943, als er in einem Brief an Hitler gegen die drohende Einbeziehung der »privilegierten Nichtarier« in die »Evakuierung nach Osten« protestierte, »die dem deutschen Zugriff unterliegenden Nichtarier« seien »in größtem Umfang beseitigt worden« und diese in Deutschland »viel besprochenen« Geschehnisse belasteten »das Gewissen und die Kraft unzähliger Männer und Frauen im deutschen Volk auf das schwerste«[57].

Aber die Kenntnis bewegte nichts. Selbstverständlich nicht bei jener Minderheit, die im nationalsozialistischen Geiste antisemitisch gesinnt war und daher mit der Ausrottung der europäischen Juden, sofern daran nicht aktiv beteiligt, durchaus sympathisierte. Doch legte die Riesenschar der sozusagen ordinären Antisemiten, die solchen Mord früher empört verurteilt hätte und auch jetzt nur mit entsetzter Mißbilligung oder doch mit zweifelndem Unbehagen davon hörte, ebenfalls eine erschreckende Bereitschaft an den Tag, sich mit dem Geschehen abzufinden. Es zeigte sich, wie schwierig es ist, sich gegen die äußerste und brutalste Konsequenz eines ideologischen Wahns aufzulehnen, wenn man wesentliche Inhalte des Wahns für wahr hält. Es zeigte sich ferner, daß die stufenweise Steigerung der Verfolgungspraxis, die den bisherigen Gang der NS-Judenpolitik prägte, und die Serie wirtschaftlicher, politischer und militärischer Erfolge des Regimes, die parallel dazu wirkte, das

[55] Verfügungen, Anordnungen, Bekanntgaben. Hrsg. von der Partei-Kanzlei, Bd. II. München o.J., S. 131 f.

[56] Zit. nach O. D. Kulka, The Churches in the Third Reich and the »Jewish Question« in the Light of Secret Nazi Reports on German »Public Opinion«. Ms. eines Vortrags, der auf einem von der Commission Internationale d'Histoire Ecclésiastique Comparée v. 25. 6.–1. 7. 1978 in Warschau veranstalteten Kongreß gehalten wurde.

[57] Heinrich Hermelink (Hrsg.), Kirche im Kampf. Tübingen 1950, S. 654 ff.

moralische Urteilsvermögen dieser ansonsten biederen Beamten, Ärzte und Handwerker böse lädiert und oft bis zur Ausschaltung betäubt hatten. Angesichts der vielfachen Teilidentifikation mit ganz anderen Zielen und Wesenszügen des NS-Staats reagierten freilich auch die vom Antisemitismus weniger befallenen Schichten der Nation ebenso passiv wie 1941 das Gros der Rußlandarmee auf die Einsatzgruppen – erst recht nach der Kriegswende. Hatten Hitler und die NS-Bewegung die Deutschen zuvor mit dem Glanz von Triumphen betört, so machten sie die Nation nun gefügig, indem sie die Schrecken der Niederlage beschworen, der Niederlage gegen den Bolschewismus. Da viele »bolschewistisch« ohne weiteres mit »jüdisch« gleichsetzten, weckte die Aussicht auf eine Niederlage, die dem Massenmord an den Juden folgte, zudem die Furcht vor schwerer politischer Bestrafung; daß sich das Gefühl regte, zum Komplizen der »Endlösung« geworden zu sein oder doch nach einer Niederlage als Komplize behandelt zu werden, kam dem Regime sehr zugute. Im übrigen bombte der alliierte Luftkrieg die Masse der deutschen Bevölkerung in eine so dichte Atmosphäre ständiger Gefahr und in einen so harten Kampf um die Sicherung der minimalen Alltagsbedürfnisse, daß sich moralische Egozentrik und politische Apathie von Tag zu Tag fester einfraßen. Den Rest besorgte Himmlers Terrorapparat. Auf der anderen Seite sind einige tausend Juden in Deutschland der Deportation und der Vergasung entgangen, weil sie mit der Hilfe nichtjüdischer Freunde bis Kriegsende untertauchen konnten; auch sind – wie 1939/40 angesichts der Greuel in Polen – einzelne, als sie vom Judenmord erfuhren, zum Widerstand gegen das nationalsozialistische System geführt oder in ihrem Widerstandswillen bestärkt worden; nicht wenige der Verschwörer, die am Staatsstreich vom 20. Juli 1944 beteiligt waren, haben das den verhörenden Gestapobeamten ins Gesicht gesagt.

Unter solchen Umständen verzeichnete die Bilanz der Todesfabriken, als Himmler am 27. November 1944 die Einstellung der Vergasung in Auschwitz und die Zerstörung aller Vernichtungsanlagen im deutschen Machtbereich befahl, weil er mit solchem »Gnadenakt« den Reichsführer SS ins Nachkriegsdeutschland einzukaufen hoffte, Zahlen, die den Atem stocken lassen[58]:

[58] Nach Ino Arndt/Wolfgang Scheffler, Organisierter Massenmord an Juden

1. *Chelmno* – mit Unterbrechungen in Betrieb vom Dezember 1941 bis Juli 1944 – 152 000 Opfer aus dem Warthegau einschließlich der nach Lodz deportierten Juden aus dem Reichsgebiet.

2. *Belzec* – in Betrieb vom März 1942 bis zum Januar 1943 – mindestens 600 000 Opfer aus den Distrikten Lublin, Krakau, Galizien, dazu aus nichtpolnischen Gebieten.

3. *Sobibor* (ein zur Ergänzung von Belzec im April 1942 gebautes Lager der »Aktion Reinhard«, in dem eine Kohlenmonoxyd benutzende T 4-Mannschaft tätig war) – in Betrieb von Mai 1942 bis August 1943 – mindestens 250 000 Opfer aus dem Distrikt Lublin, aus der Slowakei, aus dem Reichsgebiet, aus Holland, Frankreich und der Sowjetunion.

4. *Treblinka* (das im Frühjahr 1942 gebaute dritte Lager der »Aktion Reinhard«, ebenfalls von einer Kohlenmonoxyd benutzenden T 4-Mannschaft eingerichtet) – in Betrieb von Juli 1942 bis Herbst 1943 – etwa 900 000 Opfer aus Warschau, aus dem Distrikt Radom, aus Griechenland, aus dem Bezirk und der Stadt Bialystok, dazu aus dem »Vorzugslager« Theresienstadt tschechische und deutsche Juden.

5. *Auschwitz-Birkenau* – in Betrieb von Dezember 1941/Januar 1942 bis Oktober 1944 – mindestens eine Million Opfer aus Oberschlesien und anderen Teilen Deutschlands, aus der Slowakei, aus sämtlichen deutsch besetzten Ländern, aus Ungarn.

6. *Majdanek* – in Betrieb vom Sommer 1942 bis Juli 1944 – etwa 200 000 Opfer, darunter 60 000 Juden aus dem Distrikt Lublin, aus dem Ghetto Warschau, aus dem Ghetto Bialystok und aus der Slowakei.

Zum Zeitpunkt des Himmlerschen Einstellungsbefehls waren mithin in den Todeslagern mindestens drei Millionen Juden – dazu Hunderttausende von Zigeunern, kranken Häftlingen und Kriegsgefangenen – ermordet worden. Mit den mehr als zwei Millionen jüdischen Toten der Sowjetunion – von denen bei der Gesamtbilanz allerdings einige Hunderttausend zu subtrahieren sind, die nicht den in der UdSSR operierenden Polizeiverbän-

in nationalsozialistischen Vernichtungslagern. Ein Beitrag zur Richtigstellung apologetischer Literatur. In: VfZ 24 (1976), S. 105 ff.; Hilberg, Die Aktion Reinhard. In: Jäckel/Rohwer, Der Mord an den Juden im Zweiten Weltkrieg, S. 125 ff.; Wolfgang Scheffler, Chelmno, Sobibor, Belzec und Majdanek. Ebenda, S. 145 ff.; Gitta Sereny, Treblinka. Ebenda, S. 157 ff.; Yehuda Bauer, Auschwitz. Ebenda, S. 164 ff.

den zum Opfer gefallen, sondern in Lager wie Sobibor und Treblinka gekommen waren und daher in deren Bilanz enthalten sind – und mit den Toten der »normalen« Konzentrationslager, der Ghettos, der sonstigen Haftanstalten und auch der Transporte, in überfüllten Waggons oder auf mörderischen Fußmärschen, hatte also der Versuch des nationalsozialistischen Deutschland, die europäische Judenheit auszurotten, über fünf Millionen Menschenleben gekostet. Das beispiellose Resultat eines Geschehens ohne Beispiel. Die historische Einzigartigkeit des Vorgangs ergab sich dabei aus der einmaligen Verbindung mehrerer höchst seltener Elemente: Erstens hatte die Regierung eines sogenannten Kulturstaats den Massenmord befohlen; es handelte sich mitnichten um »Ausschreitungen«. Zweitens folgte diese Regierung dabei keineswegs einem Impuls; sie verfolgte vielmehr einen ohne Provokation ausgedachten Plan. Drittens sah der Plan vor, eine nach starren »rassischen« Kriterien definierte Großgruppe der europäischen Bevölkerung in der Tat auszutilgen; Alter und Geschlecht der Opfer spielten nicht die geringste Rolle, ebensowenig Religionszugehörigkeit, soziale Stellung und persönliches Verhalten. Viertens ergab sich aus solchen Elementen eine wahrhaft schreckliche quantitative Dimension des qualitativ furchtbaren Unternehmens. Fünftens wurden die über fünf Millionen Toten der europäischen Judenheit weder politischen noch ökonomischen Interessen der Mörder geopfert, sondern einem ideologischen Wahn. Und jene »Weltanschauung« war überdies, sechstens, nicht allein von rohester Primitivität, sondern auch von lächerlichster Abstrusität.

Das Leid, das in die Welt kam, als diese primitive, abstruse und absurde Heilslehre geschichtsmächtig wurde und ihre Jünger zum Kreuzzug gegen die europäischen Juden aufbrachen, ist nicht zu ermessen und nicht zu beschreiben. Auch könnte kein Versuch zu einer solchen Schilderung der Erinnerung der Überlebenden gerecht werden, denen damals Versehrungen geschlagen wurden, für die es keine Heilung gibt. Doch auch ein Vorgang wie die »Endlösung« hat politische Folgen, und einige der Folgen lassen sich nennen. Daß die versuchte Ausrottung der Juden Europas den Deutschen eine historische Last aufgebürdet hat, die schwerer wiegt als die Verbrechen im geschichtlichen Erbe anderer Nationen, ist eine Binsenwahrheit, ebenso die Feststellung, daß ein so tiefer Sündenfall auch für die politische Bewegungsfreiheit des schuldig gewordenen Volkes strengere Gesetze schafft, als sie für andere Völker gelten, namentlich bei der Berührung jüdischer Gefühle und Interessen. Doch wirkt die historische Belastung auch noch anders. Die Schuld oder doch die Scham, wie sie die meisten Deutschen empfanden, nachdem sie aus der nationalsozialistischen Verirrung aufgewacht waren und die »Welt« wieder mit halbwegs normalen Augen »anschauten«, brachte den Antisemitismus naturgemäß und richtigerweise in den Geruch des Unerlaubten und in der Tat Unanständigen. Eine derartige Stigmatisierung des Antisemitismus stigmatisierte aber ebenfalls, zwar schwächer, doch immer noch deutlich, alle jene politischen Botschaften, die von den Propheten der Judenfeindschaft stets mitverkündet worden waren, den rabiaten Nationalismus ebenso wie die grundsätzliche Ablehnung von Liberalismus, Demokratie und Parlamentarismus. Zur positiven Entwicklung, die dem politischen System Westdeutschlands nach dem Krieg vergönnt war, hat das durchaus beigetragen. Auch hinsichtlich der Opfer haben Hitler und seine Komplizen, so furchtbar die Lücken waren, die sie der europäischen Judenheit schlagen konnten, exakt das Gegenteil ihrer Absichten bewirkt. Statt den »Begriff ›Juden‹ auslöschen zu sehen«, zwangen die Hitler und Himmler selbst die bereits völlig assimilierten Juden dazu, jüdisches Sonderbewußtsein und jüdisches Selbstgefühl zu entwickeln, wieder Juden zu werden. Die vergangenen Versuche der Assimilation begannen als gescheitert, künftige als politisch unmöglich und moralisch fragwürdig zu gelten. Die Wendung gegen die Assimilation förderte wiederum die Überzeugung, daß den in alle Welt zerstreuten und potentiell überall gefährdeten Juden ein Mittelpunkt gegeben werden müsse, ein staatlich organisiertes Territorium, das jedem Juden als private, kulturelle und politische Heimat dienen könne. Ob der Zionismus ohne die Re-Judaisierung der Juden Europas und der übrigen Welt, wie sie von den Nationalsozialisten so gewaltsam forciert wurde, triumphiert hätte? Zugleich hatte der nationalsozialistische Rassismus jüdischem Leiden eine so ungeheuerliche Dimension gegeben, daß nach der Niederwerfung des NS-Regimes in aller Welt, nicht zuletzt in den Siegermächten des Zweiten Weltkriegs, mit Recht die Verpflichtung bejaht wurde, jüdischen Interessen und Ansprüchen, zumal sie während des Krieges und während der »Endlösung« nolens volens ignoriert worden waren, nun besondere Aufmerksamkeit zu widmen. In diesem doppelten Sinne hat die nationalsozialistische Judenverfolgung die Gründung des Staates Israel unvermeidlich gemacht.

1. Notizen aus dem Tagebuch einer deutschjüdischen Ärztin

Die Entrechtung, die Isolierung und die Enteignung der deutschen Juden, wie sie der nationalsozialistische Antisemitismus schon lange vor dem Beginn der »Endlösung« durchsetzte, die Alltagswirklichkeit einer unmenschlichen Verfolgung und die von ihr Tag für Tag geschlagenen Wunden, fanden ihre eindringliche Darstellung im Tagebuch einer aus Württemberg stammenden und in Berlin praktizierenden deutschjüdischen Ärztin, Hertha Nathorff, die eine geborene Einstein und in der Tat eine Nichte des Nobelpreisträgers war. Sie konnte 1939 auswandern und so wenigstens den Holocaust überleben.

Quelle: Das Tagebuch der Hertha Nathorff. Berlin, New York. Aufzeichnungen 1933 bis 1945, hrsg. von Wolfgang Benz. München 1987.

1. April 1933
Juden-Boykott.
Mit Flammenschrift steht dieser Tag in mein Herz eingegraben. Daß so etwas im 20. Jahrhundert noch möglich ist. Vor allen jüdischen Geschäften, Anwaltskanzleien, ärztlichen Sprechstunden, Wohnungen stehen junge Bürschlein in Uniform mit Schildern »Kauft nicht bei Juden«, »Geht nicht zum jüdischen Arzt«, »Wer beim Juden kauft, der ist ein Volksverräter«, »Der Jude ist die Inkarnation der Lüge und des Betruges«. Die Arztschilder an den Häusern sind besudelt und zum Teil beschädigt, und das Volk hat gaffend und schweigend zugesehen. Mein Schild haben sie wohl vergessen zu überkleben. Ich glaube, ich wäre tätlich geworden. Erst nachmittags kam so ein Bürschlein zu mir in die Wohnung und fragte: »Ist das ein jüdischer Betrieb«? – »Hier ist überhaupt kein Betrieb, sondern eine ärztliche Sprechstunde«, sagte ich, »sind Sie krank«? Nach diesen ironischen Worten verschwand der Jüngling ohne vor meiner Türe Posten zu stehen. Freilich, manche Patienten, die ich bestellt hatte, sind nicht gekommen. Eine Dame hat angerufen, daß sie doch heute nicht kommen könne, und ich sagte, daß es am besten wäre, sie käme überhaupt nicht mehr. Ich selber habe heute mit Absicht in Geschäften gekauft, vor denen ein Posten stand. Einer wollte mich abhalten, in ein kleines Seifengeschäft zu gehen. Ich schob ihn aber auf die Seite mit den Worten: »Für mein Geld kaufe ich, wo ich will«. Warum machen es nicht alle

so? Dann wäre der Boykott schnell erledigt gewesen. Aber die Menschen sind ein feiges Gesindel, ich weiß es längst.

Abends waren wir bei unseren Freunden am Hohenzollerndamm, 3 Ärztepaare. Alle ziemlich gedrückt. »In ein paar Tagen ist alles vorbei«, versuchte Freund Emil, der Optimist, uns zu überzeugen, und sie verstehen mein Aufflammen nicht, als ich sage, »sie sollen uns lieber gleich tot schlagen, es wäre humaner als ihr Seelenmord, den sie vorhaben ...« Aber mein Gefühl hat noch immer Recht behalten.

25. April 1933
Ein Brief vom Magistrat Charlottenburg: »Sie werden gebeten, Ihre Tätigkeit als leitende Ärztin der Frauen- und Beratungsstelle einzustellen!« Aus.

Also herausgeworfen – aus. Meine armen Frauen, wem werden sie nun in die Hände fallen? Fast 5 Jahre habe ich diese Stelle geleitet, groß und bekannt gemacht, und nun? Aus, aus – ich muß es mir immer wieder sagen, damit ich es fassen kann.

12. Mai 1933
Eine Patientin kommt weinend zu mir. Sie war bei der üblichen Vortragsstunde ihres Betriebs, und da wurde gelehrt: wer einmal Beziehungen zu einem Juden gehabt hat, kann nie mehr rein arische Kinder bekommen. Und sie hat früher einmal einen jüdischen Freund gehabt. Ich habe lange reden müssen, das etwas primitive Geschöpf von dem Blödsinn dieser Behauptung zu überzeugen. Jetzt atmet sie auf: »Frau Doktor, ich wollte schon den Gashahn aufmachen, da bin ich im letzten Augenblick noch zu Ihnen gelaufen.« Ja, aber wie viele haben niemand, zu dem sie laufen können und dann?

30. August 1933
Zurück aus Ferientagen aus Süddeutschland. Wie gespannt ist die Atmosphäre dort, wie verändert die Situation in meiner kleinen Heimatstadt, wo einer den anderen kennt.

Über 200 Jahre lebt meine Familie nun in der kleinen Stadt, angesehen, geehrt und nun ... Der alte Vater sagte mir so nebenbei, daß er nicht mehr zu seinem Stammtisch gehe. Mutter regt sich auf, daß der und jener nicht mehr richtig zu grüßen wagt.

Die Freundin meiner Schwester, Frau eines Rechtsanwalts, sie kommt nur noch am Abend nach Eintritt der Dunkelheit, so daß meine Schwester ihr nahelegt, am besten überhaupt nicht mehr zu kommen. Die Katholiken sind zusammengesetzt aus Angst und Schrecken. Wo soll das hinführen?

2. Oktober 1934
Ich komme aus der Irrenanstalt H. Sie baten mich telefonisch zu kommen. Nachts war eine Patientin eingeliefert worden, die nach mir rief. Auf der Straße war sie aufgegriffen worden, vor einem Krankenhaus. Man hielt sie für betrunken – so benahm sie sich, redete, weinte auf der Straße und verschenkte ihre Sachen an Passanten. Dann brachte man sie in die Anstalt. Ob ich sie kenne? Eine junge Kollegin, die nicht praktizieren darf. Sie haben sie nicht mehr approbiert. Eine junge Liebe zu einem arischen Kollegen ist jäh zerstört worden. Nun versuchte sie als Schwester zu arbeiten, es war zu viel für ihre Seele, für ihren Verstand. Sie ist darüber wahnsinnig geworden ...

30. November 1934
Ich war in Süddeutschland. Der liebe Vater war schwerkrank. Was ich nur anstellen mußte, daß der ihn behandelnde Arzt – ich bin zu kollegial, über seine medizinischen Fähigkeiten zu schreiben – in das Konsilium mit dem tüchtigen Internisten aus Ulm einwilligte! »Man kann doch nicht mit einem jüdischen Arzt ein Konsilium abhalten!« Lieber kann der Patient schlecht und falsch behandelt werden! Er muß ja froh sein, daß der arische Arzt überhaupt kommt. Ein jüdischer Arzt ist in der kleinen Stadt nicht mehr, und der andere Nazidoktor behandelt keine Juden. Es ist fast wie in den Lagern, wo sie die unschuldigen Menschen eingesperrt haben. »Man ist entweder gesund oder tot, wenn man zufällig Jude ist!«

Eine der katholischen Schwestern, die Vater pflegten, sagte zu mir: »Frau Doktor, vor der Hölle brauchen wir uns nicht mehr zu fürchten, der Teufel ist ja jetzt auf der Welt.«

30. Dezember 1934
Wieder 3 Selbstmorde von Menschen, die es nicht aushalten konnten, die Diffamierung und Gemeinheit geht immer weiter.

Der Junge weigert sich, auf die Eisbahn zu gehen, gestern sind jüdische Kinder weggejagt und geschlagen worden.

9. Oktober 1935
Heute ist mir meine ehemalige Sekretärin begegnet. Mit ihren kurzsichtigen Augen hat sie mich scharf fixiert und sich dann

zur Seite gedreht. Ich habe vor Ekel ins Taschentuch gespuckt! Sie war einst meine Patientin, später traf ich sie auf der Straße, ihr Freund hatte sie verlassen, und sie war ohne Arbeit, ohne Geld – da nahm ich sie zu mir und habe sie herangebildet, viele Jahre lang, und bis zum letzten Tag habe ich sie in meiner Klinik beschäftigt. Nun hat sie sich umgestellt und kann mich, die sie aus der Gosse holte, nicht mehr grüßen!

Ich geh' schon nirgends mehr hin, ich bin ja so bekannt durch meinen Beruf, meine Stellung, soll ich mir und den anderen Ärger machen? Ich bin froh, wenn ich daheim in Frieden bin!

4. Dezember 1935
Frl. G. in der Sprechstunde, völlig gebrochen, sie weiß nichts von Juden und Judentum. Plötzlich ist ihre jüdische Großmutter ausgegraben! Sie darf als Künstlerin nicht mehr arbeiten, sie muß ihren Freund, einen höheren Offizier, aufgeben. Sie will irgend etwas, »Schluß zu machen«. »Ich kann nicht mehr leben«, das ist ihr einziges jammervolles Stöhnen. Was soll ich nur machen? Ich kann meinen Patienten nicht mehr helfen, das ist lebendiger Tod für mich selbst.

5. August 1938
Wir saßen bei Tisch mit unseren Gästen, da ein Telefonanruf. Ich gehe selbst an den Apparat. Kollege S., er frägt mich: »Haben Sie eben Radio gehört?« »Nein«, sage ich, »was ist denn wieder los?« Der sonst so ruhige Kollege, er sagt mit zitternder, erregter Stimme: »Was Sie immer prophezeit haben, sie nehmen uns die Approbation, wir dürfen nicht mehr praktizieren – eben hat man's am Radio durchgesagt.« »Am Radio durchgesagt.« So müssen wir erfahren, daß man uns nimmt, was wir durch jahrelanges Studium erworben, was prominente Professoren, berühmte Universitäten uns zuerkannt haben ... Ich kann es nicht fassen ... »Und ich muß es nun meinem Mann sagen.« Das war das einzige, was ich in dem Augenblick denken konnte. Wie ich ruhig an den Eßtisch zurückgehen, die Tafel aufheben und meinen Gästen sagen konnte, »es ist nichts Besonderes«; ich weiß es nicht, ich weiß nur, wie ich am Schreibtisch saß, die Hände verkrampft und meinem Mann sagte: »Es ist aus – aus – aus.« Er holte dann eine Zeitung und wirklich, es stand schon drin. So haben wir jüdischen Ärzte unser Todesurteil erfahren. In der Klinik sind sie völlig verzweifelt.

26. Oktober 1938
Ich gehe täglich in die Klinik und helfe den Schwestern. Nachmittags bin ich vorn in der Praxis bei meinem Mann, es ist aber eine furchtbare Seelenmarter für mich. Gut, daß ein großer Teil der Patienten mich nicht kennt. Für sie bin ich die neue Hilfe und dabei kann ich auch meine psychologischen Studien machen. »Darf denn der Doktor noch arisches Personal beschäftigen?«, hat mich heute eine Dame gefragt. »Nein«, das war meine ganze Antwort. Ich glaube, die gute Frau hat Angst gehabt, ich sei vielleicht ein »Spitzel«.

Eben kam Frau C. Sie haben ihren Mann eingesperrt, er ist in einer Autofirma tätig und hat einer Kundin ein Auto vorgeführt. Auf Veranlassung des Chefs ist er mit ihr ein Stück hinausgefahren, auf eine ruhige Seitenstraße. Das Auto wird angehalten, Ausweise verlangt, blonde, arische Frau, jüdischer Herr, einsame Straße, halbdunkel – also »Rassenschande« oder zumindest Verdacht. Jedenfalls ist der Mann gleich mitgenommen worden!

2. Die »Endlösung« im Tagebuch von Joseph Goebbels

Die Notizen, mit denen Joseph Goebbels, Reichsminister für Volksaufklärung und Propaganda und Reichspropagandaleiter der NSDAP, die nationalsozialistische Judenverfolgung in seinem Tagebuch begleitete, sind nicht zuletzt deshalb von Interesse, weil sich in ihnen die Meinungen Hitlers spiegeln. Namentlich für die Jahre des Krieges und der »Endlösung« werden ja die Quellen für Hitlers Haltung in dieser Frage spärlich.

Quelle: Goebbels' Tagebücher aus den Jahren 1942/43, hrsg. von Louis P. Lochner. Zürich 1948, S. 87f. und 142f. (Eine ungekürzte Kopie der Vorlage Lochners im Archiv des Instituts für Zeitgeschichte, München).

Aufzeichnung 14. Februar 1942 (Sonntag)
Mit dem Bolschewismus wird zweifellos auch das Judentum seine große Katastrophe erleben. Der Führer gibt noch einmal seiner Meinung Ausdruck, daß er entschlossen ist, rücksichtslos mit den Juden in Europa aufzuräumen. Hier darf man keinerlei sentimentale Anwandlungen haben. Die Juden haben die Katastrophe, die sie heute erleben, verdient. Sie werden mit der

Vernichtung unserer Feinde auch ihre eigene Vernichtung erleben. Wir müssen diesen Prozeß mit einer kalten Rücksichtslosigkeit beschleunigen, und wir tun damit der leidenden und seit Jahrtausenden vom Judentum gequälten Menschheit einen unabschätzbaren Dienst. Diese klare judenfeindliche Haltung muß auch im eigenen Volke allen widerspenstigen Kreisen gegenüber durchgesetzt werden. Das betont der Führer ausdrücklich, auch nachher noch einmal im Kreise von Offizieren, die sich das hinter die Ohren schreiben können.

Die großen Chancen, die dieser Krieg uns bietet, werden vom Führer in ihrer ganzen Tragweite erkannt. Er ist sich heute bewußt, daß er einen Kampf von gigantischer Weite ausficht und daß von dem Ausgang dieses Kampfes das Schicksal der gesamten gesitteten Menschheit abhängt.

Eintragung 27. März 1942 (Freitag)
Aus dem Generalgouvernement werden jetzt, bei Lublin beginnend, die Juden nach dem Osten abgeschoben. Es wird hier ein ziemlich barbarisches und nicht näher zu beschreibendes Verfahren angewandt, und von den Juden selbst bleibt nicht mehr viel übrig. Im großen kann man wohl feststellen, daß 60% davon liquidiert werden müssen, während nur noch 40% in die Arbeit eingesetzt werden können. Der ehemalige Gauleiter von Wien [Odilo Globočnik], der diese Aktion durchführt, tut das mit ziemlicher Umsicht und auch mit einem Verfahren, das nicht allzu auffällig wirkt. An den Juden wird ein Strafgericht vollzogen, das zwar barbarisch ist, das sie aber vollauf verdient haben. Die Prophezeiung, die der Führer ihnen für die Herbeiführung eines neuen Weltkriegs mit auf den Weg gegeben hat, beginnt sich in der furchtbarsten Weise zu verwirklichen. Man darf in diesen Dingen keine Sentimentalität obwalten lassen. Die Juden würden, wenn wir uns ihrer nicht erwehren würden, uns vernichten. Es ist ein Kampf auf Leben und Tod zwischen der arischen Rasse und dem jüdischen Bazillus. Keine andere Regierung und kein anderes Regime konnte die Kraft aufbringen, diese Frage generell zu lösen. Auch hier ist der Führer der unentwegte Vorkämpfer und Wortführer einer radikalen Lösung, die nach Lage der Dinge geboten ist und deshalb unausweichlich erscheint. Gottseidank haben wir jetzt während des Krieges eine ganze Reihe von Möglichkeiten, die uns im Frieden verwehrt wären. Die müssen wir ausnützen. Die in den Städten des Generalgouvernements freiwerdenden Ghettos

werden jetzt mit den aus dem Reich abgeschobenen Juden gefüllt, und hier soll sich dann nach einer gewissen Zeit der Prozeß erneuern.

3. Der Reichsführer SS Heinrich Himmler zur »Endlösung«

Himmler konnte sich nicht enthalten, über die mörderische »Endlösung der Judenfrage« in mehreren Reden vor Zuhörerkreisen zu sprechen, die, von SS-Führern bis zu Generalen der Wehrmacht reichend, zwar zahlenmäßig begrenzt waren, aber doch eine relative Öffentlichkeit darstellten.

Quelle: [a]: aus einer Rede auf der SS-Gruppenführertagung in Posen am 4. 10. 1943. In: IMT, XXIX, S. 145f. – [b]: aus einer Rede vor den Reichs- und Gauleitern in Posen am 6. 10. 1943. In: Heinrich Himmler, Geheimreden 1933 bis 1945 und andere Ansprachen, hrsg. von Bradley F. Smith und Agnes F. Peterson. Frankfurt 1974, S. 169ff. – [c]: aus einer Rede vor Generalen am 5. 5. 1944 in Sonthofen, ebenda, S. 202. – [d]: aus einer Rede vor Generalen am 24. 5. 1944 in Sonthofen, ebenda, S. 203. – e: aus einer Rede vor Generalen am 21. 6. 1944 in Sonthofen, ebenda, S. 203f.

[a]
Ich will hier vor Ihnen in aller Offenheit auch ein ganz schweres Kapitel erwähnen. Unter uns soll es einmal ganz offen ausgesprochen sein, und trotzdem werden wir in der Öffentlichkeit nie darüber reden. Genau so wenig, wie wir am 30. Juni 1934 gezögert haben, die befohlene Pflicht zu tun und Kameraden, die sich verfehlt hatten, an die Wand zu stellen und zu erschießen, genau so wenig haben wir darüber jemals gesprochen und werden je darüber sprechen. Es war eine, Gottseidank in uns wohnende Selbstverständlichkeit des Taktes, daß wir uns untereinander nie darüber unterhalten haben, nie darüber sprachen. Es hat jeden geschaudert und doch war sich jeder klar darüber, daß er es das nächste Mal wieder tun würde, wenn es befohlen wird und wenn es notwendig ist.

Ich meine jetzt die Judenevakuierung, die Ausrottung des jüdischen Volkes. Es gehört zu den Dingen, die man leicht ausspricht. – »Das jüdische Volk wird ausgerottet«, sagt ein jeder Parteigenosse, »ganz klar, steht in unserem Programm, Ausschaltung der Juden, Ausrottung, machen wir.« Und dann kommen sie alle an, die braven 80 Millionen Deutschen, und jeder hat seinen anständigen Juden. Es ist ja klar, die anderen sind Schweine, aber dieser eine ist ein prima Jude. Von allen, die so reden, hat keiner zugesehen, keiner hat es durchgestanden. Von Euch werden die meisten wissen, was es heißt, wenn 100 Leichen beisammen liegen, wenn 500 daliegen oder wenn 1000 daliegen. Dies durchgehalten zu haben, und dabei – abgesehen von Ausnahmen menschlicher Schwächen – anständig geblieben zu sein, das hat uns hart gemacht. Dies ist ein niemals geschriebenes und niemals zu schreibendes Ruhmesblatt unserer Geschichte, denn wir wissen, wie schwer wir uns täten, wenn wir heute noch in jeder Stadt – bei den Bombenangriffen, bei den Lasten und bei den Entbehrungen des Krieges – noch die Juden als Geheimsaboteure, Agitatoren und Hetzer hätten. Wir würden wahrscheinlich jetzt in das Stadium des Jahres 1916/17 gekommen sein, wenn die Juden noch im deutschen Volkskörper säßen.

Die Reichtümer, die sie hatten, haben wir ihnen abgenommen. Ich habe einen strikten Befehl gegeben, den Obergruppenführer Pohl durchgeführt hat, daß diese Reichtümer selbstverständlich restlos an das Reich abgeführt wurden. Wir haben uns nichts davon genommen.

[b]

Ich darf hier in diesem Zusammenhang und in diesem allerengsten Kreise auf eine Frage hinweisen, die Sie, meine Parteigenossen, alle als selbstverständlich hingenommen haben, die aber für mich die schwerste Frage meines Lebens geworden ist, die Judenfrage. Sie alle nehmen es als selbstverständlich und erfreulich hin, daß in Ihrem Gau keine Juden mehr sind. Alle deutschen Menschen – abgesehen von einzelnen Ausnahmen – sind sich auch darüber klar, daß wir den Bombenkrieg, die Belastungen des vierten und des vielleicht kommenden fünften und sechsten Kriegsjahres nicht ausgehalten hätten und nicht aushalten würden, wenn wir diese zersetzende Pest noch in unserem Volkskörper hätten. Der Satz »Die Juden müssen ausgerottet werden« mit seinen wenigen Worten, meine Herren, ist leicht ausgesprochen. Für den, der durchführen muß, was er fordert, ist es das Allerhärteste und Schwerste, was es gibt. Sehen Sie, natürlich sind es Juden, es ist ganz klar, es sind nur Juden, bedenken Sie aber selbst, wie viele – auch Parteigenossen – ihr berühmtes Gesuch an mich oder irgendeine Stelle gerichtet haben, in dem es hieß, daß alle Juden selbstverständlich Schweine seien, daß bloß der Soundso ein anständiger Jude sei, dem man nichts tun dürfe. Ich wage zu behaupten, daß es nach der Anzahl der Gesuche und der Anzahl der Meinungen in Deutschland mehr anständige Juden gegeben hat als überhaupt nominell vorhanden waren. In Deutschland haben wir nämlich so viele Millionen Menschen, die ihren einen berühmten anständigen Juden haben, daß diese Zahl bereits größer ist als die Zahl der Juden. Ich will das bloß deshalb anführen, weil Sie aus dem Lebensbereich Ihres eigenen Gaues bei achtbaren und anständigen nationalsozialistischen Menschen feststellen können, daß auch von ihnen jeder einen anständigen Juden kennt.

Ich bitte Sie, das, was ich Ihnen in diesem Kreise sage, wirklich nur zu hören und nie darüber zu sprechen. Es trat an uns die Frage heran: Wie ist es mit den Frauen und Kindern? – Ich habe mich entschlossen, auch hier eine ganz klare Lösung zu finden. Ich hielt mich nämlich nicht für berechtigt, die Männer auszurotten – sprich also, umzubringen [!] oder umbringen zu lassen – und die Rächer in Gestalt der Kinder für unsere Söhne und Enkel groß werden zu lassen. Es mußte der schwere Entschluß gefaßt werden, dieses Volk von der Erde verschwinden zu lassen. Für die Organisation, die den Auftrag durchführen mußte, war es der schwerste, den wir bisher hatten. Er ist durchgeführt worden, ohne daß – wie ich glaube sagen zu können – unsere Männer und unsere Führer einen Schaden an Geist und Seele erlitten hätten. Diese Gefahr lag sehr nahe. Der Weg zwischen den beiden hier bestehenden Möglichkeiten, entweder zu roh zu werden, herzlos zu werden und menschliches Leben nicht mehr zu achten oder weich zu werden und durchzudrehen bis zu Nervenzusammenbrüchen – der Weg zwischen dieser Scylla und Charybdis ist entsetzlich schmal.

Wir haben das ganze Vermögen, das wir bei den Juden beschlagnahmten – es ging in unendliche Werte –, bis zum letzten Pfennig an den Reichswirtschaftsminister abgeführt. Ich habe mich immer auf den Standpunkt gestellt: Wir haben die Verpflichtung unserem Volke, unserer Rasse gegenüber, wenn wir den Krieg gewinnen wollen – wir haben die Verpflichtung unserem Führer gegenüber, der nun in 2000 Jahren unserem Volke einmal geschenkt worden ist, hier nicht klein zu sein und hier konsequent zu sein. Wir haben aber nicht das Recht, auch nur einen Pfennig von dem beschlagnahmten Judenvermögen zu nehmen. Ich habe von vornherein festgesetzt, daß SS-Männer, auch wenn sie nur eine Mark davon nehmen, des Todes sind. Ich habe in den letzten Tagen deswegen einige, ich kann es ruhig sagen, es sind etwa ein Dutzend – Todesurteile unterschrieben. Hier muß man hart sein, wenn nicht das Ganze darunter leiden soll. – Ich habe mich für verpflichtet gehalten, zu Ihnen als den obersten Willensträgern, als den obersten Würdenträgern der Partei, dieses politischen Ordens, dieses politischen Instruments des Führers, auch über diese Frage einmal ganz offen zu sprechen und zu sagen, wie es gewesen ist. – Die Judenfrage in den von uns besetzten Ländern wird bis Ende dieses Jahres erledigt sein. Es werden nur Restbestände von einzelnen Juden übrig bleiben, die untergeschlüpft sind. Die Frage der mit nichtjüdischen Teilen verheirateten Juden und die Frage der Halbjuden werden sinngemäß und vernünftig untersucht, entschieden und dann gelöst.

Daß ich große Schwierigkeiten mit vielen wirtschaftlichen Einrichtungen hatte, werden Sie mir glauben. Ich habe in den Etappengebieten große Judenghettos ausgeräumt. In Warschau haben wir in einem Judenghetto vier Wochen Straßenkampf gehabt. Vier Wochen! Wir haben dort ungefähr 700 Bunker ausgehoben. Dieses ganze Ghetto machte also Pelzmäntel, Kleider und ähnliches. Wenn man früher dort hinlangen wollte, so hieß es: Halt! Sie stören die Kriegswirtschaft! Halt! Rüstungsbetrieb! – Natürlich hat das mit Parteigenossen Speer gar nichts zu tun, Sie können gar nichts dazu. Es ist der Teil von angeblichen Rüstungsbetrieben, die der Parteigenosse Speer und ich in den nächsten Wochen und Monaten gemeinsam reinigen wollen. Das werden wir genauso unsentimental machen, wie im fünften Kriegsjahr alle Dinge unsentimental, aber mit großem Herzen für Deutschland gemacht werden müssen.

Damit möchte ich die Judenfrage abschließen. Sie wissen nun Bescheid, und Sie behalten es für sich. Man wird vielleicht in ganz später Zeit sich einmal überlegen können, ob man dem deutschen Volke etwas mehr darüber sagt. Ich glaube, es ist besser, wir – wir insgesamt – haben das für unser Volk getragen, haben die Verantwortung auf uns genommen (die Verantwortung für eine Tat, nicht für eine Idee) und nehmen dann das Geheimnis mit in unser Grab.

[c]
Dessen können Sie sicher sein: Hätten wir die Juden in Deutschland nicht ausgeschieden, wäre das Durchhalten des Bombenkrieges nicht möglich gewesen, trotz der Anständigkeit des deutschen Volkes. Das ist meine Überzeugung. Den Juden

war es vom Führer angekündigt worden, bei Beginn des Krieges oder vor dem Kriege: »Wenn ihr noch einmal die europäischen Völker in einen Krieg gegeneinander hetzt, dann wird das nicht die Ausrottung des deutschen Volkes bedeuten, sondern die Ausrottung der Juden.« Die Judenfrage ist in Deutschland und im allgemeinen in den von Deutschland besetzten Ländern gelöst. Sie wurde entsprechend dem Lebenskampf unseres Volkes, der um die Existenz unseres Blutes geht, kompromißlos gelöst. Ich spreche das zu Ihnen als Kameraden aus. Wir sind alle Soldaten, ganz gleich, welchen Rock wir tragen. Sie mögen mir nachfühlen, wie schwer die Erfüllung dieses mir gegebenen soldatischen Befehls war, den ich befolgt und durchgeführt habe aus Gehorsam und aus vollster Überzeugung. Wenn Sie sagen: »Bei den Männern sehen wir das ein, nicht aber bei Kindern«, dann darf ich an das erinnern, was ich in meinen ersten Ausführungen sagte. In dieser Auseinandersetzung mit Asien müssen wir uns daran gewöhnen, die Spielregeln und die uns lieb gewordenen und uns viel näher liegenden Sitten vergangener europäischer Kriege zur Vergessenheit zu verdammen. Wir sind m. E. auch als Deutsche bei allen so tief aus unserer aller Herzen kommenden Gemütsregungen nicht berechtigt, die haßerfüllten Rächer groß werden zu lassen, damit dann unsere Kinder und unsere Enkel sich mit denen auseinandersetzen müssen, weil wir, die Väter oder Großväter, zu schwach und zu feige waren und ihnen das überließen.

[d]
Eine andere Frage, die maßgeblich für die innere Sicherheit des Reiches und Europas war, ist die Judenfrage gewesen. Sie wurde nach Befehl und verstandesmäßiger Erkenntnis kompromißlos gelöst. *[Applaus]* Ich glaube, meine Herren, daß Sie mich so weit kennen, daß ich kein blutrünstiger Mensch bin und kein Mann, der an irgendetwas Hartem, was er tun muß, Freude oder Spaß hat. Ich habe aber andererseits so gute Nerven und ein so großes Pflichtbewußtsein – das darf ich für mich in Anspruch nehmen –, daß ich dann, wenn ich eine Sache als notwendig erkenne, sie kompromißlos durchführe. Ich habe mich nicht für berechtigt gehalten – das betrifft nämlich die jüdischen Frauen und Kinder –, in den Kindern die Rächer groß werden zu lassen, die dann unsere Väter und unsere Enkel umbringen. Das hätte ich für feige gehalten. Folglich wurde die Frage kompromißlos gelöst.

[e]
Eine andere große Frage war noch notwendig zu lösen. Es war die furchtbarste Aufgabe und der furchtbarste Auftrag, den eine Organisation bekommen konnte: der Auftrag, die Judenfrage zu lösen. Ich darf dies auch in diesem Kreis wieder in aller Offenheit mit ein paar Sätzen sagen. Es ist gut, daß wir die Härte hatten, die Juden in unserem Bereich auszurotten. Fragen Sie nicht, wie schwer das war, sondern haben Sie als Soldaten – ich möchte fast sagen – Verständnis dafür, wie schwer ein solcher Befehl durchzuführen ist. Ziehen Sie aber auch bei kritischster Prüfung, nur als Soldaten für Deutschland denkend, den logischen Schluß, daß es notwendig war. Denn allein der Bombenkrieg wäre nicht durchzuhalten, wenn wir das jüdische Volk noch in unseren Städten gehabt hätten. Ich habe auch die Überzeugung, daß die Front bei Lemberg im Generalgouvernement nicht zu halten gewesen wäre, wenn wir die großen Ghettos in Lemberg, in Krakau, in Lublin und in Warschau noch gehabt hätten.

4. Zeugnis des Kommandanten von Auschwitz

Rudolf Höß, von 1940 bis 1943 Kommandant des Konzentrations- und Vernichtungslagers Auschwitz, beschreibt in seinem nach Kriegsende verfaßten Bericht den Massenmord.

Quelle: ›Kommandant von Auschwitz. Autobiographische Aufzeichnungen von Rudolf Höß‹, eingel. und komm. von Martin Broszat. Stuttgart 1958, S. 155f. und 158f.

Zu welcher Zeit nun die Judenvernichtung begann, vermag ich nicht mehr anzugeben. Wahrscheinlich noch im September 1941, vielleicht aber auch erst im Januar 1942. Es handelte sich zuerst um Juden aus Ostoberschlesien. Diese Juden wurden durch die Stapoleitstelle Kattowitz verhaftet und in Transporten mit der Bahn auf einem Abstellgleis auf der Westseite der Bahnstrecke Auschwitz–Dziedzice gebracht und dort ausgeladen. Soviel ich mich noch erinnere, waren diese Transporte nie stärker als 1000 Menschen.

An der Bahnrampe wurden die Juden von einer Bereitschaft des Lagers von der Stapo übernommen und in zwei Abteilungen durch den Schutzhaftlagerführer nach dem Bunker, wie die

Vernichtungsanlage bezeichnet wurde, gebracht. Das Gepäck blieb an der Rampe und wurde dann nach der Sortierstelle – Kanada genannt – zwischen DAW und dem Bauhof gebracht. Die Juden mußten sich bei dem Bunker ausziehen, es wurde ihnen gesagt, daß sie zur Entlausung in die auch so bezeichneten Räume gehen müßten. Alle Räume, es handelte sich um fünf, wurden gleichzeitig gefüllt, die gasdicht gemachten Türen zugeschraubt und der Inhalt der Gasbüchsen durch besondere Luken in die Räume geschüttet.

Nach Verlauf einer halben Stunde wurden die Türen wieder geöffnet, in jedem Raum waren 2 Türen, die Toten herausgezogen und auf kleinen Feldbahnwagen auf einem Feldbahngleis nach den Gruben gefahren. Die Kleidungsstücke wurden mit Lastwagen nach der Sortierstelle gebracht. Die ganze Arbeit, Behilflichsein beim Ausziehen, Füllen des Bunkers, Räumung des Bunkers, Beseitigung der Leichen sowie das Ausschachten und Zuschütten der Massengräber wurde durch ein besonderes Kommando von Juden durchgeführt, die gesondert untergebracht waren und laut Anordnung Eichmanns nach jeder größeren Aktion ebenfalls vernichtet werden sollten. Während der ersten Transporte schon brachte Eichmann einen Befehl des RFSS, wonach den Leichen die Goldzähne auszuziehen und bei den Frauen die Haare abzuschneiden seien. Diese Arbeit wurde ebenfalls von dem Sonderkommando durchgeführt. Die Aufsicht bei der Vernichtung hatte zu der Zeit jeweils der Schutzhaftlagerführer bzw. der Rapportführer. Kranke Personen, die man nicht in die Gasräume bringen konnte, wurden durch Genickschuß mit dem Kleinkalibergewehr getötet. Ein SS-Arzt mußte ebenfalls zugegen sein. Das Einwerfen des Gases erfolgte durch die ausgebildeten Desinfektoren – SDGs. ...

Die Aussuchung der arbeitsfähigen Juden hatte durch SS-Ärzte zu erfolgen. Es ist aber wiederholt vorgekommen, daß auch Führer des Schutzhaftlagers bzw. Arbeitseinsatzes dies durchführten, ohne mein Wissen oder gar meine Billigung. Dadurch entstanden stets Reibereien zwischen den SS-Ärzten und den Arbeits-Einsatzführern. Der Gegensatz der Anschauungen bei den Führern in Auschwitz war entstanden und wurde stets weitergenährt durch die gegensätzliche Auffassung des RFSS-Befehles bei den höchsten Dienststellen in Berlin. Das RSHA (Müller, Eichmann) hatte aus sicherheitspolizeilichen Gründen das größte Interesse daran, möglichst viele Juden zu vernichten.

Der Reichsarzt SS, der ja den SS-Ärzten die Richtlinien über die Aussortierung gab, war der Anschauung, daß nur wirklich voll arbeitsfähige Juden für den Arbeitseinsatz in Frage kämen, da schwächliche, ältere und nur bedingt taugliche in kurzer Zeit arbeitsunfähig würden, den ohnehin schon überlasteten allgemeinen Gesundheitszustand weiter verschlechterten, die Reviere unnötig vermehrten, dadurch weiteres ärztliches Personal und Medikamente erforderlich machten und schließlich getötet werden müßten. Das WVHA (Pohl, Maurer) hatten Interesse daran, möglichst viele Arbeitskräfte, auch wenn sie später arbeitsunfähig wurden, für den Rüstungs-Einsatz zu erhalten. Weiter verschärft wurden diese Interessengegensätze durch die sich ins Unermeßliche steigernden Anforderungen von Häftlings-Arbeitskräften durch das Rüstungsministerium bzw. die Organisation Todt. Beiden Dienststellen machte der RFSS dauernd Versprechungen mit Zahlen, die nie zu erfüllen waren. Standartenführer Maurer (Amtschef D II) hatte nun die schwierige Aufgabe, dem steten Drängen obiger Stellen auch nur einigermaßen nachzukommen, und so wurden durch ihn die Arbeits-Einsatzführer scharf gemacht, möglichst viele Arbeitskräfte zu erhalten. Eine klare Entscheidung des RFSS herbeizuführen, war nicht möglich. Ich selbst war der Anschauung, daß nur wirklich gesunde und kräftige Juden für den Arbeitseinsatz ausgesucht werden durften.

Die Aussortierung ging so vor sich. Die Waggons wurden nacheinander entladen. Nach Ablegung des Gepäcks mußten die Juden einzeln an einem SS-Arzt vorbeigehen, der im Vorbeimarschieren die Tauglichkeit entschied. Die Arbeitseinsatzfähigen wurden in kleineren Abteilungen sofort ins Lager abgeführt. Der Tauglichkeitsprozentsatz war 25–30 Prozent im Gesamtdurchschnitt aller Transporte, schwankte aber sehr. So war z.B. der Durchschnittsprozentsatz der arbeitsfähigen griechischen Juden nur 15 Prozent, und es gab Transporte aus der Slowakei, die 100% arbeitsfähig waren. Juden-Ärzte und Pflegepersonal wurden ausnahmslos dem Lager zugeführt.

Die nationalsozialistische Judenverfolgung von 1933 bis 1945, seit 1941 zum Versuch der Ausrottung der europäischen Juden gesteigert, ist noch während ihres Ablaufs zum Gegenstand wissenschaftlicher Behandlung geworden. Das Institute of Jewish Affairs, 1940/41 in New York gegründet und seit 1966 in London beheimatet, begann sogleich mit der Sammlung von Material über die Vorgänge im deutschen Machtbereich, und unter seinen Auspizien kamen die ersten Gesamtdarstellungen der NS-Judenverfolgung, die wissenschaftlichen Anspruch erheben durften, bereits 1943 bzw. 1944 heraus: die Kollektivarbeit ›Hitler's Ten Years' War on the Jews‹ und Jacob Lestschinsky, ›The Jewish Catastrophe‹. Nach Kriegsende entwickelte sich das 1939 von Wilna nach New York emigrierte »Yiddish Scientific Institute« (YIVO) als »YIVO Institute for Jewish Research« zu einem der wichtigsten Zentren der Erforschung des Holocaust, das in seinem Archiv Quellen sowohl deutscher wie jüdischer Herkunft gesammelt hat und neben der Fülle von Detailstudien, die in dem seit 1946 herausgegebenen ›YIVO Annual of Jewish Social Science‹ bzw. in den seit 1931 in unregelmäßiger Folge erscheinenden ›YIVO-bleter‹ veröffentlicht werden, schon 1946 einen umfassenden Bericht über die Vernichtung der polnischen Juden vorlegen konnte: Joseph Tenenbaum, ›In search of a lost people‹. Das 1954 gegründete »Leo Baeck Institute«, mit Niederlassungen in New York, London und Jerusalem, hat aber mit seinem New Yorker Archiv und mit seinen Organen (in London seit 1956 die ›Yearbooks‹, in Jerusalem das ›Bulletin‹) längst einen vergleichbaren Rang erreicht. Das YIVO-Institut arbeitet im übrigen eng mit einer Institution in Jerusalem zusammen, die unter der Bezeichnung »Yad Vashem – The Martyrs' and Heroes' Remembrance Authority« seit 1953 als Gedenkstätte und zugleich als das zentrale israelische Archiv und Forschungsinstitut zur Geschichte des Holocaust fungiert.

Für die Judenverfolgung in Frankreich erlangte ähnliche Bedeutung das »Centre de Documentation Juive Contemporaine« in Paris, das 1943 noch während der deutschen Besetzung als Einrichtung der Widerstandsbewegung ins Leben gerufen wurde. In Polen wiederum entstand 1944 in Lublin eine Jüdische Historische Kommission, die 1945 nach Lodz und 1947 nach Warschau ging. 1948 wurde dann aus der »Zydowska Komisja Historýczna« das Jüdische Historische Institut, »Zydowski Instytut Historyczny w Polce«; bereits 1946 hatten Nachmann Blumenthal, Michal Borwicz und Filip Friedman in Lodz ihre dreibändige Sammlung ›Dokumenty i Materialy‹ publiziert. Auf deutschem Boden begann die Erforschung des Holocaust ebenfalls sofort nach Kriegsende, als die in München gebildete »Central Historical Commission of the Central Committee of the Liberated Jews in the

U. S. Zone« eine Fülle von Erlebnis- und Augenzeugenberichten zusammentrug und von 1946 bis 1948 in der Serie ›From the last Extermination. Journal for the History of the Jewish people during the Naziregime‹ veröffentlichte. Einige Zeit später, nachdem Akten der Institutionen und Organisationen des NS-Regimes wieder in deutsche Verwahrung gelangt waren und vom Bundesarchiv, vom Politischen Archiv des Auswärtigen Amtes, von den Staatsarchiven der Länder und von Archiven spezieller Forschungsstätten wie dem Institut für Zeitgeschichte in München erschlossen wurden, konnte auch die deutsche Geschichtswissenschaft damit beginnen, ihren Beitrag zu Darstellung und Analyse der nationalsozialistischen Judenverfolgung zu leisten. Inzwischen sind überdies spezielle Einrichtungen geschaffen worden, die sich an dieser Arbeit auf höchst verdienstvolle Weise beteiligen, so das »Institut für die Geschichte der deutschen Juden«, das 1963 in Hamburg gegründet wurde, und die »Dokumentationsstelle zur Erforschung der Schicksale der jüdischen Bürger in Baden und Württemberg in den Jahren 1933 bis 1945«, die 1962 bei der Archivdirektion Stuttgart eingerichtet wurde.

Die jüdischen Archive und Forschungsinstitute verwahren neben geretteter Überlieferung jüdischer Gemeinden und Organisationen auch wichtige Teile von Akten deutscher Behörden, Dienststellen und NS-Gliederungen. Zu ihren kostbarsten Schätzen zählen jedoch zeitgenössische persönliche Aufzeichnungen und später geschriebene individuelle Erlebnisberichte, aus denen sich die Schicksale vieler jüdischer Gemeinden und Ghettos in Europa ebenso rekonstruieren lassen wie die Strukturen und die Entwicklung der Konzentrations- und der Vernichtungslager. Bereits 1949 ist in New York die von Leo W. Schwarz besorgte Anthologie jüdischer Augenzeugenberichte, aus dem Jiddischen ins Englische übersetzt, ›The Root and the Bough‹, erschienen. Oft sind solche Notizen nicht nur von großer wissenschaftlicher Bedeutung, sondern auch von starker Eindringlichkeit und hohem moralischen Rang. Als Beispiel seien die von 1941 bis 1943 reichenden tagebuchartigen Aufzeichnungen zur Geschichte des Warschauer Ghettos genannt, die der jüdische Chronist Emmanuel Ringelblum vor der Zerstörung des Ghettos vergrub und von denen 1946 und 1950 Teile in den Trümmern wiedergefunden wurden; sie befinden sich heute im Jüdischen Historischen Institut zu Warschau. Weltweite Aufmerksamkeit fand, 1949 in Heidelberg erstmals veröffentlicht und als Fischer Taschenbuch im Juli 1986 im 2116.–2145. Tausend erschienen, ›Das Tagebuch der Anne Frank. 12. Juni 1942–1. August 1944‹, in dem sich das Geschick der holländischen Juden spiegelt, und 1987 edierte Wolfgang Benz im Auftrag des Münchner Instituts für Zeitgeschichte ›Das Tagebuch der Hertha Nathorff. Berlin – New York. Aufzeichnungen 1933 bis 1945‹, das als ähnlich eindrucksvolles Zeugnis sowohl des Prozesses der Entrechtung und Isolierung der Juden in Deutschland wie der Nöte jüdischer Emigranten gelten darf. Doch haben auch die Täter Quellen persönlicher Natur hinterlassen, die für die Erforschung der NS-Judenverfolgung als Schlüsseldokumente anzusehen sind. So hat Hans Rothfels schon 1953 im ersten Jahrgang der Vierteljahrshefte für Zeitgeschichte, den ›Augenzeugenbericht zu den Massenvergasungen‹ vorgelegt, den der SS-Führer Kurt Gerstein geschrieben hatte. Ferner publizierte das Münchner Institut für Zeitgeschichte, dessen Organ die Vierteljahrshefte sind, 1975 das von Werner Präg und Wolfgang Jacobmeyer herausgegebene ›Diensttagebuch des deutschen Generalgouverneurs in Polen 1939–1945‹, und 1958 brachte das Institut ›Kommandant in Auschwitz. Autobiographische Aufzeichnungen von Rudolf Höß‹ heraus, eingeleitet und kommentiert von Martin Broszat.

Eine ungewöhnliche Form von Quellen und Quellensammlungen ist dem ungewöhnlichen Charakter des Geschehens zu danken. Da die nationalsozialistische Judenverfolgung insgesamt und in den Einzeltaten, aus denen sie sich zusammensetzte, krimineller Natur war, wurden nach Kriegsende in Deutschland selbst wie in den zwischen 1938 und 1945 besetzten europäischen Ländern zahlreiche Prozesse zur strafrechtlichen Sühne notwendig. Die Dokumente und Zeugenaussagen, die für diese Prozesse zusammengetragen bzw. von diesen Prozessen produziert wurden, ergaben Kollektionen, die, weit über forensische Zwecke hinaus, für die Arbeit der Historiker von einzigartigem Wert sind, zumal sie einen gewissen Ausgleich für den Verlust großer und wichtiger deutscher Aktenbestände darstellen, so der Akten des Reichssicherheitshauptamts und der Polizei überhaupt. Das begann in Deutschland mit den Nürnberger Kriegsverbrecherprozessen bzw. zahlreichen Verfahren der deutschen Justiz gegen NSDAP- und SA-Angehörige, die sich Gewalttaten gegen Juden, etwa während der »Kristallnacht«, schuldig gemacht hatten, und fand seine Fortsetzung in den sechziger und siebziger Jahren mit Prozessen gegen Einsatzgruppen-Personal und Personal der Konzentrations- und Vernichtungslager; am bekanntesten wurden der Auschwitz-Prozeß, der Treblinka-Prozeß und der Majdanek-Prozeß. Die 1958 in Ludwigsburg errichtete »Zentrale Stelle der Landesjustizverwaltungen zur Verfolgung nationalsozialistischer Gewaltverbrechen« hat für derartige Verfahren in jahrzehntelanger Anstrengung eine Fülle von wertvollstem Material gesammelt. Eine ähnliche Rolle spielt in Polen die dem polnischen Justizministerium unterstehende Warschauer »Hauptkommission zur Untersuchung Hitlerscher Verbrechen in Polen«, während in Israel im Zusammenhang mit dem Eichmann-Prozeß eine Sammlung von Dokumenten und Aussagen entstand, die, im Israelischen Staatsarchiv aufbewahrt, namentlich für die wissenschaftliche Beschäftigung mit den Problemen der »Endlösung« unverzichtbar ist. Indes haben auch Einrichtungen wie das »Staatliche Museum Auschwitz« erhebliche Bedeutung gewonnen; die dort seit 1959 in deutscher Sprache erscheinenden ›Hefte von Auschwitz‹ sind für den Forscher ebenso unentbehrlich wie das von Danuta Czech seit 1959 zusammengestellte ›Kalendarium der Ereignisse in Auschwitz‹.

Auf Grund des frühen Beginns spezialisierter Sammelaktivitäten und einer schon bald nahezu unübersehbar gewordenen Fülle von Detailstudien gehört die nationalsozialistische Judenverfolgung zu den zeitgeschichtlichen Forschungsgebieten, die bereits ungewöhnlich schnell wichtige und in vieler Hinsicht bis heute wertvoll gebliebene Gesamtdarstellungen fanden. Gerald Reitlinger legte 1953 in London seine große Studie ›The Final Solution. The Attempt to Exterminate the Jews of Europe 1939–1945‹ vor (letzte deutsche Ausgabe 1961 in Berlin unter dem Titel ›Die Endlösung. Hitlers Versuch der Ausrottung der Juden Europas 1939–1945‹); das von Raul Hilberg geschriebene Standardwerk ›The Destruction of the European Jews‹ erschien in London 1961, eine überarbeitete und ergänzte Neuausgabe kam 1985 in New York heraus (dt. Ausgabe: ›Die Vernichtung der europäischen Juden‹, Berlin 1982). Nach nützlichen Übersichten wie Reinhard Henkys, ›Die nationalsozialistischen Gewaltverbrechen. Geschichte und Gericht‹, Stuttgart 1964, und Wolfgang Scheffler, ›Judenverfolgung im Dritten Reich‹, Frankfurt 1961, legte dann Helmut Krausnick seine Studie ›Judenverfolgung‹ vor, die als historisches Gutachten im Auschwitz-Prozeß eine wichtige Funktion hatte, zusammen mit den anderen Gutachten des Prozesses in ›Anatomie des SS-Staates‹, Bd. 2. Olten, Freiburg 1965, veröffentlicht wurde und als knapp zusammenfassende Behandlung des Themas bis heute unübertroffen geblieben ist. Mit wesentlich mehr Details und mit tief dringenden Fragen zu dem ja keineswegs geradlinigen Entscheidungsprozeß auf nationalsozialistischer Seite folgten dann Uwe Dietrich Adam, ›Judenpolitik im Dritten Reich‹, Düsseldorf 1972, und Lucy S. Dawidowicz, ›The War against the Jews 1933–1945‹, New York 1975 (dt. Ausgabe: ›Der Krieg gegen die Juden 1933–1945‹, München 1979), letztere ebenso nuancenreich wie präzise. 1986 präsentierte schließlich Martin Gilbert, der bereits einen verdienstvollen ›Atlas of the Holocaust‹ (London 1982) zusammengestellt hatte (dt. Ausgabe: ›Endlösung. Die Vertreibung und Vernichtung der Juden. Ein Atlas‹, Hamburg 1982), in London sein bei allem Material- und Detailreichtum doch klares und dramatisches Werk ›The Holocaust. The Jewish Tragedy‹.

Naturgemäß haben die später entstandenen Gesamtdarstellungen – auch Hilbergs Neuausgabe – davon profitiert, daß seit den fünfziger Jahren eine kaum noch überschaubare Zahl von Studien zu Einzelaspekten der NS-Judenverfolgung erschienen ist, die mit schärferen Fragestellungen und auf breiterer Quellenbasis arbeiten konnten als die Pionierwerke der ersten Nachkriegszeit. Zunächst einmal wissen wir heute doch wesentlich mehr über das Phänomen Antisemitismus. Auch auf diesem Gebiet sind einige bahnbrechende Essays von bleibendem Wert schon in den fünfziger Jahren geschrieben worden, so vor allem Eva G. Reichmann, ›Die Flucht in den Haß. Die Ursachen der deutschen Judenkatastrophe‹, Frankfurt 1958; Alexander Bein, ›Der moderne Antisemitismus und seine Bedeutung für die Judenfrage‹, in: VfZ 6 (1958), S. 340–360, und Paul W. Massing, ›Vorgeschichte des politischen Antisemitismus‹, Frankfurt 1959. Doch hat die Forschung seither doch noch tiefere Furchen gezogen und auch die Ackerfläche erheblich erweitert. Um nur die wichtigsten Arbeiten zu nennen: Eleonore Sterling, ›Judenhaß. Die Anfänge des politischen Antisemitismus in Deutschland‹, Frankfurt 1969 (revidierte Fassung der 1956 in München veröffentlichten Studie ›Er ist wie Du‹); Peter G. Pulzer, ›The Rise of Political Anti-Semitism in Germany and Austria‹, New York 1964; Michael D. Bidess, ›Father of Racist Ideology. The Social and Political Thought of Count Gobineau‹, New York 1970; Norman Cohn, ›Warrant for Genocide. The Myth of the Jewish World–conspiracy and the Protocols of the Elders of Zion‹, New York 1967 (dt. Ausgabe: ›Die Protokolle der Weisen von Zion‹, Köln 1969); Reinhard Rürup, ›Emanzipation und Antisemitismus‹, Göttingen 1975. Zwei Werke verdienen freilich besondere Erwähnung, weil bei ihnen die Beschreibung und die Analyse des Antisemitismus in Deutschland zu einer gültigen Darstellung und Deutung der geistigen und emotionalen Krise der deutschen Nation fortschreitet: Fritz Stern, ›The Politics of Cultural Despair. A Study in the Rise of the German Ideology‹, Berkeley 1961 (dt. Ausgabe: ›Kulturpessimismus als politische Gefahr‹, Bern 1964); George L. Mosse, ›The Crisis of German Ideology. Intellectual Origins of the Third Reich‹, New York 1964.

Speziell zum nationalsozialistischen Antisemitismus bzw. zur Bedeutung des Antisemitismus für das politische Handeln von Nationalsozialisten liegen mittlerweile ebenfalls Untersuchungen vor, die früher noch offene Fragen plausibel beantworten, so Rupert Breitling, ›Die nationalsozialistische Rassenlehre. Entstehung, Ausbreitung, Nutzen und Schaden einer politischen Ideologie‹, Meisenheim 1971, und vor allem Erich Goldhagen, ›Weltanschauung und Endlösung. Zum Antisemitismus der nationalsozialistischen Führungsschicht‹, in: VfZ 24 (1976), S. 379–405. Mit dem nach Hitler führenden Ideologen der NS-Bewegung hat sich Robert Cecil beschäftigt, ›The Myth of the Master Race. Alfred Rosenberg and Nazi Ideology‹, London 1972, und was Hitler selbst angeht, so hat Eberhard Jäckel sowohl das grundlegende Quellenwerk wie die genaueste Analyse vorgelegt: ›Hitler. Sämtliche Aufzeichnungen 1905–1924‹, Stuttgart 1980, und ›Hitlers Weltanschauung‹, 2. Aufl., Stuttgart 1981. Inzwischen hat Shulamit Volkov bedenkenswerte Fragen zur Vergleichbarkeit des deutschen Antisemitismus mit den sonstigen europäischen Antisemitismen und zu möglichen Unterschieden zwischen dem nationalsozialistischen Antisemitismus und dem des wilhelminischen Deutschland gestellt: ›Kontinuität und Diskontinuität im deutschen Antisemitismus 1878–1945‹, in: VfZ 33 (1985), S. 221–243. Daß auch auf die Haltung des Gros der deutschen Bevölkerung zur nationalsozialistischen Judenverfolgung bereits einiges Licht gefallen ist, geht vornehmlich auf das Konto zweier Forscher: Otto Dov Kulka publizierte, neben anderen einschlägigen Aufsätzen, ›Die Nürnberger Rassengesetze und die deutsche Bevölkerung im Lichte geheimer NS-Lage- und Stimmungsberichte‹, in: VfZ 32 (1984), S. 582–624, und Ian Kershaw ›Antisemitismus und Volksmeinung. Reaktionen auf die Judenverfolgung‹, in: Martin Broszat und Elke Fröhlich (Hrsg.), ›Bayern in der NS-Zeit‹, Bd. II, ferner ders., ›The Persecution of the Jews and German Popular Opinion in the Third Reich‹, in: Leo Baeck Institute Yearbook, Vol. XXVI (1981), und Lawrence D. Stokes, ›The German People and the Destruction of the European Jews‹, in: Journal of Central European History, Bd. 6 (1973).

Bei den Arbeiten zu Teilaspekten der nationalsozialistischen Judenverfolgung nahmen naturgemäß die Vorgänge in Deutschland breiten Raum ein. Hans Lamm legte bereits 1951 als Erlanger Dissertation einen ersten und noch heute nützlichen Überblick vor, ›Über die innere und äußere Entwicklung des deutschen Judentums im Dritten Reich‹, einen Überblick, den seither weitere wichtige Werke ausgefüllt, vertieft und verbreitert haben. So erschienen zur Situation der deutschen Juden in der Weimarer Zeit, bei Beginn der Verfolgung und während der ersten Jahre nach 1933 grundlegende Studien von Kurt Jakob Ball-Kaduri, ›Vor der Katastrophe. Juden in Deutschland 1934–1939‹, Tel Aviv 1967, und in dem von Werner E. Mosse und Arnold Paucker herausgegebenen Sammelband ›Entscheidungsjahr 1932. Zur Judenfrage in der Endphase der Weimarer Republik‹, Tübingen 1965; Werner E. Mosse gab außerdem den ebenfalls gewichtigen Band ›Deutsches Judentum in Krieg und Revolution 1916–1923‹, Tübingen 1971, heraus. Eine Fülle von Material zum Entscheidungsprozeß auf nationalsozialistischer Seite bietet Karl A. Schleunes, ›The twisted road to Auschwitz. Nazi policy toward German Jews 1933–1939‹, Urbana, Ill., 1970, doch kann sich der Verf. der vorliegenden Darstellung die von Schleunes vertretene These der nationalsozialistischen Ziellosigkeit nicht zu eigen machen.

Unter den Einzelereignissen hat verständlicherweise vor allem der Novemberpogrom 1938 Aufmerksamkeit gefunden, wobei in den Grundzügen das bereits in den fünfziger Jahren von Hermann Graml, ›Der 9. November 1938. Reichskristallnacht‹, Bonn 1953 (6. Aufl. 1962), und Lionel Kochan, ›Pogrom 10. November 1938‹, London 1957, gezeichnete Bild bis heute Bestand hat. Einen größeren Vorgang hat Hans G. Adler, ›Der verwaltete Mensch. Studien zur Deportation der Juden aus Deutschland‹, Tübingen 1974, mustergültig behandelt, ebenso Helmut Genschel ›Die Verdrängung der Juden aus der Wirtschaft im Dritten Reich‹, Göttingen 1966. Mittlerweile liegen auch zahlreiche Schriften zur Judenverfolgung in bestimmten deutschen Regionen und Gemeinden vor; stellvertretend sei eine der ersten dieser Studien genannt: Peter Hanke, ›Zur Geschichte der Juden in München zwischen 1933 und 1945‹, München 1967. Bedeutende Resultate erbrachte in gleichem Maße die Beschäftigung mit bestimmten Problemen und Gruppen auf seiten der Täter. Zu SS und Polizei edierte Hans Mommsen schon früh die noch immer wichtige Dokumentation ›Der nationalsozialistische Polizeistaat und die Judenverfolgung vor 1938‹, in: VfZ 10 (1962), S. 68–87; mit einer verwandten Thematik befaßte sich Robert M. Kempner, ›Eichmann und Komplizen‹, Zürich 1961. In erster Linie müssen hier aber zwei Werke genannt werden, in denen zentrale Kapitel der Geschichte des Holocaust in gültiger Form dargestellt sind und überdies die Rolle der älteren deutschen Eliten ohne Apologie und ohne staatsanwaltschaftliche Anklage-Gestik gewürdigt wird, im ersten Falle die Rolle der Armee, im zweiten Falle die Rolle des Regierungsapparats: Helmut Krausnick/Hans-Heinrich Wilhelm, ›Die Truppe des Weltanschauungskrieges. Die Einsatzgruppen der Sicherheitspolizei und des SD 1938–1942‹, Stuttgart 1981, und Christopher R. Browning, ›The Final Solution and the German Foreign Office‹, New York 1978. Selbst zu einzelnen Tätern oder zu besonders wichtigen Zeugen aus den Reihen der Verfolger gibt es bereits bemerkenswerte Essays, so Saul Friedländer, ›Kurt Gerstein oder die Zwiespältigkeit des Guten‹, Gütersloh 1968, und Zdenek Zofka, ›Der KZ-Arzt Josef Mengele. Zur Typologie eines NS-Verbrechers‹, in: VfZ 34 (1986), S. 245–268.

Was die besetzten Länder anbelangt, so hat die Literatur zu den Vorgängen in einer der Hauptstätten des Massenmords, Polen, inzwischen stattliche Dimensionen angenommen. Hier sei lediglich auf das instruktive und in deutschen Bibliotheken zugängliche Werk ›Faschismus – Getto – Massenmord. Dokumentation über Ausrottung und Widerstand der Juden in Polen während des 2. Weltkriegs‹, Berlin 1961, hingewiesen. Doch sind auch andere Staaten hinlänglich behandelt worden, so Holland von J. Presser, ›Ondergang. De verfolging en verdelging van het Nederlandse Jodendom, 1940–1945‹, Bd. 1.2, ’s-Gravenhage 1965; Ungarn von Randolph L. Braham, ›The Politics of Genocide. The Holocaust in Hungary‹, 2 Bde., New York 1981; Serbien von Christopher R. Browning, ›Wehrmacht Reprisal Policy and the Murder of the Male Jews in Serbia‹, bzw. ›The Semlin Gas Van and the Final Solution in Serbia‹, beides in: ders., ›Fateful Months. Essays on the Emergence of the Final Solution‹, New York, London 1985; schließlich Frankreich von Michael Marrus und Robert Paxton, ›Vichy France and the Jews‹, New York 1981. Die Sammel- und Vernichtungslager selbst sind naturgemäß ebenfalls Gegenstand zahlreicher Untersuchungen gewesen; um nur die drei zu nennen, die ungewöhnlich genau und materialreich gearbeitet sind und zugleich den besten Überblick bieten: Hans G. Adler, ›Theresienstadt 1941–1945. Das Antlitz einer Zwangsgemeinschaft. Geschichte, Soziologie, Psychologie‹, Tübingen 1960; Ino Arndt/Wolfgang Scheffler, ›Organisierter Massenmord an Juden in nationalsozialistischen Vernichtungslagern‹, in: VfZ 24 (1976), S. 105–135; Adalbert Rückerl (der als Oberstaatsanwalt in der Ludwigsburger Zentralen Stelle tätig war und als erster die dort gesammelten Quellen ausgeschöpft hat), ›Nationalsozialistische Vernichtungslager im Spiegel deutscher Strafprozesse. Belzec, Sobibor, Treblinka, Chelmno‹, München 1977. Endlich hat auch der jüdische Widerstand gegen die Nationalsozialisten umfassende Darstellungen gefunden, vor allem in dem Standardwerk von Reuben Ainsztein, ›Jewish Resistance in Nazi-occupied Eastern Europe, with a historical survey of the Jew as fighter and soldier in the Diaspora‹, London 1974.

Indes gibt es drei Fragen, die seit Jahrzehnten kontrovers diskutiert werden, und angesichts der Natur dieser Fragen wie auch der schwierigen Quellenlage ist kein Ende der Kontroversen abzusehen. Da geht es einmal, im Grunde seit 1946 in Genf ›Der Bericht des jüdischen Rettungskomitees aus Budapest 1942–1945‹, verfaßt von Reszö Kastner, einem der Hauptbeteiligten, erschien, um das Verhalten jüdischer Selbstverwaltungsorgane (Judenräte, Älteste usw.) bzw. zionistischer Führungsgruppen. Hanna Arendt hat mit ihrem Buch ›Eichmann in Jerusalem. Von der Banalität des Bösen‹, München 1964, den Streit auf die solide Grundlage historischer Fakten und rationaler Überlegungen gestellt. Zu den plausibelsten Beiträgen in dieser Debatte gehören zwei Aufsätze von John S. Conway: ›Frühe Augenzeugenberichte aus Auschwitz. Glaubwürdigkeit und Wirkungsgeschichte‹, in: VfZ 27 (1979), S. 260–284, und ›Der Holocaust in Ungarn. Neue Kontroversen und Überlegungen‹, in: VfZ 32 (1984), S. 179–212. Auch Alexander Schölchs Aufsatz ›Das Dritte Reich, die zionistische Bewegung und der Palästina-Konflikt‹, in: VfZ 30 (1982), S. 646–674, ist zu beachten.

Die zweite Frage ist erst Ende der sechziger Jahre aufgegriffen worden. Nachdem viele Jahre lang allein von den Opfern und Tätern die Rede gewesen war, tauchte plötzlich die Frage auf, ob denn nicht Mächte wie Großbritannien oder die USA wenigstens in dem Sinne Mitverantwortung für den Holocaust zu tragen haben, daß sie die jüdische Auswanderung aus Europa, vor allem nach Palästina, ungenügend förderten oder gar behinderten, daß sie ferner keine ernsthaften Versuche machten, auf irgendeine Weise, auch etwa durch Luftangriffe, den Ablauf des Holocaust zu stören. Die Diskussion begann mit Harry F. Feingold, ›The Politics of Rescue. The Roosevelt Administration and the Holocaust 1938–1945‹, New Brunswick, N. J., 1970; David S. Wyman, ›Paper Walls. America and the Refugee Crisis 1938–1941‹, Amherst, Mass., 1968; und Arthur Morse, ›While Six Millions Died‹, New York 1968. Dem folgten dann die gewichtigen und die Haltung der Alliierten zum Teil überaus kritisch beurteilenden Arbeiten von Walter Laqueur, ›The Terrible Secret. An Investigation into the Suppression of Information about Hitler's 'Final Solution'‹, London 1980; Bernard Wasserstein, ›Britain and the Jews of Europe, 1939–1945‹, Oxford 1979; und Martin Gilbert, ›Auschwitz and the Allies‹, New York 1981. Interessante und zu behutsamerer Kritik führende Beiträge sind Shlomo Aronson, ›Die dreifache Falle. Hitlers Judenpolitik, die Alliierten und die Juden‹, in: VfZ 32 (1984), S. 29–65; und dem bereits erwähnten John S. Conway, ›Der Holocaust in Ungarn‹ zu danken.

Zu einem dritten Konfliktfeld ist die Vorgeschichte der »Endlösung« geworden. Damit ist nicht der immer wiederkehrende Versuch rechtsradikaler Propagandisten gemeint, die nationalsozialistische Judenverfolgung als bloße Reaktion auf angebliche jüdische Kriegserklärungen an die deutsche Nation oder als Antwort auf während des Krieges geschmiedete deutschfeindliche Vernichtungspläne angeblicher jüdischer Drahtzieher britischer und amerikanischer Politik hinzustellen; dazu hat etwa Wolfgang Benz, ›Judenvernichtung aus Notwehr? Die Legenden um Theodore N. Kaufman‹, in: VfZ 29 (1981), S. 614–630, alles Nötige gesagt. Es geht auch nicht um die historiographische Windbeutelei bei David Irving, der in seinem Buch ›Hitler's War‹ (London 1977) behauptet hat, Hitler habe erst im Oktober 1943 vom Massenmord an den Juden erfahren; darauf hat Martin Broszat, ›Hitler und die Genesis der 'Endlösung'. Aus Anlaß der Thesen von David Irving‹, in: VfZ 25 (1977), S. 739–775, eine treffende Replik gegeben. Erst recht handelt es sich nicht um die gelegentlich notwendige Auseinandersetzung mit den im Grunde lächerlichen Bemühungen rechtsradikaler Autoren, die Faktizität des Holocaust zu leugnen. Solchen Bemühungen von A. R. Butz, ›The Hoax of the Twentieth Century‹, Torrance, Cal., 1977, oder Wilhelm Stäglich, ›Der Auschwitz-Mythos. Legende oder Wirklichkeit? Eine kritische Bestandsaufnahme‹, Tübingen 1979, erteilten die angebrachte Abfuhr z.B. John S. Conway, ›Frühe Augenzeugenberichte aus Auschwitz‹, s.o., und Hermann Graml, ›Alte und neue Apologeten Hitlers‹, in: Wolfgang Benz (Hrsg.), ›Rechtsextremismus in der Bundesrepublik. Voraussetzungen, Zusammenhänge, Wirkungen‹, Frankfurt 1984.

Es geht vielmehr um etwas anderes, und zwar durchaus um ernsthafte Forschungsprobleme, die sich vornehmlich aus den Lücken in den Quellen ergeben, z.B. aus dem Fehlen eines schriftlichen »Führerbefehls« zur »Endlösung«. In seiner Auseinandersetzung mit Irving hat Martin Broszat die These entwickelt, daß am Beginn der »Endlösung« in der Tat weder ein Befehl noch überhaupt ein Plan anzunehmen sei; vielmehr hätten sich zahlreiche isolierte Mordaktionen, allesamt Folgen der Unfähigkeit, mit den administrativen Problemen der Deportation der deutschen und europäischen Juden nach Osteuropa fertigzuwerden, allmählich zu einem Gesamtvorgang vereinigt, den schließlich die Führung als »Endlösung« sanktioniert oder zur »Endlösung« stilisiert habe. Der Holocaust erscheint hier als Resultat einer improvisierten Fluchtbewegung ratloser Bürokraten vor den Nöten eines gleichfalls improvisierten und angesichts des gewollten Umfangs ohnehin nicht beherrschbaren Deportationsvorhabens. In seinem Essay ›Die Realisierung des Utopischen. Die 'Endlösung' der Judenfrage› im Dritten Reich‹, in: Geschichte und Gesellschaft 9 (1983), S. 381–420, hat Hans Mommsen die Interpretation Broszats nachdrücklich verteidigt und, einen Schritt weiter gehend, gesagt, die »Genozid-Politik« dürfe mitnichten als Realisierung eines Programms verstanden, sondern müsse als »perfekte Improvisation« angesehen werden. Hier spielt freilich auch ein bestimmtes Verständnis vom Wesen des Nationalsozialismus und von der Natur des NS-Regimes eine Rolle, ebenso die Einschätzung des Gewichts von Überzeugungen und Personen im historischen Geschehen. Beide Autoren haben Widerspruch gefunden. Die treffendsten Argumente bietet Christopher R. Browning, ›Zur Genesis der

'Endlösung'. Eine Antwort an Martin Broszat‹, in: VfZ 29 (1981), S. 97–109; ders., ›The Decision Concerning the Final Solution‹, in: ›Fateful Months‹, s.o. Ferner ist zu nennen Gerald Fleming, ›Hitler und die Endlösung‹, Wiesbaden, München 1982. Auch der Verf. hat sich gegen Broszat und Mommsen gewandt: ›Zur Genesis der ›Endlösung‹‹, in: Das Unrechtsregime. Internationale Forschung über den Nationalsozialismus. Bd. 2. Verfolgung – Exil – Belasteter Neubeginn. Festschrift für Werner Jochmann, hrsg. von Ursula Büttner, Hamburg 1986. In dem hier präsentierten Band wird versucht, die Kritik in eine schlüssige Gegendarstellung umzusetzen.

Für sämtliche Kontroversen gibt es die Möglichkeit des Überblicks und des tieferen Eindringens, da sie zu etlichen überaus verdienstvollen Sammel- und Tagungsbänden geführt haben, in denen alle Standpunkte, dargelegt von der Elite der Holocaust-Forscher, zu Wort kommen. Vor allem auf vier ist hinzuweisen: Gerhard Hirschfeld (Hrsg.), ›The Policies of Genocide. Jews and Soviet Prisoners of War in Nazi Germany‹, London, Boston, Sidney 1986; Ursula Büttner (Hrsg.), ›Das Unrechtsregime‹. Bd. 1: Ideologie – Herrschaftssystem – Wirkung in Europa; Bd. 2: Verfolgung – Exil – Belasteter Neubeginn, Hamburg 1986; Henry Friedländer/Sybil Milton (Hrsg.), ›The Holocaust. Ideology, Bureaucracy, and Genocide‹, New York 1980; Eberhard Jäckel/Jürgen Rohwer (Hrsg.), ›Der Mord an den Juden im Zweiten Weltkrieg‹, Stuttgart 1985.

1933	
30. 1.	Adolf Hitler, Führer der einen radikalen Antisemitismus vertretenden NSDAP, wird Reichskanzler.
Februar/ März	Zahlreiche Gewaltakte von NSDAP-Mitgliedern und SA-Angehörigen gegen einzelne Juden und jüdische Geschäfte.
März	Errichtung der beiden ersten »offiziellen« Konzentrationslager Dachau und Oranienburg.
1.–3. 4.	Reichsweiter Boykott jüdischer Geschäfte.
7. 4.	›Gesetz zur Wiederherstellung des Berufsbeamtentums‹ verfügt die Zwangspensionierung der Beamten jüdischer Herkunft; weitere Gesetze und Durchführungsverordnungen regeln die Entlassung der im öffentlichen Dienst tätigen jüdischen Arbeiter und Angestellten (4. 5.)
25. 4.	›Gesetz gegen die Überfüllung von deutschen Schulen und Hochschulen‹ begrenzt den Anteil jüdischer Schüler und Studenten auf 1,5 Prozent.
14. 7.	›Gesetz über den Widerruf von Einbürgerungen und die Aberkennung der deutschen Staatsangehörigkeit‹ gegen die »Ostjuden« (jüdische Einwanderer vor allem aus Rußland und Polen).
29. 9.	›Reichserbhofgesetz‹ verlangt von Erbhofbauern den Nachweis »arischer« Abstammung seit 1800.
4. 10.	›Schriftleitergesetz‹ schließt deutsche Juden aus der Presse aus.
1934	
5. 2.	Prüfungsordnung für Ärzte und Zahnärzte schließt deutschjüdische Studenten von Examen aus.
22. 7.	Prüfungsordnung für Juristen läßt deutschjüdische Studenten nicht mehr zu den Prüfungen zu.
8. 12.	Deutschjüdische Studenten der Pharmazie nicht mehr zu den Examen zugelassen.
1935	
21. 5.	Das Wehrgesetz schließt die deutschen Juden grundsätzlich vom Wehrdienst und absolut vom Dienst als Vorgesetzte aus; am 25. 7. definitiv Ausschluß der Juden aus den Streitkräften.
Frühjahr/ Sommer	Vielfältige Gewaltakte von Partei- und SA-Trupps gegen Juden und jüdische Geschäfte, sowie Boykottaktionen.

16. 7. Reichsinnenminister Frick weist Standesbeamte an, nicht mehr bei »Rassenmischehen« mitzuwirken.

15. 9. »Reichsbürgergesetz« nimmt den deutschen Juden alle staatsbürgerlichen Rechte, das ›Gesetz zum Schutz des deutschen Blutes und der deutschen Ehre‹ macht Eheschließungen und außereheliche sexuelle Beziehungen zwischen Juden und sogenannten »Deutschblütigen« zu Verbrechen, die mit Haftstrafen zu ahnden sind. Beide Gesetze von Hitler auf dem Nürnberger Reichsparteitag verkündet, daher »Nürnberger Gesetze«.

14. 11. Erste Verordnung zum »Reichsbürgergesetz«; Juden werden nun ohne Ausnahme aus dem Staatsdienst wie aus allen sonstigen öffentlichen Ämtern entfernt.

1936

11. 1. Juden nicht mehr als Steuerhelfer zugelassen.

24. 3. Keine Beihilfen mehr für kinderreiche jüdische Familien.

26. 3. Juden dürfen nicht mehr Leiter oder Pächter einer Apotheke sein.

15. 4. Reichspressekammer verlangt von Mitgliedern Nachweis »arischer« Abstammung.

26. 5. Reichskammer der bildenden Künste verlangt von Mitgliedern Nachweis »arischer« Abstammung.

15. 10. Jüdische Lehrer dürfen keinen Privatunterricht an »Deutschblütige« erteilen.

1937

15. 4. Juden können Doktorwürde nicht mehr erlangen.

12. 6. Geheimerlaß des Chefs der Sicherheitspolizei Heydrich: »jüdische Rassenschänder« sind nach Verbüßung ihrer Zuchthaus- oder Gefängnisstrafe in ein Konzentrationslager einzuweisen, ebenso die jüdische Partnerin einer »rassenschänderischen« Beziehung.

8. 9. Juden nun ohne Ausnahme nicht mehr als Kassenärzte zugelassen.

1938

März Wochenlanger judenfeindlicher Terror nach dem »Anschluß« in Österreich, dazu erzwungene »Arisierung« vieler jüdischer Betriebe und Vertreibung zahlreicher Juden in Nachbarländer.

Frühjahr Im ganzen Reichsgebiet judenfeindliche Terrorakte von NSDAP und SA unter der Parole »Juden raus aus der Wirtschaft«.

26. 4.	Alle »jüdischen« Vermögen über 5000 RM müssen angemeldet werden. Der »Beauftragte für den Vierjahresplan« kann »Einsatz« der Vermögen im »Einklang mit den Belangen der deutschen Wirtschaft« verfügen.
9. 6.	Zerstörung der Synagoge in München.
15. 6.	Etwa 1500 Juden festgenommen und in Konzentrationslager verbracht: sogenannte Juni-Aktion gegen »Asoziale«.
23. 7.	Juden erhalten besondere Kennkarte.
25. 7.	Jüdische Ärzte dürfen unter der Bezeichnung Krankenbehandler nur noch jüdische Patienten behandeln.
10. 8.	Zerstörung der Synagoge in Nürnberg.
17. 8.	Juden müssen die zusätzlichen Vornamen Sara bzw. Israel annehmen.
27. 9.	Jüdische Rechtsanwälte dürfen unter der Bezeichnung Konsulenten nur noch für jüdische Klienten tätig werden.
5. 10.	Reisepässe von Juden müssen mit einem großen roten »J« versehen werden.
26.–28. 10.	17000 Juden polnischer Staatsangehörigkeit werden aus dem Deutschen Reich ausgewiesen und an die deutsch-polnische Grenze transportiert.
7. 11.	Herschel Grünspan verübt in der deutschen Botschaft zu Paris ein Attentat auf den Legationssekretär Ernst vom Rath.
8.–13. 11.	Judenfeindliche Terrorakte, die von Hitler und Goebbels am Abend des 9. 11. zu einem reichsweiten Massenpogrom, der »Reichskristallnacht«, ausgeweitet werden.
12. 11.	Den deutschen Juden wird eine »Sühneleistung« von einer Milliarde RM auferlegt. Beginn der »Ausschaltung aus der Wirtschaft«, die zwangsweise »Arisierung« der jüdischen Betriebe verfügt und sonstiges jüdisches Vermögen (Wertpapiere usw.) konfisziert.

1939	
24. 1.	Der Beauftragte für den Vierjahresplan, Göring, weist Reichsinnenminister Frick an, eine Reichszentrale für die jüdische Auswanderung ins Leben zu rufen; zu ihrem Leiter wird der Chef der Sicherheitspolizei Heydrich ernannt.
30. 1.	Hitler prophezeit im Reichstag für den Kriegsfall die »Vernichtung der jüdischen Rasse in Europa«.
20. 9.	Juden müssen Radios abliefern.

21. 9.	Heydrich-Erlaß markiert den Beginn der Konzentrierung und Ghettoisierung der polnischen Juden; darin ist von einem »Endziel« die Rede, »welches längere Fristen« beanspruche und »streng geheim« zu halten sei.
September/ Oktober/ November	»Einsatzgruppen der Sicherheitspolizei« und andere NS-Formationen ermorden zahlreiche Juden; auch einige große Massaker.
24. 10.	In Wloclawec verfügen deutsche Besatzungsbehörden die Einführung eines »Judenabzeichens«: erste derartige Maßnahme im 20. Jahrhundert.
23. 11.	Generelle Einführung des »Gelben Sterns« für die im »Generalgouvernement« lebenden Juden.
Dez.	87000 Polen und Juden vom neuen »Reichsgau Wartheland« ins Generalgouvernement deportiert.
1940	
Jan.	Erste Vergasungen geistig Behinderter (»Euthanasie«-Programm, »Aktion T 4«).
12./13. 2.	Erste Deportationen von Juden aus Wien, Mährisch-Ostrau, Teschen und Stettin ins Generalgouvernement.
27. 4.	Reichsführer SS Himmler befiehlt Errichtung eines Konzentrationslagers bei Ausschwitz.
Juni-August	Auswärtiges Amt und Reichssicherheitshauptamt arbeiten an einem Plan zur Deportation der europäischen Juden nach Madagaskar.
Oktober	Jüdisches Ghetto in Warschau »geschlossen« (bereits im April Lodz, im März und April 1941 Krakau und Lublin).
22. 10.	7500 Juden aus dem Saargebiet, aus Baden und Elsaß-Lothringen ins unbesetzte Frankreich deportiert, dort Festsetzung in Internierungslagern (Gurs).
1941	
1. 3.	Reichsführer SS Himmler befiehlt Ausbau des Konzentrationslagers Auschwitz zur Aufnahme von rund 100000 sowjetischen Kriegsgefangenen.
Frühjahr	Für den geplanten Angriff auf die Sowjetunion werden vier »Einsatzgruppen der Sicherheitspolizei und des SD« aufgestellt, die mit der Ermordung der sowjetischen Funktionäre und mit der Ermordung der in Rußland lebenden Juden beauftragt werden.
22. 6.	Beginn des deutschen Angriffs auf die Sowjetunion: in den folgenden Monaten systematischer Massenmord an den sowjetischen Juden durch die Einsatzgruppen und andere NS-Formationen; allein vom 28.

	bis zum 30. 9. werden 33 771 bei Kiew (Babi Jar) erschossen.
31. 7.	Göring beauftragt Heydrich mit der »Endlösung der Judenfrage«.
Sommer	Himmler weist Kommandanten des KL Auschwitz an, das Lager auf eine zentrale Rolle bei der von Hitler befohlenen »Endlösung« vorzubereiten; zugleich Befehl Heydrichs an den »Judenreferenten« der Gestapo, Eichmann, die mit der »Endlösung der Judenfrage« in Europa verbundene Deportation der europäischen Juden vorzubereiten; ferner Spezialauftrag Himmlers an den SS- und Polizeiführer in Lublin, Globocnik, zur Ermordung der polnischen Juden (Aktion Reinhard); die »Kanzlei des Führers« stellt dafür Personal der auf Grund von Protesten der Bevölkerung und der Kirchen gedrosselten »Euthanasie-Aktion« zur Verfügung.
1. 9.	Juden ab sechs Jahren müssen nun auch im Reichsgebiet den »Gelben Stern« tragen.
3. 9.	Erste Probevergasung mit Zyklon B im KL Auschwitz; weiteren Experimenten im September und Oktober fallen rund 900 sowjetische Kriegsgefangene zum Opfer.
September-November	Planung, Lokalisierung und Baubeginn der Vernichtungslager Chelmno, Belzec, Majdanek und Auschwitz-Birkenau: Chelmno im Dezember in Betrieb genommen, Belzec im März 1942, Majdanek Anfang 1942, Auschwitz-Birkenau um die Jahreswende 1941/42. Für die Aktion Reinhard, der zunächst nur Belzec zur Verfügung steht, werden im Frühjahr 1942 noch die Lager Sobibor und Treblinka gebaut.
14. 10./24. 10.	Beginn der Massendeportation der Juden aus dem Reichsgebiet.
23. 10.	Jede Auswanderung von Juden aus dem deutschen Machtbereich wird verboten.
30. 11.	Rund 10000 deportierte deutsche und einheimische Juden bei Riga erschossen.
1942	
20. 1.	Unter der Leitung Heydrichs »Staatssekretärskonferenz« der an der »Endlösung« zu beteiligenden Reichsressorts und der Verwaltung des Generalgouvernements in Berlin (»Wannsee-Konferenz«).
Februar/März	»Evakuierung« der polnischen Ghettos beginnt; laufende Deportationen in die Vernichtungslager.
24. 3.	Erste Deportation süddeutscher Juden (Würzburg) ins Vernichtungslager Belzec.

26./27. 3.	Erste Transporte mit jüdischen Emigranten kommen aus dem besetzten Westeuropa (Drancy/Frankreich) nach Auschwitz.
Mai/Juni	Einführung des »Gelben Sterns« im besetzten Westeuropa.
15./16. 7.	Erste Transporte holländischer Juden gehen von Westerbork nach Auschwitz.
16.–18. 7.	Französische Polizei nimmt in Paris 13 000 »staatenlose« Juden fest, von denen 9000, darunter 4000 Kinder, über Drancy nach Auschwitz verbracht werden.
19. 7.	Himmler fordert, daß Polen bis Ende 1942 »judenfrei« sein müsse.
22. 7.	Massentransporte aus dem Warschauer Ghetto nach Treblinka, wo in einem einzigen Monat 67000 Juden sofort nach dem Eintreffen vergast werden.
Juli-September	Massendeportationen aus Westeuropa nach Auschwitz.
August	In den beiden letzten Wochen des Monats werden in Chelmno, Treblinka und Belzec mehr als 200000 Juden vergast.
Anfang November	Himmler befiehlt, alle Konzentrationslager im Reichsgebiet »judenfrei« zu machen.
25./26. 11.	Beginn der Deportationen aus Norwegen.
1943	
18. 1.	Erster organisierter jüdischer Widerstand im Warschauer Ghetto.
27. 2.	Jüdische Rüstungsarbeiter aus Berlin nach Auschwitz deportiert.
Anfang März-Juli	Massendeportationen holländischer Juden nach Sobibor.
15. 3.	Beginn der Deportation griechischer Juden nach Auschwitz.
7. 4.	Ende des Massenmords in Chelmno; Vergasungsanlagen werden von der SS zerstört.
19. 4.	Beginn des jüdischen Aufstands im Warschauer Ghetto.
16. 5.	SS-Obergruppenführer Stroop meldet Vernichtung des jüdischen Ghettos in Warschau.
11. 6.	Himmler befiehlt die Liquidierung sämtlicher polnischer Ghettos.
19. 6.	Der Berliner Gauleiter, Reichspropagandaminister Goebbels, erklärt Berlin »judenfrei«.
21. 6.	Befehl zur Liquidierung der restlichen Ghettos auf sowjetischem Territorium.
2. 8.	Häftlingsaufstand in Treblinka; Zerstörung der Gaskammern.

August-Dezember	Liquidierung der russischen Ghettos; Insassen in Vernichtungslager verbracht.
16.–23. 8.	Deportation von 8000 Juden aus dem Ghetto Bialystok führt zu Widerstandsaktionen; Ghetto wird liquidiert.
September-Oktober	Rund 7000 dänische Juden von ihren Mitbürgern der Deportation entzogen und nach Schweden geschmuggelt.
14. 10.	Häftlingsaufstand in Sobibor; dort Ende der Vergasungen.
19. 10.	Abschluß der Aktion Reinhard: zwischen November 1941 und Oktober 1943 sind in den Lagern Belzec, Sobibor und Treblinka etwa 1 750 000 Juden ermordet worden.
Oktober-November	Rund 8360 Juden aus Norditalien nach Auschwitz deportiert.
1944	
März/April	Mehr als 6000 griechische Juden nach Auschwitz deportiert; 1500 griechische Juden können in Booten in die Türkei entkommen.
April-Juli	Nachdem deutsche Organe am 19. 3. die Regierungskontrolle in Ungarn übernommen haben, werden die ungarischen Juden erst in speziellen Ghettobereichen konzentriert und dann nach Auschwitz deportiert; von den bis Juli deportierten 437 000 werden etwa 280 000 vergast.
Mai-August	Wiederaufnahme von Massenvergasungen in Chelmno zur endgültigen Liquidierung des Ghettos Lodz.
24. 7.	Sowjetische Truppen besetzen Majdanek.
7. 10.	Revolte eines jüdischen Sonderkommandos in Auschwitz.
27. 11.	Himmler ordnet Einstellung der Vergasungen in Auschwitz an.
1945	
27. 1.	Sowjetische Truppen erreichen Auschwitz.
21.–28. 4.	Letzte Vergasungen von meist kranken KZ-Häftlingen in Ravensbrück und Mauthausen.
29. 4.	Amerikanische Truppen besetzen Dachau.
7.–9. 5.	Bedingungslose Kapitulation der Streitkräfte des nationalsozialistischen Deutschland.

Deutsche Geschichte der neuesten Zeit
vom 19. Jahrhundert bis zur Gegenwart
Herausgegeben von
Martin Broszat, Wolfgang Benz, Hermann Graml
in Verbindung mit dem Institut für Zeitgeschichte

Die »neueste« Geschichte setzt ein mit den nachnapoleonischen Evolutionen und Umbrüchen auf dem Wege zur Entstehung des modernen deutschen National-, Verfassungs- und Industriestaates. Sie reicht bis zum Ende der sozial-liberalen Koalition (1982). Die großen Themen der deutschen Geschichte des 19. und 20. Jahrhunderts werden, auf die Gegenwart hin gestaffelt, in dreißig konzentriert geschriebenen Bänden abgehandelt. Ihre Gestaltung folgt einer einheitlichen Konzeption, die die verschiedenen Elemente der Geschichtsvermittlung zur Geltung bringen soll: die erzählerische Vertiefung einzelner Ereignisse, Konflikte, Konstellationen; Gesamtdarstellung und Deutung; Dokumentation mit ausgewählten Quellentexten, Statistiken, Zeittafeln; Workshop-Information über die Quellenproblematik, leitende Fragestellungen und Kontroversen der historischen Literatur. Erstklassige Autoren machen die wichtigsten Kapitel dieser deutschen Geschichte auf methodisch neue Weise lebendig.

4501 Peter Burg: Der Wiener Kongreß
Der Deutsche Bund im europäischen Staatensystem
4502 Wolfgang Hardtwig: Vormärz
Der monarchische Staat und das Bürgertum
4503 Hagen Schulze: Der Weg zum Nationalstaat
Die deutsche Nationalbewegung vom 18. Jahrhundert bis zur Reichsgründung
4504 Michael Stürmer: Die Reichsgründung
Deutscher Nationalstaat und europäisches Gleichgewicht im Zeitalter Bismarcks
4505 Hans-Jürgen Puhle: Das Kaiserreich
Obrigkeitsstaat und politische Mobilisierung
4506 Richard H. Tilly: Vom Zollverein zum Industriestaat
Die wirtschaftlich-soziale Entwicklung Deutschlands 1834 bis 1914
4507 Helga Grebing: Arbeiterbewegung
Sozialer Protest und kollektive Interessenvertretung bis 1914
4508 Rüdiger vom Bruch: Bildungsbürgertum und Nationalismus
Politik und Kultur im Wilhelminischen Deutschland
4509 Wolfgang J. Mommsen: Imperialismus
Deutsche Kolonial- und Weltpolitik 1880 bis 1914
4510 Gunther Mai: Das Ende des Kaiserreichs
Politik und Kriegführung im Ersten Weltkrieg

4511 Klaus Schönhoven: Reformismus und Radikalimus
Gespaltene Arbeiterbewegung im Weimarer Sozialstaat
4512 Horst Möller: Weimar
Die unvollendete Demokratie
4513 Peter Krüger: Versailles
Deutsche Außenpolitik zwischen Revisionismus und Friedenssicherung
4514 Corona Hepp: Avantgarde
Moderne Kunst, Kulturkritik und Reformbewegungen nach der Jahrhundertwende
4515 Fritz Blaich: Der Schwarze Freitag
Inflation und Wirtschaftskrise
4516 Martin Broszat: Die Machtergreifung
Der Aufstieg der NSDAP und die Zerstörung der Weimarer Republik
4517 Norbert Frei: Der Führerstaat
Nationalsozialistische Herrschaft 1933 bis 1945
4518 Bernd-Jürgen Wendt: Großdeutschland
Außenpolitik und Kriegsvorbereitung des Hitler-Regimes
4519 Hermann Graml: Reichskristallnacht
Antisemitismus und Judenverfolgung im Dritten Reich
4520 Elke Fröhlich, Hartmut Mehringer: Emigration und Widerstand. Das NS-Regime und seine Gegner
4521 Lothar Gruchmann: Totaler Krieg
Vom Blitzkrieg zur bedingungslosen Kapitulation
4522 Wolfgang Benz: Potsdam 1945
Besatzungsherrschaft und Neuaufbau im Vier-Zonen-Deutschland
4523 Wolfgang Benz: Die Gründung der Bundesrepublik
Von der Bizone zum souveränen Staat
4524 Dietrich Staritz: Die Gründung der DDR
Von der sowjetischen Besatzungsherrschaft zum sozialistischen Staat
4525 Martin Broszat: Die Adenauer-Zeit
Wohlstandsgesellschaft und Kanzlerdemokratie
4526 Manfred Rexin: Die Deutsche Demokratische Republik
Von Ulbricht bis Honecker
4527 Ludolf Herbst: Option für den Westen
Vom Marshallplan bis zum deutsch-französischen Vertrag
4528 Peter Bender: Neue Ostpolitik
Vom Mauerbau bis zum Moskauer Vertrag
4529 Thomas Ellwein: Krisen und Reformen
Die Bundesrepublik seit den sechziger Jahren
4530 Helga Haftendorn: Sicherheit und Stabilität
Außenbeziehungen der Bundesrepublik zwischen Ölkrise und Nato-Doppelbeschluß

Personenregister

Deutsche Geschichte der neuesten Zeit

Peter Burg:
Der Wiener Kongreß
Der Deutsche Bund im europäischen Staatensystem · dtv 4501

Wolfgang Hardtwig:
Vormärz
Der monarchische Staat und das Bürgertum
dtv 4502

Hagen Schulze:
Der Weg zum Nationalstaat
Soziale Kräfte und nationale Bewegung
dtv 4503

Michael Stürmer:
Die Reichsgründung
Deutscher Nationalstaat und europäisches Gleichgewicht im Zeitalter Bismarcks
dtv 4504

Hans-Jürgen Puhle:
Das Kaiserreich
Liberalismus, Feudalismus, Militärstaat
dtv 4505 (i. Vorb.)

Helga Grebing:
Arbeiterbewegung
Sozialer Protest und kollektive Interessenvertretung bis 1914
dtv 4507

Rüdiger vom Bruch:
Bildungsbürgertum und Nationalsozialismus. Politik und Kultur im Wilhelminischen Deutschland
dtv 4508 (i. Vorb.)

Gunter Mai:
Das Ende des Kaiserreichs
Politik und Kriegsführung im Ersten Weltkrieg · dtv 4510

Horst Möller:
Weimar · Die unvollendete Demokratie
dtv 4512

Peter Krüger:
Versailles
Deutsche Außenpolitik zwischen Revisionismus und Friedenssicherung
dtv 4513

Corona Hepp:
Avantgarde
Moderne Kunst, Kulturkritik und Reformbewegungen nach der Jahrhundertwende
dtv 4514

Fritz Blaich:
Der Schwarze Freitag
Inflation und Wirtschaftskrise · dtv 4515

Martin Broszat:
Die Machtergreifung
Der Aufstieg der NSDAP und die Zerstörung der Weimarer Republik · dtv 4516

Norbert Frei:
Der Führerstaat
Nationalsozialistische Herrschaft 1933 bis 1945 · dtv 4517

Bernd-Jürgen Wendt:
Großdeutschland
Außenpolitik und Kriegsvorbereitung des Hitler-Regimes
dtv 4518

Hermann Graml:
Reichskristallnacht
Antisemitismus und Judenverfolgung im Dritten Reich
dtv 4519 (i. Vorb.)

Wolfgang Benz:
Potsdam 1945
Besatzungsherrschaft und Neuaufbau
dtv 4522

Die Gründung der Bundesrepublik
dtv 4523

Dietrich Staritz:
Die Gründung der DDR
Von der sowjetischen Besatzungsherrschaft zum sozialistischen Staat · dtv 4524

Peter Bender:
Neue Ostpolitik
Vom Mauerbau bis zum Moskauer Vertrag
dtv 4528

Helga Haftendorn:
Sicherheit und Stabilität
Außenbeziehungen der Bundesrepublik zwischen Ölkrise und NATO-Doppelbeschluß · dtv 4530